21世纪大学俄语系列教材

Синтаксис сложного предложения в современном русском языке
(исправленное издание)

现代俄语
复合句句法学

（第二版）

吴贻翼　著

北京大学出版社
PEKING UNIVERSITY PRESS

图书在版编目(CIP)数据

现代俄语复合句句法学 / 吴贻翼著 . —2 版 . —北京：北京大学出版社 , 2015.7
（21 世纪大学俄语系列教材）
ISBN 978-7-301-25602-2

Ⅰ. ①现… Ⅱ. ①吴… Ⅲ. ①俄语—复句—句法—高等学校—教材 Ⅳ. ① H354.3

中国版本图书馆 CIP 数据核字 (2015) 第 052088 号

书　　名	现代俄语复合句句法学（第二版）
著作责任者	吴贻翼　著
责任编辑	李　哲　张　冰
标准书号	ISBN 978-7-301-25602-2
出版发行	北京大学出版社
地　　址	北京市海淀区成府路 205 号　100871
网　　址	http://www.pup.cn　　新浪微博：@ 北京大学出版社
电子信箱	pup_russian@163.com
电　　话	邮购部 62752015　发行部 62750672　编辑部 62759634
印 刷 者	北京大学印刷厂
经 销 者	新华书店
	720 毫米 ×1020 毫米　16 开本　27 印张　450 千字
	1999 年 6 月第 1 版
	2015 年 7 月第 2 版　2015 年 7 月第 1 次印刷
定　　价	68.00 元

未经许可，不得以任何方式复制或抄袭本书之部分或全部内容。
版权所有，侵权必究
举报电话：010-62752024　电子信箱：fd@pup.pku.edu.cn
图书如有印装质量问题，请与出版部联系，电话：010-62756370

第二版说明

承蒙北京大学把《现代俄语复合句句法学》(第二版)列入2014年度北京大学教材建设的立项,承蒙北京大学出版社、北京大学外国语学院俄罗斯语言文学系的支持,终于出版了该书的第二版,谨此深表谢忱。

该书第一版出版后我发现有不少遗憾之处,须加以修订。如"复合句的结构模式""复合句的语义"等需要修改、补充;又如随着时间的推移,还应添加"现代俄语句法学概述""复合句的实义切分""词组与复合句的同形现象""定语句的翻译"等章节。此外,很多读者来信反应书店买不到书,要求再版。这就是出第二版的原因。

这几十年来我将书中的某些章节曾在俄罗斯、美国、捷克等国的学术刊物上发表,并获得了这些国家俄语语文学家(尤其是俄语语言学家)的肯定。实际上,这就是对一个中国人也可在俄语语言本身、俄语语法等研究方面取得某些成绩的肯定。为此我感到宽慰。

在出第二版的过程中,本书得到了北京大学出版社编辑张冰以及我系同仁王辛夷、周海燕、马兰以及尹旭、金姗、赵凤枝、张杰、刘金鹏、韩磊、杨心悦、周欣然等人的热情帮助,他们做了大量细致的工作,在这里一并向他们致谢!

最近我系郝淑云教授(1925—2014)去世了,我又失去了一位德高望重的良师益友,感到十分悲痛! 本书第一版一些例句中涉及俄罗斯人(特别是少数民族)姓名的重音,都是在郝老师的悉心指导下完成的。由于我的疏忽,在第一版中没有加以说明,因此只好在第二版中补叙此事,向郝老师表示由衷的感谢! 以告慰她的在天之灵!

吴贻翼

于北京大学五道口嘉园

2014年10月

前　　言

谨以本书纪念北京大学建校一百周年（1898—1998）。

本书于1990年9月已完稿。后因出版困难，拖延了七年之久，直至今天才得以付梓。当然，在这七年的时间内也进行了一些补充、删改。原稿共有复合句句法学和超句子统一体句法学两部分。但是，后一部分随着时间的向前推移，已与篇章语言学和俄语句法学当前学科发展的水平有些不相适应，因此不得不忍痛割爱了。

本书是一部俄语复合句方面的专著，也是一本可供俄语语言文学专业高年级学生、研究生使用的俄语语法方面的教科书或教学参考书。

作者从20世纪70年代初就开始对俄语复合句进行研究，从大量的语言材料中总结、归纳出复合句的结构—语义特征，并上升到理论高度。作者曾将这些研究成果撰写成著作《现代俄语句法学》和数十篇学术论文。本书就是在该著作中有关章节和这些论文的基础上，又经过一段时间的潜心研究后写成的。

本书有一定的理论深度。书中作者不仅系统地阐述了俄语复合句句法学中的基本理论问题，介绍了俄罗斯和其他国家的不同流派及其观点，而且还对这些问题和观点都发表了自己的看法。

本书内容新颖。近40多年来俄语复合句的研究有了新的进展。一方面，随着语言的发展出现了一些新的句法结构；一些过去被语法学家所忽视的或当作不规范的句法结构，现已被人民大众广泛应用，逐渐取得了标准语的地位。这就要求我们去搜集、整理，并加以描写。另一方面，语言理论的发展促使语法学家对一些结构原有的描写做新的解释、新的归纳，使之更加科学。而对这些新进展至今国内还没有一部专门著作有所反映，因此反映这些新进展理所当然是本书的任务。

本书理论联系实际，在阐述理论的同时，还列举了大量的例句，力求例证翔实。

本书突出中国人学习俄语的难点，侧重对俄罗斯语法学家很少涉及的、中国人又难于掌握的结构（如...без того, чтобы... 的结构；...номинатив, чтобы... 的结构；а то и..., чтобы... 的结构；定语句中的扩展类型等）进行描写，还对主从复合句中主从句谓语时体对应组合等问题，进行了详尽的阐述。

由于作者水平有限，在论点和材料的取舍、阐述、评价等方面肯定有错漏片面的地方，敬请批评指正。

吴贻翼

于北京大学中关园

1997.12

目　　录

第一章　俄语句法学概述 ································· 1
第一节　20世纪初至20世纪50年代俄语句法学的研究 ········· 1
第二节　20世纪50年代以后苏联/俄罗斯对俄语句法学的研究 ········ 8
第三节　苏联科学院1952—1954年《俄语语法》和1980年《俄语语法》··· 19
第四节　俄语句法学的研究对象 ························· 25
第五节　俄语句法研究中某些重要倾向 ···················· 27

第二章　俄语复合句概述 ································ 39
第一节　复合句的本质 ································ 39
第二节　复合句的语法意义及其结构 ····················· 41
第三节　复合句中的并列关系和主从关系 ·················· 42
第四节　带有同等谓语的句子问题 ······················· 44
第五节　述谓单位构成复合句分句的规律 ·················· 46
第六节　复合句的结构模式 ···························· 49
第七节　复合句的语义 ································ 56
第八节　复合句的实义切分 ···························· 66
　　一、主从复合句的实义切分 ··························· 66
　　二、并列复合句的实义切分 ··························· 69
　　三、复杂型复合句的实义切分 ························· 70
第九节　复合句与词组的同形现象 ······················· 71

第三章　并列复合句 ··································· 78
第一节　表示联合关系的并列复合句 ····················· 79
　　I. 连接词 и ···································· 79
　　II. 连接词 да ··································· 83
　　III. 连接词 тоже, также ··························· 83

IV. 连接词 и..., и; ни..., ни ··· 84
第二节　表示区分关系的并列复合句 ··· 85
　　I. 连接词 или, либо ··· 85
　　II. 连接词 не то..., не то; то ли..., то ли ················· 86
　　III. 连接词 то..., то ··· 87
第三节　表示对别关系的并列复合句 ··· 88
　　I. 连接词 а ·· 88
　　II. 连接词 но ··· 90
　　III. 连接词 однако, да ··· 92
　　IV. 连接词 только ··· 93
　　V. 连接词 зато ··· 93
　　VI. 连接词 же ··· 94
第四节　表示递进关系的并列复合句 ··· 94
　　I. 连接词 не только..., но и ··· 94
　　II. 连接词 не то чтобы(что)..., но(а) ················· 95
第五节　表示解释关系的并列复合句 ··· 96
　　I. 连接词 то есть ··· 96
　　II. 连接词 а именно ··· 97
第六节　表示对别关系的成语化并列复合句 ··· 98
　　I. N1 + N5, а... ··· 98
　　II. N(Adj, Pron,...) + （то） + N(Adj, Pron,...), а... ················· 100
　　III. N(Adj, Pron,...) + не + N(Adj, Pron,...), а... ················· 102
　　IV. Inf + （то） + не + Vf, а... ··· 104

第四章　并列复合句的分类 ··· 105
　第一节　传统语法的分类 ··· 105
　第二节　《1970 年语法》的分类 ··· 106
　第三节　《1980 年语法》的分类 ··· 109
　　I. 带有非区分性连接词（即多义连接词）的句子（предложения с
　　　союзами недифференцированного значения） ················· 110
　　II. 带有区分性连接词（即单义连接词）的句子（предложения

с союзами дифференцированных значений) ……………………… 113

第五章　主从复合句 …………………………………………………… 115
第一节　主从复合句概述 …………………………………………… 115
　Ⅰ. 主从句之间的连接手段 ……………………………………… 115
　Ⅱ. 主从复合句的结构—语义类型 ……………………………… 118
第二节　带定语从句的主从复合句 ………………………………… 119
　Ⅰ. 纯定语句 ……………………………………………………… 120
　Ⅱ. 扩展句 ………………………………………………………… 133
　Ⅲ. 定语句的翻译 ………………………………………………… 140
　Ⅳ. 纯定语句与扩展句之间的过渡类型 ………………………… 146
　Ⅴ. 现代俄语中带 который 定语句的使用规范 ………………… 148
第三节　带说明从句的主从复合句 ………………………………… 156
　Ⅰ. 概述 …………………………………………………………… 156
　Ⅱ. 连接词连接的说明句 ………………………………………… 159
　Ⅲ. 关联词连接的说明句 ………………………………………… 167
　Ⅳ. 表示评价意义的说明句 ……………………………………… 169
　Ⅵ. 说明句中指示词 то 的用法 ………………………………… 174
　Ⅶ. 说明从句中谓语的时间形式 ………………………………… 178
第四节　带处所从句的主从复合句 ………………………………… 179
　Ⅰ. 关联词 где …………………………………………………… 180
　Ⅱ. 关联词 куда …………………………………………………… 181
　Ⅲ. 关联词 откуда ………………………………………………… 182
第五节　带行为方法、程度和度量从句的主从复合句 …………… 183
　Ⅰ. 指示词的意义和用法 ………………………………………… 183
　Ⅱ. 连接词连接的行为方法、程度和度量句 …………………… 185
　Ⅲ. 关联词连接的行为方法、程度和度量句 …………………… 195
　Ⅳ. 表示程度和度量意义的成语化结构 ………………………… 197
第六节　带比较从句的主从复合句 ………………………………… 205
　Ⅰ. 连接词连接的比较句 ………………………………………… 206
　Ⅱ. 表示比较意义的固定结构和成语化结构 …………………… 213

第七节　带时间从句的主从复合句 ············ 215
    I. 概述 ············ 215
    II. 连接词连接的时间句 ············ 219
    III. 表示时间意义的成语化结构 ············ 278

第八节　带条件从句的主从复合句 ············ 288
    I. 概述 ············ 288
    II. 连接词连接的条件句 ············ 289
    III. 表示条件意义的成语化结构 ············ 297

第九节　带让步从句的主从复合句 ············ 303
    I. 概述 ············ 303
    II. 连接词连接的让步句 ············ 305
    III. 关联词连接的让步句 ············ 310

第十节　带目的从句的主从复合句 ············ 314
    I. 概述 ············ 314
    II. 目的从句中谓语的表示 ············ 316
    III. 连接词连接的目的从句 ············ 322
    IV. 表示目的意义的成语化结构 ············ 326
    V. 目的从句与用动词不定形式表示的目的状语的转换 ············ 327

第十一节　带原因从句的主从复合句 ············ 330
    I. 概述 ············ 330
    II. 连接词连接的原因句 ············ 332
    III. 表示因果意义的成语化结构 ············ 342

第十二节　带结果从句的主从复合句 ············ 346

第十三节　带接续从句的主从复合句 ············ 347
    I. 关联词 что ············ 347
    II. 关联词 почему, отчего, зачем ············ 349

第十四节　带...безтого,чтобы...的主从复合句 ············ 350

第十五节　带...номинатив,чтобы...的主从复合句 ············ 356

第六章　主从复合句的分类 ··· 365
第一节　逻辑学派和形式学派的分类 ····························· 365
第二节　结构—语义的分类原则 ··································· 367
　I.《1970 年语法》的分类 ·· 368
　II. 巴尔胡达罗夫等的分类 ·· 372
　III.《1980 年语法》的分类 ·· 374
第三节　拉斯波波夫二分法的分类 ································ 379
第四节　佐洛托娃功能观点的分类 ································ 382

第七章　无连接词复合句 ·· 389
第一节　无连接词复合句概述 ······································ 389
　I. 结构—语义特征 ·· 389
　II. 连接手段 ·· 390
　III. 分类 ··· 393
第二节　对称句 ·· 394
　I. 前一分句结构和语义都不完整 ·································· 394
　II. 前一分句语义不完整 ··· 395
　III. 后一分句结构和语义都不完整 ································ 396
　IV. 后一分句语义不完整 ·· 396
　V. 分句结构和语义都完整 ·· 397
第三节　不对称句 ··· 404
　I. 前一分句结构和语义都不完整 ·································· 404
　II. 后一分句结构和语义都不完整 ································· 405

第八章　无连接词复合句的分类 ······································· 407
第一节　两种分类法 ·· 407
第二节　《1970 年语法》的分类 ···································· 409
第三节　《1980 年语法》对句子无连接词组合的看法和分类 ······ 411

参考书目 ·· 416

第一章 俄语句法学概述

第一节 20世纪初至20世纪50年代俄语句法学的研究

从20世纪初到50年代俄语句法的研究可以划分为三个时期：1.十月革命前的时期（从1900年到1917年）；2. 20年代时期（从1917年到30年代初）；3.从20年代到50年代初的时期。这三个时期是根据每个时期存在的，俄国和苏联语法学家致力于解决的主要问题而划分的。

1. 十月革命前的时期

在十月革命前的时期，俄语语法思想发展中的主要问题是学校语法与科学语法的相互关系问题。当时的学校语法是在概念混淆的基础上编写成的，因此它们只会给学生们带来思想混乱。显而易见，学校语法与科学语法之间的联系割断了。

十月革命以前学校语法教科书占统治地位的是布斯拉叶夫在19世纪所创建的逻辑学派的观点。当时学校语法的基本特征是混淆了语言和逻辑范畴。这种混淆首先表现在把语言中的句子与逻辑中的判断等同起来。布斯拉叶夫在《俄语历史语法》一书中指出："我们所判断的对象称为主语，针对该对象（主语）我们所思考的结果和作出的判断叫作谓语，主语和谓语合并在一起称作判断，用词表达出来的判断便是句子。"[①]其次，表现在某些实质上并非省略的词在句中被"省略"的说法。他们认为现在时系词есть是被省略了的，是所谓"意念"中的系词。这样，思想和语言就分了家，似乎思想离开语言也可以存在。最后，由于混淆了语言范畴和逻辑范畴，在学校语法中把表达同一逻辑关系的语言形式等同起来，例如把形动词短语与不定形式短语看成是"简化的从句"等。

学校语法的另一个典型特征是，对词类、句子次要成分和从句是按意义进行

---

① Ф. И. Буслаев,《Историческая грамматика русского языка》, М. , 1959, с.258.

分类。这些分类,其中特别是次要成分的分类存在着严重的缺点。正如库兹涅佐夫所指出的那样,次要成分的划分……只从意义差别出发,而这些意义差别又没有通过不同的语言材料表达出来,因此划分时往往因人而异,带有主观色彩①。

所谓"科学语法"的代表人物波捷布尼亚、福尔图纳托夫等,尽管他们来自不同的语言派别,语言观点不同,但是在他们之间存在着极其重要的相似之点,就是他们与逻辑学派对立,对逻辑与语言接近这一观点抱否定态度。

波捷布尼亚认为必须把语法与逻辑完全分开,提出了语法和逻辑的关系并不比其他任何一门科学更接近的重要论断。他在强调语法与逻辑区别的同时,却又否定了它们之间的联系,陷入了另一种片面性。但是,否认语法与逻辑的任何联系,并没有影响波捷布尼亚考虑语法范畴和思维范畴间的相互作用和相互联系。他在研究俄语历史句法学的过程中,根据俄语的实际情况总结出谓语,特别是名词性谓语的各种各样的语法形式。波捷布尼亚利用这一事实,证明把句子和判断笼统地套入一个逻辑公式中去是不合理的。这种混乱现象导致把句子和逻辑公式合二为一,取消了民族语言的特点,取消了活生生的表情色彩、主观言语色彩及语法特点。波捷布尼亚明确指出:"逻辑学派的语法学不能理解各种语言所具有的差异,因为被这种语法思想所强加于语言之上的逻辑范畴根本没有民族的差异。"②因此,作为语法研究对象的句子,要比全人类的逻辑判断形式具有多得多的民族语言的特色。这一番探讨正是波捷布尼亚在俄语历史句法学研究工作中最重大的成果之一。

福尔图纳托夫从形式主义的观点出发,对学校语法也提出了极为尖锐的批评。他否定了语法与逻辑的联系,指出了语法教科书的落后性,他说,这些教科书"基本上是模仿那些远在人类语言的科学研究出现以前问世的著作"③。

学校语法与"科学语法"之间的斗争以1917年十月革命前召开的全俄罗斯俄语教师第一次代表大会宣告结束。大会的决议明确指出:"不容许阻挠中学里以形式语法的观点为基础的语法教学,这种观点是最符合语言科学的现状

---

① П. С. Кузнецов,《О принципах изучения грамматики》,МГУ,1961,с.76.
② А. А. Потебня,《Из записок по русской грамматике》,М.,1959,с. 69.
③ 伯恩斯坦:《介绍彼什可夫斯基的语法体系》,时代出版社,1959年中文版,第1页。

的"①。大会的决议确立了以福尔图纳托夫形式学派的观点在语法教学中的地位,也宣告了以逻辑学派为基础的学校语法的彻底失败。

2. 20 年代时期

在十月革命以前的时期,各种反对逻辑学派的派别与以逻辑学派为基础的学校语法之间的争论居于首位。但是,十月革命以后由于逻辑学派已被击溃,学校语法学中普遍采纳形式学派的观点,因此各种反对逻辑学派的派别之间的分歧逐渐上升为当时的主要矛盾。它们之间争论的焦点是,意义与形式之间关系——即形式语法的实质。

在研究语法的过程中,经常会碰到语法范畴和语法形式的关系问题,也就是表示某种概括意义的语法范畴和表达这种意义的语法形式之间的关系问题。这个问题正是 20 年代各语法流派的代表们所争论的对象。当时存在着两种不同的观点。一种是以波捷布尼亚为代表的哈尔科夫学者所持的,他们对形式的看法是从结构—语义的角度来看的。波捷布尼亚十分重视形式,但是同时强调内容和形式的统一。他说:"在形式语言中,思维与语法形式永不会断绝联系:它脱离开一个形式,就必定同时创造另一个形式。"②他又指出形式在语言中不能孤立地存在。"实际上没有一个孤立的词,有的只是言语,词只有在言语中才有意义。脱离了联系,词就没有生命,不发生作用,不能显出它的词汇特点,更不用说语法特点了。"从中可以看出波捷布尼亚对形式与内容统一的理解是很深刻的。但是,他也有其片面性。他从"形式即意义"这一论点出发,研究了由各种不同形式所表达的各种意义,认为在说话时形式"每次都有一个意义,说得确切一些,就是每次都有另一个形式"③。从而他得出了所有不同的意义都有不同的表现形式的错误结论。

波捷布尼亚学说中最有价值的结构—语义的观点却遭到了以福尔图纳托夫为首的形式学派的强烈反对。因为这种观点和形式学派的形态主义是相互对立的。福尔图纳托夫的形式学派只注意语言的外部形式,把研究只局限于语言的外部形式。他认为,"语法包括两部分:词法和句法。词法是从单个的词与其他

---

① Г. Т. Хухуни, "Основные тенденции развития русской грамматической мысли первой половины XX века". 《Вопросы языкознания》, 1981, №6.

② А. А. Потебня, 《Из записок по русской грамматике》, М., 1959, с. 50.

③ Г. Т. Хухуни, "Основные тенденции развития русской грамматической мысли первой половины XX века", с. 43.

词的关系的角度来分析单个的词的形式,而句法则从单个的词的形式在词组中的运用方面来研究单个的词的形式"[①]。他还认为,语法形式是"单个的词的形式,……乃是指单个的在说话者的意识中从自身分出一个词的形式部分与基本部分的能力"[②]。福尔图纳托夫对形式的理解很狭隘,仅以词的形态变化的特征为其依据,而词的其他语法特征(词与其他词的关系、重音等)都一概排斥在外。此外,福尔图纳托夫的"词的形式"的概念,与被他看作"形式部分"的唯一标志的词缀等同起来了。从这种理论看来,词不是内容与形式的辩证统一,而是两个并列单位,即"基本部分"与"形式部分"的几何组合。这样就形成了语言学中形式与内容在方法论上的脱节,也就是说,形成了语法学中的形式主义。

在这场争论中,由于福尔图纳托夫为首的形式学派以对语法传统革新者"新语法学派"的面貌出现;由于它博得了广泛的支持,特别是广大教师的支持,形式学派的观点风行一时,成了左右这场争论的主宰。

到 20 年代中期,形式学派的对立面波捷布尼亚学说在语言学界和教学界没有引起什么反响,渐渐就销声匿迹了。这时形式学派内部的分歧逐渐显露了出来,并日趋尖锐,终于分裂成了两派:温和的形式学派和极端的形式学派。前者彼什科夫斯基为代表,后者以彼捷尔松为代表。彼什科夫斯基的早期著作是以福尔图纳托夫的学说为其基础的,并试图调和波捷布尼亚和福尔图纳托夫学说上的分歧,使两个学说体系不致发生矛盾。彼什科夫斯基尽管在关于"词的形式"的定义中也谈到了词的意义;他的错误却在于将词意义和形式割裂开来。因此彼什科夫斯基的早期著作仍然是形式主义的。福尔图纳托夫的形式主义在彼捷尔松的著作中更是变本加厉。彼捷尔松在专门研究语法形式而完全不考虑其意义方面比福尔图纳托夫更严重。福尔图纳托夫对传统的词类学说有一定的怀疑,但还没有完全否认,而彼捷尔松却根本否定了这种学说。福尔图纳托夫还多少设法将词组学说和句子学说联系起来,而彼捷尔松则认为完全不要句子学说,对句子采取全盘否定的态度。……因此彼捷尔松是福尔图纳托夫学派中极端形式主义的代表。

温和的形式主义和极端形式主义都是以维护福尔图纳托夫的学说为口号,并相互指责对方背离了福尔图纳托夫的学说。因此他们争论的焦点仍然是"什

---

① 伯恩斯坦:《介绍彼什可夫斯基的语法体系》,时代出版社,1959年中文版,第 10 页。
② 同上书,第 11 页。

么是形式主义的实质"。

极端形式主义的出现造成了语法理论研究的危机。更为严重的是,他们这种观点给当时的语言教学带来了极大的困难。曾经拥护过形式学派观点的广大教师,逐渐走向反对这一学派的立场。这一形势促使一些学者逐渐形成了一股反对福尔图纳托夫形式学派的力量。

3. 从30年代到50年代初的时期

从20世纪30年代起在苏联语法学界开始了反对形式学派的斗争。当时反对形式学派的有两部分学者。一部分学者重新捡起了逻辑学派的观点。他们在重版布斯拉叶夫著作的前言中肯定了逻辑学派的体系,说:"形式主义者反对语言与思维统一、反对学校中科学的斗争,致使布斯拉叶夫教学法体系的原则失去了光辉……"[①]学校语法教科书也屏弃了形式学派的观点,又开始部分地采用逻辑学派的观点。这一反形式学派的流派由于得到不少教师的支持,力量还不算小。但是,时代在前进,语言在发展,陈旧的逻辑学派观点终究不能成为语法思想发展的主流。另一部分学者在反对形式学派斗争的过程中,开始探求一种新的语法思想,即结构—语义的观点。他们在波捷布尼亚曾经提到过的结构—语义观点的基础上,批判地继承了布斯拉叶夫、波捷布尼亚、福尔图纳托夫等学说中的合理因素,创建了辩证统一的结构—语义的观点。由于这一观点符合语法思想发展的趋向,随着时间的推移,得到了越来越多的学者的支持,逐渐成为反对形式学派的中坚。

用结构—语义的观点来反对形式学派的,有以谢尔巴、沙赫马托夫、维诺格拉多夫为代表的学者。谢尔巴侧重在词法范围内对形式学派进行斗争。他严肃地批判了福尔图纳托夫仅以词的形态变化为依据的划分词类的原则。沙赫马托夫虽然是福尔图纳托夫的学生,但是他在语法研究中屏弃了形式学派的方法论。他坚决反对以形态划分词类的原则,指出:"按形态原则区别词类是经不起批判的。"[②]他认为,鉴别词类的主要依据不是形态上的特征,而是每个词类所具有的句法条件。此外,"还有更深刻的区分词类的根据——语义上的根据"[③]。

[①] Г. Т. Хухуни, "Основные тенденции развития русской грамматической мысли первой половины XX века". 《Вопросы языкознания》, 1981, №6.

[②] А. А. Шахматов, 《Синтаксис русского языка》, Л., 1941, с. 424.

[③] Там же, с. 427.

由于福尔图纳托夫把语法看作是论述"语言形式"的学说,因此句法学则是研究词与词组合成"词组"的学说。他认为句子只是词组的一种。"言语中凡是实词(不是虚词)与实词组合,具有完整的含义者,不论它表示整个心理判断,抑或只表示判断的一部分"都称之为词组①。这样就取消了词组与句子这两种不同结构范畴之间的差别。沙赫马托夫在认真分析语言材料的基础上提出了词组和句子是两个相关的句法单位的重要论断。他认为词组与句子是有差别的:"在形式上,也就是语言外形上,句子具有语调,以区别于相应的、由同样一些词构成的不完整词组;在意义上,句子与不完整词组的区别,则在于句子实是完整的思维单位。"②他又指出:"句子是被说话人或听话人理解为一个语法整体的言语单位,是用词表达思维的单位。"③从中可以看出,沙赫马托夫把句子的概念与人的交际活动联系了起来。这一正确的观点反映在以后其他语法学家的一系列著作之中。当然,不能不指出,沙赫马托夫尽管把词组和句子看作两个句法单位,但是他却又受到福尔图纳托夫观点的影响,认为完整的词组(即句子)乃是词组中的一种。

维诺格拉多夫不仅继承了俄国语法学家(其中特别是谢尔巴和沙赫马托夫)的一切优秀传统,而且创造性地发展了这一传统。他提出:"每一个语法研究的基本对象都必须同时从形式和功能两方面来研究。"④这就使俄国和苏联的语法传统建立在结构和语义辩证统一的基础之上。因此,维诺格拉多夫的语法著作包含了俄语语法科学从18世纪中叶到20世纪中叶整整二百年的历史。

维诺格拉多夫既充分肯定了谢尔巴和沙赫马托夫在划分词类方面所取得的成就,又明确指出了他们的严重缺点。维诺格拉多夫认为:"词的分类应该是结构性的。它不能忽视词的结构中的任何一个方面。但当然,词汇标准和语义标准(其中包括语音标准)应该起决定性作用。在词的语法结构中,词法特点与句法特点结合为有机的统一体。……因此,研究词的基本形态范畴时就不能脱离开句法体系。"⑤这就是说,词类的划分标准首先根据它们的语义。而词类的语义是通过一定的语法特点体现出来的,因此划分词类时还必须考虑它们的语法

---

① Ф. Ф. Фортунатов,《Избранные труды》, Т. 2, М. ,1957, с. 451.
② А. А. Шахматов,《Синтаксис русского языка》,с. 274.
③ Там же, с. 19.
④ В. В. Виноградов,《Русский язык》, М-Л. ,1947, с. 8.
⑤ 维诺格拉多夫:《词的语法学说导论》,科学出版社,1960年中文版,第29页。

特点，即词法特点和句法特点。

维诺格拉多夫认为句子在语法中占有特殊地位，他强调除了词组以外，句子是语法中的中心概念，它是语言交际中基本的句法单位。他在批判福尔图纳托夫以词组为中心的句法学说的基础上，进一步发展了沙赫马托夫关于词组和句子是两个句法单位的观点，并提出，词组有别于具有交际功能的句子，是另一个句法单位。维诺格拉多夫还进一步指出了词组与句子的关系，他说："词组只有在句子结构中，只有通过句子才能进入语言交际工具的体系。但是若把词组从句子中抽出来看，那么它作为句子的建筑材料，也像词一样，只能作为语言的称名手段，表示事物、现象、过程等。"[①]

维诺格拉多夫还从结构和语义两个方面对句子进行了研究，他认为句子是形成、表达和传达思想的主要手段，是"语言交际中最小的完整单位"。词的组合如果不表达完整的思想，就不能起交际作用，就不能成为句子。此外，句子还必须具有述谓性（предикативность）和表述语调两个语法特征。

维诺格拉多夫认为："形成句子述谓性范畴的意义和作用在于句子内容与现实的关系。"[②]任何一个句子都表示说话内容与现实的关系。因此述谓性是区别句子与其他语言单位的主要特征。述谓性是通过情态性和时间两个句法范畴具体化的。情态性是指说话者对句子内容和现实关系所持的态度。说话者可以认为某一事实、某一现象在现实中存在或不存在，可以祈求或假设它们存在，可以认为它们可能、应该、必须存在……，这些都是不同句子可能有的情态性。例如：Сын работает（肯定存在）；Сын не работает（否定存在）；Сын работает?（对存在表示疑问）；Сын работал бы, ...（假设存在）；Работал бы сын!（希望存在）；Пусть сын работает!（祈求存在）等等。这些句子涉及的是同一个人，同一个行为，但是它们是不同的句子，有不同的情态，反映了说话者不同的态度。

情态性主要是通过句法方式（синтаксические наклонения）来表示的。句法方式可分为：1. 具有现实意义的句法陈述方式，如：Сын учится；Сын учился；Сын будет учиться 等。2. 具有非现实意义的句法非现实方式，如：假定方式 Сын учился бы, ...；应该方式 Сын учись ...；愿望方式 Учился бы сын!；祈使方式 Пусть сын учится! 等。

[①] 《Грамматика русского языка》, Т 2, Ч. 1, М., 1954, с. 11.
[②] Там же, с. 80.

时间是句子述谓性具体化的另一句法范畴。任何句子所述的内容总是和时间紧密联系着的。句子的时间是指句子所述的事件发生、进行、完成的时间,主要是通过现在、过去、将来三种句法时间(синтаксическое время)表示的。句法时间可分为现在、过去、将来三种时间,如:Сын работает; Ночь темна—Сын работал; Ночь была темна—Сын будет работать; Ночь будет темна 等。此外,句法现在时还可以表示将来时或过去时,句法过去时也可表示将来时,如:Завтра я еду; Сегодня еще студент, завтра я инженер! —Иду я вчера по улице вдруг... —До свидания, я пошел 等。

表述语调既是表达述谓性的重要手段,又是把句子区别于其他句法单位的重要特征之一。词或词组在没有进入句子之前是无所谓语调的。例如 сюда 作为一个单词时,没有什么语调。但当它成为句子,表达完整的思想时,就有了语调,而且根据它作为句子表达的意义不同,可有与意义相应的不同语调,如 Сюда! Скорее! (祈使语调);Куда надо положить? Сюда? (疑问语调);Да, сюда(陈述语调)等。

总之,维诺格拉多夫的语法思想不但与语法中的形式主义尖锐对立,而且在与它斗争的过程中把俄国的传统语法推向了一个新阶段。他的这些思想主要体现在 1952—1954 年苏联科学院《俄语语法》(以后简称《1954 年语法》)之中,这对当时和今后语法思想的发展都有着极其深远的影响。正如什维多娃所指出的那样:"现代高等学校和中等学校的俄语语法教学在很大的程度上依赖于他的体系。"[1]

第二节 20 世纪 50 年代以后苏联/俄罗斯对俄语句法学的研究

这几十年来苏联/俄罗斯语言学界对俄语句法的研究进展较快,进入了一个新的阶段。

长期以来,苏联/俄罗斯语言学界一直是以传统观点(结构观点即静态观点)来研究句法的。他们在这方面的研究比较深入,比较系统,并建立了较为完整的

---

[1] Н. Ю. Шведова, "Грамматические труды академика В. В. Виноградова". В кн.: В. В. Виноградов,《Избранные труды. Исследования по русской грамматике》, М., 1975.

科学体系。从 50 年代起苏联语言学界着重把语言当作交际工具来研究。语言是社会的产物,是人们进行交际、交流思想的工具。因此他们主张把语言作为一种社会现象来研究,强调语言的社会交际功能。这一观点影响了语法学界。不少语法学家开始从交际观点和功能观点来研究俄语句法,从而突破了俄国和苏联的传统句法在研究对象(句子的静态结构、单个的句子等)、研究方法(从形式到内容)等方面的局限。

以交际观点来研究句子的实际意义,也就是揭示句子在相应的连贯言语(即上下文或语境)中的直接的、具体的意义,称之为实义切分(актуальное членение)。俄罗斯语法学家拉斯波波夫、科夫图诺娃以及捷克语法学家阿达麦茨等对句子的实义切分作了很多研究,并初步揭示了句子交际组织的类型以及它们的词序和句重音变化的规律。他们还将其研究成果编入了苏联科学院《现代标准俄语语法》(以后简称《1970 年语法》)和 1980 年的《俄语语法》(以后简称《1980 年语法》)之中。他们认为,同一形态组织的句子由于交际任务的不同,由于上下文或语境的不同就会有不同的结构,不同的意义。同一形态组织的句子在意义和结构上的差异往往表现在词序和句重音的各种变化上。由此可见,句子的结构不是静态的而是动态的。对于句子实义切分的研究维诺格拉多夫早在 50 年代就作了肯定,他说:"值得注意的是,已经有人尝试摆脱赤裸裸的形式—逻辑的窠臼来研究这类语法现象了。""研究这些问题,对于更深刻地理解俄语的表情手段(其中包括词序)无疑是有很大帮助的。"[1]

从交际观点来研究大于句子的句法单位超句子统一体(сверхфразовое единство)(又称复杂句法整体 сложное синтаксическое целое,也有个别语言学家称它为 прозаическая строфа),在苏联是从 40 年代末开始的。但是在 50 年代和 60 年代这方面的研究进展不大。到 70 年代初,由于话语语言学在世界各国已发展成了一门独立的学科,苏联/俄罗斯对超句子统一体的研究才取得了较为明显的进展。40 年代末 50 年代初一种大于句子的结构引起了俄罗斯语法学家波斯彼洛夫、菲古罗夫斯基等的重视。他们一方面研究连贯语篇中的交际组织;另一方面又研究言语链条中大于句子的单位——复杂句法整体,并初步揭示了它的本质、地位和结构、语义上的特点。他们认为,超句子统一体是大于句子的结构—语义的统一体。它由两个以上的句子构成,是具有结构上完整性和意义

---

[1] 《Грамматика русского языка》,Т. 2, Ч. 1,М.,1954,с. 91.

独立性的一段话语。在结构上超句子统一体以联系手段把独立的句子联结成一个整体。在意义上它具有自己特殊的小主题。统一体中每个句子都是为揭示小主题而联结在一起的。换言之,超句子统一体就是有着共同小主题的句子的总和。尽管研究超句子统一体的历史还很短,但是,对它的研究已经打破了传统语法把研究局限在句子范围之内的框框。

从上世纪 80 年代起对超句子统一体的研究扩大为整个言语作品的研究。其研究对象涉及构成语篇的各个单位,即句子、超句子统一体、片段(фрагмент)、节(глава)、章(часть)、全文(текст)。如索尔加尼克 1997 年出版的《从词到语篇》[①]等。这就形成了"语篇语言学(лингвистика текста)"。语篇语言学还可分为三门分支学科:语篇语法学、语篇语义学和语篇语用学。语篇语法学主要研究构成语篇的语言单位之间的形态接应。语篇语义学侧重研究构成语篇的语言单位之间的语义接应。前二门学科都是分析构成语篇的内部因素的。而后一门学科语篇语用学则研究构成语篇的外部因素,如情境性、目的性等问题。现代俄语语篇语法学主要是研究构成语篇的内部规律的。具体地说,是研究实义切分的,揭示连贯性语篇从左到右、从已知到未知的线性规律,是研究大于句子的语言单位超句子统一体、片段、节、章等的结构、语义特征的,是分析它们的句际联系或成素间联系及其类型的。

过去实义切分限制在句子的范围内,而现在扩大到更大的语篇单位,如系列句子或超句子统一体等。佐洛托娃在 1982 年的《俄语句法的交际观点》[②]中认为,语篇中的主位(тема)和述位(рема)在结构—语义上具有同型性和同一性,从而指出话语中存在着优控述位(рематический доминант)。克雷洛娃于 1992 年提出了语篇的超主位(гипертема)和超述位(гиперрема)[③]。这说明了俄语语篇语言学正在探索在更大的语篇单位中进行实义切分。

语言的基本功能是交际。从功能观点研究俄语句法,就是要揭示各种语言单位在交际过程中所表示的句法功能。俄罗斯语法学家佐洛托娃在这方面很有研究。在 1973 年出版的《俄语功能句法概要》一书中,她不同意把功能与意义等同起来的观点。她认为,形式—功能—意义三者组成一个三角形,因此功能有别

---

① Г. А. Солганик, 《От слова к тексту》, М., 1993.
② Г. А. Золотова, 《Коммуникативные аспекты русского синтаксиса》, М., 1982.
③ О. А. Крылова, 《Коммуникативный синтаксис в русском языке》, М., 1992.

于意义。佐洛托娃又"从句法的交际功能出发,把句法单位的功能确定为它们在构成句子这个交际单位中所起的作用。因此,功能表现为句法单位与交际单位的关系"①,她提出了各种句法单位的三种基本的句法功能:第一句法功能是独立话语的功能;第二句法功能是话语构成部分的功能;第三句法功能是话语构成部分中的从属部分的功能。她又进一步指出,任何一个句法单位(词形、词组或句子)在交际过程中都有这三种功能:或起着独立交际单位的作用(即第一功能),或具有交际单位中构成部分的作用(即第二功能),或起着交际单位中构成部分的扩展成分的作用(即第三功能)。由此可见,佐洛托娃的功能句法法基本上是属于结构性的。

俄罗斯语法学家邦达尔科对功能语法的看法是在继承和发扬谢尔巴关于"消极语法"和"积极语法"的基础上提出来的。他在《功能语法的原则和体学问题》一书中指出:"在我们看来,功能语法不能只局限于以积极语法为基础的原则'从内容到形式表达手段'。从形式到内容的方向是任何一部语法(其中包括功能语法)所必须具备的,因为语法的体系性统一是靠它来维持的。""因此功能语法包括的不仅是语法的积极观点,而且也是语法的消极观点。这时这两种观点都包括在两个方面'手段—功能'必须联系的原则之中。"②他认为:我们理解他人的话时,其过程是从形式到内容,即从手段到功能;如果我们表达思想,其过程则是从内容到形式,从功能到手段。因此这两个原则相互联系,相辅相成。它们构成功能语法的体系性统一。由此可见,邦达尔科的功能语法观点反映了理解和表达两种言语活动的过程。但是他更强调以积极言语活动为基础的"从内容到形式""从语义到形式手段",从而打破了词法与句法的界线、词汇与语法不同语言层次的界线,按照语义范畴将表达该语义的各种手段重新组合。

此外,不少语法学家认为,功能语法应着重研究通过什么样的手段来表达一定的意念,即从功能到手段,也就从内容到形式。在这几十年里苏联/俄罗斯编写了不少给外国学生用的语言教材和语法教材,其中大多数是采用这种功能观点,即"从功能到手段"的原则编写的。这符合思维表达的过程。因为人们在交际过程中先要对要说的话有个想法,然后再寻找恰当的语言形式来表达所要说的意思。

---

① Г. А. Золотова,《Очерк функционального синтаксиса русского языка》,М.,1973,с.9.
② А. В. Бондарко,《Принципы функциональной грамматики и вопросы аспектологии》,Л.,1983,с.33.

众所周知,对于"功能"人们有不同的理解,因此出现了不同的涵义和用法,如"交际功能""表情功能""修辞功能""句法功能"……。1973年俄罗斯语法学家瑟罗瓦特金曾对"功能"一词作过统计,共有25种涵义和用法①。由此可见,"功能语法"这一名称涵义不清。

别洛莎帕科娃和米洛斯拉夫斯基把这样的语法称之为"意符语法(идеографическая грамматика)"②。俄语中的 идеография 由希腊语中 idea(概念、思想)＋grapho(符号)构成,具有"表达某一概念约定的符号"的意思,在语言学中通常译成"意符"。他们认为,"意符语法"这一名称充分反映了该语法的理论基础,反映了语言符号最重要的特征——它非对称的两重性。所谓语言符号非对称的两重性就是指:语言符号是语音形式和意义内容互相依存、互相制约的统一体,但是,由于意义是联系语音形式与对象之间的纽带,没有意义就没有指称对象在人意识中的反映,那么声音归声音,对象归对象,两者之间就无从建立联系,因此从这一意义上来说两者并不对称。他们指出:用"意符语法"来称名不仅反映了该语法的理论基础,而且也突出了该语法侧重对语言符号意义一面的描写,突出了从意义、内容到形式手段的主导思想。语言符号的语音形式、意义内容与指称对象之间的关系可用下列图表表示:

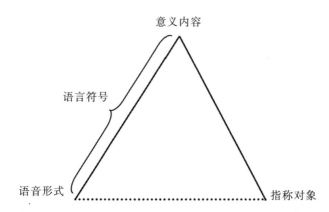

意符语法与功能语法尽管有相近之处,但是它们之间还是有差异的。功能语法的任务是描述某一语言的功能语义场,而其语义场体系反映了人类思维的

---

① С. Н. Сыроваткин, "Значение высказывания и функции языка в семиотической трактовке". «Вопросы языкознания», 1973, №5.

② «Идеографические аспекты русской грамматики», Под ред. В. А. Белошапковой и И. Г. Милославского, МГУ, 1988.

一些主要范畴,如主体及其行为和特征的关系、行为情态及其时体的关系、限定关系、数量关系、疏状关系等。这些关系的表达组成了人们的交际内容。可见,功能语法更多地强调语言与思维的关系。意符语法与它不同,着重强调语言与客观现实的关系。这一特点在舒瓦洛娃以语法中的意符观点编写的《复合句的意义关系及其表达方法》一书中得到了反映[①],她根据复合句与客观现实中指称对象的关系把复合句的意义关系分成三类。第一类复合句的指称对象为两个或两个以上处在相互关系中的现实情景,如 Дует соленый ветер, и с моря кричат чайки; Когда мы учились в университете, Сергей начал изучать финский язык 等。第二类复合句的指称对象是一个现实中的情景,但在描写过程中作者采用了描写两个或两个以上情景的手段,如(Вдали на снегу что-то чернеет.) То ли куст растет, то ли камень лежит, то ли человек присел 等。第三类是第一类与第二类之间的过渡类型。它们通常表示"理由—逻辑结论关系""原因的根据关系""题论及其根据关系"等,如 В соседней квартире работает телевизор, значит, там не спит; О нашем приезде, должно быть, стало известно, потому что в гостиной был уже накрыт стол 等。上述例句的意义具有两重性。一方面,它们是描写客观现实中两个情景因此似乎应该归为第一类。另一方面,作为"观察对象"的只有一个被描写的情景(в соседней квартире работает телевизор; в гостиной был уже накрыт стол)。至于第二个情景,它由于没有客观的信息,只是作者的精神活动。正因为如此,它们的意义关系又趋向于第二类。总之,功能语法与意符语法尽管都以积极的言语活动为其描写的基础,但是在描写的过程中它们各有所侧重。

无论是从交际观点、语篇观点,还是从功能观点、意符观点来研究句法,都是把语言当作交际工具来研究。这不仅填补了俄国和苏联传统语法在这方面的空白,而且也是俄语语法思想的发展。尽管在研究过程中存在着这样或那样的问题,对很多问题还阐述得很不充分,但是它符合语法思想的发展趋向,有着极其强大的生命力。

在这几十年里,苏联/俄罗斯语法学界一方面以交际观点、语篇观点、功能观点、意符观点来研究句法,另一方面以静态观点对句法的研究也有了新的进展。

[①] С. А. Шувалова, 《Смысловые отношения в сложном предложении и способы их выражения》, МГУ, 1990.

持这一观点的学者不仅探索用句子结构模式（структурная схема предложения）这种新形式来描写句子的形态组织，而且还开始从对句子形式的研究转向对其内容——句子语义的研究。

句子结构模式是由造句所必需的最低限度构成部分组成的抽象的样板。苏联/俄罗斯语法学界对句子结构模式的研究是从60年代开始的。由于结构模式是建立在对句子抽象的不同层次的基础上，因此存在着两种不同的观点。一种是以什维多娃为代表的。她认为句子结构模式乃是作为最低限度述谓单位的形态组织。她说："简单句是报道的独立句法单位，这一单位的语法意义是述谓性，其形式则是最低限度的结构模式。"① 这种结构模式是由体现述谓性的主要成分组成的，它们是模式的必需的构成部分。模式的扩展成分都被排斥在模式的结构之外。因此，什维多娃的句子模式只是具有语法完整性的非扩展结构。以最低限度述谓单位为界限的结构模式对句子的描写是在传统语法的基础上发展起来的。正如什维多娃所指出的那样，她的结构模式是"起源于在俄语语法传统中所形成的如何理解非扩展句的界限以及句子和词组的相互关系"②。另一种观点是以阿鲁玖诺娃、洛姆捷夫、佐洛托娃等为代表的。他们把"语义上独立的界限""实现称名功能的界限"看作是划分最低限度句子的标准。因此句子结构模式是最低限度的称名单位（номинативная единица）。他们又进一步指出：作为称名单位的句子结构是由句子的语义核心（即述谓语）和述谓语发生关系的表示事物的构成部分（即事物名词）组成的。所谓事物的构成部分就是事件的参加者，即行为的主体、客体等。它们与述谓语处在一定的关系之中。由此可见，这种结构模式不仅是述谓单位的形态组织，而且也是句子的语义组织。它既具有语法上的完整性，又具有内容上的独立性。因此有人把这种结构模式称之为"扩展的结构模式"。

这两种简单句结构模式都各有优缺点。前者以述谓核心为模式的界限，因此界限明确，而且数量有限，模式描写简练。但是这种模式不能区别形态组织相同而语义组织不同的主动结构和被动结构。如 Рабочие строят дом 和 Дом строится рабочими 都被归到同一结构模式 N1—Vf。此外，按照这种模式有时

---

① 《Грамматика современного русского литературного языка》，М.，1970，с. 544.
② Н. Ю. Шведова，"Спорные вопросы описания структурных схем простого предложения и его парадигм"．《Вопросы языкознания》，1973，№4.

造出的句子不能起交际作用,如 N1—Vf 的模式有时只可构成 Я встретил；Мы очутились；Линия А параллельна 等不完整的句子,只有加上扩展成分(встретил)кого；(очутились)где；(параллельна)чему 才具有意义上的完整性。因为它只具有语法上的完整性,不具有意义上的独立性。而作为最低限度称名单位的结构模式对简单句的抽象程度上不如作为最低限度述谓单位的结构模式高,因此它既有语法上的完整性,又有语义上的独立性。这种模式正规体现(регулярная реализация)后不仅可构成意义上完整的句子,而且还可以区别形态相同而语义不同的主动结构和被动结构。如主动结构 N1—V trans—N4(名词第一格＋及物动词＋名词第四格)的模式可体现 Рабочие строят дом 这样的句子。被动结构 N1—V ref—N5(名词第一格＋反身动词＋名词第五格)的模式可体现 Дом строится рабочими 这类句子。但是这种模式由于抽象程度不高,其界限必然不十分明确,模式数量较多,这就可能在一定程度上影响模式的抽象样板作用的意义。

尽管句子的结构模式是以传统语法的静态结构为描写对象,但是,它的出现反过来对传统语法的句子成分学说,特别是对次要成分的学说起了一定的冲击作用。这主要因为结构模式中的构成部分是按词法形态组成的,体现模式时只要根据要求填入所需要的词法形态就能构成句子。因此,在句子结构模式中句子成分的地位就不像过去那样重要了。

除简单句的结构模式外,别洛莎帕科娃在1967年的一次语言理论研讨会上第一个提出了复合句结构模式的设想。后来她在1977年《现代俄语·句法学》和1981年《现代俄语》句法部分中都对这一问题作了阐述。别洛莎帕科娃认为："简单句是由一定形态的词组成的,因此简单句公式可归结为对其述谓核心的词法性质的表示"；"而复合句是由按照简单句公式建造的述谓单位或它们在上下文中的等价物组成的,因此复合句公式必须在其组成中反映述谓单位组合的规则"[①]。

众所周知,复合句是句子内部复杂程度最高的单位,在简单符号表示的结构模式中要反映出各种类型复合句的基本特征,其困难是可想而知的。因此,至今尚未见到比较完整的复合句结构模式的材料。

[①] В. А. Белошапкова, "О понятии (формула предложения) на уровне синтаксиса сложного предложения". В кн.:《Единицы разных уровней грамматического строя языка и их взаимодействие》, М., 1969.

苏联/俄罗斯语法学家在研究句子形态组织的同时，还对句子的语义结构（семантическая структура предложения）、构成句子意义的因素等方面进行了研究。他们的研究大致有以下三种观点：

俄罗斯的鲍格达诺夫、捷克的阿达麦茨等以所指观点来研究句子的语义结构[①]。他们认为，句子是赋予事件、情景称名的单位，而述体对于称名情景来说是最重要的称名，因为它不仅指出主体在一定时间、情态范围内所具有的特征，而且还决定这一特征参加者之间的作用分配。这就在述体周围建起一个使必需词汇自然卷入的配价场（валентное поле）。因此主体就其结构和语义上的重要性而言要低于述体，属于情景参与者的行列，与客体归为一类，只占配价（валентность）的位置。从而得出结论：述体是句子整个情景的潜在负荷者，在句子中无论在结构上，还是在语义上只有一个述体中心。

鲍格达诺夫在《句子的语义—结构组织》一书中根据在语义结构中的语义功能把参与者分成 14 种，可分成三组：1. 具有动物参与者功能的，如行为发出者（агентив，缩写为 аг.）、行为承受者（пациентив，缩写为 пац.）、感受者（экспериенсив，缩写为 экс.）等；2. 具有非动物参与者功能的，如行为发出物（элементив，缩写为 эл.）、行为承受物（объектив，缩写为 об.）、工具（инструментатив，缩写为 ин.）等；3. 兼有动物和非动物功能的，如名称（ономасиатив，缩写为 оном.）、方位（локатив，缩写为 лок.）、性质具有者（дескриптив，缩写为 дес.）等。鲍格达诺夫认为划分动物对象与非动物对象是必要的，因为"前者具有后者一般无法谈及的纯行为"[②]。例如作为动物对象的行为发出者本身就是该行为的源泉，不需要其他的推动因素；而非动物对象就不具备这一性质，它为完成某一行为需要外界的推动因素。

鲍格达诺夫根据参与者的数量和语义功能、述体的类别，把句子的语义结构归结为下列公式：$П_к(c)+A_1(f_1)+\ldots+A_к(f_m)$。公式中 $П$ 为述体，к 是述体 $П$ 的参与者 A 的数量，c 为述体的类别（如行为、状态、关系、性质），f 为参与者的语义功能，m 为这些功能的数量。根据这一公式鲍格达诺夫具体归纳为 42 个语义结构。例如：$П_1$（行为）+$A_{аг.}$（Мальчик бежит）；$П_1$（状态）+$A_{пац.}$（Сын заказан）；$П_1$（状态）+$A_{дес.}$（Парус алый）；$П_2$（行为）+$A_{пац.}$.+$A_{аг.}$（Отец

[①] В. В. Богданов, «Семантико-синтаксическая организация предложения», ЛГУ, 1977.
[②] Там же, с. 55.

наказывает сына);П2(行为)＋Аоб.＋Аин.(Нож режет хлеб);П2(行为)＋Апац.＋Аэл.(Пулей убило человека);П3(行为)＋Аоб.＋Аин.＋Ааг.(Мальчик режет хлеб ножом);П3(行为)＋Алок.＋Аоб.＋Ааг.(Мальчик положил книгу на стол)等。这种语义结构具有信息完整的优点。但令人人遗憾的是,有些句子类型(如主格句 Ночь 等;无人称句 Смерклось 等;不定人称句 Здесь не курят 等)未被列入语义结构的范围之内。

还有些语法学家,如俄罗斯阿鲁玖诺娃、捷克齐麦克[①]等,他们主张以语义结构的基本成素(主体、述体和客体)之间的逻辑关系为基础的逻辑观点。阿鲁玖诺娃所列举语义结构基本成素间的逻辑关系只有存在关系、等同关系、称名关系、评定关系四种。实际上语义结构的逻辑关系远不止这些,不过她详细阐述的只有前两种。

什维多娃是结构观点的代表。她把句子的语义作为句子结构本身的范畴加以研究,其特点是从句子的形态组织出发,研究语法意义与词汇意义在句子中的相互作用。她认为,句子的语义由最低限度结构模式的语法意义、扩展结构模式的语法意义和填入的具体词汇意义三种因素共同构成[②]。

对以上三种观点语言学界褒贬不一。所指观点和逻辑观点强调语言与客观现实(情景)的关系,强调语言与思维(逻辑)的关系,这是正确的。但是它们却忽视了语言本身的作用:句子结构模式的语法意义和填入模式的词汇的意义。这可能与他们要创建适用于各语言的"共同语法"有关,因而对各种语言本身的特点注意不够。结构观点侧重于对俄语句子结构本身的研究,这是值得肯定的。但是它忽视了语言与客观现实、语言与思维的关系。因此,它对句子结构模式及其语义结构的描写上往往会出现矛盾。

对句子语义结构研究的三种观点,反映了语言与客观现实的关系、语言与思维的关系和语言本身各成素之间的关系。众所周知,客观现实、思维、语言三者是相互作用、相互制约的。单独强调其中某一方面,而忽略其他方面,这必然陷入片面性。

随着时间的推移,俄罗斯语法学家和其他国家的俄罗斯语文学家对句子结构模式及其语义结构的看法也有了变化。佐洛托娃在 1998 年的《俄语交际语

---

① Н. Д. Арутюрова, «Предложение и его смысл», М., 1976.
② «Русская грамматика», Т. 2, М., 1980, с. 124.

法》中指出：尽管1980年科学院语法承认进行句子语义分析的必要性，但是，它仍然没有解决句子结构模式与其语义结构之间的相互联系。她认为，句法的基本单位是具有实物意义的句素（синтаксема）和具有特征意义的句素。它们进入述谓联系，构成具有一定类型意义的句子模型（модель）。佐洛托娃明确指出："句子模型是由主体成素与述体成素在其词法的、句法的和语义的特征统一中相互制约组成的。"[①]从中可以看出，佐洛托娃对句子模型的看法向前迈出了极其重要的一步，即把句子的结构模式与其语义结构结合在句子的模型之中。

我国学者于90年代提出把句子结构模式与其语义结构结合在一起的一种新形式——句子的模型[②]。他们认为，俄语简单句最低限度模型是从俄语简单句的结构和语义中抽象出来的，由以词法或句法形式表达的述体和述体配价所制约的成素组成的公式。该公式具有自己的结构模式和语义结构，按照该公式可以生成语法上完整的和信息上独立的非扩展句。这就是说，他们的模型是由形态上的结构模式和信息上的语义结构组成的。我们采用模型符号双重性的原则，它既包括用没有括号的拉丁字母表示的句子结构模式，又包含用括号内的斯拉夫字母表示的语义结构。它们两者有机结合在同一统一体（模型）之中。句子结构模式是从形态角度对句子进行的抽象。例如 Отец читает газету 可抽象为 N1—Vact f—Cobj（名词第一格＋行为动词变位＋补语）。句子的语义结构是从语义方面对句子信息内容类型的概括，因此它具有概括的类型意义。例如上面举的句子从语义上可抽象为 Содуш.—Пдействие —Оодуш./неодуш.（动物主体＋行为述体＋动物或非动物客体）。上述的结构模式和语义结构有机结合起来构成一个模型 N1（Содуш.）—Vact f（Пдействие）—Cobj（Оодуш./неодуш.）。

无论是句子形态上的抽象（即句子的结构模式），还是语义上的抽象（即句子的语义结构），它们的描写对象都是不受语境影响和制约的句子的静态结构。因此对这两方面的研究属于以传统语法为基础的静态观点的进一步的发展。

综上所述，苏联/俄罗斯语言学界之所以会在上世纪50年代以后对俄语语法的研究发展较快，特别是对句法的研究进入了一个新阶段，其原因有二。其一是，客观现实提出了不少亟待解决的问题，而这些问题苏联当时的传统语法无法

[①] Г.А.Золотова，《Коммуникативная грамматика русского языка》，М.，1998，с.104.

[②] 吴贻翼、宁琦：《现代俄语模型句法学》，北京大学出版社，2001年。

做出圆满的解答,这就促使苏联/俄罗斯语言家开始探索、研究这些新问题。例如苏联科学院《1954年语法》在保持俄国和苏联传统语法的同时,明显地脱离了当时语法科学发展的水平。其中有些章节写于40年代(甚至30年代),因此随着时间的向前推移,它越来越不符合时代的要求。就以简单句为例,简单句的分类原则、句子主要成分和次要成分的划分标准等一系列问题都暴露出严重的缺陷。又如计算机、电脑的问世以来,它的职能越来越扩大,用计算机进行翻译已成为现实。机器翻译迫切要求语言学理论的指导,它还要求语言规则公式化、句子结构模式化、区别形态相同而语义不同的歧义句、动词配价的研究、以动词为中心的析句法等……再如近几十年来由于人民大众参与政治文化生活,无线电、电影、电视等的广泛使用,人民大众的语言、日常口语的地位和作用日益提高,逐渐取得了标准语的地位,并大量渗入书面语中。由于口语与书面语的相互渗透,在现代俄语中通过融合、分解等手段有些原有的结构有了新的变化,不少新的结构不断涌现。这就需要语言学家对这些结构做出新的解释……

欧美语言学的各种流派对苏联/俄罗斯语言学界的影响,是促使其发展较快的外因。长时间以来苏联对国外语言学的各种流派一概加以否定。直到上世纪50年代中期才开始有所变化。他们一方面重新评价过去被否定的语言学流派,如索绪尔的语言学理论等;另一方面逐步引进国外语言学的新观点,如转换生成语言学理论、话语语言学、认知语言学、配价语言理论等。因此国外的影响为苏联/俄罗斯语言学的发展提供了条件。

第三节 苏联科学院1952—1954年《俄语语法》和1980年《俄语语法》

十月革命后苏联科学院编写了两部语法:一部是以维诺格拉多夫为首编写的《1954年语法》,另一部是什维多娃主编的《1980年语法》。

《1954年语法》是一部描写—规范语法,它在总结前人研究俄语语法科学所取得的成果基础上,系统地阐述了标准俄语中语法结构的规则。它对语法结构规则的描写是以俄国和苏联传统语法的语法思想为主导的。所谓俄国和苏联的传统语法是指谢尔巴、沙赫马托夫、维诺格拉多夫为代表的语法学家在波捷布尼亚曾经提出过的一些结构—语义观点的基础上,批判地继承布斯拉叶夫的逻辑学派、福尔图诺托夫的形式学派等学说中的合理因素,创建以结构—语义观点为主导的语法体系。特别值得提出的是维诺格拉多夫。他不仅继承了俄国语法学家的一切优秀传统,而且加以发展,使传统语法建立在结构和语义,形式和内容辩证统一的基础之上。《1954年语法》具体体现传统语法的语法思想有:

1. 作为语言结构的语法是一个有组织的、有条理的多层次的体系。体系中的每一层次不仅是个相对独立的分系,而且与其他层次有着紧密的联系。每一层次又可划分若干语言单位;这些语言单位都是作为整体的一个部分进入这个体系的,与层次内和层次间的其他语言单位互相联系。低一级的语言单位按照一定的规则组成高一级的语言单位,而高一级的语言单位又可分解为低一级的语言单位。因此,作为一个体系的语法存在着层次内部的各种不同关系以及层次间的相互关系。

2. 任何语言单位都是外部结构与其内在的内容、功能的作用有机结合起来的。正如维诺格拉多夫所指出的:"每一个语法研究的基本对象都必须同时从形式和功能两方面来研究。"[①]因此,在语法描写上结构和语义必须相互联系在一起。

3. 任何句法结构都是独立的、不受上下文或语境制约的静态结构。它的属性只能由其内部——它的纯形态组织所表达。例如句子是个述谓单位。它是由词和词形按照一定的规则构成的,它的构成与上下文或语境没有任何联系。因此除了对句子本身进行分析外,就没有必要对句子以外的上下文或语境再进行什么分析了。

4. 在描写方法上是从形式到意义,也就是从语法单位的外部形式出发进行分类,然后对这些单位进行多方面的描写,揭示其内在的语法意义。这一方法既可保证对语法单位有顺序、有系统的研究,又可避免把语法意义与其他意义相互混淆。

总之,维诺格拉多夫的语法思想把俄国和苏联的传统语法推向了一个新阶段。他的这些思想主要体现在《1954年语法》之中,这对当时和今后语法思想的发展都有着极其深远的影响。因此,《1954年语法》不仅对语言理论的研究,而且对实践语言的教学都起了极其重要的作用。正如什维多娃所说的:"现代高等

---

① В. В. Виноградов,《Русский язык》,М-Л. ,1974,с. 8.

学校和中等学校的俄语语法教学很大的程度上依赖于他的体系。"① 但是，它在保持俄国和苏联语法的传统的同时，却明显地脱离了当时语法科学发展的水平。它的各章之间，以及各章与理论性导论、特别是维诺格拉多夫所写的第二卷的导论之间，反映出来的对语法科学研究的水平是极不平衡的。其中不少章节是写于 40 年代甚至 30 年代。因此，随着时间的向前推移，它越来越不符合时代的要求。

鉴于上述原因苏联科学院俄语研究所于 1963 年组成了新科学院语法的编写组。1966 年出版了什维多娃主编的该语法的编写原则《现代标准俄语描写语法的编写原则》②，并在这基础上试编了《1970 年语法》。这部语法仅被认为是 1980 年苏联科学院语法的一个准备阶段。它属于理论上的探求，因此，仅供语言学家们讨论和研究。尽管这部语法引起了国内外语言界的争论，但是它仅起理论试验阶段的作用，为正式编写《1980 年语法》作了准备。

《1980 年语法》是在总结《1954 年语法》《1970 年语法》的基础上编写的。它是以俄国和苏联传统语法为基础，反映现代语言科学的一部新型的描写—规范语法。它既继承了俄国和苏联语法科学的优秀传统，充分体现了传统语法的语法思想，又反映了当前苏联语法科学发展的水平，特别是反映了苏联语法学家在构词法和句法方面为语言学所作的贡献。

从 50 年代到 80 年代，在这 30 多年来，苏联语法学界对俄语句法的研究进入了一个新阶段。他们一方面开始以交际观点、功能观点来研究俄语的句法结构，从而突破了俄国和苏联的传统句法在研究对象（句子的静态结构、单个句子等）、研究方法（从形式到内容）等方面的局限；另一方面，持有传统语法思想的学者对句法的研究也有了新的进展。他们不仅探索用句子结构模式这种新形式描写句子的形态组织，而且还开始从句子形态组织的研究转向对其语义结构的研究。《1980 年语法》句法部分主要反映了后一方面研究中所取得的成果。当然，在某些部分也吸取了前一方面和国外语言学研究的成果，如实义切分的理论、聚合关系（парадигматическое отношение）在句子中的体现、多层次分析法（多ступенчатый анализ）等。《1980 年语法》句法部分主要的特点有发下

---

① Н. Ю. Шведова, "Грамматические труды академика В. В. Виноградова". В кн.: В. В. Виноградов, «Избранные труды. Исследования по русской грамматике», М., 1975.

② Институт русского языка АН СССР, «Основы построения описательной грамматики современного русского литературного языка», М., 1966.

几点：

1. 简单句部分

(1) 句子结构模式。《1980 年语法》认为："简单句的述谓核心（即结构模式）是具有自己形态组织和语言意义的句法样板，按照它可以构成独立的非扩展句。""每个作为语法单位的简单句都具有述谓核心，也就是按照某一抽象的样板所构成的。"[①]这就是说，《1980 年语法》把结构模式与述谓核心等同起来。因此，它的结构模式是以最低限度的述谓单位为其界限的，也就是只具有语法完整性的非扩展句。它认为模式的数目有限，总共列出了 68 个模式。其中非疑问句结构模式 47 个，疑问句结构模式 21 个。在非疑问句结构模式中，双成素模式 22 个，单成素模式 9 个，成语性模式 16 个。

(2) 句子结构模式的聚合体（парадигма）。这一概念是由苏联语言学家根据索绪尔的组合关系（синтагматическое отношение）和关联关系（ассоциативное отношение）[②]（即聚合关系）的论述[③]于 50 年代末提出来的。索绪尔认为，组合关系是指构成线条性序列的语言要素之间横的关系，而聚合关系是指在一个结构中占据同一位置具有同一作用的语言要素之间纵的关系。语言中的各种要素、各种单位就是通过这两种关系互相联系、互相制约的。

什维多娃把句子的聚合体看是句子的形态体系，即句子结构模式内的变形。她认为，①述谓性是句子的语法意义；②述谓性具体体现在情态意义（各种形式的现实和非现实方式）和时间意义（过去时、现在时和将来时）之中，而且时间意义在一定的范围内与情态意义相关联；③情态—时间意义是由句子形态组织的变形表达出来的，这种变形称之为句子的形态，而表达述谓性范畴的句子形态的体系叫做句子的聚合体。

(3) 句子结构模式的正规体现（регулярная реализация）。什维多娃把用词形填入模式构成句子称之为模式的体现。所谓模式的正规体现是指模式体现时可以有某些规律性的变异。例如用词形填入双成素结构模式时可省略其中某一成素（—Ученики опоздали? —Опоздали; —Кто опоздал? —Ученики）等。由

---

① 《Русская грамматика》, Т. 2, М., 1980, с. 84—85.

② Ф. де Соссюр, 《Курс общей лингвистики》, М., 1956.

③ 索绪尔在《普通语言学教程》中提出组合关系和关联关系。后来丹麦语言学家叶尔姆斯列夫于 1938 年在"形态单位理论试探"一文中进一步阐述了这两种关系。只是他把关联关系的名称改为聚合关系。

此可见，模式的正规体现也是一种句子的变形。但是它与句子的聚合体在性质上是不同的：前者的变形也相应地影响句子的语义，但它不涉及客观情态意义的表达；而后者是表达客观情态意义的手段。

（4）句子结构模式的语义。什维多娃认为："句子的语义结构是句子抽象的语言意义，是由句子成分的词汇、语法意义相互作用而形成的句子的语义要素之间的语法关系。"①她的语义结构包括三种不同程度的抽象意义：①句子结构模式本身的语义；②填充句子结构模式各必需成素的词汇语义；③句子结构模式的扩展成分的语义。

（5）句子结构模式的词序。句子的词序就是句子的实义切分。这一理论是由捷克语言学家马捷齐乌斯于20世纪50年代提出来的②。实义切分就是揭示句子在相应的连贯言语（即上下文或语境）中直接的、具体的意义。《1980年语法》中这一节是由科夫图诺娃编写的。她在《1970年语法》中就把"简单句中的词序（简单句中交际形态的体系）"单独编写成一章。它不仅有理论的阐述，而且还有具体模式的词序变化。但是它并没有对所有模式的词序变化都有说明。而科夫图诺娃在《1980年语法》中除继续保持《1970年语法》对词序描写的特点外，还对每一个模式的词序变化进行了详细的阐述。

综上所述，从20世纪60年代起什维多娃就句子的研究开始采用与具有悠久历史的俄国传统语法不同的研究方法——多级分析法。她首先把简单句一层一层地分解出各种不同抽象程度在形式和意义方面的要素，然后从最抽象的句子形态组织（即体现述谓性的结构模式）出发，逐步进行分析和描写，最后深入到较为具体的语义结构和语调、词序的变化，构成一个从抽象到具体的完整的简单句体系。正如什维多娃所说的那样，这一方法是"非线性的、多级的，从最抽象的特征和特性到较为具体的特征和特性"③什维多娃采用多级分析法把简单句区分为形态组织、语义组织和交际组织三个层次，而且还在形态组织中划分"抽象

---

① 《Русская грамматика》，Т.2，М.，1980，с.124.

② В. Матезиус，"О так называемом актуальном членении предложения". В кн.：《Пражский лингвистический кружок》，М.，1967.

③ 《Русская грамматика》，Т.2，М.，1980，с.9.

的语法样板"(即结构模式)和"具体的言语现实"(即句子)两个研究对象①。这两个研究对象的划分开拓了词汇学与句法学结合起来研究的新领域。

2. 复合句部分

复合句部分是由克鲁奇尼娜编写的。她对复合句的阐述十分强调各种连接手段在表达句法联系上的作用。所谓连接手段主要指各种并列连接词、从属连接词、关联词以及作连接词用的语气词、准连接词(如 тоже, также, даже, поэтому, зато, однако, все-таки 等)。《1980年语法》把连接手段作为复合句组成部分之间句法联系最主要的形式标志。它以连接手段所表明的句法联系的性质为依据,把复合句分为并列复合句和主从复合句两大类。

并列复合句根据并列连接词的单义和多义的特点再进行分类。

主从复合句以主从句结构上的特征(即从句与主句中的基础词发生关系,还是与整个主句发生关系)为依据,分成非分解句(нерасчлененное предложение)和分解句(расчлененное предложение)两类。

非分解句根据主从句间的连接手段分为连词联系句和代词联系句。这是第二级分类。第三级分类是,连词联系句根据主从句之间所表示的语义关系分成说明句、比较句和修饰句(определительные предложения)。代词联系句又可分为纯疑问代词联系句(предложения с местоименно-вопросительной связью частей)和关系代词联系句(предложения с местоименно-относительной связью частей)。

分解句是以主从句间的意义关系为依据分成时间关系句、制约关系句、比较关系句和对应关系句。

《1980年语法》对复合句的分类采用以结构—语义原则为主导的多级分析的分类体系。除了这一分类体系本身所具有的科学性以外,该语法在运用这一体系时还有一些特点。例如分类原则和分析方法前后一致,贯串始终。首先从复合句的结构特征进行分解,在结构特征相同的情况下再根据其语义上的特点分解。因此在同一层次的平面上都从同一个角度分析和分解。又如该语法是各种复合句的概念明确,涵义清楚,而且语言材料丰富,语言分析准确。

《1980年语法》对复合句的分类基本上是按连接手段的性质和特点以及意义关系进行的。但是它把连接手段只理解为连接词和关联词,而对其他的联系

---

① Н. Ю. Шведова, "Входит ли лицо в круг синтаксических категорий, формирующих предикативность?" 《Русский язык за рубежом》, 1971, №4.

手段(如时体的对应关系、某些具有语法意义的词序等)不加考虑。这样就必然会产生一些不易解决的矛盾。从中可以看出,该语法对复合句分类标准考虑过窄,这不能不说是个严重的缺陷。

3. 句子的无连接词组合(бессоюзные соединения предложения)

《1980年语法》认为无连接词复合句不属于复合句的范围。克鲁奇尼娜指出:"句子的无连接词组合是一种特殊的句法组织,它或多或少与复合句相对应,但是它与复合句的区别在于各组成部分间没有连接词或代词联系。句子组成无连接词组合借助于语调,而在个别情况下借助于谓语的专门语法形式。进入无连接词组合的句子具有意义上的相互联系或篇章构成功能统一性的特征。所谓篇章构成功能统一性是指它们共同参与组成篇章的某个相对完整的部分以及它们共同说明由它们组成的这一整体。"①由此可见,句子的无连接词组合是采用非语法手段(语调、词汇等)联系起来的,因此它的阐述不放在以语法联系为基础的复合句范围之内,单独成一章,与复合句并列。

《1980年语法》不仅继承了、进一步发展了俄国和苏联语法科学的优秀传统,而且更为重要的吸取了国外语言学的先进思想,结合苏联语法科学的实际,把苏联语法科学的发展推向了一个新阶段,特别是苏联语言学家在句法研究方面所做的贡献。

《1980年语法》和《1954年语法》一样既面向语言学家和语法学家,又把广大对俄语感兴趣的读者作为自己的对象。因此它一方面不可避免地使用一些语法术语,并用科学语体来进行阐述,另一方面又尽量避免使用太专的术语,叙述也尽可能地通俗。

第四节 俄语句法学的研究对象

句法学是研究语言的句法结构的科学。语言的句法结构是指由词或句按照一定的语法规则组成的整体,它们有词组②、句子和超句子统一体。词与词的组

---

① 《Русская грамматика》, Т.2, М., 1980, с.634.
② 维诺格拉多夫认为词组是个句法单位。对此作者不敢苟同。因为词和词组从逻辑的角度来看,都具有同一个逻辑基础即概念;从结构的角度来看,不是每个词组都是句法的。因此从普通语言学的高度来看词组不宜单独列为句法单位。这里暂按维诺格拉多夫的观点来写。

合既可构成词组,如 красное знамя,又可构成句子,如 Знамя красное。而超句子统一体是由句与句组合而成的,是大于句子的句法单位,如 Развитие навыков овладения родным языком - это сложный процесс. Он включает, во-первых, постоянное обогащение словарного запаса учащихся; во-вторых, овладение нормами русского литературного языка и, в-третьих, формирование умений и навыков связного изложения мыслей в устной и письменной форме. 因此,句法学就是研究词组、句子和超句子统一体的科学。

词组、句子和超句子统一体有着本质的不同。从逻辑、语义的角度来看,词组的逻辑基础是概念,句子的逻辑基础是判断,而超句子统一体的逻辑基础则是思维的另一种结构单位"逻辑统一体"。因为一个思想并不总是同单个句子的界限相吻合。通常一个思想在一定的逻辑和句法联系的基础上,由一个句子转向另一个句子,构成逻辑统一体。从结构的角度来看,句子具有述谓性和语调两个基本特性,而词组则不具备这两个特征。超句子统一体在结构上由两个以上的句子组成,而且在这些句子之间有着特殊的联结手段,如连接词、具有地点或时间意义的副词或前置词—名词、谓语的时体、插入语、词序、代词、词汇重叠和语调等。

由此可见,词组、句子和超句子统一体都各有自己所固有的特点。因此有必要把它们区别开来,分别加以研究。这样就形成了句法学的三个组成部分。一个是词组学说,研究词组的本质、词组的界限、词组的结构、词组的类型等问题。一个是句子学说,研究句子的本质和特征、句子的结构和类型、句子的成分、各种类型的复合句等问题。另一个是超句子统一体学说。研究超句子统一体的本质和特征、它的结构和类型、它与段落的关系等问题。

句法学既要研究静态的句法结构,又要研究动态的句法结构。这就是说,句法学即要从静态观点(статический аспект),又要从动态观点(динамический аспект)来对句法结构进行研究。静态观点认为,句法结构是不受上下文或语境影响的,在任何情况下都保持其固有形态的静态结构。他们认为句子是个述谓单位,它是由词和词形按照历史形成的规则构成的,它的构成与上下文或语境没有任何联系。动态观点认为,句法结构是与上下文或语境联系在一起的,它随着交际任务的不同而变化其形态,因此它是动态结构。无论是静态结构,还是动态结构,它们都是句法学研究的对象。因为语言是社会交际的工具,人们使用语言时,既要注意语法的正确性,又要注意使用的恰当性。语言的使用并不是语法上正确就行了,还受到语言习惯、语境、语体等多种因素的制约。因此,句法学不仅要对句法结构进行描写和分析,而且还要研究它们在交际使用上的问题。

现代俄语句法学是以现代标准俄语为其描写对象的。而现代标准俄语正经历着很大的变化。一般说来,语言具有较大的稳定性,其发展变化是比较缓慢的。但是社会性的政治变革,经济、文化、科学技术的发展,往往会加速语言的演变过程。现阶段俄语就是进入了这样一个相对迅速发展的阶段。大众化(демократизация)是现代俄语发展的一个重要特征。千百年来,标准语始终以书面语,特别是社会名流、作家的语言为其唯一依据。近几十年来,由于人民大众参与政治文化生活,由于无线电、电影、电视、电脑等的广泛使用,人民大众的语言、日常口语的地位和作用日益提高,逐渐取得了"标准语"的地位,并大量渗入书面语中。这一倾向已成为现代标准俄语发展的趋势。这种趋势充分体现在苏联科学院在两个不同时期编写的两部俄语语法中。《1954年语法》是以作为标准语的书面语为其描写的对象的,而《1980年语法》)却把现代标准俄语的两种基本形式,即书面语和口语作为其描写对象。因此现代俄语句法学必须是研究现代标准俄语的句法结构的科学,也就是研究现代标准俄语中书面语和口语两种形式的句法结构的科学。

第五节 俄语句法研究中某些重要倾向

现代语言学正在同哲学、逻辑学、历史学、人类学、心理学、生理学、声学乃至数学、数理统计学、信息论、电子计算机等发生越来越密切的联系。围绕着语言学,兴起许多具有广阔前途的边缘科学,如社会语言学、心理语言学、数理语言学、计算机语言学、应用语言学、病理语言学等。它们通常是由两种或几种现有的学科相结合而形成的新学科。对语言现象的研究也是如此,越来越倾向于对语言各层次间联系、语言结构过渡现象、配价理论、语篇语言学等的研究。

最近几十年来,俄语句法研究有很大的发展。句法学与词汇学、语义学、修辞学等结合起来研究,对句法内部各种不同句法单位同形现象(изоморфизм)的研究以及句法结构间过渡现象的研究等已成为当前句法研究中的一个重要倾向。这一倾向的具体表现是多方面的。在这里仅就其中的某些方面谈些肤浅的看法,供大家参考。

1. 开拓了词汇学与句法学结合起来研究的新领域

从20世纪60年代起什维多娃对句子的研究采用多级分析法。她说：这一方法是"非线性的、多级的，从最抽象的特征和特性到较为具体的特征和特性"①。什维多娃采用多级分析法把简单句区分为形态组织、语义组织和交际组织三个层次，而且还在形态组织中划分"抽象的语法样板"（即结构模式）和"具体的言语现实"（即具体的句子）两个研究对象②。这两个研究对象的划分开拓了词汇学与句法学结合起来研究的新领域。

抽象结构模式的出现把具体的词汇填入提出到日程上来了。结构模式与词汇的关系十分密切。从一方面看，结构模式是从由具体词汇和语法规则构成的句子中抽象出来的。但必须指出，在从具体句子中抽象出来的模式中不可能对词汇进行完全、彻底的抽象。这主要因为抽象的模式往往受到对于该模式典型词汇范畴的属性的制约，所以模式中通常标明词类以及对于该模式典型词汇形态的类别。而从另一方面看，抽象的模式要体现为具体的句子必须以一定形态的词汇材料填入，因为词汇是构成句子的建筑材料。词汇参加句子的构成，这是它本身的功能。但是在研究填入模式时不是从词汇出发来阐明其功能，而是从结构模式出发来确定该模式接受什么类别的词汇和什么样的词汇搭配。

从词汇填入的角度来研究结构模式可把模式分成三类：1. 带有"固定"词汇组成的模式，例如：Vf imp 3s 的模式只能填入无人称不及物动词 Светает；Смерклось 等③。2. 如果模式对填入成素位置的词汇群类别表示明显的倾向，则填入的词汇带有相对自由的性质。大多数模式在词汇与句法的关系上属于为一类型。例如：N1—Vf；N1—Vf—Cobj；N1—Vf—Cadv 等。3. 如果模式对其中的一个成素有严格的限制，则其他词汇的填入带有自由的性质。例如：Нет Gen 的模式，由于 нет 已固定，填入 Gen 的词汇很自由。例如：Нет времени；Нет друга；Нет двоих；Нет никого；Нет виноватых；Нет проезжающих 等。

词汇填入模式受到一定的限制，这可能与下列因素有关：1. 与模式要求的词

---

① 《Русская грамматика》, Т.2, М., 1980, с.9.
② Н. Ю. Шведова, "Входит ли лицо в круг синтаксических категорий, формирующих предикативность?"《Русский язык за рубежом》, 1971, №4.
③ 结构模式中的符号代表各种不同的词形：V 代表动词，Vf 代表变位动词，imp 代表无人称，3s 代表第三人称单数，Vf imp 3s 即无人称动词第三人称单数，N1 代表名词第一格，C obj 代表客体补足语，C adv 代表疏状补足语，Gen 代表名词第二格……

汇性有关。这一情况上面已作了叙述。2. 与一定的词汇搭配有联系。众所周知,句子结构是由一定形态的词汇结合而成的。因此一定形态词汇的搭配使词汇填入模式或句子类型受到限制。例如可说 Кошка опрокинула стакан,但不能说 Кошкой опрокинуло стакан。这说明一些词汇在一定的形态下可以搭配填入这一模式,而同样的这些词汇在其他形态下却不能搭配填入另一模式。3. 与按该模式建造的句子在上下文中的位置有联系。通常是模式在绝对位置上使用比在上下文情况下使用在词汇填入方面受到更大的限制。如模式 Ни Gen,其绝对位置放在段落之首,例如 Ни звука. Лишь сосны скрипят 等。这时的填入词汇局限于有关自然界描写的范围。而在上下文的情况下,如表示列举的意味 Что за ученик: ни книжки, ни тетради, ни ручки 等,如表示与预料情况相反的意味 Достал кошелек— ни копеечек 等,Gen 的填入词汇就有更大的自由了。

总之,语法不能"溶解"在词汇之中。否则只能得到词汇接词联系的类型,无法得到为数不多的抽象的语法样板。但是,词汇必须"侵入"语法。否则就无法生成具有有信息上完整的"具体的言语现实"。

2. 句法研究中出现了语义化的倾向

从 20 世纪 60 年代开始苏联/俄罗斯在句法研究中明显地出现了语义化的倾向。阿鲁玖诺娃明确指出,证明语义化倾向主要表现在:1. 句子转换时研究其语义的需要,因为句子类型的转换是建立在被转换句子语义接近的基础上的,试比较:Вода размыла берег—Водой размыло берег 等;2. 机器翻译的需要,因为机器翻译的首要任务是显示规定被转换信息语义内容的等同[①]。这一倾向逐渐发展为语义句法学和句子的语义结构。从而它们在很多方面开辟了词汇和语法、语义学和句法学结合的领域。

语义句法学的基本问题是句子的逻辑—语义内容,其研究的基本对象是对不同事物、现象、情景、事件语言称名方法的分析。阿鲁玖诺娃于 1982 年《普通语言学》一书中把句子看做是实现称名功能(即赋予事件、情景名称)的单位[②]。她明确指出:在词组理论中,词或词组是对事物、现象的称名,例如 Девочка выменяла у мальчика грушу на пирожное 的句子,是由一系列的对事物称名的词或词组所组成的:девочка, выменяла грушу, выменяла у мальчика,

---

① Н. Д. Арутюнова, "О номинативном аспекте предложения". 《Вопросы языкознания》, 1971, №6.
② Она же, 《Общее языкознание Внутренняя структура языка》, М., 1982, c. 306—307.

выменяла на пирожное。而在语义句法学中，却把上述句子看做是对事件、情景的称名。换言之，词或词组是事物或现象的符号，而句子是事件或情景的符号。因此两者有着本质的不同。

语义句法学家对句子语义结构的研究已在本章第二节作了阐述，因此不在这里重复。

3. 对句法结构之间的过渡结构的研究

随着句法结构研究得越来越深入，语言学家对句法结构之间的过渡结构的研究表现出浓厚的兴趣。这一趋势逐渐发展成为当前句法研究中的一个重要倾向。

所谓过渡结构是指介乎单部句与双部句、简单句与复合句、并列复合句与主从复合句、这一类型的主从复合句与另一类型的主从复合句、句子与超句子统一体等之间的结构，它们通常兼有在语法上对立的两个范畴的特征。过渡结构的有些类型（如并列关系与主从关系间的过渡结构等）早已存在，对此不少传统语法学家早有论述。但是，近几十年来由于人民大众参与政治文化生活，人民大众的语言、日常口语的地位和作用日益提高，逐渐取得了"标准语"的地位，并大量渗入书面语中。由于口语与书面语的相互渗透，涌现出了不少新的过渡结构。大量的言语实践要求对这些现象做理论上的阐述。因此对这些现象的研究吸引了越来越多的语言学家。从60年代起出版了有关这方面的著作，如芭芭伊采娃的《句法中的过渡结构·兼有双部句和单部（无人称名词）句性质的结构》[①]《俄语语法中的过渡现象》[②]，波库萨延科的《复合句与简单句范围内的过渡结构》[③]《现代俄语复合句体系中的过渡性》论文集[④]等。这就是这一研究倾向的最好例证。

在这些诸多的研究者中尤以芭芭伊采娃最为突出，她对过渡性的研究成绩卓著。她认为，过渡性是指这样一种语言属性，它将语言事实连接为一个完整的

[①] В. В. Бабайцева，《Переходные конструкции в синтаксисе. Конструкции, сочетающие свойства двусоставных и односоставных (безличных именных) предложаний》，Воронеж，1967.

[②] Она же，《Явления переходности в грамматике русского языка》，М.，2000.

[③] В. К. Покусаенко，《Переходные конструкции в области сложного и простого предложения》，Ростов н /Д，1983.

[④] 《Переходность в системе сложного предложения современного русского языка》，Изд. Казанского университета，1982.

系统,来反映出语言事实间的共时性的联系和相互作用,从而也保证了历时转变的可能性。语言的过渡性可以分为历时和共时过渡性,历时过渡性反映的是语言系统发展、进化的过程,体现的是在时间上互相替代的语言成分间的相互关系;而共时过渡性反映的则是在现代语言系统中相互对立的典型范畴间带有边缘环节及中间环节的综合现象。她又提出了过渡率(шкала переходности)概念,即 А—Аб—АБ—аБ—Б。过渡率上的两个端点 А 与 Б 分别代表具有一系列区分性特征的作为对比的两个平等成分,它们表示对比的中心并且是某种典型结构。在 А 与 Б 之间存在着无数个过渡环节,为方便起见,可以采用 Аб、АБ、аБ 来表示中间环节,用它们来反映对应现象之间的相互关系,这些过渡环节构成了交叉领域。处于交叉领域的语言现象在获有特征方面是不同的,这里用大小写来表示获得特征的比例。比如:处于 Аб 环节的占有 А 的特征多,处于 аБ 环节的占有 Б 的特征多,处于中间环节的则是兼有 А 与 Б 的特征①。

例如表示扩展关系的定语句,在结构上具有主从复合句的某些特点,而在语义上却具有并列复合句的某些特点。所以有些语言学家认为这类定语句是并列复合句与主从复合句之间的过渡类型。又如在表示限定关系的定语句与表示扩展关系的定语句之间又出现了一种过渡结构。它兼有两种类型定语句的特征。它既有扩展关系定语句的特征,即被说明词在语义上是确定的,主句在结构上是完整的,在内容上是独立的,被说明词的重叠使这类句子更具有分解结构的性质;又具有限定关系定语句的特征,从句不直接与被说明词发生关系,而与被说明词的重叠词发生关系,对它加以限制、修饰,并与它组成扩展性的定语组合。

随着俄罗斯语言学界对俄语中超句子统一体研究的深入,超句子统一体与句子之间的过渡类型越来越吸引语言学家们的关注。例如分割结构(парцеллированная конструкция):Двенадцать телогреек мирно отдыхают до утра в железных шкафчиках. И двенадцать зюйдвесток в верхних отделениях. И двенадцать пар сапог, усталых-усталых. 又如复指结构(сегментированная конструкция): Путешествия—они обладают волшебным свойством, они удивительно удлиняют жизнь. 再如问答平行结构(конструкция с вопросо-ответным параллелизмом частей):Чем он интересуется,—это книгами; Кого я

---

① В. В. Бабайцева,《Явления переходности в грамматике русского языка》,М.,2000,с. 15,с. 22,с. 27.

не люблю,——это кто много о себе думает 等。这些结构既有句子的某些特征,又有大于句子的句法单位超句子统一体的某些特征。以问答平行结构为例。这类结构由问题部分和回答部分组成。问题部分通常是由疑问关系代词等引起的句子;而回答部分既可能是以句子成分表示的不完全句,又可能是由从属连接词或关系代词引起的从句(省略了主句的不完全复合句)。两个部分用语气词 это, так это 等联系起来。它们之间可用破折号、逗号等进行分隔。而这类结构在语义上是一个完整的整体,它由主体和述体两部分组成。前者是问题部分。由于主体是话语的对象,因此问题部分已丧失提问的性质。述体是对主体的叙述,所以回答部分是述体。这类结构通常可译为"……的(……)是……"上述例句可译为"他所感兴趣的就是书","我不喜欢的就是那些只考虑自己的人"。由此可见,这类结构内部的句法关系和它所表达的语义之间是矛盾的:从结构上看是由两个句子组成的超句子统一体,从语义上看是由主体和述体构成的单个句子的语义结构。因此这类结构与其说是某种特殊类型的句子或超句子统一体,还不如说是介乎两者之间的过渡类型[①]。

句法结构之间的综合性横向交叉的过渡结构,随着语言的发展而发展。这就要求语言学家阐明这些过渡结构在结构和语义上的特点、修辞色彩以及其使用范围。这就是对过渡结构的研究成为当前句法研究中的一个重要倾向的根本原因。

4. 对俄语的配价语法和述体中心论的研究

早在 20 世纪 30 年代法国语言学家泰尼耶尔的著作中就谈到了有关动词配价(valency, valenz, валентность)的思想。他认为,句子就像"小型话剧",句中的动词就是"小型话剧"中的主人公在不同的情景中进行的表现。句中除动词外,还可以有作为主人公的"参与成分"和表达各种情景的"疏状成分"。直到 1959 年泰尼耶尔在他的《结构句法基础》一书中提出了较为系统的配价论和配价语法[②]。配价是从化学中借用来的,在化学中一个元素的"原子价"是指该元素的一个原子与氢原子化合或被氢原子置换时氢原子的数目。他把语法中的动词与化学中的元素进行比较,从而引进了把动词与一定数目参与者结合能力联系起来的"配价"的概念。他还认为,动词就其重要性是句子的中心。因此,配价

[①] 吴贻翼:《现代俄语句法学》,北京大学出版社,1988 年,第 251—283 页。

[②] L. Tesnière, «Éléments de syntaxe structurale», Paris, 1959.

第一章 俄语句法学概述

论与动词中心论是密不可分的。泰尼耶尔创建的配价论不仅有极高的理论价值,解决了动词与名词性成分之间的支配关系问题和句子以什么为中心的问题;而且还有其实践意义,有助于语言教学和采用以动词为中心的析句法的机器翻译。

俄语的配价研究最早是从卡茨涅利松开始的。他在1948年发表的"论语法范畴"一文就阐述了有关看法①。随着时间的推移,赞同这一观点的语言学家(如俄罗斯的莫斯卡丽斯卡娅、阿勃拉莫夫,捷克斯洛伐克的阿达麦茨以及我国的俄罗斯语文学家等)日益增多。他们不仅对俄语的配价进行深入研究,而且在配价语法和述体中心论方面进一步发展了这一理论②。

他们的研究成就可概括为:

1) 扩大了配价的概念

泰尼耶尔的"配价论"旨在揭示动词对名词性成分的支配能力。而俄罗斯语文学家却认为,配价在语言学中表示语言符号为了组成更大的整体而与其他语言符号进行联系的能力。因此,具有配价能力的不仅有动词,而且还有名词、形容词、前置词等。例如 победа советского народа над фашистской Германией; богатая хлебом страна; под руководством Коммунистической партии 等。但是,这些词类的配价与动词的配价有所不同。前者通常只具有与其他词组配的能力,不具有预示任何句法结构的能力。而动词在语义上总是预示一定的句法结构,具有与其他词组成一定的句法结构的能力。正如维诺格拉多夫所说的,"动词与其他一切词类比较起来,是最具有结构性的。"③

泰尼耶尔和其他国家的语言学家的动词配价论只提动词决定其配价,而对配价反过来影响动词的语义和功能却只字未提。对于后一种情况,俄罗斯语言学家很有研究。霍洛多维奇认为,动词的亚类有着同型的最佳组配场(изотипное оптимальное окружение),即在动词周围建立起一个使必需词汇自然卷入的同型的最佳组配场,这是一方面;另一方面,动词的亚类在功能上依赖于自己的同型的最佳组配场④。这就是说,动词的配价反过来也决定动词的功能和语义。1971年希里亚耶夫在《俄语口语》一书中明确提出了逆向配价

---

① С. Д. Кацнельсон, "О грамматической категории". 《Вестник ЛГУ》, 1948, №2.
② 参看吴贻翼:"俄语的配价语法和述体中心论",《俄罗斯文艺》,2000年学术增刊。
③ В. В. Виноградов, 《Русский язык》, М.-Л., 1947, с. 422.
④ А. А. Холодович, "Опыт теории подклассов слов". 《Вопросы языкознания》, 1960, №1.

(обратная валентность)的概念。他写道:"带有逆向配价的成分预示的不单是动词—述体,而是一定语义的动词—述体。"① 正如尤钦科所说的,"实际上,我们处在循环论证之中:只要我们通过述体来解释句子,就不得不通过句子来解释述体。……在语义上从动词的意义中却可引出它的组配场。"② 尽管这些语言学家的提法不完全一致,看法也各有差异,但有一点是共同的,他们都承认在俄语中存在着逆向配价这一语言现象。他们把动词决定其配价称之为顺向配价(прямая валентность),而把配价反过来可预示动词的语义叫做逆向配价。这一观点进一步发展了动词配价论。它是现代俄语中无动词句(безглагольное предложение)的理论根据。无动词句由于有了逆向配价的依据,因此它仍然可保持其结构和语义的完整性。

泰尼耶尔的配价论是研究句子结构中名词性成分和动词性成分之间的关系的,因此他的研究局限在词与词关系的范围内。而俄语的配价研究已突破这一局限,逐渐扩大到研究句与句的关系。伊凡奇科娃在"论句法中结构的任选性和结构的必需性"③一文中提出,按照配价理论把俄语的主从复合句分成两类:必需结构和任选结构。别洛莎帕科娃把主从复合句分成分解句和非分解句。她在1967年的《现代俄语复合句》一书中指出:"主从复合句中所有其他的非分解句是按照扩展主部的某个词构建的,依赖于它的句法配价。"④ 她又说:"非分解句中的联系具有预示性,而分解句中的联系却具有非预示性。"⑤ 这就是说,在非分解句的主句中有着预示从句存在的基础词和对应词。她在《1970年语法》中指出:"在句子的这两种类型中,从部的性质、构成和这个或那个的连接手段都是由基础词和对应词的属性预示的。"⑥ 由此可见,两类主从复合句的根本区别在于,主句有无配价能力、有无提供"空位"的预示性。

2) 形成了形态和语义两个层面的配价模式

泰尼耶尔提出配价概念时虽然没有明确配价属于语义范畴还是语法范畴,

---

① 《Русская разговорная речь》,М.,1973,с.293.
② В.С.Юрченко,《Проблемы общей и русской грамматики》,Саратов,1995,с.11.
③ Е.А.Иванчикова,"О структурной факультативности и структурной обязательности в синтаксисе".《Вопросы языкознания》,1965,№5.
④ В.А.Белошапкова,《Сложное предложение в современном русском языке》,М.,1967.
⑤ В.С.Юрченко,《Проблемы общей и русской грамматики》,с.123.
⑥ 《Грамматика современного русского литературного языка》,М.,1970,с.682.

但是他曾说过,补足语与动词关系的密切,构成一个语义整体。而俄罗斯语言学家却从形态和语义两个层面来研究配价,因此把配价分成形式配价和内容配价两种类型。前者与确定的词形相联系,并受该语言的词法所制约,例如俄语动词 лечить 后要求第四格,而拉丁语 mederi 却要求第三格;俄语 встретить 要求第四格,而德语 begegnen 要求第三格,但 treffen 却要求第四格;俄语 завидовать 要求第三格,而德语 beneiden 却要求第四格等。因此形式配价是受民族语言制约的,在不同的语言中是各不相同的。由此可见,形式配价对于描写该语言的特点是十分重要的。而内容配价依赖于该词汇的意义,因而无论什么样的从属关系都不受该语言词法的制约。例如给予动词要求给予的主体、给予的承受者和给予的东西。又如言语动词要求有言语的主体、受话者和言语的内容。从中可以看出,动词的内容配价由动词的意义所决定的,并不依某种语言的词法为转移,带有各种语言普遍的性质。

3) 区分了必需配价(облигаторная валентность)和任选配价(факультативная валентность)

泰尼耶尔没有明确提出动词配价有必需和任选之分。卡茨涅利松和阿达麦茨等根据俄语的实际提出,动词的配价有必需配价和任选配价。动词的必需配价是动词为构成某一句法结构必须补充的"空位",通常是语法中的主语、补语以及某些状语。例如 Мальчик разбил вазу; Картина мне понравилась; Школа находится в центре города; Он поступил благородно 等。动词的任选配价可理解为可与动词组配,但不是必需的成素,缺少该成素并不影响整个句法结构。通常指某些补语和一些状语。例如 Бабушка рассказывает детям сказки; Брат читает нам газету; Вечером сестра гладила; Мальчик медленно собирал вещи 等句中的 детям, нам, вечером, медленно 就是任选配价。

4) 研究了述体配价(валентность предиката)、述体中心(центральное место предиката)

尽管动词配价论的理论根据还比较充分,但是从普通语言学的高度来看它仍然存在着十分严重的缺陷,就是并不是世界上各种语言的句子中都必须有动词。正如俄罗斯语言学家穆欣所说的,"像在英语和俄语中远不是每个句子都含有可从其配价角度进行研究的动词"[①]。这就是说,在俄语的非动词句

---

① А. М. Мухин, "Валентность и сочетаемость глаголов"．《Вопросы языкознания》, 1987, №6.

(неглагольное предложение)和无动词句中侈谈什么动词的配价、动词中心,这就成了无源之水,无本之木了。

俄罗斯语言学家鲍格达诺夫、拉斯波波夫提出了述体配价论[①]。

众所周知,从语义的角度对句子信息内容进行的概括就是句子的语义结构。它的主要结构成素是主体和述体。主体是言语的对象,是由事物意义名词化成素表示的述谓特征的持有者。述体是对主体的叙述,是述谓特征的体现,即指出主体在一定的时间和情态范围内所具有的特征。由于主体和述体是从语义上的概括,因此它们在形态上没有一定的客观标志,特别是述体在词类性质上也没有什么要求。它不仅包括双部句的名词性谓语和动词性谓语(如 Небо ясное; Дни стали коротки; Отец—учитель; Он высокого роста; Мальчик пишет; Мы домой 等)、单部句的主要成分(如 Мне нездоровится; Здесь не курят; Там не заснешь; Ему рады; Ему плохо 等),而且还包括句子结构中的其他成分(如 У меня радость; С ним обморок; В комнате чистота; Сестер три; Ему сорок лет 等)。可见,动词配价论无法解释的无动词句和非动词句,都可用述体配价论来加以解释。

述体配价就是指述体与潜伏在其语义结构中其他成素的组配能力。例如 Сын выше 和 Сын выше отца 两个句子中,述体 выше 的配价既可是一位的(即主体),又可是二位的(主体与被比事物)。又如 Мне нравится эта книга 中,述体 нравится 的配价是二位的,即主体 мне 和客体 эта книга。再如 Он проспал около часа 中,述体 проспал 的配价是二位的:主体 он 和疏状语 около часа。从中可以看出,在述体周围,即左翼位(левая валентность)和右翼位(правая валентность),建立起一个使必需的情景参与者自然卷入的配价场(валентное поле)。配价场的核心是述体,情景参与者的数目和它在语义结构中的作用都是由述体决定的。拉斯波波夫说:"归根到底述体在所有场合都在其中起着决定和确定句子结构形态的结构—构成作用。"[②]因而可以认为,决定句子结构组成的首先是述体。这就是述体配价论。

述体配价论与述体中心论是紧密联系在一起的。述体不仅指出主语或主体

---

① В. В. Богданов,《Семантико-синтаксическая организация предложения》,ЛГУ,1977,с.55.

② И П Распопов,"Что же такое структурная схема предложения?"《Вопросы языкознания》,1976,No 2.

所有的特征,而且还决定这一特征参与者之间的作用分配。因此主体就其在结构和语义上的重要性而言要低于述体,属于情景、事件参加者行列,与客体放在一个层次上,在句中只具有配价的位置。从而可以得出结论:句子无论在结构上,还是在语义上只有述体一个中心。

5) 提出了以述体配价、述体中心为基础的俄语简单句模型的新概念

我们以述体配价论、述体中心论为为基础,提出了俄语简单句的新概念[①]。俄语简单句最低限度模型是从俄语简单句的结构和语义中抽象出来的,由以词法或句法形式表达的述体和述体配价所制约的成素组成的公式。该公式具有自己的结构模式和语义结构,按照该公式可以生成语法上完整的信息上独立的非扩展句。这就是说,我们的模型是由形态上的结构模式和信息上的语义结构组成的,采用了模型双重符号的原则,它既包括用没有括号的拉丁字母表示的句子结构模式,又包括用括号内的斯拉夫字母表示的语义结构。它们两者有机结合在同一统一体(模型)之中。例如 Отец читает газету 的模型为 N1(С одуш.)+V act f (П действие)+C obj (О одуш./неодуш.),即名词第一格(动物主体)+行为动词变位(行为述体)+补语(动物或非动物客体)。又如 Народу! 的模型是 N2(С одуш./неодуш.)+(П отношение),即名词二格(动物或非动物和体)+(关系述体)。再如 У меня радость；В комнате чистота 等,其模型 N2.../Adv(С одуш./неодуш)+N1(П отношение/ свойство),即名词间接格或副词(动物或非动物主体)+名词第一格(状态或性质述体)。由此可见,这些模型都是由述体和受述体语义饱和程度所制约的配价成素组成的。

5. 俄语语篇语言学已发展成一门独立的学科

从 20 世纪 60 年代末至 70 年代,由于语篇语言学在世界上已发展成了一门独立的学科,俄语语篇语言学才有了进一步的发展。这一阶段的特点是,把以前看作是句法单位的超句子统一体现在看作是构成语篇的单位,突破了俄语句法学的框框。他们认为,超句子统一体是由表述(высказывание)链构成的。表述是指在某一交际情境中能起交际作用、报道现实中某个事件或情景的、语义上完整的并具有相对独立性的言语单位。这阶段俄语语篇语言学的研究主要局限在系列句子或超句子统一体的范围之内,很少涉及整个语篇作品,因此有人把这样

---

① 吴贻翼、宁琦:《现代俄语模型句法学》,北京大学出版社,2001 年。

的"语篇"称之为"小语篇"(микротекст)。这期间对俄语语篇语言学的研究大致可归纳为三个方面:1)对超句子统一体的研究,如索尔加尼克的"现代俄语的复杂句法整体(散文段)及其形态"①和《句法修辞学(复杂句法整体)》②、谢尔曼的《句法修辞问题》③等。2)对句子词序、句子实义切分的研究,如科夫图诺娃的《现代俄语(词序与句子的实义切分)》④、克雷洛娃等的《俄语词序》⑤、拉斯波波夫的《现代俄语中简单句的结构》⑥以及捷克斯洛伐克的语言学家阿达麦茨的《现代俄语的词序》⑦等。3)对句际联系的研究,如洛谢娃的"句际联系研究(段落与复杂句法整体)"⑧等。

从80年代起俄语语篇语言学又有了发展。对它的研究出现了两个趋向。一个趋向是研究向纵深发展。语篇的概念已从系列句子或超句子统一体扩大为整个言语作品,因此被称为"大语篇"(макротекст)。研究对象涉及构成语篇的各个单位,即句子、超句子统一体、片段、节、章、全文。过去实义切分限制在句子的范围内,而现在扩大到更大的语篇的单位中进行实义切分,有的语言学家提出出了语篇的"超主位"和"超述位"⑨。另一个趋向是研究向分科发展,出现了一些新的独立学科。如修辞学方面有索尔加尼克《语篇修辞学》⑩、奥金佐夫《语篇修辞学》⑪等。语法学方面有莫斯卡莉斯卡娅《语篇语法学》⑫等。语义学方面有诺维科夫《语篇语义及其形式化》⑬等。

---

① Г. А. Солганик, "Сложное синтаксическое целое (прозаическая строфа) и его виды в современном русском языке". «Русский язык в школе», 1969, №2.

② Он же, «Синтаксическая стилистика (Сложное синтаксическое целое)», М., 1973.

③ Т. И. Сельман, «Проблемы синтаксической стилистики (на материале немецкой прозы)», Л., 1973.

④ И. И. Ковтунова, «Современный русский язык: Порядок слов и актуальное членение предложения», М., 1976.

⑤ О. А. Крылова и др., «Порядок слов в русском языке», М., 1984.

⑥ И. П. Распопов, «Строение простого предложения в современном русском языке», М., 1970.

⑦ П. Адамец, «Порядок слов в современном русском языке», Praha, 1971.

⑧ Л. М. Лосева, "К изучению межфразовой связи (абзац и сложное синтаксическое целое)". «Русский язык в школе», 1967, №1.

⑨ О. А. Крылова, «Коммуникативный синтаксис в русском языке», М., 1992.

⑩ Г. А. Солганик, «Стилистика текста», М., 1997.

⑪ В. В. Одицов, «Стилистика текста», М., 1980.

⑫ О. И. Москальская, «Грамматика текста», М., 1981.

⑬ А. И. Новиков, «Семантика текста и его формализация», М., 1983.

第二章　俄语复合句概述

第一节　复合句的本质

对复合句本质的认识在俄国和苏联的语法学界早就存在着两种不同的观点:结构观点和交际观点。结构观点从复合句结构上的特点出发,认为复合句中的各组成部分都是句子,复合句就是句子的结合。沙赫马托夫和彼什科夫斯基就持有这种观点。他们认为,复合这个名称并不恰当,因为"它把几个句子称之为一个句子,从而会造成混乱"①。他们建议把复合句这个名称改为"句子的结合"。对复合句的另一种看法就是交际观点。这种观点是以鲍戈罗季茨基和波斯彼洛夫为代表的。他们把整个复合句看作是句子,而对其中的各组成部分不认为是句子,因为它们没有意思和语调上的完整性。鲍戈罗季茨基说得好:"在任何复合句中,它的各个组成部分都构成一个联系着的整体,因此把各组成部分单独地拿出来,它们就不能完全保留原来的意思,或者甚至于完全不可能单独地从复合句中分出来,就像词的形态部分只能存在于词之中,而不能离开词单独存在一样。所以严格说来,复合句的任何一部分都不是独立的,只有合在一起才能组成一个整体。"②

这两种观点除某些语言学家提法过于绝对外,并不是对立的、矛盾的,而是相辅相成的、互为补充的。因为复合句的本质包括两个方面:结构方面和交际功能方面,所以对复合句本质也必须从这两个方面来认识。

维诺格拉多夫、别洛莎帕科娃等认为,复合句在结构方面是多述谓结构(полипредикативная структура)。维诺格拉多夫在苏联科学院《1954 年语法》中明确指出了复合句和简单句在述谓核心方面的差别。他说:"简单句与复合句之间的差别是结构上的差别,简单句中时间、情态和人称范畴的表达形式的中心只

---

① А. М. Пешковский,《Русский синтаксис в научном освещении》,Изд. 7, М.,1956,с. 455.
② В. А. Богородицкий,《Общий курс русской грамматики》,Изд. 5, М. -Л.,1935,с. 229.

有一个,而在复合句中此种结构中心可能有若干个(它们互相有机地联系着)。"①这就是说,复合句具有几个情态和时间的句法综合体,它是几个述谓单位在句法上的组合;而简单句只具有一个情态和时间的综合体,它只有一个述谓单位。因此复合句与简单句的对立就是多述谓结构与单述谓结构(монопредикативная структура)的对立。别洛莎帕科娃在《现代俄语·句法》和苏联科学院《1970 年语法》复合句部分中还明确指出,述谓性在简单句和复合句中所起的作用是不一样的。简单句的述谓性构成句子的语法意义,而复合句的述谓性不能构成它的语法意义,只是它结构的要素。复合句的语法意义是由句中各述谓单位之间句法的和意思的关系构成的②。

  他们认为复合句在交际功能方面具有交际完整性(коммуникативная целостность)。复合句的交际完整性就是在意义和语调上的完整性。这就是说,尽管复合句由两个以上的部分组合而成,但是它在意义和语调上是一个统一整体,复合句中的任何一个部分都不具有这种意义和语调上的完整性。此外复合句还有一个与交际任务联系在一起的各部分间的排列顺序问题。例如:Ново то, что талантливо 和 Что талантливо, то ново,前一句中 ново 是主位,它是表述的出发点;то, что талантливо 是述位。这个句子的实义切分与把句子分成主要部分和从属部分的语法切分是不一致的。第二句中各部分间排列顺序的变化是随交际任务的变化而变化的。这时实义切分与语法切分是一致的:位于主要部分之前的从属部分 что талантливо 是主位,主要部分 то ново 是述位。

  《1954 年语法》和《1970 年语法》还认为,复合句中的各组成部分,一方面具有作为结构单位的句子所固有的特征,即具有体现述谓核心的结构模式所必需的成素;另一方面却又不具有交际单位的句子所固有的特征,即不具有报道内容和语调的完整性。正如维诺格拉多夫在《1954 年语法》句法部分的"导论"中指出的:"复合句是统一的语调和意义上的整体,但它由这样一些部分(两个以上)组合而成:那些组成部分在外形上,形式—语法结构上或多或少类似简单句。然而尽管如此,复合句各组成部分并没有句子范畴的特点,即意义上和语调上的完整性,因此它们并不构成单独的句子。"③因此,这两部语法把复合句看成是作为

---

  ① Институт языкознання АН СССР,《Грамматика русского языка》,Т. 2,Ч. 1,М.,1954,с. 99.
  ② Институт русского языка АН СССР,《Грамматика современного русского литературного языка》,М.,1970,с. 653.
  ③ 《Грамматика русского языка》,Т. 2,Ч. 1,М.,1954,с. 99.

句法单位的句子中的一种类型。

而苏联科学院 1980 年《俄语语法》(以后简称《1980 年语法》)却认为复合句在结构上是由简单句按照语法规则组合而成的多述谓结构,在语义上包含两个以上的情景以及这些情景间的关系。因此它把复合句看作是大于简单句的另一个句法单位,是具有语法形式特征的句子组合。《1980 年语法》对复合句的看法与维诺格拉多夫、别洛莎帕科娃等的观点有所不同,主要有:1. 它肯定简单句的组合是复合句的基础,因此复合句是大于简单句的另一个句法单位,是从个别句子向连贯性篇章过渡中形成的结构。2. 它提出复合句是说明两个以上情景以及它们之间的联系,因为在语言现实中并不是所有的复合句都只是一个完整的交际单位,例如 Море глухо роптало, и волны бились о берег бешено и гневно (М. Горький)这样的句子,包含的不是一个交际单位,而是以一定的关系为基础的两个相互联系的交际单位。3. 按照它的观点,传统语法中的无连接词复合句不具备复合句的基本条件。传统语法认为,各类复合句组成部分之间存在着句法联系,根据表达手段的不同分为连接词联系和无连接词联系。而《1980 年语法》却认为,句子的无连接词组合不是语法联系,因此传统的无连接词复合句不应列入复合句的范围。

尽管这几部语法对复合句的看法有所不同,但是它们都是从结构方面、交际或语义方面来描写复合句的。因此它们的分歧只不过是如何更好地体现结构—语义的语法思想而已。

第二节 复合句的语法意义及其结构

复合句的语法意义就是指它各部分之间的意义关系。某一语法意义不仅是一个具体句子所具有的,而且还是同一结构类型句子所共有的。如 Когда наши занятия понемножку наладились, дедушка предложил добавить к ним ещё один предмет (С. Маршак)和 Когда принесли лекарство, доктор молча, тяжело сопя приготовил в двух рюмках растворы (Н. Гарин),它们都具有同一个语法意义(表示时间关系,主句行为发生在从句行为之后),尽管这些句子的具体内容毫无共同之处。因此我们必须区分复合句的具体内容和其语法意义。

复合句的语法意义与其结构之间是相互制约的。从上述例句中也可以看到,复合句的语法意义的共同性受其结构的共同性制约。因为在这两个句子里

从句都用连接词 когда 与主句连接，并位于主句之前，它们的谓语都用动词的同一形式（完成体过去时）表示。

复合句的结构是十分复杂的机构，它既联结述谓单位，又表达复合句的语法意义。复合句的结构要素有：联系手段（并列连接词和从属连接词，从句中的关联词和主句中的指示词）、主从句动词谓语的时体对应和排列顺序等。

复合句的结构要素在不同的组合中就构成各种不同类型的结构模式。因此某一类型的复合句是按照同一个模式建造的，具有相同的语法意义。与此相反，不同类型的复合句则按照不同的模式建造，具有不同的语法意义。如 Море глухо роптало, и волны бились о берег бешено и гневно（М. Горький）和 Гаврик толкнул ногой калитку, и друзья пролезли в сухой палисадник...（В. Катаев）。它们是按照相近，但又不相同的模式建造的：它们都用并列联合连接词 и 连接；但前一句中各分句的谓语用的是未完成体动词，而后一句中却用的是完成体动词。因此它们的语法意义也相应地有所不同：前者表示同时发生的行为，而后者则是先后发生的行为。又如 Спали в риге, так как в избе было душно（С. Сергеев-Ценский）Так как в избе было душно, спали в риге。虽然这两个句子的从句都用连接词 так как 与主句连接，都表示原因；但是前一句从句位于主句之后，表示原因关系；而后一句从句位于主句之前，表示因果关系。从中可以看到，某些结构要素受其较为共同的语法意义制约，而另一些结构要素则由其较为个别的语法意义所决定。

复合句的语法意义与其结构的相互制约，这一规律适用于对复合句的描写或分类。复合句最广泛的类型通常是在最重要的结构要素和与它相应的最共同的语法意义对立的基础上划分出来的，然后在较为个别的结构要素和与它相应的语法意义对立的基础上划分出较为狭小的小类。

第三节　复合句中的并列关系和主从关系

传统语法一向把复合句分成并列复合句和主从复合句两类。一般认为并列复合句是由并列关系联结起来（利用各种并列连接词——联合、对别或区分连接词）的若干分句，在语法关系上都是平等的，它们虽然意义上互相紧密联系着，却仍然是各自独立的。而主从复合句是由主从关系联结起来（利用从属连接词和关联词）的若干分句，其中有的分句在语法关系上和在意义上依附于另一个分句。

应该指出的是,在并列复合句和主从复合句之间存在着过渡的类型。例如复合句各分句之间有时并不是单方面的从属,而是两方面的相互从属。如:Только что он вошёл, как началась музыка; Мы собрались вернуться в село, как вдруг с нами случилось довольно неприятное происшествие 等。在这类句子中很难确定哪个是主句,哪个是从句。正如彼什可夫斯基说的那样:"……很难决定究竟谁从属于谁……,其实应该把这种情况看作特殊联系而置于主从关系和并列关系之外。"① 又如某些联系在外形上似乎是并列的,但是意义上却有主从的因素。如:Лечение до сих пор было правильное, и я не вижу необходимости менять врача;Отцы друг к другу не ездили, она Алексея ещё не видала, а все молодые соседки только об нём и говорили 等。这两个句子都是用并列连接词(и, а)连接的并列复合句,但是在意义上却与带连接词 так что, между тем как 的主从复合句相近:Лечение до сих пор было правильное, так что...;Отцы друг к другу не ездили. Она Алексея ещё не видала, между тем как...再如某些联系在外形上似乎是主从的,但是在意义上却有并列的因素。如:Хотя день был солнечный, но со стороны моря ветром гнало туман; Отец долго не приезжал из города, что беспокоило всю семью 等。这两个句子都是用从属连接词(хотя, что)连接的主从复合句,但是在意义上却与带连接词 но, и 连接的并列复合句相近:День был солнечный, но...; Отец долго не приезжал из города, и это... 等。还有表示扩展关系的定语句(即带有定语从句的主从复合句) Он получил известие о кончине своего брата, которое его ввергло в жестокую болезнь。从结构上看,从句虽然形式上说明和依附于 известие,但实质上却与整个主句发生关系,起扩展主句的作用。从语义方面看,主句和从句都具有单独的交际内容,形成相互联系,相互制约的判断。由于这类定语句中的从句不是对事物的特征加以限制,而是对特指的、具体的、个别的事物作补充的描写和叙述,因此从句对于被说明词来说不是必需的。如果删去从句,主句在结构和语义上仍然相对完整。由此可见,这类定语句在结构上具有主从复合句的特点,而在语义上却具有并列复合句的因素。

从上面所列举的例子中可以看出:复合句中各分句之间的相互依附和相互

---

① 《Грамматика русского языка》, т. 2, ч. 1, М., 1954, с. 101.

制约的程度"是参差不一,非常繁多的,想把并列关系和主从关系一刀切往往是不可能的",①这类过渡现象在无连接词复合句中尤多,常常难以确定句子属于哪一类型。维诺格拉多夫说得好:"无连接词复合句中情况更加复杂,例外现象之多,常使'并列关系'和'主从关系'这两个术语都失去明确的含义。""因此,研究复合句的时候,不应该只是机械地把各类复合句硬纳入并列关系和主从关系两大类中便算了事,而应该致力于充分地、全面描述复合句各基本类型的结构特点。必须密切注意复合句的各种结构形式,其中包括语调、语序、有无(与连接词相近的)关系词;注意典型化了的词汇要素的结构功能,以及结构联系的各种形态表现方式,例如借助于动词的体和时间形式等等。"②

虽然并列关系和主从关系之间有许多过渡现象,但是这并不能取消这两类复合句的区别,因为它们各自具有不同的意义和不同的语法手段。

第四节　带有同等谓语的句子问题

简单句和复合句的区别是很明显的。但是有时也很难区分,例如带有同等谓语的句子是简单句,还是复合句? 俄国和苏联的传统语法认为,这类句子不是复合句,而是简单句。维诺格拉多夫在《1954年语法》中指出:"简单句不管包括多少同等成分,都只有一个共同的、统一的述谓核心。即使在含有若干同等谓语的句子里,这些谓语都和统一的、共同的主语有关。"③这就是说,他把同一主语带有几个谓语的句子看作是简单句。在这一点上他们与欧洲的传统语法有分歧。但是,在俄国和苏联的句法学家中也有些学者持不同的看法。彼什科夫斯基就是其中的一个。他认为,几个谓语的存在是"复合整体"决定性的特征,它并不依句中有否共同主语为转移④。沙赫玛托夫也不赞同把所有带有同等谓语的句子都归到简单句的范围之内。他认为,必须把几个谓语都有共同的次要成分的句子(Они меня вымыли, одели и накормили)和每个谓语都有自己单独的次要成分的句子(Я тихо сидел, и глядел кругом, и внимательно слушал)区别开

---

① 《Грамматика русского языка》, Т. 2, Ч. 1, М., 1954, с. 102.
② Там же, с. 103.
③ Там же, с. 99.
④ А. М. Пешковский,《Русский синтаксис в научном освещении》, 1956, с. 424.

来，按照他的意见，前者是简单句，后者是复合句①。

别洛莎帕科娃在《现代俄语·句法》和《1970年语法》的复合句部分中明确指出：既然复合句具有几个述谓中心，所以所谓的带有同等谓语的句子，事实上就是用并列关系组合起来的具有几个述谓中心的复合句。因为在这类句子中每个谓语都是述谓性的体现者。她又进一步指出：在这种复合句中体现述谓中心的各个情态和时间意义都是独立的，它们之间既可一致，又可不一致。如：Пришёл, увидел, победил; Пришёл и сижу; Пришел и сиди; Он пришёл, но сидит у ворот, в дом не входит 等。此外，别洛莎帕科娃还驳斥了在捷克的语法著作中较为流传的一种观点，即把带有同等动词性谓语的句子看作是复合句，而把带有同等名词性谓语的句子看作是简单句。她认为：名词性谓语中的系词，"与动词谓语一样，可以表示情态和时间的述谓范畴"②，所以无论是带有同等动词性谓语的句子，还是带有同等名词性谓语的句子都应归入复合句。

在带有同等名词性谓语的句子中，别洛莎帕科娃又具体指出：如果以并列关系连接起来的是整个谓语或系词部分（它们是述谓性的直接体现者），则是多述谓结构，是复合句，如：Раньше он был рассеянным, а теперь стал собранным; Он был и остался бодрым 等；如果以并列关系连接起来的是同一系词的不同表语部分，则是单述谓结构，是简单句，如 Он был чутким и добрым; Он был чутким и добрым человеком 等。

别洛莎帕科娃还认为，在口语中经常运用的谓语特殊类型，如：Иду, иду; Иди и иди; Иду да иду; Пойду спрошу; Взял да и уехал 等，是句法上不可分割的整体，是用来表达表情情态意义的。在具有这类谓语的句子里只有一个述谓中心，只有一个情态和时间的综合体。因此这类句子是简单句，不是复合句。

克鲁奇尼娜赞同别洛莎帕科娃把带有同等谓语的句子看作是复合句的观点。她在《1980年语法》中对那些认为这类句子是简单句的语法学家提出了批评，指出：他们把这类句子看作是简单句的理由是同等性的原则，即两个以上的句子成分与某一个其他句子成分是同样的关系。但是他们运用这一原则并不是始终不变的：他们只把用并列连接词连接的同等谓语看成是简单句，而从属连接词连接的则被排斥在简单句范围之外，如 Я смирился, хотя и обиделся 等。克

---

① 参看 В. А. Белошапкова,《Современный русский язык. Синтаксис》, М., 1977, с. 168.
② Там же, с. 169.

鲁奇尼娜明确提出:决定这类句子是简单句还是复合句的本质特征,不是同等性原则,而是它们之间的联系性质。由于它们在形态上不止一次地表达时间和方式,在语义上说明同一主体的几个情景,因此这类句子应该属于复合句的范围[①]。

第五节 述谓单位构成复合句分句的规律

不是任何述谓单位都能构成复合句的分句的,这也有其规律性。这个问题十分重要,但是苏联语法学家对它的研究很不充分。别洛莎帕科娃在这方面有一定的研究[②]。她认为,述谓单位构成复合句分句时受以下六方面的限制:

1. 受述谓单位中成分组成的限制

以扩展词语关系为基础的复合句的特征是在其主句中必须具有基础词,而且该基础词不带必需扩展成分(即从句的替代者)。例如 Иван Иванович приехал 和 Иван Иванович рассказал о новостях 两个句子,都不能用作带有说明从句的复合句的主句。因为前一句的组成中没有要求说明从句的基础词,后一句中基础词 рассказал 可以要求说明从句,但其位子已为从句的替代者 о новостях 所占据。

2. 受述谓单位的疑问和非疑问的限制

这种限制充分反映在复合句的开放结构和闭合结构之中。在开放结构中只能用一种类型的述谓单位。这就是说,只能用疑问的或只能用非疑问的。在闭合结构中可用不同类型的述谓单位。

在并列复合句中闭合结构可由疑问的和非疑问的述谓单位组合,但是位置有严格的规定:疑问的述谓单位只能在复合句的第二部分。如 Они пусть уходят, но тебе-то зачем уходить?;Тебе хорошо, а мне каково? 等。

在主从复合句中,由疑问的述谓单位构成的从句可用在下列场合:如在带有说明从句的复合句中,则从句必须具有间接问题的性质。如在其他类型的主从复合句中,则从句只能是不具有疑问意义的疑问句。例如 Он будет занят ещё

---

① Институт русского языка АН СССР,《Русская грамматика》, Т. 2, М., 1980, с. 461—462.
② В. А. Белошапкова,《Современный русский язык. Синтаксис》, М., 1977, с. 185.

часа два, так что не пойти ли нам погулять? 在这个句中从句形式上是疑问的，但意义上是祈使的。如疑问不是针对从句的，而是针对整个复合句的，则从句必须位于主句之后。例如 Он пришёл, потому что его вызвали?（他来是因为有人叫他，这是否确实？）Ты вернулся домой, сразу после того как окончилось собрание?（会议结束后你就回家了，是吗？）等。

3. 受述谓单位的肯定和否定的限制

在复合句的组成中肯定或否定的述谓单位对很多复合句结构来说是十分重要的。在一些带有代词对应从句的复合句中，主句的肯定或否定对选择不同的连接词（что，чтобы）起决定作用。如 Лес такой большой, что в нём можно заблудиться——Лес не такой большой, чтобы в нём можно было заблудиться；Машина увязала так глубоко, что мы не можем её вытащить——Машина не увязала тах глубоко（увязала не так глубоко），чтобы мы не могли её вытащить 等。有些复合句的结构本身也决定其分句的肯定或否定。如 Крестьянин ахнуть не успел, как на него медведь насел 中第一分句就必须是否定的。而在带有连接词 едва，только，лишь，только что 等的时间从句的复合句中，从句就不能用否定的述谓单位。如 Едва мы добежали до дома, как пошёл дождь 等。

4. 受述谓单位动词体的限制

在带有连接词 по мере того как 的复合句中，必须用未完成体动词表示不受限制的延续性。如 По мере того как мы шли лесом, впереди всё светлело, светлело 等。

在带有连接词 пока не 从句的复合句中，主句要用具有受限制或不受限制的延续意义的动词表示。这种意义不仅未完成体动词具有，而且带有受限制延续意义的完成体动词也具有。如：Доктор сидел у нас, пока ребёнок не заснул——Доктор посидел у нас, пока ребёнок не заснул——Доктор просидел у нас около часа, пока ребёнок не заснул 等。

5. 受述谓单位的情态和时间的限制

复合句中的情态和时间不仅可以由动词谓语的时间和方式来表示，而且还可以由句中词汇的组成与时间、方式的相互关系而构成。如 Иду в кино——Иду я вчера в кино——Завтра иду в кино 等。

在不同类型的复合句中协调各个分句情态的规律是各不相同的。在开放结构中由于只能用同一类型的分句,因此也只能用具有同一情态意义的述谓单位组合。而在闭合结构中却可用不同情态的述谓单位组合。

在并列复合句的闭合结构中不同情态的述谓单位可以自由地组合。如带连接词 но 的并列复合句可以自由地组合各分句的情态意义。而在带有连接词 и,a 的并列复合句中只有第二分句具有与前一分句不相适应的意义时,也就是 и,a 的意义接近于 но 时,各分句的情态时间意义才能自由地组合。如 Я знаю, ты торопишься, и（a）всё-таки сядь и выслушай меня внимательно; Я был очень занят, и（a）всё же для друзей у меня нашлось бы время 等。

在主从复合句中不同情态意义组合的范围就较小。在所有的主从复合句（带有结果从句的复合句除外）中,其从句都不能运用动词谓语表示的祈使的情态意义。此外,不同类型的主从复合句还有其特有的运用情态意义的规则。因为对情态的限制是与连接词的语义联系在一起的。例如在带有原因从句的复合句中主句的情态可以是任意的,而从句可以用真实的情态或假设的情态。从句中假设的情态通常用在主句是真实的情态,从句表示与理由相反的场合。如 Мы старательно тренировались перед походом, потому что иначе не одолели бы всех его трудностей。带有结果从句的复合句与上述情况恰好相反,如 Без тебя он не полез бы на эту гору, так что отвечаешь ты 等。

在不同类型的复合句中协调各分句时间意义的规律也是一定的。在大多数情况下一个分句的时间与另一分句的时间是协调的,因此一分句动词的时体变化会引起另一分句时体相应的变化。例如 Всходит солнце, и мы трогаемся（тронулись, будем трогаться, тронемся）в путь; Всходило солнце, и мы трогались（тронулись）в путь; Взошло солнце, и мы тронулись（трогаемся, будем трогаться, тронемся）в путь; Взойдет（будет всходить）солнце, и мы тронемся（будем трогаться）в путь 等。在有些类型的复合句中连接词的语义决定其固有的时间协调规律。如时间连接词连接的各分句都有其各自的时间协调范围。时间连接词 когда 可连接 Когда я окончу школу, я буду работать на заводе 这样的句子,而 с тех пор как 就不能,с тех пор как 可连接 С тех пор как я окончил школу, я работаю на заводе 这样的句子。而 когда 则不能。还有一些复合句没有各分句的时间协调关系,因此一分句动词时间形式的变化不引起另一分句动词时间的变化。如 Сосед думает, что мы уезжаем——Сосед думал, что мы уезжаем——Сосед будет думать, что мы уезжаем; Сосед думает, что мы уезжаем——Сосед думает, что мы уезжали(уехали) ——Сосед думает, что мы будем уезжать (уедем)等。由此可见,在这类复合句中主句动词的任何时间形式可以毫无限制地与从句动词的各种时间形式进行组合。

6. 受述谓单位的词汇组成的限制

复合句各分句的词汇组成可以是自由的或不自由的。从而可分为词汇上自由的结构和词汇上不自由的结构两类。前者的词汇组成只受句子语义组合的限制,而后者的词汇组成是有严格的规定的,不能任意加以变换。

词汇组成上的不自由表现在复合句的第一分句具有某些固定的实词。如слишком... чтобы, достаточно... чтобы, довольно... чтобы, стоит (стоило)... как (чтобы, и)等。词汇上的 不自由还表现在句子结构要求运用由固定的词汇群组成的词组。例如有些复合句要求第一分句由动词加具有行为界限、度量意义的词或词的组合构成,第二分句的句首要有连接词 как,如 Не прошло и получаса, как погода изменилась; Он немного не дошёл до берега реки, как над головой его провыла первая мина 等。

第六节　复合句的结构模式

现代俄语中复合句的结构模式是别洛莎帕科娃在1967年《现代俄语复合句》一书中以及由苏捷两国语言学家参加的一次语言理论讨论会上提出来的。后来她在1977年《现代俄语·句法学》和1981年《现代俄语》句法部分中都对这一问题作了阐述。

所谓复合句的结构模式是一种抽象的样板,按照这一样板可以构成某种类型复合句的最低限度结构。别洛莎帕科娃认为:"简单句是由一定形态的词组成的,因此简单句公式的建立可归结为其述谓核心的词法性质的表示。""而复合句是由按照简单句公式建造的述谓单位或它们在上下文中的等价物组成的,因此复合句公式必须反映出在其组成中述谓单位组合的规则。"[①]她指出复合句具有四个结构特征:

---

① В. А. Белошапкова, "О понятии 'формула предложения' на уровне синтаксиса сложного предложения". В кн.:《Единицы разных уровней грамматического строя языка и их взаимодействие》, М., 1969.

1. 复合句组成的潜在数量

复合句最低限度结构或由两个部分组成,或由不定数量的部分组成。前者为闭合结构,后者为开放结构,如:Медалями блестят листья на берёзках, блестит вдали воздух, и роса сверкает в траве; Стало холодно, и все запешили домой。复合句结构的开放性和闭合性是十分重要的结构特征。它们不仅是相互对立的两种不同类型,而且还能区别某些其他特征。例如在开放结构的复合句中各部分在情态上是相同的,而在闭合结构的复合句中可以出现不同情态的述谓单位的组合。

2. 复合句结构和词汇填入其分句的特点

复合句结构的特点就是复合句组成时受述谓单位情态和时间的限制。词汇填入复合句分句的特点就是受述谓单位词汇组成的限制。有关这方面的内容参看前一节中的 5 和 6。

3. 复合句分句的组合手段

复合句分句的组合手段是表示其某种结构类型的重要标志。根据并列连接词、从属连接词和关系代词可区分并列复合句和主从复合句。再可根据不表达分句间语义关系的形态上的联结词(代词和无语义连接词)和分句间语义关系的表达词(语义连接词)区别主从复合句中的分解类型和非分解类型。

4. 句序的可能性

句序的可能性就是复合句结构的灵活性或不灵活性。前者容许不同的句序,而后者只容许一种固定的句序。

别洛莎帕科娃明确指出,反映述谓单位组合规则的复合句公式必须成为上述特征的综合体。她以表示现象交替关系的区分复合句公式为例。如 То шёл дождь, то падал снег, то сыпалась какая-то колючая крупа 的句子,其公式应包括下列特征:1. 指出结构的开放性,即分句数量的不确定;2. 指出词汇填入同等性的各分句在语义上的同型性及其情态上的同一性;3. 指出该结构只能用连接词 то...то(或 то...а то)连接;4. 指出各分句只能一个跟着一个,不能一个嵌入一个。别洛莎帕科娃把上述复合句归结为下列公式:

$$\text{то} + p_{si}^{1\ mi} \ldots \text{то}(\text{а то}) + p_{si}^{n\ mi}$$

公式中的 P 是述谓单位,即复合句的分句。它们的指数 1……n 是分句顺序的号码。s 和 m 分别表示各分句的语义特征和情态特征,而它们附带的指数 i 表示其同等性。

又如 Чтобы проект был закончен в срок, все работали с предельной нагрузкой 的句子,其公式应指出下列特征:1. 该句由两个述谓单位构成;2. 述谓单位受其结构和语义上的限制:连接词连接的分句必须表示愿望的假定情态,另一分句必须具有积极目的行为的意义;3. 述谓单位由连接词 чтобы 连接;4. 述谓单位的排列顺序并不固定:连接词连接的分句可在另一分句之前、之后、之中。该句的公式为:

$$Ps1 \leftarrow (чтобы + Pm1)$$

公式中符号旁的数字 1 表示语义与情态受限制,符号←表示括号中的分句没有固定的位置。

直到 1990 年舒瓦洛娃在她的专著《复合句中的意义关系及其表达方法》中从意符语法的角度详细描写了对比意义的语义模型[①]。她明确指出:"模型是由相应符号表示的指定意义的组成成素(конституент)和自然语言单位表达的意义的修饰成素(оформитель)的结合而成的。"[②] 在对比意义的模型中舒瓦洛娃所谓的意义组成成素是指对比对象(компарат 如人、事物、概念、有地点或时间标志的情景等)和他们的特征(признак 如行为、状态、性质、行为方法、地点或时间的标志等)。前者用符号 K1 和 K2 表示;后者用 П1 和 П2 表示。所谓意义的修饰成素是指参与表达某一意义的所有的语言单位,因此它比传统语法中的"连接手段"范围更广。如对比意义的修饰成素既包括传统语法中的连接词 и、а、же、тоже、также 等和语气词 не、ещё 等;又包括传统语法中没有命名的词或综合体 менее、так же как и 等。

舒瓦洛娃又把对比意义的模型根据其对比的次数分成静态的(一次对比的)和动态的(多次对比的)两类。其静态的模型如下:

① K1—П1,—а—K2—менее—П2

该模型可体现为下列句子:На улице жарко, а в доме менее жарко; Маша

[①] С. А. Шувалова,《Смысловые отношения в сложном предложении и способы их выражения》,М,. 1990, с. 97.

[②] Там же.

мила，а Таня менее симпатична。

② К1—П1，—так же как и—К2

该模型可体现为：Петя работает тщательно, так же как и Коля; Маша получила "отлично", так же как и Таня.

③ К1—П，—а—К2—ещё—Пк

模型中的 Пк 表示由简式比较级表达的特征。该模型可体现为 На улице жарко, а в доме ещё жарче 的句子。

④ К1—П1，(и)—К2—тоже—П2

模型中的 тоже 是必需成素，而 и 是选择性的成素。该模型可体现为 Все засмеялся, (и) я тоже засмеялся 的句子。

⑤ К1—П1，а—К2—нет

模型中 П1 和 П2 在内容上存在区别（具有或不具有某一特征），即公式 П—не П 时才可体现。如 Брат любит классическую музыку, а сестра нет.

……

动态的对比意义模型，例如：

① По мере того как—К1—(все больше)—П1，—К2—(все больше)—П2

它可体现为 По мере того как Петя (все больше) веселел, Коля (все больше) мрачнел 等的句子。

② Чем—К1—Пк1，—тем—К2—Пк2

模型中的 К1 和 К2 都要具有增强或减弱的特征，它们的变化成比例的。Пк1 和 Пк2 都要用比较级。它可体现为 Чем слабее становилось тело, тем мощнее делался дух.

……

在舒瓦洛娃的专著中，列出了对比意义模型的整个目录，共有八九十个之多。

对于复合句的结构模式什维多娃持否定的态度。她认为：" '复合句公式' 的概念在扩大，因为公式中所要反映的方面很多，很复杂，这就无法容纳在一眼就看透的、排列在最简单模式中的基本特征体系里,从而也就无法容纳在足以阐明对象本身内部组织的一系列的符号之中。"她又进一步指出:"企图在复合句公式中反映出通常在我们描写复合句时所有的一切方面(分部的情态性质、其词汇填入的性质、分部之间关系的意味……),可预料必然会失败。"① 鉴于现在见到的材料不多,不敢妄加评论。但是,像什维多娃那样的结论,是否为时过早?

众所周知,复合句是句子内部复杂程度最高的单位,因此要在用简单符号表示的模式中反映出各种类型复合句的特征,其困难是可想而知的。因此,如果能在复合句的特征中作些必要的区分,把复合句某些类型的特征与复合句的基本特征区分开来,也就是说复合句模式只反映其基本特征,则模式抽象的困难程度就可能会有所缓解。

别洛莎帕科娃认为,复合句组成的潜在数量(即结构的开放性或闭合性)能区别相互对立的两种结构。此外,还能区分某些其他特征。例如在开放结构中各分句在情态上是相同的,而在闭合结构中可以出现不同情态的述谓单位的组合②。这一看法值得商榷。首先,在并列复合句中区分开放结构与闭合结构有其必要性,而在主从复合句中似乎没有必要区分这两种结构。因为这一结构特征在这类复合句中的表现不很明显。其次,各分句同一情态或不同情态的组合,与其说受开放结构和闭合结构的制约,还不如说受连接词语义的制约。例如连接词 a 连接闭合结构的并列复合句时,其分句通常不能用不同情态的组合。但只有当它的语义接近于连接词 но 时,也就是在它连接的复合句中具有让步—转折意义时,各分句的情态才能自由组合。如 Я знаю, ты торопишься, а (но) все-таки сядь и выслушай меня внимательно; Я был занят, а (но) все же для друзей у меня нашлось бы время 等。又如连接词 и 连接闭合结构的扩展句时,通常只能用同一情态的组合。而当它具有结果意义时,就可用不同情态的组合。如 Это очень интересная книга, и я охотно ее прочел бы; Я ещё вчера прочел эту книгу, и ты возьми её у меня 等。由此可见,结构的开放性和闭合性只是并列复合句的特征,不是整个复合句的基本特征。

---

① Н. Ю. Шведова, "О структурной схеме сложного предложения". В кн.: 《Единицы разных уровней грамматического строя языка и их взаимодействие》, М., 1969.

② В. А. Белошапкова, "О понятии 'формула предложения' на уровне синтаксиса сложного предложения". В кн.: 《Единицы разных уровней грамматического строя языка и их взаимодействие》, М., 1969.

别洛莎帕科娃在第二个结构特征中谈到了各分部构成复合句时受到述谓单位情态和时间的限制。这是正确的,但尚嫌不足。她没有提到受述谓单位动词体的限制。事实上,只谈时间不谈体是不可能的,因为两者是紧密联系在一起的。这就是说,在结构模式中要反映述谓单位时、体对应的规则。

众所周知,时、体对应在复合句结构中起着重要的作用。例如 Море глухо роптало, и волны бились о берег бешено и гневно 和 Гаврик толкнул ногой калитку, и друзья пролезли в сухой палисадник... 两个句子,虽然都用同一个连接词 и,但是,由于时、体对应不同,因此语法意义也有所不同。前一句用的是未完成体动词,表示列举同时发生的现象。后一句用的是完成体动词,表示事件的先后发生。如 Когда мы упрекнули её в небрежности, она обиделась; Когда (если) мы упракали её в небрежности, она обижалась 两个句子中,用不同的时、体对应,因此影响其语法意义和连接词的选择。前句用的是完成体动词,表示时间关系,只能用 когда 连接。后句用的是未完成体动词,表示时间—条件关系,可用 когда 和 если 连接。

还必须指出的是,时、体对应在不同类型的复合句中所起的作用是不同的。根据其不同的作用,复合句大致可分为两类。一类是,在大多数情况下时、体对应不仅相对自由,而且还不影响句子的基本意义,如主从复合句中扩展词语的非分解句。例如 Я написал другу, которого давно не видел (не скоро увижу); Я пишу другу, которого давно не видел (не скоро увижу); Поскорей напиши другу, которого не скоро увидишь 等。

另一类是,在大多数句子中时、体对应受到严格的限制,这种限制并与其语法意义联系在一起,如主从复合句中扩展全句的分解句。以 когда 连接的时间句为例①。在这类时间句中两个行为在时间上一定要有直接接触,即两行为在时间上吻合或部分吻合,或一个接一个地先后发生,它们之间不容许有时间上的间隙。这就是这类时间句时、体对应组合必须遵循的规律②。когда 连接的时间句中,同一时间形式的对应组合有 9 对。它们的行为在时间上可以直接接触,不需要借助其他手段。它们或是未完成体同一时间的对应组合,表示同时发生的行为(Когда он ехала с вокзала домой, то улицы казались ей очень широкими,

---

① 吴贻翼:《现代俄语复合句句法学》,北京大学出版社,1999 年版,第 218—230 页。
② 《Грамматика современного русского литературного языка》, М., 1970, с. 727—728.

а дома маленькими);或是不同体的同一时间形式的组合,表示部分同时发生的行为(Отец, когда я пришел к нему, сидел глубоко в кресле);或是完成体的同一时间的形式,表示先后发生的行为(Когда я лег и уснул, мать осторожно встала со своей постели и тихо подошла к нему)。当然,这类时间句中还有不同时间形式的对应组合。它们的行为在时间上不能直接接触,两行为之间在时间上有间隙,通常在实践语言中不能应用。其中13对对应组合借助一定的条件,即加上适当的时间状语或动词时间的转义运用,可使两行为在时间上接触起来,不留间隙。例如 Теперь, когда я устал, смените меня 的句子,"如果句中没有теперь,两部分的组合是不可能的"[①]。因为它把已经发生的行为和即将发生的行为容纳在同一时间背景之中。此外,还有3对时、体对应组合即使借助其他手段也无法构成正常的句子,即两行为在时间上无法直接接触。

我们还可以 после того как 和 с тех пор как 连接的时间句为例。前者表示一行为发生在另一行为结束之后的先后关系,完全排除两行为同时存在的可能性。因此它连接的从句通常要用完成体动词。而 с тех пор как 表示一行为是另一行为开始的界限,因此它既表示两行为的先后关系,又兼有两行为的部分同时关系。所以它连接的从句可用完成体或未完成体动词。

作者在别洛莎帕科娃的四个特征的基础上作了一些修正,提出复合句结构模式的下列结构特征:1.联系手段(既包括连接词、关联词、指示词,又包括起连接作用的某些副词(потому, поэтому, оттого)、情态词(следовательно, значит)和语气词(ведь, все же, все-таки, все равно, тем не менее)等);2.述谓单位的时、体对应;3.述谓单位的情态对应;4.述谓单位的排列顺序。

对于舒瓦洛娃描写的对比意义的语义模型,作者只想谈一点看法。众所周知,数量有限的句子模式是从数量无限的具体句子中抽象出来的,然后再将数量有限的抽象模式体现为数量无限的具体的句子。这是一个从具体到抽象,再从抽象到具体的过程,从无限到有限,再从有限到无限的过程。模式的数量是与句子的抽象程度联系在一起的。抽象程度越高,模式数量越少。反之,模式数量就越多。而模式数量的多少还取决于描写模式的目的。如果目的在于对现有句子的结构组织、语义组织进行分析和分类,则模式的抽象程度较高,数量较少。如果目的在于按照抽象的模式生成具体的句子,则模式的抽象程度较低,数量较

[①] 吴贻翼:《现代俄语复合句句法学》,第218—230页。

多。而后一目的中又有机器翻译和语言教学等各种不同的情况。如果是机器翻译,模式就可多一点。如果是后者,模式就不能太多,否则就不便于教学,不便于记忆。但是,总的说来,模式数量不宜过多。过多,就会使模式失去抽象的样板作用,就无所谓模式了。而舒瓦洛娃的对比意义的语义模型就有八九十个。由此可以推测,她整个复合句的语义模型可能要以千来计算。作者认为,她的语义模型数量多了一点,需要进一步抽象和提炼。

别洛莎帕科娃和舒瓦洛娃对复合句模式的上述看法只是极其初步的设想。但是随着时间的推移,对该课题的研究必定会取得更大的进展。

第七节 复合句的语义

复合句的语义就是指它所报道的两个或两个以上的情景以及情景之间的关系。复合句与简单句在语义上的区别在于它们在于报道情景数量上的多少。后者通常只报道一个单独的情景。

复合句的语法结构与语义结构通常是吻合的、一致的、对称的。但是,有时也可能不一致,不对称。如 Проводи меня, а не то я заблужусь 的句子,结构上是由两个部分组成的,而语义上却有三个部分(Проводи меня, а если не проводишь, я заблужусь)。科洛索娃称这种复合句为不对称复合句(асимметричные сложные предложения)[①]。不对称复合句有两种类型:

1. 数量不对称(количественная асимметрия)

所谓数量不对称就是指复合句的语法结构(述谓单位)与其语义结构(情景)在数量上的不相应,也就是复合句中的语义环的数目大于语法环的数目。例如:

由连接词 если..., то... 构成的某些复合句,如 Если хотите купить хлеба, то магазин налево (Если хотите купить хлеба, то имейте в виду, что магазин налево)等。

由连接词 а то, (а)не то, потому что 以及类连接词 иначе, в противном случае 等构成的某些复合句,如 Муж её рано умер, а то бы она вышла в люди (Муж её рано умер, а если бы не умер так рано, то она вышла бы в люди);Ты

[①] Т. А. Колосова,《Русские сложные предложения асимметричной структуры》, Воронеж, 1980.

тормози плавно, потому что шестерёнки сорвешь (Ты тормози плавно, потому что если ты не будешь тормозить плавно, то шестерёнки сорвёшь)等。

由连接词 если 和假定方式以及假定方式和连接词 но 构成的某些复合句，如 Я бы уехал, но денег на дорогу не было (Если бы были деньги на дорогу, то я бы уехал, но денег на дорогу не было, поэтому я не уехал); Если бы часы не остановились, я не опоздал бы; Я не опоздал бы, но часы остановились (Если бы часы не остановились, то я не опоздал бы, но часы остановились, поэтому я опоздал)等。

2. 质量不对称（качественная асимметрия）

"质量不对称"这一术语是舒瓦洛娃在《复合句中的意义关系及其表达方法》一书中提出的[①]。笔者认为这一术语不够准确，不能完全概括这一语言现象的本质。但一时又想不出更好的提法，只好暂且用之。

波斯彼洛夫在"主从复合句及其结构类型"一文中指出，单部结构的主从复合句结构上从句不是与主句整体发生关系，而是与它的词或词组发生关系，语义上通常表示一个复杂形式的判断[②]。

《1970年语法》和《1980年语法》赞同波斯彼洛夫的看法，但是它们把这一现象称之为主从复合句中的"非分解句"[③]。波斯彼洛夫的观点是正确的，因为它反映了这一现象的本质。但是也应该指出的是，在单部结构或非分解型的主从复合句中存在着结构与语义不相适应的现象，即从句结构上与主句中的词或词组发生关系，而语义上却与整个主句相对应，形成两个相互联系、相互制约的判断。

定语句（即带定语从句的主从复合句）中的扩展类型，从结构方面看从句形式上依附于主句中的被说明词，但实质上却与整个主句发生关系，起扩展主句的作用。从语义方面看，主句与从句都具有单独的交际内容，形成两个互相联系的判断。在这类复合句中从句不是对事物加以修饰、限制，而是对特指的、个别的、已知的事物作补充的描写和叙述。因比从句对于被说明词来说不是必需的。

---

① С. А. Шувалова,《Смысловые отношения в сложном предложении и способы их выражения》, М,. 1990, с. 10.

② Н. С. Поспелов, "Сложноподчиненное предложение и его структурные типы". 《Вопросы языкознниия》, 1959, No. 2.

③ 《Грамматика современного русского литературного языка》, М. , 1970. , с. 682.

如果删去从句,主句在结构和语义上仍然相对完整。由此可见,扩展类型的定语句结构上是非分解型的,而语义上却是分解型的。例如:

① Он получил известие о кончине своего брата, которое его ввергло в жестокую болезнь.

② Капитан с капитаншею отправились спать; а я пошёл к Швабрину, с которым и провёл целый вечер. (А. Пушкин)

　　扩展比较级的比较句(即带比较从句的主从复合句),如在 Звёзды на юге крупнее, чем бывают на севере 的句子中,我们可以看到,从句在结构上说明的是比较级 крупнее,而该句的语义关系不产生于它们两者之间,却产生于两个现实对象(звёзды на юге 和 звёзды на севере)之间,即"南方星星"与"北方星星"比较,也就是前者比后者具有较高程度的特征。又如 Чем ближе я подъезжал к дому, тем сильнее билось моё сердце 的句子,其语义关系也是两个分句整个地相对应,而对其结构关系语法学家看法上有分歧:《1970 年语法》把这类句子看作分解型的①,而《1980 年语法》认为,这类句子结构上从句说明主句中的比较级,是非分解句②。如果是非分解句,这类句子的结构关系与语义关系就产生了矛盾。

　　语法学家尽管从不同的角度来划分说明句(即带说明从句的主从复合句),如波斯彼洛夫是从从句与主句中由基础词表示的成分之间的关系来划分的③,而《1970 年语法》却认为说明句是基础词的语义性质决定其结构的句子④;但是他们都把说明句看作是从句在结构和语义上说明基础词的句子,都归为单部结构或非分解型主从复合句。但是,在说明句中有一类评价句,如 Беда, коль пироги начнет печи сапожник; Счастье, что мы успели вовремя; Я дурак, что согласился 等,从结构的角度看,它们与其他类型的说明句相同,其从句形式上与主句中的基础词发生关系;但是它们之间也有不同之处:前者主句的结构是完整的,并不缺少任何成分,因此从句不起填位作用。从语义方面看,评价句报道

---

① 《Грамматика современного русского литературного языка》, М., 1970., с. 734.
② 《Русская грамматика》, т. 2, М., 1980, с. 492.
③ Н. С. Поспелов, "Сложноподчиненное предложение и его структурные типы". 《Вопросы языкознния》, 1959, No. 2.
④ 《Грамматика современного русского литературного языка》, М., 1970., с. 701.

对某一情景的评价,也就是说从句是主句评价的对象或理由,因此其语义关系产生在两分句之间。由此可见,说明句中的评价类型,其语义结构与语法结构也是不相应的。

复合句的语义与简单句一样,是由客观意思和主观意思两种不同类型的意思结合而成的。前者反映客观现实,后者反映能思维的主体对客观意思的态度,如他的评价、感受,意志的表达等。法国语言学家巴利把句子内容的这两个方面称之为客观陈述(диктум)和主观述评(модус)①。在《复合句理论概要》一书中切列米西娜和科洛索娃指出:"客观陈述主要报道其所指是在以言语反映的现实中事件的某种情况,如 Световой день уже сильно увеличился。"而主观述评是"对客观陈述的事件表达出来的主观解释,它既可能从情态的观点出发(即事件的可能性、或然性和对事件报道的可信程度),又可能从对客观陈述事件的概念(信息)进行心理加工的角度来看"②即客观现实与对被描写事件的心理感受、主观评价的对立,如 Мне кажется(Меня радует), что световой день сильно увеличился.

复合句如从客观陈述的角度来表达,则其语义表示情景之同客观关系,如 На предприятии многое изменилось, потому что произошли перестановки в руководстве 。如果从主观述评的角度出发,则其语义包含着被描写的情景以及对它的评价,如 На предприятии многое изменилось, благодаря тому что произошли перестановки в руководстве 和 На предприятии многое изменилось, из-за того что произошли перестановки в руководстве 等。这两个句子除反映情景间的客观意思外,还包含着作者的主观的附加意味,即主观评价。前一句是肯定的评价,而后一句却是否定的评价。换而言之,"企业发生了很多变化"的拥护者和反对者各自从不同的观点出发报道企业的情况。

复合句中的主观述评既可从作者(说话者)出发,又可从其他能思维的主体出发。如 Маше хочется, чтобы поскорее наступило лето 句中,Маша 就是作者以外的其他能思维的主体。舒瓦洛娃对句子 Тане показалось, что в темноте

---

① Ш. Балли,《Общая лингвистика и вопросы французского языка》, М., 1955.
② М. И. Черемисина, Т. А. Колосова,《Очерки по теории сложного предложения》, Новосибирск, 1987, с. 34—35.

кто-то прячется 进行了分析①,指出 казаться-показаться 有两个意思:"想象"和"好像觉得"。前者表示不知道现实的情况,其语调应是:Тане показалось, что в темноте кто-то прячется 或 Тане показалось, / что в темноте кто-то прячется。这时对事件进行主观述评的主体不是作者,而是 Таня。第二个意思表示想象中的事件与现实情况不符,因此它是不真实的,不正确的。其语调是:Тане показалось, что в темноте кто-то прячется。这时该句所表达的意思更为复杂,由以下三个方面组成:①被描写的情景,②Таня 对事件的主观述评,③作者对整个句子(Таня 对事件的评定)给予再评定,即作者认为 Таня 的评定是不正确的,不真实的。

复合句中表达主观述评的方法通常有:

1. 某些连接手段,它们往往兼有客观的基本意义和主观的附加意义。如上述例句中的 благодаря тому что, из-за того что 等。又如 Эту книгу любят дети, и взрослые читают её с удовольствием; Не только дети любят эту книгу, но и взрослые читают её с удовольствием 等句子中,后一句除表达前一句的基本意思外,还强调了作者认为第二个情景"взрослые читают её с удовольствием"更为重要。这就在基本意思的基础上添加了主观的附加意思。

2. 专门化的手段(如语气词、情态词等),它们既可"加"在连接手段上,如 В результате взрыва никто не страдал главным образом (прежде всего, только, исключительно) потому, что взрыв произошёл после рабочего дня 等,又可单独用在句子之中,如 В результате взрыва, к счастью, никто не страдал, потому что...; В результате взрыва никто не страдал, потому что, к счастью, взрыв...; К счастью, в результате взрыва... 等。

在《复合句中的意义关系及其表达方法》中,舒瓦洛娃根据复合句所表示的语义关系分为以下两种类型:

1. 合取关系(конъюнктивные отношения)

合取关系是逻辑学中的术语,现借用来表示,复合句的所指是两个或两个以上的现实情节或情景,它们处在共存的关系之中。这里我们所说的合取或共存,并不是指这些情节必须同时存在,而是指:存在着情节 1,存在着情节 2,……和

---

① С. А. Шувалова, 《Смысловые отношения в сложном предложении и способы их выражения》, М., 1990, с. 25.

(以及)存在着情节 x。它们既可能只表示共存,不再指出它们之间的其他任何关系,又可能共存的情节还处在其他的关系之中:或者处在时间关系之中,情节间在时间上吻合或不吻合;或者处在生成或制约关系(因果关系、条件关系、目的关系)之中,一情节生成或制约另一情节;或者按其特征的异同处在对比关系之中。合取关系可分为:

(1) 纯共存关系

同时共存。例如:

① Сегодня на столе чистая скатерть, и (а) на окнах стоят цветы.

② Дует соленый ветер, моросит дождик, и (а) с моря кричат чайки.

顺序共存。例如:

① Я закончил работать, и мы поехали на дачу.

② Приехали к вечеру, затопили печь, и поставили варить картошку.

离散共存是指两个以上的情节被时间的间隙隔离开来,它们的共存既不是同时的,又不是顺序的,例如:

① В субботу на столе появилась чистая скатерть, а сегодня на окнах стоят цветы.

② Небо затянуло тучами, а (и) к вечеру пошел снег.

(2) 时间关系

时间上吻合

a) 完全吻合是指一情节的存在与另一情节的存在在时间上完全吻合,也就是两情节存在的开始界线和结束界线吻合。

① Пока сын читал, мать готовила ужин.

② В то время как сын читал, мать готовила ужин.

③ В то время пока сын читал, мать готовила (приготовила) ужин.

④ Когда мы ехали из колхоза, мы всю дорогу говорили о проблемах сельского хозяйства.

б) 同时开始是指两情节存在的开始界线吻合,而结束界线不吻合。

① С тех пор как ребенок ходит в бассейн, он больше не болеет.

② С тех пор как поставили новые станки, качество продукции улучшилось.

в) 同时结束是指两情节存在的结束界线吻合,而开始界线不吻合。

① Я сидел над задачей (до тех пор), пока не решил ее.

② К тому времени, как ты дочитаешь, я приготовлю ужин.

③ Телефон звонил до тех пор, пока не прибежал запыхавшийся лаборант и не снял трубку.

г) 一情节存在于另一情节存在的时间范围之内,它们两者无论是开始界线,还是结束界线都不相吻合。

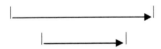

① Когда мы ездили за город, я забыл в электричке фотоаппарат.

② Когда я родился, мои родители жили в Ленинграде.

③ Пока он отсутствовал, произошли важные перемены.

д) 一情节的开始界线发生在另一情节存在的时间范围之内,而其结束界线却发生在另一情节存在的时间范围之外,也就是在另一情节存在结束以后才发生其结束界线。

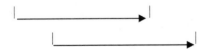

① Когда мы учились в университете, Сергей начал изучать финский язык.

② Сергей начал изучать финский язык в то время, когда мы учились в университете.

时间上不吻合

а) 连续顺序。

① Когда я пришел домой, сразу же лег спать.

② После того как я допишу письмо, мы тотчас же пойдем гулять.

③ Я позвоню тебе непосредственно перед тем, как буду выходить их дома.

б) 间隙顺序。

① Через полчаса после того как началась передача, в студии раздался звонок.

② За полчаса до того как началась передача, в студии раздался звонок.

③ За два года до того, как он получил звание доцента, из печати вышла его вторая монография.

④ Вскоре после того, как они (часы) пробили полночь, послышались торопливые шаги. （А. Чехов）

(3) 制约关系

因果关系。例如：

① Становилось прохладно, оттого что наступил вечер.

② Окна светятся, и значит хозяева дома.

③ Наступили теплые и ясные дни, чем все дети были очень довольны.

条件关系。例如：

① Если цветы не поливать, они завянут.

② Мы могли бы завтра пойти на концерт, если бы достали билеты.

③ Если бы недалеко от города была построена новая электростанция, промышленность города была бы обеспечена дешевой электроэнергией.

④ Когда в товарищах согласья нет, На лад их дело не пойдет... （И. Крылов）

目的关系。例如：

① Я прилег на диван, чтобы немного отдохнуть.

② Недалеко от города построили новую электростанцию, чтобы обеспечить промышленность города дешевой элетроэнергией.

③ Володя все делал ради того, чтобы восстановить дружбу с Сергеем.

对比关系

静态对比，即一次的对比。例如：

① В понедельник будет лекция, а в среду—семинар.

② Петя уже студент, Коля же еще учится в школе.

动态对比，即不止一次的对比。例如：

① Чем темнее ночь, тем ярче звезды.

② Чем слабее становилось тело, тем мощнее делался дух.

2. 选言关系（дизъюнктивные отношения）

选言关系，也是逻辑学中的术语。我们借用来表示：复合句的所指只是客观现实中的一个情节，但是在表达过程中作者采用描写处在相互排斥、相互交替等关系中的两个或两个以上情节的手段。如果是选言关系，一情节的存在或实现排斥其他情节的存在或实现，换言之，只能存在或实现一个现实的情节。选言关系通常有以下几种情况：

（1）当作者不具有充分、准确的信息时，他向交谈者提供两个或更多的情节，并指出其中只有一个情节是所指的。通常用的连接手段有：или; или..., или...; либо..., либо...; то..., то...; то ли..., то ли...; не то..., не то...; может быть..., может быть... 等。例如：

① Или ты ко мне приедешь, или я приеду к тебе.

② Два дня валялся, да вспомнил про лошадь, —либо волки съели, либо замерзла. (А. Серафимович)

③ То он мне помогает, то я ему.

④ В комнате почти совсем темно. Не то это было раннее утро, не то уже наступал вечер.

⑤ Выйди на берег реки, прислушайся, и ты услышишь песню. То ли это человеческий голос, то ли шумят прибрежные деревья, то ли просто поет твое сердце.

⑥ Что-то Алеши долго нет. Может быть в школе задержали, может быть к приятелю заглянул, может быть на пустыре в футбол играет.

（2）当作者由于信息不足或其他原因不能或不想确切地表达时，他或者采用表达所谓的"中间"行为或状态的手法（如 Деревце не погибло, но и не зацвело），或者有意回避直接描绘所指情节（如 Ваша работа не то чтобы совсем бесполезна, но она не решает поставленной проблемы），以减轻信息的否定性质。常用的连接手段有：не..., но и не...; не то чтобы（не）..., но и...; не то чтобы（не）..., но и не то чтобы（не）...; нельзя сказать что（чтобы）..., но и... 等。例如：

① Спектакль не провалился, но он и не пользовался успехом.

② Не то чтобы он принял нас холодно, но был как-то не особенно любезен.

③ Не то что он очень удивился, но такого поворота дела он явно не ожидал.

④ Нельзя сказать чтобы книга не понравилась, но ни к каким размышлениям не привела.

⑤ Люди, нельзя сказать, что гуляют, но и не работают.

⑥ Не скажу, чтобы мы подружились, но он порой бывал со мной откровенен.

有的复合句的第一部分可用由同一动词的不定形式与其变化形式组合而成的成语化结构。例如：

① Люди гулять не гуляют, но и не работают.

② Бранить не бранит, но и не хвалит.

③ Спать не спишь, но и не бодрствуешь.

④ —Осталось ехать только двенадцать верст, все больше лесом, и не заблудились бы...

—Заблудиться-то не заблудились бы, да кони не идут, барышня!（А. Чехов）

（3）当作者进行"争辩"时，他否定一情节，肯定另一情节，并把它们两者对立起来。连接手段是 не..., а... 例如：

① Не мы ее упрекали, а она нас обвиняла.

② Не она жалуется, а на нее жалуются.

③ Он не упал, а поскользнулся.

④ Он не заснул, а задремал.

第八节　复合句的实义切分

　　俄罗斯、捷克等国的语言学家都认为，句子的实义切分是多级的，多层次的。舍舒科娃（Л. В. Шешукова）在"关于复合句的实义切分"一文中写道："动态句可由实义切分上述两个要素（即主位和述位——本书作者注）构成，也可由更多的要素构成，也就是说，可有几个主位，而不是一个主位，或者有几个述位，而不是一个述位。""分出不是两个，而是更多实义切分要素的这种情况，导致承认句子有进行多级切分的可能性。"①克雷洛娃也指出："实义切分二元的思想必须被句子实义切分可能是层级的、多级的、多层次的观点所补充，这就是说，第一级、第一层次的主位（或述位）可分解为第二层次的主位和述位等。"②例如 Лодку (т) / унесло течением (p) 的句子，它回答 Что произошло с лодкой? 或 Где лодка? 的问题。但是在这个句子中，进入述位的不仅只是动词，而且还有该动词所表示的行为主体——名词。这样的述位就可以进行第二级实义切分：унесло (т2) / течением (p2)。科夫图诺娃、拉普捷娃、阿达麦茨等都有类似的论述。由此可见，句子的实义切分既可能是单级的，又可能是多级的。

　　现代俄语复合句中，主从复合句与并列复合句在实义切分上的区别在于，多级切分与单级切分的对立，即前者是多级切分，而后者是单级切分。

一、主从复合句的实义切分

1. 非分解句

　　在非分解句中从句（或从部）与主句（或主部）中作为词汇—词法单位的词或

---

① 《苏联当代俄语句法论文选》，胡孟浩、王德孝编选，上海外语教育出版社，1983年，第310—311页。
② О. А. Крылова, 《Коммуникативный синтаксис в русском языке》, М., 1992, с.119.

词组发生关系,起着扩展该词或词组的作用,因此这类主从复合句又称展词句。在这类主从复合句中,主从句之间的联系十分紧密,与词组中词形与词形间的联系相似。主句离开了从句,其结构和语义都不完整,因此需要从句来补足。属于非分解句的有定语句,说明句,地点句,行为方法、程度和度量句。

在非分解句中,由于从句具有扩展词或词组的特征,整个主从复合句有其相应的交际任务,因此从句很自然地进入切分第一级主位或述位的组成。从句虽然从属于主句,但是它是一个完整的述谓单位。这就使它有可能在其述谓单位内部进行下一级的切分。

例如定语句 Они / продолжают // то дело, ради которого /// отдали свою жизнь /// их товарищи（Л. Космодемьянская）中,从句 ради которого отдали свою жизнь их товарищи 可用句子 Ради этого дела отдали свою жизнь их товарищи 来替代。这并不破坏整句的交际任务。因此从句又可进行下一级的实义切分。整个定语句的实义切分是:主位为 они,述位为 продолжают то дело, ради которого отдали...。在第二级切分时,这一述位可切分为低一级实义切分的要素:продолжают（т2）// то дело, ради которого отдали свою жизнь их товарищи（р2）。在述位 2(р2)中又可进行第三级切分:то дело, ради которого（т3）/// отдали свою жизнь（р3）/// их товарищи（т3）,即 то дело, ради которого их товарищи 为主位,отдали свою жизнь 为述位。这一级切分是对上述扩展的事物特征进一步加以说明。其切分模式如下:

(1) тема1 —— рема1
　　　П　 /　 С　 ＋ $P_{об}$＋ Пр

(2) 　　　　　рема2 —— рема2
　　　　　　　С　// $P_{об}$＋ Пр

(3) 　　　　　　　　рема3 —— тема3
　　　　　　　　　　Д ＋ П /// С ＋ $P_{об}$

模式中的符号:/ 表示第一级切分,// 表示第二级切分,/// 表示第三级切分,П 表示主语,С 表示谓语,$P_{об}$ 表示带客体意义的扩展成分,Пр 表示从句,Д 表示限定语。

又如说明句 Кирилл / слышал, // как в теле его /// сжалась каждая мышца（К. Федин）中,可切分为主位 1(т1)Кирилл,述位 1(р1)为 слышал, как в теле его... 第二级切分时，上述述位可切分为主位 2(т2)слышал 和述位 2(р2)как в теле его сжалась каждая мышца。第三级切分时在述位 2(р2)内再可切分为主位 3(т3) как в теле его 和述位 3(р3) сжалась каждая мышца。

再如地点句 Челкаш / с улыбкой посмотрел // туда, где находится /// пакгауз (М. Горький) 中，可切分为主位 1(т1)Челкаш 和述位 1(р1) с улыбкой посмотрел туда, где... 在这一述位中可切分主位 2(т2) с улыбкой посмотрел 和述位 2(р2) туда, где... 第三级切分时，述位 2(р2) 中再可切分为主位 3(т3) туда, где находится 和述位 3(р3)пакгауз。

2. 分解句

在分解句中从句与作为句法单位的整个主句发生关系，起着扩展整个主句或它的谓语组成的作用，因此这类主从复合句又称非展词句。在这类复合句中主从句之间的联系不十分紧密，犹如简单句层次上疏状限定语与述谓核心的联系。属于分解句的有比较句、时间句、条件句、让步句、目的句、原因句、结果句等。

这类复合句由于从句与主句的联系具有疏状限定语的性质，因此它与带有疏状限定语的简单句是同形现象。所谓同形现象在语言学中是指不同层次的语言单位在结构上的类似。例如时间句（Теперь, когда старуха кончила свою красивую сказку, в степи стало страшно тихо〈М. Горький,〉）与带时间限定语的简单句（Теперь в степи стало страшно тихо）、原因句（Но из-за того что лил дождь, Арсен и Ярослава взяли такси (Л. Дмитерко)）与带原因限定语的简单句（Из-за дождя Арсен и Ярослава взяли такси）都属于同形现象。因此整个主从复合句具有自身的交际任务。这就有可能在这类复合句中进行第一级切分，然后在从句的述谓单位内部再进行下一级的切分。

例如时间句 Когда солнце // поднимается над полями, / я невольно улыбаюсь от радости（М. Горький）中，第一级切分主位 1 是 когда солнце поднимается над полями，述位 1 是 я невольно улыбаюсь от радости；第二级切分是在主位 1 和述位 1 中再切分，即主位 1 可切分为主位 2(солнце) 和述位 2 (поднимается над полями)，述位 1 也可进行相应的实义切分。其切分模式如下：

(1)　　　　тема1　　　——　　　рема1

$$(2) \quad \begin{matrix} & \text{Пр} & & \text{Гл} \\ \text{тема}2' & —— & \text{рема}2' & \text{тема}2 & —— & \text{рема}2 \\ \text{П} & // & \text{С}+\text{Р}_\text{л} & \text{П} & // & \text{С}+\text{Р}_\text{обст} \end{matrix}$$

模式中的符号 Гл 为主句，Р$_\text{л}$ 为带地点意义的扩展成分，Р$_\text{обст}$ 为带状语意义的扩展成分。

又如条件句：Если // был праздник, / то он оставался дома и писал красками（А. Чехов）中，第一级切分主位 1 为条件从句 если был праздник，述位 1 为主句 то он оставался дома и...。第二级切分是在主位 1 和述位 1 中进行。主位 1 的第二级切分是不可切分句 был праздник，整句构成一个述位 2。当然，述位 1 还可切分。因为它与简单句的切分相同，就不在这里赘述了。

再如目的句 Во имя того, чтобы в каждой советской семье // новогодние елки были всегда счастливые и радостные, / наша партизанская команда должна была быть боевой, беспощадной к врагу 中，во имя того, чтобы в каждой советской семье ... 是主位 1，наша партизанская команда должна... 是述位 1。第二级切分是在主位 1 和述位 1 中进行。主位 1 可再切分为主位 2 в каждой советской семье 和述位 2 новогодние елки были всегда счастливые и радостные。述位 2 也可再切分。

二、并列复合句的实义切分

在并列复合句中，各分句在语法上彼此平等，在意义上都有较大的独立性。因此其中的每一分句都各有其相应的交际任务，都可在同一平面（即同一层次）上在各自的述谓单位内部进行实义切分。克雷洛娃在谈及并列复合句的实义切分时，说："实义切分的层次、多级在这里没有。因此，并列复合句的分部（即分句——本书作者注）构成独立的交际—句法单位，在实义切分方面与独立的简单句没有区别。"[①]

例如表示联合关系的并列复合句 Воздух / дышит весенним ароматом, и вся природа / оживляется（М. Лермонтов）句子，其实义切分的模式如下：

$$\text{тема}1 —— \text{рема}1 + \text{и} + \text{тема}1' —— \text{рема}1'$$

---

① А. О. Крылова,《Коммуникативный синтаксис в русском языке》, М., 1992, с.127.

Π / $C+P_{o6}+и+\Pi$ / C

又如表示对别意义的并列复合句 Старик / ловил неводом рыбу, а старуха / пряла свою пряжу (А. Пушкин) 句子，它实义切分的模式：

Тема1 —— рема1 + а + тема1' —— рема1'
Π / $C+P_{o6}+P_{o6}+а+\Pi$ / $C+P_{o6}$

再如表示区分关系的并列复合句 Я ничего не узнавал. То ли я / не жил на этой улице, то ли от нее / осталось одно название (А. Крон)。

克雷洛娃在分析主从复合句与并列复合句在实义切分上的区别时，明确指出："以并列复合句每一分部为基础的述谓关系，是语义上自足的，平等的，处在一个平面上并在实义切分一个层级上揭示。而主从复合句则是另一回事。在这里有几个实义切分的层级，因此复合句单个组成部分成素之间的述谓关系，对于组成整个主从复合句的述谓关系来说处在层级的连续性之中。"[①]

三、复杂型复合句的实义切分

复杂型复合句就是以既有并列联系又有从属联系为基础构建的句子。其实义切分充分反映这两种类型复合句交际组织实义切分时的特点。

例如 Было уже светло и с улицы / доносился шум, // какой /// бывает только днем 的句子，其实义切分如下：

(1) тема1 —— рема1 + и + тема1' —— рема1'
　　　— / Нерас + и + Д / С+П
(2) 　　　　　　　　　　　 тема2' —— рема2'
　　　　　　　　　　　　　Гл // Пр
(3) 　　　　　　　　　　　　　　　тема3' —— рема3'
　　　　　　　　　　　　　　　　П /// С

模式中的符号 Нерас 代表不可切分句。

又如 Окно / закрылось, // точно какая-то большая птица /// сложила крылья, Миронову / послышалось, // что за стеклами /// раздался крик

[①] А. О. Крылова,《Коммуникативный синтаксис в русском языке》, с. 128.

испуга，...（М. Горький）的句子，第一级切分是在 окно / закрылось，точно... 和 Миронову / послышалось, что... 中进行，第二级在 закрылось，// точно какая-то... 和 послышалось, // что за стеклами... 中进行切分，第三级切分在从句述谓单位内部进行。其模式如下：

(1) тема1 —— рема1 ＋ тема1' —— рема1'
　　　П　／　С　　＋　Д$_{сб}$　／　О$_{дн}$

(2) 　　　тема2 —— рема2　　тема2' —— рема2'
　　　　　Гл　//　Пр　　　　Гл　//　Пр

(3) 　　　　　тема3 —— рема3　　　　тема3' —— рема3'
　　　　　　П　///　С＋Р$_{об}$　　Д　///　С＋П

模式中的符号 Д$_{сб}$ 是带主体意义的限定语，О$_{дн}$ 是单主要成分。

第九节　复合句与词组的同形现象

同形现象（isomorphism, изоморфизм）是自然科学中的术语，后来被借用到语言学的领域。"同形现象"这一术语最早是由波兰语言学家库里洛维奇引进到语言学中来的。他在1949年《同形现象的概念》一文中写道："语言综合体（如音节）和语义综合体（如句子）不管其组合的功能关系如何，都显示出结构上深藏的并行性。在它们之间可以看到有形态上惊人的相似之处（同形现象）。"[①]同形现象在语言学中通常表示不同层次之间的语言单位在结构上的类同现象。但有时也可表示不同语言之间在语音、语法等结构方面的类同现象。

在语言学中对同形现象的研究是很有意义的。因为在语言研究的历史上一语言学思想替代另一语言学思想往往是建立在同形现象这一原则的基础上的。从一层次上对语言现象的描写转移到另一层次上对它们的描写，无论使用"同形现象"这一术语与否，正就是这一原则乃是各种不同语言现象进行对比、比较的基础。因此，这一原则有助于从对语言的一个领域的了解过渡到对另一领域的了解，语言的一个层次上所取得的结论或结果转移到另一个层次上。

众所周知，在任何科学中某一思想的历史总是早于表达这一思想术语的历

---

① 转引自 Э. А. Макаев, "К вопросу об изоморфизме". 《Вопросы языкознания》, 1961, №5.

史。在语言学中也是如此。在同形现象这一术语出现以前有些学术观点就是以这一概念为根据的。在俄语句法发展史中,建立在同形现象基础上的观点就有主从复合句与简单句的成分等同的理论。当然,该理论的严重缺陷也就在于没有真正体现同形现象这一原则。直到 20 世纪 60 年代,俄罗斯语言学家开始研究主从复合句与词组的同形现象。这一研究目前正方兴未艾。

值得指出的是,别洛莎帕科娃在她的一系列著作(1967 年的《现代俄语复合句》、1970 年的《现代标准俄语语法》中的"复合句"、1974 年的"在从句和格的形式的句法联系中的同形现象"、1977 年的《现代俄语·句法》、1981 年的《现代俄语》等)中对同形现象的研究已经取得了可喜的成果,为揭示不同层次语言单位词组和复合句之间组合的规律性作出了一定的贡献。

别洛莎帕科娃认真分析各种句法单位之间联系的类型和性质时指出,词组和复合句在句法结构上存在着同形现象①。例如复杂型复合句 Хотя Сабуров понимает (1), что главная опасность начинается именно с рассветом (2), ему все-таки хотелось (3), чтобы поскорее начался этот рассвет (4) 和复合词组 вопреки воле (1) отца (2) поступить (3) в училище (4) 在结构上可以用同一个公式来表示:

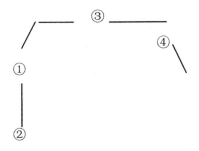

别洛莎帕科娃认为:词组与复合句相似,首先,它们都是两个或两个以上成素的组合,而一个成素是不能组合的。一个成素只能构成简单句,例如 Похолодало; Тоска! 等。其次,词组和复合句在结构上都可以分为最低限度结构和复杂型结构。简单词组和最低限度结构的复合句都是建立在一次应用句法联系的基础上的。例如 читать книгу 和 Он говорит, что нет книг。而复合词组和复杂型复合句是由几个最低限度结构组成的。复合词组 читать интересную

---

① 《Современный русский язык》, Под ред. В. А. Белошапковой, М., 1989, с. 592—594.

книгу 由两个最低限度结构 читать книгу 和 интересная книга 组成。复杂型复合句 Он говорит, что, нет книг, которые ему нужны 是由两个最低限度结构 Он говорит, что нет книг 和 Нет книг, которые ему нужны 组成的。第三,词组和复合句的最低限度结构的组合类型也是相同的。它们都有顺序从属关系和并列从属关系。词组与复合句一样,也具有这些组合类型。例如 читать интересную книгу(顺序从属关系);купить книгу и газету(同等并列从属关系);быстро идти по улице(非同等并列从属关系)。

综上所述,别洛莎帕科娃不仅指出不同层次语言单位结构上的同形现象,而且还进一步指出不同层次语言单位组合的同形现象,从而为建立语言学的一个特殊部门——揭示不同层次语言单位组合的共同规律的组合语言学(combinatorial linguistics)向前迈出了重要的一步。

米雷赫在1965年发表"主从复合句的分类"一文中指出:"在区别主从句之间联系性质的基础上可以分出三种基本类型,它们可有条件地被称之为支配联系、一致联系和附加联系,目的在于借助这些术语强调不同句法单位之间联系上的共同性。"[①]尽管本书作者对于米雷赫的看法不敢苟同(因为她不从主从复合句的语言现实出发,而用词组三种联系的框框去硬套其分类),但是,仍然不能不对她在俄罗斯语文学界第一个提出关于词组与主从复合句之间存在着同形现象的思想作出肯定的评价。

众所周知,复合句中主从句之间的从属联系与词组中主导词与从属词的联系既可能类同,又可能不类同。复合句中的从属联系有三类:展词联系、限定联系和对应联系。前一种联系与词组中的联系有相似之处。限定联系与简单句中的限定语类同。而后一种联系是旨在主从句中必须有对应词,即主句中有被从句说明的并使从句内容与主句内容相对应的指示代词,从句中有在语义上与指示代词相适应的关联词和连接词。例如 Пустыня покоряется тем, кто не боится ее суровых будней 等。这一联系与词组中的联系通常没有什么共同之处。

至于主从复合句的展词联系,是指从句与主句中的某个词发生关系。这种联系与词组中联系的共同之处,就在于主句中的基础词和词组中的主导词都具有预示性。波捷布尼亚在《俄语语法笔记》中写道:"为了使支配联系的概念不至

[①] М. К. Милых, "О классификации сложноподчиненных предложений". В кн.:《Доклады VIII научно-теоретической конференции Таганрогского пединститута》, Т. 1, Ростов-н/Д, 1965.

于模糊不清,应该肯定:只有当补足词的格决定于被补足词的形式意义时才产生支配联系(例如:直接客体第四格决定于主动态动词,带前置词的格决定于带前缀的动词,如 надеяться на бога)。如果被补足词本身并不要求补足词用某一格,则根本谈不到支配关系。"①在这段话中 Потебня 提出了一个极为重要的论断,就是划分支配关系的标准在于是否具有联系的预示性,即从属词的形式是否由主导词的属性所决定。而主从复合句中的基础词与词组中的主导词一样,也具有预示性。正因为它们都具有预示性,这就决定了不同层次两个语言单位的同形现象。

基础词(或主导词)之所以会有预示性,主要因为它具有配价(валентность)。所谓配价就是指语言符号为了组成更大的整体而与其他语言符号进行联系的能力。而基础词的配价是指它们为组成一定的句法结构与其他词的组配能力。配价可分内容配价和形式配价。基础词的内容配价依赖于作为词类的该词的范畴意义以及该词本身的意义。例如事物是以一定的特征存在为其前提的,以事物为对象的行为就要求该事物的存在等。又如给予动词要求给予的主体、给予的承受者和给予的东西。再如言语动词要求言语的主体、受话者和言语的内容……。从中可以看出,内容配价是由该词的意义决定的,并不以某种语言的语法为转移,带有各种语言普遍的性质。内容配价具体表现在不同语言中的是形式配价。它与一定的词形联系在一起,因此受民族语言的语法制约。我们通常说基础词的配价就是指补足该词的意义饱和程度所制约的"空位"。这些"空位"既可用一定的词形,又可用相应的从句来补足。这些词形和从句对于该基础词来说都起着同一句法功能。因此基础词预示的不仅是"空位",而且是填入"空位"的起着某一句法功能的词形或从句。

展词联系中的基础词可预示某一词形或从句的类型。但它们既可能是基础词所必需的,又可能是非必需的。例如动词 требовать 要求第二格名词或带连接词 чтобы 的说明从句的客体"空位",如 требовать помощи;требовать, чтобы помогли 等。这一客体"空位"是预示的,而且也是必需的,因为它是实现该句法结构的结构和语义上完整所必需的。又如名词可预示由形容词或定语从句填补的修饰意义的"空位",但它们不是必需的。

限定联系是指与从句发生关系的不是主句中的某个词,而是整个主句或它

---

① А. А. Потебня,《Из записок по русской грамматике》,Т. 1—2, М., 1958, с. 120.

的谓语。这时主句在结构上是完整的,语义上是自主的,因此它并不具有预示性,从句也不是它所必需的。例如 Он зайдет к сестре, когда кончит работу (потому что она его позвала; хотя он очень устал; чтобы она не обиделась...) 等。由此可见,主从复句中的限定从句与简单句中的限定语极其相似,也就是说它们之间有同形现象。例如 Завтра он зайдет к сестре; Когда он кончит работу, он зайдет к сестре 等。

在俄语语法文献中专门对扩展形容词的主从复合句进行描写是极为罕见的[①]。但是它们有其固有的特征,即有展词联系、对应联系和限定联系的特征。如果从与形容词词组同形现象的角度来观察,它们的特征就可能更加清楚了。

扩展形容词的主从复合句有以下四种类型:

1. 第一种类型具有展词联系的特征

在结构上,主句中的形容词长尾用做谓语或其他成分,形容词短尾只能用做谓语;说明形容词的指示词(то, все 等)不是句子结构必需的成素;从句通常借助连接词或关联词 что 连接;有时也可用 чтобы, какой 等连接;从句必须后置。在语义上从句补充说明基础词——形容词语义的不足。这时主从句之间的关系是说明关系。例如:

① ... его рекомендовали мне как человека, достойного, чтобы о нем написали рассказ.

② Где-то очень далеко от Краснодона шла спокойная жизнь, чуждая всему, что здесь сейчас происходило.

③ Я счастлив, что не буду больше видеть вас.

④ Так как крутящий момент двигателя при незначительной разнице чисел оборотов остается почти постоянном, его считают равным тому, какой был бы получен в случае нормального числа оборотов(журн.).

这一类型与形容词为主导词的形容词——名词词组极其相似,试比较:достойный уважения, чуждый зависти, счастливый новой жизнью, славный своими подвигами 等。

[①] Н. Н. Прокопович, "Сложные предложения с приадъективной придаточной частью". 《Вопросы языкознания》, 1965, №6.

2. 第二种类型具有对应联系的特征

在结构上,主句中必须具有(не) такой,(не) до такой степени,(не) настолько,(не) так 等指示词说明基础词—形容词;从句可用连接词 что, чтобы 或 будто, как 等连接,并位于基础词之后。在语义上,主句具有性质程度的意义,而从句带有目的、结果或比较的意味。例如:

① Туман такой густой, что колонны сбились с пути.

② Не до такой же степени я глуп, чтобы не мог разобраться, холодно мне или тепло.

③ День казался таким высоким, будто небо распахнулось до самой глубины (К. Паустовский).

在词组中不具有类似对应联系的特征。但是在 такой ＋ 形容词, что 的这类句子中具有由基础词—形容词表示的特征的程度意义,因此 ... такой густой, что... 中 такой густой 就相当于 очень (чрезвычайно) густой 的意思。这与以形容词为主导词的形容词—副词词组有些近似。

3. 第三种类型具有限定联系的特征

在结构上,主句中形容词长尾或短尾用做谓语,从句借助连接词 когда, для того чтобы, потому что, так что 等与整个主句或其谓语发生关系。在语义上表示主句或其谓语的时间、目的、原因、结果等疏状意义。例如:

① ... а все мы, смертные, загадочны только тогда, когда глупы, и смешны в течение 48 недель в году...

② Я на все готова, только бы мама выздоровела.

③ Он вспомнил про Таню, которой так нравятся статьи Егора Семеныча. Небольшого роста, бледная, тощая, так что ключицы видно.

在词组中也不具有限定联系的特征。但是,如果我们把下列的句子和词组作一些比较:(Земля), влажная после того, как прошел дождь — ... земля, влажная после дождя; Эта книга нужна мне, чтобы послать ее товарищу — ... книга, нужная для посылки товарищу; (Лицо) красное, оттого (потому) что на дворе холодно — ... лицо, красное от холода 等,我们就可发现以形容词为主导词的形容词—名词词组与这种类型的复合句也有相似之处。

4. 第四种类型兼有展词联系和限定联系两种特性

这是一种较为特殊的类型。在这类句子中,形容词长尾在主句中起着除谓语以外的其他功能,从句与该形容词发生关系,起着扩展该词的作用。这是展词联系的特征。另一方面,尽管形容词起着谓语以外的其他功能,但是、由于在某些条件下(用做独立的形容词短语、独立的注释性形容词短语、分割结构中的分割部分等)具有半述谓性,它仍然可带疏状意义的从句。这就带有限定联系的特征。这类句子表示性质—疏状意义,是展词联系与限定联系之间的,分解结构与非分解结构之间的过渡类型。例如:

① Если вы где-либо увидите полку, удобную для того, чтобы поставить на нее книги, купите для меня (М. Горький).

② Он не спал все ночи напролет, ожидая ареста, но громко храпел и вздыхал, как сонный, чтобы хозяйке казалось, что он спит...

③ Хата — это полевой бригадный домик. Какой здесь наивный трогательный уют! Трогательный потому, что он создан мужскими руками.

④ Неожиданно пришли и деньги, баснословные по тому времени, если мерять количеством нулей (Л. Леонов).

⑤ Повара старинных помещиков приступают к изготовлению долгоносых птиц и, войдя в азарт, свойственный русскому человеку, когда он сам хорошенько не знает, что делает, придумывают к ним такие мудреные приправы, что... (И. Тургенев)

这一类型与以形容词为主导词的形容词—名词词组和简单句中说明全句的限定语有类似之处。

综上所述,扩展形容词的主从复合句与词组、简单句中的限定语有同形现象。

第三章　并列复合句

由两个或两个以上的分句借助于并列连接词连接起来,并构成一个在结构、意义和语调上都完整的统一体,叫并列复合句。并列复合句中各分句在语法上彼此平等,在意义上都有较大的独立性。

传统语法认为带有同等谓语的句子是简单句。这一看法值得商榷。众所周知,简单句与复合句的区别在于单述谓结构与多述谓结构的对立。在所谓带有同等谓语的句子中每个谓语都是述谓性的体现者,因此这类句子具有两个或两个以上的述谓中心,是多述谓结构,是用并列关系组合起来的复合句。例如:

① Федя хорошо знал всякие травы, цветы, растения **и** любил о них говорить. (К. Паустовский)

② На смелого собака лает, **а** трусливого кусает. (Пословица)

③ Орловский мужик невелик ростом, сутуловат, угрюм **и** глядит исподлобья.

④ Раньше он был добрый, **а** теперь стал злым. (В. Белошапкова)

并列复合句根据其结构上的特点可分为开放结构与闭合结构两类。前者是两个或更多分句的组合,而后者只能是两个分句的组合。并列连接词中有些连接词,如 и..., и; ни..., ни; или..., или; не то...,не то 等只能用在开放结构中;有些连接词,如 а; но; не только..., но и; то есть 等只能用在闭合结构中;连接词 и,当它表示同时关系或先后关系时,可用在开放结构中,当它表示因果关系、接续关系等时,可用在闭合结构中。例如:

① Вот талант! На вечере он **и** пел, **и** танцевал, **и** в спектакле участвовал.

② Дым от костра то подымается столбом к небу, **то** стелется туманом по траве, **то** мечется вокруг огня. (К. Паустовский)

③ **Ни** врачи не спасут, **ни** лекарства не помогут.

④ Вы привыкли обращаться со мной, как с маленькой, **но** ведь я уже выросла. (А. Чехов)

⑤ **Не только** в молодости я много ездил, **но и** теперь не проживу года без двух-трёх поездок. (Б. Белошапкова)

⑥ Дождь лил целые дни, **и** ветер не переставал ни на минуту.

⑦ Метель утихла, небо прояснилось, **и** мы отправились. (М. Лермонтов)

并列复合句按其结构特征以及意义关系可分为：

1. 表示联合关系的并列复合句
2. 表示区分关系的并列复合句
3. 表示对别关系的并列复合句
4. 表示递进关系的并列复合句
5. 表示解释关系的并列复合句

此外，还有一类表示对别关系的成语化并列复合句。这是一种过渡结构，它兼有并列复合句的特征和成语的特点。

第一节 表示联合关系的并列复合句

这类并列复合句通常表示客观并存的事物或现象。常用的联合连接词有 и；да；тоже；также；и..., и；ни..., ни 等。

I. 连接词 и

A. 开放结构

1. 同时关系

连接词 и 连接的并列复合句表示同时关系时，各分句所表示的行为、状态或性质在时间上或者完全一致，或者部分一致。

如各分句的行为在时间上完全一致，则它们的谓语通常都用未完成体同一时间的形式。有时也可都用完成体过去时的形式，这时其完成体动词必须具有行为已经完成，但其结果继续存在的意义。例如：

① Дождь лил целые дни, **и** ветер не переставал ни на минуту.

② День был тих, **и** солнце сияло.

③ За окном неслись облака, жарко светило солнце, **и** летал обильный пух от одуванчиков.

④ Воздух дышит весенним ароматом, **и** вся природа оживляется. (М.

Лермонтов)

⑤ Солнце сияет, поля цветут, **и** леса шумят.

⑥ Дует солёный ветер с моря, моросит дождик, **и** доносятся голоса.

⑦ Лекцию будет читать известный учёный, **и** все студенты с интересом будут слушать его.

⑧ На деревьях появились листья, **и** земля покрылась травой.

⑨ Под лучами утреннего солнца засияло море, **и** яркими пятнами выделились разноцветные лодки рыбаков.

如各分句的行为在时间上部分一致,通常是前一分句的谓语用未完成体动词,后一分句的谓语用完成体动词。这种复合句表示后一分句短暂的行为发生在前一分句延续行为过程中的某一时刻。例如:

① Ветер не уменьшался, **и** пошёл снежок. (Л. Толстой)

② Солнце садилось, **и** последние лучи его осветили берег.

③ Княжна Мария читала бумагу, **и** сухие рыданья задёргали её лицо. (Л. Толстой)

2. 先后关系

这种复合句表示行为先后连续发生。各分句的谓语通常都用完成体动词同一时间的形式。例如:

① Дверь открылась, **и** в комнату вошёл незнакомый человек.

② Блеснула молния, **и** загремел гром.

③ В доме всё затихло, **и** он заснул.

④ Метель утихла, небо прояснилось, **и** мы отправились. (М. Лермонтов)

⑤ Немцы уйдут, **и** вся занимаемая ими территория перейдёт в руки Красной Армии.

⑥ Умолкнет гром, пройдут года, мы постареем вдвое-втрое, **и** будет сложена тогда легенда-сказка о герое. (А. Сурков)

各分句的谓语有时可用未完成体动词。这时复合句表示反复先后发生的行为。例如:

Снаряды вздымали столпы земли у самого дома, иные из них

попадали в стены, **и** тогда весь дом содрогался, словно качало большой волной. (К. Симонов)

有时,前一分句的谓语用完成体动词,后一分句的谓语可用未完成体动词。这时复合句表示在前一个短暂的行为发生之后,接着发生后一个延续的行为。例如:

① Разговор этим кончился, **и** мы продолжали молча идти друг подле друга. (М. Лермонтов)

② Он опустил вожжи, **и** лошади шли сами.

③ Уже солнце зашло, **и** начинало смеркаться.

④ Обе ласточки при мне улетели, **и** гнездо оставалось пустое.

各分句的谓语有时也可用不同的时间形式。通常是前一分句的谓语用完成体过去时形式,后一分句的谓语或用未完成体动词现在时或将来时形式,或用完成体将来时形式。这时复合句表示在前一个短暂的行为发生之后,或正在发生、即将发生后一个延续的行为,或即将发生后一个短暂的行为。例如:

① Лодка причалила, **и** все выходят на берег.

② Коля пришёл ко мне, **и** мы будем смотреть футбольный матч по телевизору.

③ Коля зашел за мной, **и** мы пойдем в кино.

④ Концерт кончился, **и** публика выйдет из зала.

Б. 闭合结构

1. 原因—结果关系

这种复合句具有原因—结果的意义,第二分句是第一分句报道内容的结果。例如:

① Приближалась осень, **и** в старом саду было тихо, грустно. (А. Чехов)

② Заболело однажды у Васьки горло, **и** не позволили ему на улицу выходить. (А. Гайдар)

③ Я ещё вчера прочёл эту книгу, **и** ты возьми её у меня.

④ Ведущий снизил скорость, **и** мне полегчало. (Ю. Нагибин)

有时在第二分句中连接词 и 还可以与类连接词 потому, поэтому,

следовательно, оттого 等连用，以加强原因—结果意义。例如：

① В этот день мне нездоровилось немного, **и потому** я не стал дожидаться ужина и лёг спать.

② Он знает, что его мать будет беспокоиться, если он вернётся домой поздно, **и поэтому** он отказался идти с нами в кино.

③ Он теперь не жених тебе, вы люди посторонние, **и следовательно**, вам в одном доме жить нельзя. （А. Островский）

2. 条件—结果关系

在这种复合句中第二分句表示第一分句所述条件的结果。第一分句谓语用动词命令式或假定式，第二分句谓语用动词将来时形式或假定式。它们的区别在于，前者表示现实的条件—结果意义，而后者表示假设的、虚拟的条件—结果意义。例如：

① Запишитесь в библиотеку, **и** у вас будут все нужные вам книги.

② Сдайте экзамены досрочно, **и** вы уедете домой в мае.

③ Сумейте создать соответствующие условия, **и** вы удлините жизнь растений.

④ Пришёл бы ты раньше, **и** мы обо всём бы договорились.

⑤ Выбрал бы я тему исследования раньше, **и** тогда преподаватель получил бы мою курсовую работу в срок.

3. 接续关系

在这种复合句中第二分句补充叙述、扩展、确切第一分句的所述内容。在第二分句中通常有复指成分，它全部或部分地重现第一部分的内容。例如：

① Ввели новые графики, **и** это значительно повысило производительность труда.

② Сильный голос воеводы прерывался от волнения, **и** это волнение передавалось всем, даже главнокомандующему. （Б. Васильев）

③ Михаил Львович каждый год сажает леса, **и** ему уже прислали бронзовую медаль и диплом. （А. Чехов）

④ По лицу Полины Георгиевны Филипп Пегрович понял, что ока опять принесла новости, **и** новости благоприятные. （А. Фадеев）

⑤ Он встретил ее случайно, **и** эта встреча перевернула всю его жизнь.

⑥ Ему необходимо было говорить, **и** говорить он не мог только с одним человеком.

4. 对比关系

在这种复合句中第二分句与第一分句在内容上是不相容的或相互对立的。这类句子的两个分句在词汇组成上是反义的。例如：

① Я хотел ему ответить — **и** не мог слова вымолвить.

② Он задавал бесконечное количество вопросов **и** не слушал ответов на них.

③ Никто не должен был знать намерений его души, **и** весь мир был посвящен в его тайный замысел.

④ Таня писала матери почти каждую неделю **и** в ответ не получала ни строчки.

⑤ Они просидели с удочками весь день **и** вернулись домой с пустыми руками.

II. 连接词 да

连接词 да 连接的并列复合句表示各分句行为的同时关系。这时它与连接词 и 同义，但 да 具有口语色彩。连接词 да 表示同时关系时，各分句的谓语通常都用未完成体同一时间的形式。例如：

① Слышала сказка, **да** песня звенела.

② Всюду было темно, только в глубине двора, из чьего-то окна, сквозь палисадник, прибивался яркий свет, **да** три окна верхнего этажа больничного корпуса казались бледнее воздуха. (А. Чехов)

③ Лишь где-то колесо гремит, **да** соловей в саду свистит. (И. Никитин)

④ Гремят тарелки и приборы, **да** рюмок раздаётся звон. (А. Пушкин)

III. 连接词 тоже, также

连接词 тоже, также 连接的并列复合句是闭合结构，表示两个相似或相同现象的同时存在。тоже 具有口语色彩，также 常用于书面语体。

这种复合句在分句的时体对应关系上与连接词 и 连接的表示同时关系的并列复合句相同，在词汇组成上分句的语义通常相近。这两个连接词不能位于后一分句之首，只能位于句中，通常置于后一分句谓语之前。例如：

① Ветер затих, дождь **тоже** перестал.

② Проснувшись на другой день поутру, я увидел, что мать уже встала, отец **тоже** встал. (С. Аксаков)

③ Странный старичок заговорил очень протяжно, звук его голоса **также** изумил меня. (И. Тургенев)

④ Секунду он молчал, мать смотрела на него **тоже** молча. (М. Горький)

⑤ Я чувствовал себя совершенно разбитым, Дерсу **тоже** был болен. (В. Арсеньев)

⑥ Все работают хорошо, он **также** добивается всё новых и новых успехов в своей работе.

⑦ Синтаксис—сложный н увлекательный раздел грамматики, морфология **также** интересна.

⑧ Наташа с удовольствием изучает сложное предложение, я **тоже** увлёкся синтаксисом.

IV. 连接词 и..., и; ни..., ни

这两个连接词都兼有连接词和加强语气词的意义。它们都具有列举意义，强调各分句的同等性，表示各分句行为的同时关系。这种复合句是开放结构。

这两个连接词通常位于分句之首。连接词 и..., и 既可用于肯定句中,也可用于否定句中。连接词 ни..., ни 只能用于否定句中。各分句的谓语通常用同一时体形式。例如：

① **И** солнце появилось, **и** туман исчез.

② По-прежнему цвели луга, **и** над ними летали с протяжным криком чайки, **и** воды текли своим путем, **и** птицы вили гнёзда в тростнике... (В. Василевская)

③ А лес всё пел свою мрачную песню, **и** гремел гром, **и** шёл дождь. (М. Горький)

④ **И** тема интересная, **и** примеры понятные, **и** преподаватель хороший.

⑤ **И** я не послал ему письма, **и** он мне не написал.

⑥ **Ни** я не послал ему письма, **ни** он мне не написал.

⑦ В учебной части плохо поработали. **Ни** спецкурса не объявили, **ни** семинара не организовали.

⑧ **Ни** сам никуда не ездил, **ни** у себя никого не принимал...（М. Салтыков-Щедрин）

⑨ **Ни** в огне не горит, **ни** в воде не тонет.

⑩ **Ни** врачи не спасут, **ни** лекарства не помогут.

第二节　表示区分关系的并列复合句

这类并列复合句通常表示：1. 现象的相互排斥，即只有其中的一个现象可能存在或实际存在；2. 现象的相互交替，即这些现象不是同时存在，而分别地、依次先后出现。这类复合句是开放结构。

常用的区分连接词有 или；либо；то..., то；не то..., не то；то ли..., то ли 等。

I. 连接词 или，либо

这种复合句通常表示互相排斥的现象或行为。连接词 или 与 либо 是同义词。它们既可单独使用，又可重叠使用，如 или..., или；либо..., либо。单独使用时，连接词放在最后一个分句之首。重叠使用时，连接词放在各分句之首。

这种复合句是建立在同时关系的基础上的，因此各分句的时体对应通常用同一个形式。有时也可不用同一时间形式，但这时整句必须具有共同的时间意义，如 Почему она так расстроена? **Или** болеют дети, **или** вчера с соседками поссорилась, **или** ей всё-таки придётся уезжать? 句中的过去时和将来时形式都具有现在时的意义。例如：

① **Или** я не понимаю, **или** же ты меня не хочешь понять.（А. Чехов）

② Таня, ты возьмёшь конспекты, **или** я их отдам Нине.

③ **Или** вы будете ждать меня дома, **или** я позвоню по телефону.

④ **Или** я жив не буду, **или** сделаю, как сказал！（В. Панова）

⑤ **Либо** дождь, **либо** снег, **либо** будет, **либо** нет.

⑥ **Либо** ты ко мне приедешь, **либо** я приеду к тебе.

⑦ Эта гроза даром не пройдёт... **Либо** уж убьёт кого-нибудь, **либо** дом сгорит. (А. Островский)

⑧ Приеду по весне к вам, **либо** отправлюсь на Кавказ. (К. Батюшков)

［注］ли..., или 连接的并列复合句往往是疑问句,通常表示列举相互排斥的现象或行为,可译为"是……,还是……"。连接词 ли 位于第一分句之中,置于被强调的词之后。例如：

① Я **ли** был не в настроении, **или** актёры играли плохо, **или** сюжет меня не взволновал?

② Что это? —шаги **ли** мне слышатся, **или** это опять стучит моё сердце? (И. Тургенев)

③ Нужны **ли** они, **или** нет—не нам решать. (И. Тургенев)

④ Как теперь быть? Везти **ли** Леночку с собой за границу, **или** же отправить к матери в Новоселки? (А. Чехов)

II. 连接词 не то..., не то; то ли..., то ли

这种复合句表示互相排斥、难以确定的现象和行为,即若干个现象或行为中难以确定其中的某一个。通常可译为"也不知是……,还是……"或"也许是……,也许是……"。连接词 не то..., не то 与 то ли..., то ли 同义,但前者多用于日常生活的口语之中。

在这种复合句中各分句谓语的时体对应关系与连接词 или 连接的复合句相同。这类连接词不能单独使用,只能重叠使用。通常放在各分句之首。例如：

① **Не то** ветер захлопнул дверь, **не то** кто-то вошёл с улицы.

② В комнате почти совсем темно. **Не то** это было раннее утро, **не то** уже наступал вечер.

③ Бывает такое состояние: **не то** спишь, **не то** бодрствуешь, **не то** грезишь.

④ **Не то** туман стелется над лугом, **не то** мелкий дождик сеется вдали.

⑤ Я ничего не узнавал. **То ли** я не жил на этой улице, **то ли** от неё осталось одно название. (А. Крон)

⑥ Теперь я уже не помню, почему мы поссорились, **то ли** я был тогда прав，**то ли** мой товарищ не хотел понять моего тогдашнего настроения.

⑦ **То ли** я был не в настроении，**то ли** актёры играли плохо，**то ли** сюжет меня не взволновал，но я остался равнодушен к спектаклю.

⑧ Выйди на берег реки，прислушайся，и ты услышишь песню，**то ли** это человеческий голос，**то ли** шумит прибрежные деревья，**то ли** просто поет твоё сердце.

III. 连接词 то...，то

这种连接词表示交替发生的现象或行为。通常可译为"一会儿……，一会儿……""有时……，有时……"或"时而……，时而……"。

连接词 то...，то 连接的复合句具有过去时、现在时或将来时共同的时间背景。延续和重复意义是这种复合句的特点，因此各分句可用表示延续、重复意义的未完成体动词或完成体动词将来时形式。表示短促意义的完成体动词只有在具有延续或重复意义的上下文中才能使用。这种连接词只能叠用，通常置于各分句之首。例如：

① **То** падал как будто туман，**то** вдруг начинался косой крупный дождь.（Л. Толстой）

② В ноябре обычно бывает ненастная погода. **То** идёт сильный дождь，**то** падает мокрый снег，**то** дует пронзительный ветер.

③ **То** он мне помогает，**то** я ему.

④ **То** слышатся чьи-то шаги，**то** хрустнет ветка.

⑤ **То** ветер подует и тронет верхушки берёз，**то** лягушка зашелестит в прошлогодней листве.（А. Чехов）

⑥ С утра не везёт：**то** Таня чашку разбила，**то** они с Серёжкой подрались，**то** бабушка руку порезала.

［注］连接词 то...，а то 与 то...，то 都表示现象或行为的交替发生。但前者在语义上还带有两现象或行为对立的意味，在结构上最后一分句之首用闭合连接词 а то。例如：

① Сосредоточиться я не мог. **То** кто-то входил в комнату，**то** звонил телефон，**а то** Коля отвлекал вопросами.

② Доктор слушал с любопытством: **то** мысленно спорил со стариком, **то** соглашался с ним, **а то** только удивлялся живости и ясности его ума.

第三节 表示对别关系的并列复合句

这类并列复合句通常表示 1.现象的对比，即以共同内容为基础的两个现象之间的差别；2.现象的对立，即两个现象在内容上的矛盾或不相称、差别、对立。这类复合句是闭合结构。

常用的对别连接词有 а, но, да, однако, только, зато, же 等。

I. 连接词 а

A. 对比关系

对比关系是指两个相似现象之间的差别，因此在表示对比关系的复合句中各分句之间在语义上既有共同性的一面，又有差别的一面。它们通常由分句的词汇组成以及其结构来体现。

分句间语义上的共同性主要表现在对比对象的共同性、分句的同型结构或共同成分等方面。如 Раньше он был учителем, **а** теперь работает методистом 中，分句的结构是同型的，对比的对象都是职业方面的词汇。所有这些都是分句间语义上共同性的体现。如果两个分句都具有同一词汇表示的共同成分，则第二分句中该成分可以省略。如 Я работаю над рефератом, **а** Наташа—над курсовой; На лекции преподаватель объясняет материал, **а** студенты слушают 等。

分句间语义上的差别往往表现在分句词汇的组成上。如 Мой брат работает, **а** я учусь 中，работает 与 учусь 就是表现其差别。分句间词汇组成上的差别有时很大，甚至可用反义词来表达。如 Зимой ночи длинные, **а** дни короткие 等。

连接词 а 表示对比关系时，各分句所报道的现象如是同时出现的，则其谓语既可用未完成体或完成体同一时间的形式，又可用未完成体过去时、现在时或将来时形式与完成体过去时形式相对应。前者表示时间上完全一致，而后者表示时间上部分一致，即完成体动词表示的短促的行为与未完成体动词表示的持续行为过程中的某一点在时间上吻合。例如：

① Старик ловил неводом рыбу, **а** старуха пряла свою пряжу. (А. Пушкин)

② Утром мы спешили на службу, **а** вечером обменивались впечатлениями дня.

③ Да я ведь объясняю просто, **а** ты не понимаешь! (Н. Носов)

④ Ему давно уже за сорок, **а** ей тридцать... (Н. Носов)

⑤ Я не согласился с этим предложением, **а** он высказался за него.

⑥ Я отправилсн пешком, **а** Павел Митрич ехал за мной верхом. (Д. Мамин-Сибиряк)

⑦ Они проснули—**а** мы спать собираемся. (И. Тургенев)

⑧ С земли ещё не сошёл снег, **а** в душу уже просится весна. (А. Чехов)

⑨ Мы с Игорем жили в одном городе, учились в соседних школах, **а** встретились только в Ленинграде. (Ю. Пахомов)

⑩ Профессор ещё продолжает читать лекцию, **а** студенты уже закрыли тетради.

如果各分句所表示的现象是先后出现的，其谓语通常用完成体同一时间的形式。例如：

① В школе я выучил много стихотворений Пушкина, **а** сейчас почти все их забыл.

② Ученики ушли, **а** учительница снова принялась проверять тетради.

③ Лекция кончится в двенадцать часов, **а** семинар начнётся в половине второго.

这种复合句报道先后出现的现象时，如果对比的主要方面是时间上的差别(如 в прошлом году..., а нынче; сегодня..., а вчера; сегодня..., а завтра; теперь..., а раньше; сначала..., а потом 等)，则各分句谓语在时间上可不一致。例如：

① Сегодня он приходил ко мне, **а** завтра я пойду к нему.

② В прошлом году весна была поздняя, **а** нынче, наверное, будет ранняя.

③ Завтра будет трудный день, **а** сегодня работать легко.

Б. 不协调关系

不协调关系是指两个互不相容的，甚至是矛盾的现象并存在一个句中，即后

一分句与前一分句在内容上是不相容的,矛盾的。例如:

① Был уже октябрь, **а** солнце горело по-летнему.

② Испугалась она, **а** всё лицо расцветало радостью. (И. Тургенев)

③ Ещё в полях белеет снег, **а** воды уж весной шумят. (Ф. Тютчев)

④ Соне тридцать уже, **а** она всё как маленькая, бегала к маме жаловаться. (В. Шукшин)

⑤ Дело к весне, **а** мороз всё жёстче.

[注] 这种复合句与连接词 и 表示对比关系的并列复合句在结构和语义上十分相似,因此句中的连接词往往可相互替换。例如:

① Уже рассвело, **а(и)** лампа ещё горит.

② Уже десять часов вечера, **а(и)**: мы прошли всего только половину пути.

这种复合句与连接词 но 表示对别关系的并列复合句在结构和语义上十分接近。如果在第二分句中加上带有让步意义的类连接词 всё-таки, всё же, всё равно 等,则连接词 а 和 но 通常可以替换。例如:

① Я долго готовился к экзамену, **а(но)** всё же получил тройку.

② Прогноз погоды был благоприятный, **а(но)** всё-таки капитан не решился выйти в открытое море.

II. 连接词 но

连接词 но 主要用来表示对立关系。对立关系是指两个现象在内容上相互对立,相互矛盾。例如:

① Он хотел уехать, **но** из-за болезни отца остался в городе.

② Ему уже за пятьдесят, **но** на вид не даёшь и сорока. (В. Устьянцев)

③ Я снова легла, **но** сон не шёл. (Л. Космодемьянская)

④ Голос у него ещё ломался, **но** он прекрасно пел. (Л. Толстой)

这种复合句有时带有限制意味,表示后一分句使前一分句的内容受到某种限制,即后一分句的行为阻碍或中断前一分句行为的实现。前一分句的谓语组成通常用具有愿望、意图、请求、可能、应该等意义的词表示,其形式通常用动词过去时形式(有时还可加语气词 было)、动词假定式或动词不定式加 бы。无论是

谓语的语义,还是其形式都表示,这是一种假设,在现实中没有实现的行为。例如:

① Он хотел было что-то сказать ему, **но** толстяк уже исчез. (Н. Гоголь)

② Многое ещё хотелось сделать строителям в этот день, **но** день был по-зимнему короток. (В. Ажаев)

③ Я уехал бы, **но** у меня не было денег на дорогу.

④ Пошла бы и она в лес, **но** детей с кем оставить. (Ф. Абрамов)

⑤ Мы договорились встретиться с Игорем на пляже, **но** он не пришёл. (Ю. Пахомов)

⑥ Виктор собрался было плыть обратно, **но** Блицын его удержал. (В. Добровольский)

这种复合句有时还可带有让步意味,表示后一分句的内容与第一分句所期待的内容相反。这时第二分句可加类连接词 всё же, всё-таки, всё ещё 等。例如:

① Саше не спится, **но** весело ей. (Н. Некрасов)

② Девочка выздоравливала, **но** я **всё ещё** продолжала сидеть по ночам у её постели.

③ Утро такое милое, ясное, **но** мне немножко грустно. (В. Гаршин)

④ Нет времени читать книги, **но** читать «Пионерку» я нахожу время. (Л. Космодемьянская)

⑤ До реки было совсем недалеко, **но** мы шли почти два часа.

[注] 连接词 но 带有让步意味时,与表示对比关系的连接词 а 在语义上十分接近。特别当第二分句中具有带让步意义的类连接词 всё же, всё-таки, всё равно 等时,连接词 но 与 а 通常可以替换使用。例如:

① Лицо было приятное, **но(а)** выражение глаз холодное.

② Там в вышине уже светило летнее солнце, **а(но)** на земле ещё стоял сумрак. (К. Паустовский)

③ Я долго готовился к экзамену, **но(а) всё же** получил тройку.

④ Прогноз погоды был благоприятный, **а(но) всё-таки** капитан не решился выйти в открытое море.

如果在复合句中第二分句的内容否定或排斥第一分句的内容,则该句只能用连接词 но 连接。例如:

Тревожное предчувствие снова шевельнулось, **но** он придавил его. (Д. Гранин)

如果复合句表示纯的对比关系,则只能用连接词 а 连接。例如:

① Брата зовут Андреем, **а** сестру—Наташей.

② Из лощин запахло укропом, из озёр—глубокой водой; **а** из деревни изредка доносился запах только что испечённого хлеба. (К. Паустовский)

III. 连接词 однако, да

连接词 однако, да 与连接词 но 的意义相近。连接词 однако 既可表示对别—限制意义,又可表示对别—让步意义。但 однако 常用在事务性、政论、科学等语体之中。例如:

① Я хотел было уже идти дальше, **однако** он меня остановил снова.

② Мне стало как-то ужасно, грустно в это мгновение; **однако** ж что-то похожее на смех зашевелилось в душе моей. (Ф. Достоевский)

③ Луна светила очень сильно, **однако** её свет с трудом пробивал туман. (В. Катаев)

④ Гроза приближалась, **однако** дождя не было.

⑤ Ночь подходила к концу, **однако** никто не уходил.

⑥ Ветер утих, **однако** волнение на море продолжалось.

连接词 да 也表示对别—限制意义和对别—让步意义。但 да 带有口语色彩。例如:

① Нужно бы в Москву съездить за деньгами, **да** денег нет на дорогу.

② Коля пошел было на лекцию, **да** вернулся взять тетради.

③ Я проснулся, да лень одолела. Я закрыл глаза, **да** не заснул опять. (И. Тургенев)

④ Близок локоть, **да** не укусишь.

⑤ Они, конечно, не знают меня, **да** я-то их знаю. (Ф. Достоевский).

⑥ Всё проходит, **да** не всё забывается. (И. Бунин)

IV. 连接词 только

连接词 только 与连接词 но 的意义相近，但它只能表示对别—限制意义。例如：

① Я хотел было подарить другу магнитофон, **только** он решительно отказался.

② Я бы мог показать вам Москву, **только** сегодня я занят.

③ В автобусе все дремали, **только** Лосеву не спалось. (Д. Гранин)

④ Всем было весело, **только** Соне было тяжело и тоскливо. (Ю. Казаков)

⑤ Все захохотали громко, **только** Игорь был недоволен.

⑥ На улице было пусто и тихо, **только** дождь шумел.

［注］有时连接词 но 可与 только 组合成 но только，以加强对别—限制意义。例如：

① У неё есть спортивные способности, **но только** она мало тренируется.

② Наш инженер познакомит вас с лингафонным кабинетом, **но только** сейчас пошёл в другой корпус.

V. 连接词 зато

连接词 зато 含有褒贬和补偿的涵义，即表示对别—补偿意义。对别—补偿意义是指后一分句肯定的内容与前一分句否定的内容对立起来，表示虽有一失，但有一得的意思。例如：

① Он заплатил дорого, **зато** вещь хорошая.

② Зимой у нас холодно, **зато** можно кататься на лыжах и коньках.

③ В туристском походе студенты встретили немало трудностей, **зато** они хорошо закалились.

④ В комнате—полнейший беспорядок, **зато** лица у детей такие весёлые и довольные, что не хватает духу бранить их. (Л. Космодемьянская)

⑤ Вдруг подул сильный ветер, **зато** перестал идти дождь.

［注］有时连接词 но 可与 зато 组合成 но зато，以加强对别—补偿意义。例如：

① Она улыбалась редко, **но зато** её улыбка всегда поражала. （Л. Толстой）

② Много труда ему предстоит, **но зато** зимой он отдохнёт. （М. Салтыков-Щедрин）

③ Комнатка оказалась маленькой, **но зато** из её окна открывался чудесный вид на Волгу.

VI. 连接词 же

连接词 же 与连接词 а 的意义相近，但 же 仍然带有加强语气词的意义。它通常位于第二分句第一个词（即被对比词）之后。例如：

① Все ушли, он **же** остался дома.

② Все пришли вовремя, он **же**, как и в прошлый раз, опоздал.

③ Журналы мы не получали, газеты **же** приходили ежедневно.

④ Стихи он сочинял плохие, проза **же** у него получалась лучше.

⑤ В прошлый раз он ездил к танкистам днём, ночью **же** всё казалось другим, незнакомым. （Э. Казакевич）

⑥ Василисе не о чем было говорить, Терентию **же** ни о чём говорить не хотелось. （В. Шишков）

第四节 表示递进关系的并列复合句

这类并列复合句通常表示在重要性上或真实可信程度上有等级递进关系的两个现象。这类复合句是闭合结构。

常用的连接词有 не только...，но и；не то чтобы...，но(а)等。

I. 连接词 не только...，но и

连接词 не только...，но и 表示第二分句在内容上比第一分句更为重要。通常译为"不仅……，而且……"

连接词 не только..., но и 连接的并列复合句中, не только 位于第一分句之中, но и 位于第二分句之首。例如：

① Мой приятель **не только** любил танцевать, **но и** умел танцевать.

② Теперь в нашей стране **не только** перестраиваются старые заводы, **но и** строятся новые.

③ **Не только** Светлана ошиблась, **но и** Серёжа не смог разобраться в предложении.

④ **Не только** аспиранты явились на совещание, **но и** студенты решили принять в нём участие.

⑤ **Не только** в молодости я много ездил, **но и** теперь не проживу года без двух-трёх поездок.

⑥ **Не только** Соня без краски не могла выдержать этого взгляда, **но и** старая графиня и Наташа краснели, заметив этот взгляд. (Л. Толстой)

[注] 连接词 не только..., но и 中的后一部分 но и 可换为 но даже и, но также и, но ещё и, но вдобавок и 等。例如：

① Он **не только** не говорил об этом, **но даже и** не думал.

② Он **не только** обладает талантом, **но вдобавок и** старательностью отличается.

II. 连接词 не то чтобы(что)..., но(а)

连接词 не то чтобы(что)..., но(а) 表示后一分句所述内容更为准确, 更符合实情。通常可译为"与其说……, 不如说……"或"并非……, 而是……"。

не то чтобы(что)..., но 连接的复合句中, 前一分句的谓语如由动词表示, 则在 чтобы 后要用过去时形式；如是名词性合成谓语, 则在 чтобы 后既可用系词（过去时形式）, 又可不用系词。例如：

① **Не то чтобы** ветер совсем утих, **но** он стал гораздо слабее.

② **Не то что** он очень удивился, **но** такого поворота дела он явно не ожидал.

③ **Не то что** раздел трудный, **но** времени на его проработку не хватает.

④ Он **не то что** жёсток, **но** он слишком деятельного характера. (Л. Толстой)

⑤ Книга **не то чтобы** была интересная, **но** читается с трудом.

⑥ Туман **не то чтобы** густой, **но** вести машину трудно.

[注] не сказать чтобы..., но; не скажу чтобы..., но; нельзя сказать чтобы..., но 与 не то чтобы..., но 同义,但前者带有口语色彩。例如：

① **Не сказать чтобы** он очень удивился, **но** такого паворота дела он явно не ожидал.

② **Нельзя сказать чтобы** книга не понравилась, **но** ни к каким размышлениям не привела.

③ **Не скажу, чтобы** мы подружились, **но** он порой бывал со мной откровенен.

第五节 表示解释关系的并列复合句

这类并列复合句表示报道同一内容两个分句之间等同关系,前一分句传达主要信息,后一分句含补充信息。这类复合句是闭合结构。

常用的连接词有 то есть, а именно 等。

I. 连接词 то есть

连接词 то есть 表示第二分句解释、确切第一分句的内容。通常可译为"也就是说……""即……""恰恰是……"或"正是……",例如：

① Он был агрономом, **то есть** мог по-настоящему работать только в деревне.

② Мы занимаемся синтаксисом 4 часа в неделю, **то есть** 2 часа у нас лекции и 2 часа семинар.

③ Дед никогда не бывает без дела, **то есть** он всегда чем-нибудь занят.

④ Дома здесь построены по-азиатски, **то есть** кровли плоские, и окна не на улицу, а во двор.

⑤ Иван Ильич вечером садился за дела, **то есть** читал бумаги, справлялся с законами. (Л. Толстой)

连接词 то есть 还可表示第二分句用变换表达的方法来确切前一分句的所述内容。通常可译为"或者说……""换句话说……",例如：

① Мы занимаемся синтаксисом, **то есть** рассматриваем закономерности связей слов, построения словосочетаний и предложений.

② При строительстве этого города учли особенности природной среды, **то есть** сохранили леса, холмы и озёра.

连接词 то есть 有时还可表示第二分句对第一分句中不够确切的内容予以修正。通常可译为"更准确地说……"，例如：

① Я знаю, что писем мне не будет, **то есть** придут только две поздравительные открытки.

② Мы спали, **то есть** сестра спала, а я лежал с открытыми глазами и думал. (В. Короленко)

［注］连接词 есть 具有"换句话说"的意义时，与连接手段 иначе говоря, другими словами 同义。它们通常可替换使用。例如：

① Над морем стоял смерч, **то есть** (**иначе говоря, другими словами**) гигантский столб воды и пыли начинался у поверхности воды и уходил в самое небо.

② Мы занимеемся синтаксисом, **то есть** (**иначе говоря, другими словами**) рассматриваем закономерности связей слов, построения словосочетаний и предложений.

连接词 то есть 具有"更准确地说"的意义时，与连接手段（или）вернее，（или）точнее 同义。它们通常可以替换使用。例如：

① Дети уже спали, **то есть** (**или вернее, или точнее**) девочка спала, а мальчик делал вид, что спит.

② Мы опять поссорились, **то есть** (**или вернее, или точнее**) она опять меня в чём-то обвиняла, а я смеялся и не соглашался.

II. 连接词 а именно

连接词 а именно 表示后一分句解释、确切前一分句的内容，使之具体化。通常可译为"也就是说……""即……""恰恰是……"这时 а именно 与 то есть 同义，通常可相互替换使用。但前者带有书面语的色彩。例如：

① Дома здесь построены по-азиатски, **а именно**: кровли плоские, и окна не на улицу, а во двор.

② При строительстве новых городов учитывают особенности природной среды, **а именно** стремятся сохранить леса, холмы, водоёмы.

③ Даю тебе совет, **а именно**: не опаздывай больше.

④ Угнетает вопрос, по-видимому, совсем к делу не идущий, **а именно**, —кто такой этот г. Мондрыка. (В. Короленко)

第六节 表示对别关系的成语化并列复合句

表示对别关系的成语化并列复合句是一种过渡结构。它兼有句法层次的特征和成语层次的特点。这类句子在句法层次上是表示对别关系的并列复合句；而在成语层次上它的第一分句是按照成语化结构模式建造的，但其词汇组成却是相对自由的。这类成语化结构模式既有别于句法上"自由"结构，又与作为非模式化结构的词汇成语（固定的成语组合）有区别。与后者的区别在于，"任何一个成语化模式都容许各种不同的'词汇填补'，而其意义的'成语性'则对所有由该模式构成的具体结构都是共同的"[①]。

这类并列复合句的第一分句以同语叠用（тавтология）的成语化模式为基础，第二分句在结构上是自由的。两分句的排列顺序固定不变。它们之间具有句法关系的标志——对别连接词。这类复合句在语义上表示对别关系。在功能上受上下文或语境的制约，具有或多或少的语义依附性。

这类复合句有浓厚的口语色彩，通常用在对话或独白之中。

这类并列复合句有以下四种类型：

I. N1 + N5, a...

这种复合句的第一分句由同一名词的第一格形式和第五格形式组合而成，通常表达在让步—对别关系中同意或肯定事物的特征。两分句间一般用连接词 a，но 连接，有时也可用 да，однако，но и，зато 等连接。整个复合句表示纵使肯

[①] Д. Н. Шмелев,《Синтаксическая членимость высказывания в современном русском языке》, М., 1976, с. 136.

定第一分句的内容,也不影响第二分句内容的实现,可译为"……是……,但是……"或"……归……,但是……",例如:

① **Смех смехом, а** между тем... мост починили. (В. Боровик)

② **Школа школой, но** ностоящий боец рождается борьбой. (А. Гайдар)

③ Но **бог-то богом, да** ты сам беду пускай боком: толкайся шестом изо всех сил! (Ю. Помозов)

④ Но **корм кормом, а** я ещё одну нагрузку для липы дал. (Ф. Абрамов)

前一分句中较为常用的名词有:1. 表示人的性格特征、本性、品质等方面的名词,如 амбиция, будительность, гордость, смелость, честь 等;2. 表示人的心情、感受、感觉等方面的名词,如 горе, страх, любовь, радость, счастье 等;3. 反映与人的生活有联系的重要现象的名词,如 война, работа, дело, наука, план, дружба, служба, завод, деньги 等;4. 亲属、人体部分的名词,如:мать, жена, сын, голова, нога 等。例如:

① Однако **амбиция амбицией, а** людей Данилову стало жалко. (В. Орлов)

② Но **радость радостью, а** ведь жить им как-то надо. (А. Иванов)

③ **Война войной, а** есть надо. (А. Первенцев)

后一分句除在结构上自由外,有时还可用与第一分句同一类型的成语化结构模式或与第一分句不对称的其他成语。例如:

① **Жена женой,** мать матерью. (Ф. Каманин)

② **Дело делом, а** любовь любовью. (Э. Казакевич)

③ **Дружба дружбой, а** в карман не лезь. (В. Даль)

这种复合句在语义上主要表达对别—让步意义,即后一分句的内容与前一分句内容所预期的相反。为了加强让步意义,往往在第二分句中加上类连接词 всё же, всё-таки, всё равно 等。例如:

① **Лагерь лагерем, а** экзамены? (С. Баруздин)

② Ну, **диагнозы диагнозами, а всё ж таки** пришли мы все коллективно к такому заключению, что пора тебе все эти пустяки бросать. (Б. Можаев)

③ **Механизация механизацией, а всё равно** без лошади в лесу ни шагу. (Б. Можаев)

④ ... **разговор разговором**, **а всё равно**, после семнадцати дней боёв тот батальон, ..., для Синцова уже девять десятых белого света. （К. Симонов）

这种复合句有时还可表示对别一限制意义,即后一分句内容对前一分句内容的实现起限制作用。这时往往在后一分句中有其结构上的表现:或者用连接词 но，да，но и 等连接,或者是否定结构,或者具有表示应该意义的情态词。例如:

① **Переживания переживаниями**, **но и** забываться не следует. （Н. Дубов）

② **Дружба дружбой**, **но** есть такие вещи, с которых и другу рассказывать нехорошо, бестактно. （С. Крутилин）

II. N(Adj, Pron, ...) ＋ (то) ＋ N(Adj, Pron, ...), а...

这种复合句的第一分句由同一实词的同一形式的叠用组合而成。在同语叠用之间要加语气词 то,但有时也可不加。第一分句通常表示同意、肯定谈话对方的说法。第二分句常用连接词 а，но，да 等连接,表示其内容与前一分句的内容相抵触,或在某种程度上否定前一分句的内容。整个复合句可译为"……倒是……,但……"。

第一分句中可用名词、形容词、代词、副词、动词等同语叠用。如同语叠用在句中作谓语用,有时在它们之间还可加上由人称代词表示的主语。例如:

① **Старичок-старичок**, **а** танцевать не разлучился. （Ю. Герман）

② —Разные и купцы бывают. —**Разные-то разные**, **а** жадность одна. （Д. Мамин-Сибиряк）

③ —Да мы давно в этой роли. —**Давно-то давно**, **а** всё не привыкнешь. （И. Акулов）

④ —Что, они не слушали? —**Слушали-то слушали**, **но** не очень нам верили. （А. Федров）

⑤ —Извольте садиться. —Да ось сломалась... **Сломалась-то она сломалась**; ну **а** до выселок доберёмся... （И. Тургенев）

⑥ —Самое святое, что есть в жизни... —**Святое-то оно святое, а** обыграть сумели. (В. Некрасов)

这种复合句在语义上既可表示对别意义,常用 a, но 连接;又可表示对别—限制意义,常用 но, но и, да, только 连接。例如:

① **Мал, мал, а** сметлив. (А. Мусатов)

② **Каникулы-то каникулы, а** пройденные уроки повторять надо, а то всё забудешь.

③ **Умён-то умён, но и** другие не глупее. (Л. Карелин)

④ **Резон-то резон, только** кошеля моего не хватит, чтобы и свадьбу сыграть... (К. Седых)

这种并列复合句与"N1 ＋ N5,a..."类型的复合句无论在结构上,还是在语义上都有细微的差别。前者的第一分句在结构上通常是不完整的,受上下文或语境的制约;在语义上表达同意谈话对方或上下文中的某一说法。而后者的第一分句在结构上是完整的: N1 为主语, N5 是谓语;在语义上"不是揭示主语的新特征,而只是肯定说话者已知的特征"①。试比较:

① 《Жаль, что там же》, — хотелось сказать Серпилину, но он удержал себя. **Жаль-то жаль, но** задача не в том, чтобы командир корпуса после твоих попрёков сорвался с места. (К. Симонов)

② Серпилин не приувеличивал значения своего присутствия, и нельзя и не надо, потому что **усталость усталостью, но** добросовестных людей при всём при том намного больше, чем недобросовестных. (К. Симонов)

[注] 别洛莎帕科娃在《1970 年语法》中把"同一关系代词两个相同形式的组合"(如 кто-кто, что-что, куда-куда 等)构成的对别—对比句归为并列复合②,例如:Кто-кто, а уж наш командир заслужил награду; Когда-когда, а в день приезда такой разговор неуместен 等。这一看法值得商榷。上述句子尽管在语义上都具有对别意义,但是这些代词组合却和句中的相应成分对比,从而起到强

---

① 《Современный русский язык. Синтаксис》, Под ред. Е. М. Галкиной-Федорук, Изд. Московского ун-та, 1957, с. 163.

② 《Грамматика современного русского литературного языка》, М., 1970, с. 673, 653.

调该成分的作用,可见它们在结构上不能单独构成表达情态和时间的述谓单位。因此上述句子是单述谓结构,是简单句,不是复合句。正如别洛莎帕科娃本人在《1970 年语法》中所指出的那样,"复合句是句法上几个述谓单位有组织的组合,它与简单句的对立是多述谓结构与单述谓结构的对立,因为它与简单句不同,具有几个句法情态—时间的综合体"①。

III. N(Adj, Pron,…) ＋ не ＋ N(Adj, Pron,…), a…

复合句的第一分句由同一实词同一形式的叠用组合而成。在同语叠用之间要加语气词 не。由于第一分句在语义上是肯定因素与否定因素的结合,因此它具有动摇不定、不确信等意味。第二分句结构上是自由的。两个分句常用连接词 a, но, да 等连接。整个复合句表示前一分句减弱的否定内容与后一分句的肯定内容进行对比,通常可译为"不管是否……,但……""不管是……还是不……,但……""……也好,不……也好,但……"

第一分句中可用名词、代词、形容词、副词、动词等实词同语叠用。例如：

① **Штор не штор, а** она（лодка）идёт себе, идёт.（Д. Хорендра）

② —Потому во всём моя воля. —**Твоя-то не твоя, а** как постарше тебя скажут.（Л. Толстой）

③ **Вкусна не вкусна, да** голод—он не тётка.（А. Иванов）

④ —Жарко ведь. —А **жарко не жарко, да** не забывайся: ты девушка.（Ф. Абрамов）

⑤ —Кого это ты отстранять собрался? Талызна, что ли? —**Отстранять не отстранять, а** пригрозить прошлось.（К. Симонов）

第一分句同语叠用之间有时可加 или не 或 хоть не。如加前者,第一分句就失去成语化模式的作用。如加后者,则整个复合句有明显的对别—让步意义。例如：

① Сам ваш Перевозчиков звонил: **закончил или не закончил** у нас работу, **а** чтобы к шести ровно был там!（К. Симонов）

② —Теперь, по крайней мере, всё ясно. —**Ясно или не ясно**, уходи! Уходи вон, слышишь!（К. Симонов）

---

① 《Грамматика современного русского литературного языка》, М., 1970, с. 673, 653.

③ —Хоть римский огурец велик, нет спору в том, Водь с гору-кажется, ты так сказал о нём?... —**Гора хоть не гора**, **но**, право, будет с дом. (И. Крылов)

④ —Всех дел ведь сразу не переделаешь, —скажешь ей, бывало. —Ну, **всех, хоть не всех**, —отвечает, **а всё же** ведь ужасно это как, я тебе скажу, отяготительно... (А. Лесков)

有时第一分句在结构上可 Vпов. ＋ не ＋Vпов. 的结构模式,即用同一动词第二人称命令式的叠用,一般强调无结果意义的未完成体动词。这时第一分句具有泛指人称的意义。例如:

① —Чай, стыдно? —**Стыдись не стыдись**, **а** коли назвался груздем, так полезай в кузов. (И. Крылов)

② **Пугайся не пугайся**, **а** воевать им. (П. Проскурин)

③ **Сердитесь ие сердитесь**, Анна Ивановна, —продолжала Юдина, —**но** я постараюсь, чтобы ваш опыт стал достоянием педагогов всей страны. (И. Печерникова)

这类复合句与"N1 ＋ N5,а..."的句子在语义上有所区别。前者的第一分句由肯定因素与否定因素组合而成,这就促进它带有动摇不定、不确信的意味。因此两分句间的对比意义减弱。而后者的第一分句是肯定说话者已知的某一特征,这就加强了它与第二分句内容的对比意义。因此从这类句子中可以看到明显的对别—让步意义。试比较:

① **Горе—не горе**, **а** надо было как-то жить. (В. Хохлов)

② **Горе горем**, **а** жить надо. (А. Иванов)

[注]伊斯兰玛娃在《复合句句法》一书中认为"как-никак, а..."; "какой-никакой, а..."的结构(如 Как-никак, а мы вроде бы теперь родственники с тобой; Какой-никакой, а всё-таки живая душа при ней; Какая-никакая, а жена. Он какой-никакой, а законный муж 等)属于"N(...) ＋ не ＋ N(...), a..."的成语化并列复合句①。这一看法值得商榷。因为句中"как-никак"，"какой-никакой"只与后面句中相应成分对比，且"какой-никакой"的性、数、格必须与相应成分中的被说明词一致，所以它们不能单独构成述谓单位，只是简单句中的一个成分。

Ⅳ. Inf ＋（то）＋не＋ Vf, a...

复合句的第一分句由同一动词的不定形式与其变化形式组合而成。在同语叠用之间可加语气词 то, не 或 то не, 也可不加。通常表示有保留的肯定或否定，即带有言词未尽意味的肯定或否定②。两分句间可用连接词 а, но, да 等连接。整个复合句表示对别—让步意义，可译为"……（倒）是……，但……"或"……（倒）是不……，但……"，例如：

① **Слышать слышал，а** знать не знал.（К. Симонов）

② (Лошодь)**пахать-пашет** и **боронить-боронит，но** ежели кто из соседей поехал на полдни домой, то и её уволь...（Б. Можаев）

③ **Съесть-то съел，да**，съевши, спохватился:《Что такое я съел?》（М. Салтыков-Щедрин）

④ Думал так：**спасти не спасу，а** пущу—сам погибну.（К. Симонов）

⑤ —Осталось ехать только двенадцать вёрст, всё больше лесом, и не заблудились бы... —**Заблудиться-то не заблудились бы，да** кони не идут, барышня!（А. Чехов）

有时第一分句可由两个同一词干，但不同构词方法构成的动词组合而成。例如：

Наши мужики такие：**обещать-наобещают，а** потом ещё неизвестно, как дело повернут.（Ф. Каманин）

---

① 《Синтаксис сложного предложения (Устойчивые структуры русского языка)》, Изд. Казанского ун-та, 1985, с. 22—24.

② Н. Ю. Шведова,《Очерки по синтаксису русской разговорной речи》, М., 1960, с. 354.

第四章 并列复合句的分类

第一节 传统语法的分类

传统句法对并列复合句的分类是从俄国语法学家格列奇开始的,一直到现在没有什么本质上的变化。他是从语义的角度来对并列复合句进行分类的,根据并列复合句各组成部分之间的意义关系以及连接词的语义分成联合句（соединительные предложения）、区分句（разделительные предложения）和对别句（противительные предложения）三类。有所变化的只是在这三大类里面对语义群的描写越来越详细而已。

后来有些语法学家在这三类的基础上又增加了两类,解释句（пояснительные предложения）和接续句（присоединительные предложения）。解释句各分句是以解释或确切关系联结起来的,通常用 то есть, а именно 等连接。如：Время стояло самое благоприятное, **то есть** была темно, слегка морозно и совершенно тихо; Гроза оказывает благодетельное влияние на природу, **а именно**: она очищает и охлаждает воздух 等。接续句中第二分句是第一分句内容的补充说明,通常可用表示接续关系的连接词 и, да, а, но, тоже, да и 等连接。Мне не хотелось домой, **да и** незачем было идти туда; У него было много книг, **и** все дорогие, редкие книги; Вода была тепла, но не испорчена, **и** притом ее было много 等。当然,俄国和苏联语言学家对这两类句子还没有一致的意见。有的把它们看作是主从复合句,也有的认为它们是句法关系中的特殊类型,既与并列关系对立,又与主从关系对立。

传统分类法尽管在俄国和苏联已经沿用了一百多年,但是,它的分类只以语义为依据,而对各组成部分之间结构上的差别不加考虑,不能不说,这是这一分类的严重缺陷。

第二节 《1970年语法》的分类

《1970年语法》是以结构—语义的原则对并列复合句进行分类的。它首先从其外部结构进行逐级分类,在结构相同的情况下然后再根据其语义进行分类,因此这一分类原则既注意结构上的特征,又考虑语义上的特点。鉴于并列复合句结构层次性的特点,《1970 年语法》在分析方法上采用了多级分析法(многоступенчатый анализ)。这一方法是从抽象到具体、从形式到内容进行逐级分析,以便充分揭示并列复合句各组成部分之间结构—语义关系。

《1970年语法》根据结构上的特点,即组成部分的数量,把并列复合句分成开放结构和闭合结构两类。前者是不定数量述谓单位的组合,而后者必须是两个述谓单位的组合。

开放结构并列复合句的结构—语义类别

开放结构并列复合句中的连接词按其意义可分为联合连接词和区分连接词两类。它们之间的差别不仅表现在它们所表达的意义关系上,而且还表现在它们在句子结构中的功能上。

联合连接词不是开放结构并列复合句中必需的结构要素。列举句的标准意义不是由连接词形成的,而是由开放结构本身以及构成开放结构句结构特征的各个组成部分的同一类型所形成的。因此联合列举关系既可用连接词,又可不用连接词来表达。联合连接词在开放结构中只是强调各组成部分意义上的同一类型和句子的完整性。实质上它所起的不是纯连接词的功能,而是语气词的表情功能。试比较:**Ни** ветка не зашуршит, **ни** птица не запоёт, **ни** зверёк никакой не пискнет—Ветка не зашуршит, птица не запоёт, зверёк никакой не пискнет 等。

联合句按各组成部分之间时间的对应关系又可分成同时句(предложения одновременности)和先后句(предложения следования)两种。在同时句中各组成部分是用共同的时间意义联结起来的。而在先后句中每个组成部分都有它的时间意义。它们通常表示几个先后的事件。例如:Глубоко внизу сигналили машины, гремела арматура, раздавалась барабанная дробь пневматических ломов; В сенях послышался шорох, с лязгом упал железный засов, шёлкнул крючок, **и** ржаво заскрипел ключ в замке.

第四章 并列复合句的分类

区分连接词与联合连接词相反,它是开放结构并列复合句中必需的结构要素,因为区分关系只能用区分连接词来表达,因此区分连接词是区别区分关系与列举关系的标志。

区分句按连接词的意义以及它们所表达的语义关系又可分成互相排除句(предложения взаимоисключения)和交替句(предложения чередования)两种。在互相排除句所列举的一系列现象中一个现象的现实存在排除所有的其他现象。这类句子通常用 или,либо,не то...не то,то ли...то ли 等连接。如 Что он делает в городе так долго, не понимаю! Ведь всё уже кончено там: имение продано, **или** торги не состоялись (А. Чехов);Бывает такое состояние: **не то** спишь, **не то** бодрствуешь, **не то** грезишь. (А. Куприн)等。

交替句所列举的一系列事件是重复发生的,但是它们不是同时并存的,而是互相交替的。这类句子具有过去时、现在时或将来时共同的时间平面。就在这个共同的时间平面上事件一件随着一件发生。交替句通常用连接词 то...то 来连接。如:**То** он мне помогает, **то** я ему;Он **то** вскочит, **то** ляжет;С утра не везёт: **то** Таня чашку разбила, **то** они с Серёжкой подрались, **то** бабушка руку порезала.

闭合结构并列复合句的结构—语义类型

闭合结构并列复合句中的连接词按其意义可分为两类:1) и,а,но 等;2) не только...но и,то есть,а именно 等。这两类连接词的区别在于:前者本身不表达明确的语义关系,而只具有由各组成部分内容所决定的广泛的抽象意义;后者本身具有狭隘的特指意义并表达一定的语义关系。两者区别在形式上的表现是,能否与第二连接词性词结合。第一类连接词能够结合,第二类连接词则不能。所谓的第二连接词性词是指副词(потому,поэтому,оттого)、情态词(следовательно,значит)和语气词(ведь,всё же,всё-таки,всё равно,тем не менее)等。

第一类连接词加上第二连接词性词构成一种特殊的连接手段。其中连接词只起结构上联结的作用,而第二连接词性词却表达各组成部分之间的语义关系。

第一类连接词连接的复合句有以下两种:

1. 不带有第二连接词性词的句子(предложения без второго союзного элемента)

带有连接词 и 的复合句以各组成部分的内容为转移可以有:1)扩展意义

(На окраине села стоит огромная ель, **и** под этой елью сооружён шалаш);2)结果意义(Я плеснул на дрова бензину, **и** огонь сразу разгорелся);3)对比意义(Я хотел ему ответить—**и** не мог слова вымолвить)。这些意义并不是连接词 и 本身所固有的。如同彼什科夫斯基所说的那样,如果认为连接词 и 体现了扩展、结果、对比等意义,那就错了。这些意义是由于复合句各组成部分的实体内容汇集在连接词的意义之中而形成的。

带有连接词 а 和 но 的复合句按其意义可分为:1)对比句(сопоставительные предложения),如 Утром мы спешили на службу, **а** вечером обменивались впечатлениями дня 等;2)对别句(противительные предложения),如 Я хотел уехать, **но** у меня не было денег на дорогу 等。

2. 带有第二连接词性词的句子（предложения со вторым союзным элементом）

这类复合句按照决定整句意义的第二连接词性词的语义可分为以下六种：

（1）结果—结论句（предложения следствия-вывода）,通常带有连接词 и, а 和连接词性词 поэтому, потому, оттого, следовательно, значит 等。如:После рубки леса солнце сюда ворвалось, **и** выросли **оттого** гигантские травы; Мы встали поздно, **а поэтому** очень торопились; Окна светятся, а значит хозяева дома 等。

（2）对别—让步句（противительно-уступительные предложения）,通常带有连接词 и, а, но 和连接词性词 всё-таки, тем не менее, между тем 等。如:В город я приехал не из глухой провинции, **и всё же** (**а все же**, **но всё же**) меня многое здесь поразило; Я был очень занят, **но тем не менее** я нашёл бы время для встречи с друзьями; Вот я с вами, я волнуюсь, **а между тем** каждое мгновение помню, что меня ждёт неоконченная повесть.

（3）对别—补偿句（противительно-возместительные предложения）,通常带有连接词 но 和连接词性词 зато 等。如: Буран стих, **но зато** установился тридцатиградусный мороз 等。

（4）限制句（ограничительные предложения）,通常带有连接词 и, а, но 和连接词性词 только, лишь 等。如:Наступает тишина, **и только** слышно, как далеко в саду топором стучат по дереву; Наложите ив меня любое взыскание, **но только** не прогоняйте.

(5) 等同—联合句(отождествительно-соединительные предложения),通常带有连接词 и 和连接词性词 тоже, также 等。如：Дочь училась дома и росла хорошо, **и** мальчик **тоже** учился недурно 等。

(6) 联合—补充句(соединительно-дополнительные предложения),通常带有连接词 и, да, а 和连接词性词 ещё, вдобавок, кроме того, притом 等。如：На девочке тулуп, меховая шапка, **и кроме того** она закутана в шаль; У нас был хлеб, масло, **да ещё** картошки в деревне купили.

第二类连接词不能与第二连接词性词连用。这些连接词连接的复合句按其意义可分为:

1. 解释句(пояснительные предложения),通常用连接词 то есть, а именно 连接。如：Он был офицер, **то есть** с детства, с кадетского корпуса готовился воевать; За сутки погода резко изменилась, **а именно**: подул сильный ветер, жара сменилась прохладой 等。

2. 递进句(градационные предложения),这类句子按连接词的性质又可分为:1)纯递进句(собственно-градационные предложения),通常用 не только... но и, не то чтобы... но 等连接。如：**Не только** в молодости я много ездил, **но и** теперь не проживу года без двух-трёх поездок；Буран **не то чтобы (что)** совсем утих, **но** стал гораздо слабее 等。2)强调句(усилительные предложения),通常用 да и 连接。如：Меня здесь никто не знает, **да и** сам я не знаю никого；Тогда я о тебе плохо не думал, **да и** сейчас не думаю 等。

《1970 年语法》对并列复合句的阐述很有特点,比传统语法有较大的突破,具体表现在它对其结构上的开放性和闭合性的看法以及对某些并列连接词与词汇手段结合形成非固定的连接词组合的研究。这些都是并列复合句研究中的新成果。

第三节 《1980 年语法》的分类

《1980 年语法》对复合句的阐述十分强调各种连接手段的表达在句法联系上的作用。所谓连接手段主要指各种并列连接词、从属连接词、关联词以及作连接词用的类连接词(如 тоже, также, даже, поэтому, зато, однако, всё-таки 等)。《1980 年语法》把连接手段作为复合句组成部分之间句法联系最主要的形式标志。它以连接手段所表明的句法联系的性质为主要依据把复合句分成并列复合句和主从复合句两大类。

《1980年语法》中并列复合句的分类首先根据并列连接词的单义或多义的特点进行分类。

《1970 年语法》并列复合句的分类

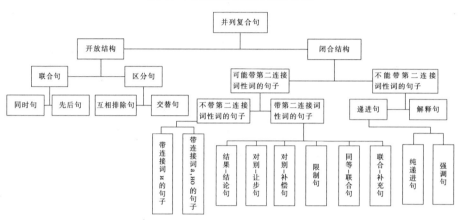

I. 带有非区分性连接词（即多义连接词）的句子（предложения с союзами недифференцированного значения）

这类连接词有 и，а，но，да，же，или 以及它们的同义词。它们的意义在很大程度上由上下文来确定或借助于使它们意义具体化的词来确切。

1. 联合连接词 и(и...и)，ни...ни 连接的句子

（1）纯联合意义句

句子的联合意义完全依赖于连接词的本身。例如：Шёл мелкий снежок，и было довольно холодно；Сердце её билось сильно и мысли не могли ни на чём остановиться 等。

（2）非纯联合意义句

句子的联合意义受上下文的制约而复杂化。这类句子又可根据其是否带有使连接词意义具体化的词分为：

① 不带使连接词意义具体化词的句子

a）正面评定联系句（предложения с позитивной квалификацией связи）

这类句子可具有顺序意义，这时连接词 и 表示"之后""在这以后"的意思。

例如 Пьеса кончилась, **и** я ждал одобрения, похвал, восторгов; Ему отвели квартиру, **и** он поселился в крепости 等。还可具有制约意义,这时连接词 и 表示"结果"或"因此"的意思。例如：Я позвонила, **и** мне тотчас отворила дверь пожилая служанка... ; Свободных мест не было, **и** им пришлось стоять 等。

б）反面评定联系句（предложения с негативной квалификацией связи）

这类句子表示不能并存现象的并存或不相同的、有区别的现象的联合。这时连接词 и 具有对别、对别—让步或对比—让步等意义,表示"而……"、"但仍然……"等意思。例如 Он хотел встать сдивана, **и** не мог,... ; Он мог меня предупредить, **и** не предупредил 等。

в）接续—注释句（присоединительно-комментирующие предложения）

这类句子表示第一部分的内容在第二部分中加以注释。例如：Ремень висел на спинке стула, **и** это означало, что отец совсем дома и никуда нынче не собирается 等。

② 带有使连接词意义具体化词的句子

连接词 и 可与情态语气词和某些副词连接。借助于这些词,连接词 и 的意义得到确切或具体化。它们可使复合句的第二部分具有以下六种意义：

а）补充接续意义通常带有 и притом, и ещё, и помимо того, и кроме того, и также, и потом, и вдобавок 等。例如 Его не привлекал образ жизни тех, кто задавал тон в университете, **и вдобавок** у него не было средств, чтобы с ними тягаться 等。

б）结果、结论等意义通常带有 и потому, и поэтому, и таким образом, и значит, и следовательно, и вот, н вот почему 等。例如 Мы совсем разных свойств, но души наши и правила одинаковые, **и вот почему** существует между нами симпатия ; Я хоть на часок сокращу наше пребывание здесь, **и значит**, на час раньше увижу тебя 等。

в）与预料相反的意义通常带有 и несмотря на это, и всё же, и всё-таки, и тем не менее, и однако 等。例如 Этого все и ожидали, **и однако** настроение было испорчено 等。

г）适应或不适应的意义通常带有 и вместе с тем, и наряду с тем, и в то же время, и как раз 等。例如 Я ненавидел эту женщину, **и в то же время** что-то тянуло меня к ней 等。

д) 区分—限制意义通常带有 и только, и лишь 等。例如 Папа летом продолжал заниматься врачебной практикой в Туле, **и только** по воскресеньям приезжал в деревню 等。

e) 强调意外的意义通常带有 и вдруг 等。例如 Я ожидал трагической развязки, **и вдруг** так неожиданно обмануть мои надежды 等。

2. 对别连接词 a, но, да 等连接的句子

(1) a 连接的句子

① 不带使连接词意义具体化词的句子

这类句子具有对比意义、接续—扩展意义和不适应的意义。例如 Мы в восемь часов пьём общий чай в столовой, **a** в двенадцать завтракаем；Ель растёт перед дворцом, а под ней хрустальный дом；Жизнь проходит быстро, тебе уже семнадцать или восемнадцать, **a** ты ещё ничего не сделал 等。

② 有使连接词意义具体化词的句子

第二部分具有结果意义(а поэтому, а в результате, а следовательно 等)、对别意义(а однако, а всё-таки 等)论证意义(а иначе, а в противном случае 等)、确切意义(а вернее, а точнее 等)、选择接续意义(а также, а ещё 等)和强调对立意义(а наоборот, а напротив 等)。例如 Наше искусство служит революции, **а следовательно** оно должно не плестись в хвосте у современности, а обогнать её；Спешить ему было как будто и некуда теперь, **а всё-таки** шёл он почему-то очень быстро 等。

(2) но, да 等连接的句子

在每个连接词下面都按其是否带有使连接词意义具体化的词分成两类，然后在每一类下面再按表示的意义细分。

3. 区分连接词 или 等连接的句子

这类句子可分成纯区分意义句和非纯区分意义句。前者强调相互排斥，如 Я **или** зарыдаю, **или** закричу, **или** в обморок упаду 等；而后者表示等同关系，这时 или 具有"就是""换言之"等意义。

在非纯区分意义句中又可根据是否带有使连接词意义具体化的词分成两类。

II. 带有区分性连接词(即单义连接词)的句子(предложения с союзами дифференцированных значений)

根据连接词的意义这类句子可分为解释意义句(то есть, а именно)、对立意义句(однако, зато 等)、选择—注释意义句(кроме того, в особенности, например, в том числе 等)、因果意义句(поэтому, значит 等)和递进意义句(не только... но и 等)。例如 Но я вас понимаю, **то есть** понимаю, что вы охотитесь и ловите рыбу не из-за жестокости；Медведица худела, **зато** два её сына быстро превратились в два сытые пушистые шарика；Его ум и сердечная доброта проявлялись в каждом слове, **поэтому** он всегда был желанным и приятным гостем；Я поспешила его уверить, что **не только** не курю, **но** даже не люблю видеть, когда курят дамы 等。

《1980年语法》在并列连接词中对非区分性连接词(多义连接词)和区分性连接词(单义连接词)的划分以及对某些并列连接词与词汇手段结合形成非固定的连接词组合使句际意义关系具体化的研究,反映了语言中连接手段日益丰富多样的发展趋势。这是值得肯定的。

什维多娃在《〈俄语语法〉的编写原则及其若干问题》一文中明确指出,俄国和苏联的传统语法都是"以具有纯形态组织物质单位为其分类基础,然后对这些单位进行多方面的阐述,确立它们的语言意义和功能"[①]。她又进一步指出,《1980年语法》在叙述方法上采用传统的方法"从形式到内容",但是确定各层次语法单位的意义是这种叙述的不可分割的组成部分。这就是说,《1980年语法》对复合句的叙述和分类应采用结构—语义的原则。但是《1980年语法》中并列复合句的阐述和分类首先是从连接词的单义和多义,即连接词的意义为其出发点,然后再根据单义连接词和多义连接词的意义分别分成解释、对立、选择—注释、因果、递进五种意义句和联合连接词、对别连接词、区分连接词连接的 4 种句子。当然,在阐述和分类时也适当考虑了并列复合句结构上的特点,如是否带有使连接词意义具体化的词。但是,总的说来《1980年语法》对并列复合句的阐述和分类侧重于连接词的意义,而对其结构上的特点考虑不够,这不仅没有遵循

---

① Н. Ю. Шведова, "О принципах построения и о проблематике «Русской грамматики»". «Известия АН СССР. Серия литературы и языка», 1974, №4.

《1980年语法》的编写原则,而且也不能不说是一个严重的缺陷。

《1980年语法》并列复合句的分类

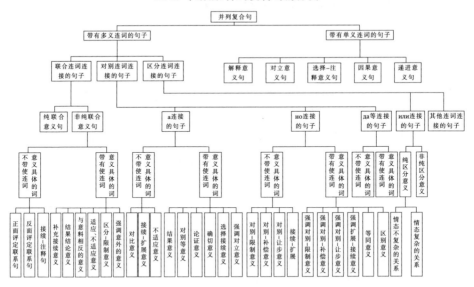

第五章　主从复合句

第一节　主从复合句概述

由两个或两个以上的分句借助于从属连接词或关联词构成的复合句,叫主从复合句。

主从复合句是由主句(又称主要部分或主部)和从句(又称从属部分或从部)组成的。主句在复合句中处于主导地位,即它在结构和语义上不从属于其他的句子,而其他句子却从属于它。从句处于从属地位,也就是说它从属于主句,并说明主句。因此从句带有与主句相连接的从属连接词或关联词。如 Я слушал, **будто** она уехала 这是一个主从复合句,其中 я слышал 是主句,будто она уехала 是从句。它们的关系是,从句借助从属连接词 будто 与主句相连接,并从属和补充说明 я слышал 的内容。

I. 主从句之间的连接手段

把主句与从句组成为一个结构—语义整体的连接手段,有连接词、关联词、指示词、主从句的排列顺序、主从句谓语的时体对应等。

主从复合句中的从属连接词或关联词都位于从句之中,起着与主句相连接的作用。但是关联词与从属连接词有所不同:它不仅用来连接主句和从句,而且同时又是从句中的一个成分。如 Брат сказал, **что** он вернётся завтра 和 Расскажи, **что** пишут в газетах в последнее время 两个句子,前一句中的 что 只起连接作用,是连接词;后一句中的 что 不仅起连接作用,而且又是从句谓语 пишут 的补语,因此是关联词。

主从复合句中的指示词都在主句之中。指示词是主句中的一个成分,通常用代词或代词性的词表示。由于它在语义上是不具体的、空泛的,因此需要通过从句来使其内容具体化。如 Та работа, **которую** они выполняют, имеет большое значение 的句中,которую 连接的从句揭示主句中指示词 та 的具体内容。

　　在不同的主从复合句中指示词在结构上起着不同的作用。在有些主从复合句中指示词是结构上必需的,因为它们进入句子结构的组成。如 **Те, которые** не успели проникнуть в середину, толпились около окон 和 Мы **так** устали, **что** не можем идти дальше 的句子中,如果没有指示词 те 和 так,就不可能有下面的从句,因此指示词在这些句子中是必需的。在有些主从复合句中指示词不是必需的,是可有可无的。如 Лопатин заметил **то, что** комиссар полка отстал от них на одну перебежку (К. Симонов) 句中,指示词 то 只起指出支配关系的形式的作用,如果把它省略掉,整个句子在结构和语义上不受影响。在有些主从复合句中不可能有指示词,如带有结果从句的主从复合句等。

　　有些指示词已逐步与连接词组合成复合连接词,如 потому что, для того чтобы 等。复合连接词(так как, так что 除外)使用时,既可把整个连接词放在从句之首,又可把连接词分成两部分:第一部分放在主句中,第二部分放在从句之首,连接词中间加逗号,如 ...потому, что...;...для того, чтобы... 等。这两种用法的语义基本相同,只是后一种用法更加强调 потому 和 для того 的意义。试比较:

① Мы должны охранять границы, **для того чтобы** враги не проникали в нашу страну. 我们应该保卫国境,使敌人不得潜入我方。

② Мы должны охранять границы, **для того, чтобы** враги не проникали в нашу страну. 我们之所以应该保卫国境,是要敌人不得潜入我方。

[注] 有些语法学家对用逗号分隔的复合连接词有不同的看法。他们认为第一部分是指示词,是主句中的一个成分,第二部分是连接词。

　　在主从复合句中,主从句的排列顺序或者是固定的、不能变动的,或者是相对自由的、可以变动的。前者是固定句序,后者为自由句序。

　　在有些主从复合句中从句总是位于它所说明的词之后或位于整个主句之后。例如:

① **Тот** день, когда я вступил в партию, навсегда останется в моей памяти.

② **До того** мне стало вдруг стыдно, **что** буквально слёзы потекли по щекам моим. (А. Куприн)

③ Он сейчас же уснул, **так что** на мой вопрос я услышал только его ровное дыхание. (В. Гаршин)

在这些主从复合句中有些类型根据实义切分的需要有时也可以改变主从句的排列顺序。如 Я знаю, **что** он плохой человек 和 **Что** он плохой человек, я знаю 两个句子,前者强调的是从句的内容,而后者强调的是主句的内容。

在另一些主从复合句中从句既可位于整个主句之前后,又可位于主句之中。它们的排列顺序通常有以下几种情况:

1. 如果从句位于主句之后,则从句扩展主句,并用作主句所述内容的原因、条件、时间、目的或其他状语意义。这时主句的相对独立性和从句的从属性显得特别明显。例如:

① Я нанялся к нему в подмастерья, **так как** жить было нечем. (А. Чехов)

② Пурга не страшна, **если** человек не будет её бояться. (Т. Семушкин)

2. 如果从句位于主句之前,则从句的所述内容预示主句的内容。这里主从句之间是相互制约的,主句不具有独立性,受从句的制约。因此这些主队复合句表示的不是原因、条件、时间等关系,而是原因一结果、条件一结果、时间相互制约等关系。例如:

① **Так как** Иван Петрович не хотел беспокоить своих знакомых, он остановился в гостинице.

② **Если бы** я знал, что у тебя такой отец, я бы не женился на тебе. (Н. Гоголь)

3. 如果从句位于主句之中,则从句在意义上与插入句相近。试比较:

① Всякое обвинение, **даже если** оно высказывается в дамском обществе, должно быть формулировано с возможной определённостью. (А. Чехов)

② Мужчина (**если** он настоящий мужчина) не способен здраво рассчитывать в любви...

主从句谓语的时体对应常常制约主从复合句的某些意义。但是在不同类型的主从复合句中其时体对应所起的作用也有所不同。

在有些主从复合句(通常是展词类型的主从复合句)中谓语的时体对应往往

是相对自由的,因为它们并不制约句子的基本意义。例如在带定语队句的主从复合句中其基本的修饰意义通常不依各种不同的谓语时体对应为转移,如 Я написал другу, **которого** давно не видел（не скоро увижу）; Я пишу другу, **которого** давно не видел（не скоро увижу）; Поскорей напиши другу, **которого** не скоро увидишь 等。

而在另一些主从复台句（通常是非展词类型的主从复合句）中谓语的时体对应受到严格的限制,而且这些限制是,与某一类型复合句的语法意义联系在一起的。在表达原因一结果关系的。句子里原因意义一般先于结果意义,如 **Оттого, что** выпавший ночью снег точно бы покрыл всё ватой и простынями, кругом стало светло, как в операционной（Б. Полевой）句中,时间的先后用完成体过去时形式的对应来表示。在表示时间关系的句子里我们可以说:**Когда** учитель вошёл, ученики встали; **Когда** учитель входит, ученики встают; **Когда** учитель войдёт, ученики встанут 等,但不能说"Когда учитель вошёл, ученики встанут"或"Когда учитель войдёт, ученики встали"。此外,如果主从句谓语用完成体过去时形式表示,则从句具有时间意义,如 **Когда** вышли к реке, Афришка прислушался（В. Белов）等。如果主从句谓语用未完成体现在时或过去时形式表示,则从句通常具有条件一时间意义,有时只具有条件意义,如 **Когда** люди живут в любви, то не замечают наступления старости...（М. Пришвин）等。

II. 主从复合句的结构—语义类型

主从复合句根据其结构上的特点可分为非分解句和分解句两类。

在非分解句中从句与主句中作为词汇一词法单位的词或词组发生关系,起着扩展该词或词组的作用,因此这类主从复合句又称展词句。在这类主从复合句中主从句之间的联系十分紧密,与词组中词形和词形间的联系相似。主句离开了从句,其结构和语义都不完整,因此需要从句来补足。由于主从句之间的结构关系是建立在词汇一词法基础上的,从句的功能以它扩展的词或词组的词汇一词法性质为转移,也就是说从句所说明的词或词组即基础词（опорное слово）的词汇一词法性质决定从句的类型。如 Есть люди, **которые**, только что прочитав книгу, испытывают нетерпеливую жажду немедля рассуждать о прочитанном(В. Кожевшшов)和 Надо, **чтобы** она сама поняла это 两个句子,前一句中作为名词的 люди 需要必需的定语，否则主句在语义上是不完整的；后一句的主句在结构和语义上都不完整，需要从句来补足，而作为表示情态意义的状态词 надо 要求从句只能是以 чтобы 为连接词的说明从句。

在分解句中从句与作为句法单位的整个主句发生关系，起着扩展整个主句或它的谓语组成的作用，因此这类主从复合句又称非展词句。在这类主从复合句中主从句之间的联系不十分紧密，犹如简单句层次上疏状限定语与述谓核心的联系。在多数情况下主句在结构和语义上是相对完整的，无需从句来补足，因而不决定从句的具体类型。这时，使用何种从句取决于交际的目的。在这类主从复合句中主从句之间的联系不是依主句中动词的词汇意义或词法性质为转移的，而是纯句法的，取决于作谓语用的句法位置。如 Доктор не любил нашего хозяйства, **потому что** оно мешало нам спорить (А. Чехов)；Доктор не любил нашего хозяйства, **хотя** находил его вполне сносным；Доктор не любил нашего хозяйства, **чего** отнюдь и не скрывал 等。

主从复合句在语义上可表达修饰关系（定语关系）、说明关系、疏状关系和接续关系。疏状关系中又包括地点、行为方法、程度和度量、比较、时间、条件、让步、目的、原因和结果九种意义。这样，主从复合句共有 12 种语义类型。其中，属于非分解句的有定语句、说明句、地点句、行为方法、程度和度量句；属于分解句的有比较句、时间句、条件句、让步句、目的句、原因句、结果句和接续句。

第二节　带定语从句的主从复合句

带定语从句的主从复合句简称定语句。在这类复合句中定语从句在结构上与主句中的名词、名词化的词表示的基础词发生关系，在语义上说明和修饰事物的特征。定语从句通常回答 какой? 的问题。

定语从句不仅可以说明主句中的名词，而且还可以说明名词化的词，即名词化的代词、形容词和其他词。如 тот(та, те)，все, каждый, всякий, любой, то, всё, такой, таков；главное, важное, единственное；первое 等。

定语从句可借助于关联词 который, какой, чей, кто, что, когда, где, куда, откуда 等与主句连接。

定语从句通常位于被说明的词之后。

I. 纯定语句

在纯定语句中根据基础词是名词还是名词化的代词或其他词这一特征可分为名词—定语句、名词化代词—定语句和名词化其他词—定语句。

A. 名词—定语句

在名词—定语句中主句以名词为基础词,从句说明和修饰它,表示事物的特征。

在主句中有时可用指示词 тот 或 такой 与从句相呼应。指示词 тот 具有区分意义。它对被说明名词的特征加以区分。使被说明的事物从同类的一般事物中区分出来,成为特指的、具体的、个别的事物。而指示词 такой 具有性质意义。它对被说明名词不是加以区分,而是作性质上的描绘,使该事物成为具有同类事物所共有的特征。试比较:

① Я никогда не забуду **тот** последний вечер, **который** мы провели вместе.
 我任何时候也不会忘记我们一起度过的那个最后的夜晚。

② Это **тот** артист, **чьё** пение мне очень понравилось.
 这就是那位歌声使我倾倒的演员。

③ Нет, это не **такая** война, про **которую** деды рассказывали. (Б. Горбатов)
 不,这不是祖辈们所谈论的那样的战争。

④ Это была **такая** ночь, **какой** уже я никогда не видала после. (Л. Толстой)
 这是个那样的夜晚,类似这样的夜晚后来我再未见过。

在①②句中从句说明主句中的"夜晚"或"演员"不是一般的"夜晚"或"演员",而是"我们在一起度过的"那个"夜晚"或"歌声使我倾倒的"那位"演员",从而达到区分的目的。在③④句中从句对主句中的"战争"或"夜晚"作性质上的描绘,即那样的"战争"或那样的"夜晚",从而使该事物具有同类事物所共有的特征。

1. 关联词 **который**

关联词 который 有性、数、格的变化。它的性、数与主句被说明的基础词的性、数一致,而格取决于它在从句中所起的作用:如果它是从句中的主语,则用第一格的形式;如是从句中的次要成分,则用带前置词或不带前置词的间接格形式。

关联词 который 通常位于从句之首。但当它作为从属词与名词、形容词或动词不定形式组成词组时，它应位于该词组的主导词之后。

关联词 который 既可用于书面语体，又可用于口语之中。例如：

① Кроме русского языка, арифметики и других предметов, **которые** были у нас в прошлом году, теперь прибавляются ещё география, история и естествознание. （Н. Носов）

② Со дня вступления в партию во мне поднялась **такая** сила, о **которой** я раньше и понятия не имела.

③ Я не принадлежу себе, я избрал **такой** путь, **который** грозит мне тюрьмой и крепостью. （Л. Космодемьянская）

④ Саша был сержантом **той** батареи, **которой** командовал Черкашин. （В. Добровольский）

⑤ Они продолжают **то** дело, ради **которого** отдали свою жизнь их товарищи. （Л. Космодемьянская）

⑥ У меня есть полное собрание сочинений *Пушкина*, стихи **которого** я очень люблю.

⑦ Мальчишки, старший из **которых** нёс в руках удочки, направились к реке.

⑧ Мы увидели здесь прекрасные сосновые леса, лучше **которых** ничего не встречали.

⑨ Как видите, китайское крестьянство — это совершенно новое крестьянство, подобного **которому** ещё не знала история человечества.

⑩ Она пошла на концерт пианиста, слушать **которого** для неё было большим удовольствием.

［注］在19世纪，который 的第二格形式用作非一致定语时，可与被说明的名词分割开来，也就是说它可位于从句之首。正如布斯拉耶夫在《历史语法》一书中所指出的那样，"代词 который 或 кой 可位于从句中与其联结的名词之前或

之后"①。例如：

① В офицере же с сумкой, **которого** лицо он видел где-то, ему всё казалось противно и нагло. （Л. Толстой）

② Широкая сакля, **которой** крышка опиралась на два закопчённые столба, была полна народа. （М. Лермонтов）

但 который 的上述用法已不合乎现代俄语的规范。

2. 关联词 **какой**

关联词 какой 有性、数、格的变化。它的性、数通常要和主句中被说明的基础词一致，而格取决于它在从句中所起的作用。какой 通常位于从句之首。

关联词 какой 表示的修饰意义带有附加的比较和类比意味，也就是基础词所表示的事物与 какой 所表示的事物相似。例如：

① И он ответил мне словами, **каких** я никогда не слушала от него. （Л. Космодемьянская）

② Здесь были товары, **каких** Лось нигде не видел. （Т. Сёмушкин）

③ Я тоже кое-что знал о растениях, но здесь, под Воронежом, было много **таких** трав и цветов, **какие** не встречались у нас, в более северной полосе России. （К. Паустовский）

④ Грин оставался **таким** же фантазёром, каким он был,... （К. Паустовский）

⑤ Это были ещё самые лёгкие из **тех** слов, **какими** она наградила Фенбонга. （А. Фадеев）

⑥ Был **тот** особенный вечер, **какой** бывает только на Кавказе.

⑦ И по его щекам доползли вниз блестящие капельки, **какие** бывают на окнах во время дождя. （А. Чехов）

⑧ Я бы предпочёл иметь **такую** мать, **какая** была у Павла Власова. （В. Панова）

какой 的数有时可能与被说明的词不一致，即被说明的词是单数，而 какой 却用复数。这时表示被说明词所指的事物只是从句所表示的"那类事物"中的一

---

① Ф. И. Буслаев, 《Историческая грамматика》, М., 1959, с. 252.

个。例如：

① Павлов—учёный, **какими** гордится советский народ.

巴甫洛夫是苏联人民引以为豪的科学家。

② Мы любовались цветком, **какие** встречаются только в этой местности.

我们欣赏只有在这个地方才能见到的那种花朵。

какой 连接的定语从句与 который 连接的定语从句在修饰事物特征时，语义上有所不同。какой 具有形容词的特性。它通过与同类事物的类比来说明基础词所表示的事物，因此它们之间是相似或类比的关系。который 具有名词的特性。它与基础词所指的事物通常是等同的。试比较：

① Покажи мне книги, **какие** я должен купить.

请把我必须买的那类书籍给我看看。

② Покажи мне книги, **которые** лежат на столе.

请把放在桌上的那些书给我看看。

③ Она сшила себе платье, **какое** носит её подруга.

她给自己缝了一件像她女朋友穿的那样的连衣裙。

④ Она сшила себе платье, **которое** ей очень идёт.

她给自己缝了一件很合身的连衣裙。

［注］如果 какой 在句中不强调事物的类比，则在语义上与 который 相近。这时 какой 可用 который 来替换，整个句子的意思不受影响。例如：

① О **том** прошлом, **какое**（**которое**）было до её поступления в учительницы, она уже отвыкла вспомнить и уже всё забыла.

② Бэла наконец отвечала, что она умрёт в **той** вере, в **какой**（**которой**）родилась.（М. Лермонтов）

3. 关联词 **что**

关联词 что 的意义和作用与 который 相同，通常可用 который 来替换。关联词 что 没有性和数的变化，而格只有第一格和不带前置词的第四格形式，也就是说，что 只能用作从句中的主语和直接补语。如果 что 用作主语，则它可修饰和替代主句中的非动物名词和动物名词。这时从句中谓语的性、数应和 что 所替代的名词的性、数一致。如果 что 用作直接补语，则它只能修饰和替代主句中的非动物名词。主句中有时可加指示词 тот 或 такой，但后者较为少用。

关联词 что 通常只用于口语或俗语中。例如：

① Они жили в избе, **что** стояла на берегу реки.

② Тоненькие деревца, **что** были посажены в саду, разрослись и стали большими деревьями.

③ Ребята! Надо сходить назад——взять офицера, **что** ранен там в канаве. （Л. Толстой）

④ Но сотни раненых, **что** прошли через наши руки, не пожалуются ни на меня, ни на мою Рулу.

⑤ Вы **та** девица, **что** ушла от Сипягиных. （И. Тургенев）

⑥ В котлетах, **что** подавали за завтраком, было очень много луку. （А. Чехов）

［注］关联词 что 在下列场合不能用关联词 который 来代换：

当它修饰和说明时间段落的名词时。这时从句的谓语往往用带表示持续意义的前缀 про- 的动词。例如：

① За два часа, **что** он там провёл, лыжники далеко ушли от Ногинска. （В. Ажаев）

当从句指出主句中企业、机关等的所在地时。这时从句通常是省略谓语 находится, стоит, расположен 等的紧缩句。例如：

① Очень сложное расписание у мастерской по ремонту обуви, **что** на Профсоюзной улице.

② В булочной, **что** на углу, всегда свежий хлеб.

当它带有类比或相似的意味，即与 какой 同义时。这时主句中通常有指示词 тот 和语气词 же，而从句中关联词 что 常常带语气词 и。例如：

① Малинин испытал **то** же чувство, **что** и многие люди, сражавшиеся в те дни под Москвой. （К. Симонов）

② Они вошли в стандартный дом **того** же типа, **что** и все дома вокруг.

4. 关联词 кто

关联词 кто 只能与主句中表示人的名词发生关系。кто 的意义和作用与 который 相同，通常可用 который 来替换。кто 没有性和数的变化，其格取决于它在从句中的作用。主句中被说明词之前有时可加指示词 тот 和 такой，但后者较为少用。

关联词 кто 通常用在诗歌与口语之中。例如：

① Наконец приехал **тот** товарищ, **кого** мы долго ожидали.

② Все писатели, **кто** мог в руках держат винтовку, приняли участие в Великой Отечественной войне.

③ Вам шлёт привет **тот** человек, **кого** вы когда-то любили.

④ Спят бойцы, **кому** досуг. (А. Твардовский)

5. 关联词 чей

关联词 чей 只能修饰和说明主句中表示人的名词，表达它们之间的领属关系，即 чей 在从句中所限定的事物属于主句中被它说明的表示人的名词所具有。因此 чей 与表示领属关系的第二格形式 который 同义。关联词 чей 有性、数、格的变化，要与从句中被它限定的名词一致，构成一致关系。因此 чей 永远位于从句之首。主句中有时可加指示词 тот。

关联词 чей 常用于书面语体。例如：

① Народ, **чьими** руками созданы все ценности, должен быть хозяином земли.

② Много есть людей великих, **чьи** дела в веках живут.

③ Ваш народ войдёт в историю как народ, **чьи** отвага, мужество и стойкость сделали возможной победу над фашизмом. (Л. Космодемьяская)

④ Во время работы... он насвистывал песенку о почтальоне, **чей** рог поёт в туманных долинах. (К. Паустовский)

⑤ По дорожке Сокольнического парка, по ворохам опавшей листвы шла молодая женщина в чёрном—**та** незнакомка, **чей** голос Левитан никак не мог забыть. (К. Паустовский)

6. 关联词 когда

关联词 когда 只能与主句中的名词发生关系，通常说明主句中具有时间意义的名词(время, период, пора, миг, год, месяц, день, час, минута 等)。主句中被说词之前可加指示词 тот, такой 等。关联词 когда 远置于从句之首，在从句中用作时间状语。通常可用带前置词的 который 间接格形式来替换。例如：

① Настала минута, **когда** я понял всю цену этих слов. (И. Гончаров)·
② Настанет время, **когда** отечество поручит вам священный долг—хранить общественное благо. (Ю. Тынянов)
③ Молчаливое ожиданье момента, **когда** войдёт Семён, было тягостным (А. Андреев)
④ Романы Вальтера Скотта мы читали в пасмурные дни, **когда** мирно шумел по крышам и в саду тёплый дождь. (К. Паустовский)
⑤ И вот наконец пришло оно—**то** время, **когда** Пушкин стал поэтом своего народа и всех народов нашего Союза. (К. Маршак)
⑥ Я начал песню в трудный год, **когда** зимой студёной война стояла у ворот Столицы осаждённой. (А. Твардовский)

关联词 когда 还可修饰和说明具有事件意义、过程意义、状态意义等名词，如 состояние, настроение, чувство, положение, случай, обстоятельство, условие, стадия, прилив 等。这时一般不宜用 который 来替换。例如：

① Я не помню случая, **когда** бы Владимир Ильич отказал в моей просьбе.
② Бывают настроение, **когда** человеку хочется остаться одному.
③ Гость попал в **то** неловкое положение, **когда** неизвестно, как себя вести.
④ В жизни бывают **такие** обстоятельства, **когда** необходимо быстро принять решение.
⑤ Я чувствую **такой** прилив радости, **когда** молчать невозможно.
⑥ Он был в **той** стадии духовной зрелости и расцвета, **когда** внутреннее совершенство накладывает неизгладимый отпечаток на внешности, на жесте, на манере говорить, на одежде — на всём облике человека. (К. Паустовский)

7. 关联词 где, куда, откуда

关联词 где, куда, откуда 只能与主句中的名词发生关系，通常说明主句中具有地点意义的名词。主句中被说明词之前有时可加指示词 тот, такой 等。关联词 где, куда, откуда 永远置于从句之首,在从句中用作地点状语。这类从句通常可用带前置词的 который 间接格形式(в/на котором, в/на который, от/из которого)来替换。例如:

① Они сидели в **том** саду, **где** играл оркестр. (А. Фадеев)

② Мать с Олей ездили не раз в **ту** деревню, **где** они раньше жили.

③ Электростанция, **куда** мы ездили с экскурсией, находится за городом.

④ В Севилье существует особое место, **куда** сходятся по вечерам танцоры и любители национальных танцев. (Д. Григорович)

⑤ Лес, **откуда** мы вышли, уже скрылся в тумане.

⑥ Пастух поглядел на небо, **откуда** моросил дождь, на лес... и ничего не сказал. (А. Чехов)

关联词 где, куда, откуда 有时也可说明某些不具有地点意义的名词,如 книга, статья, спектакль, группа, труппа, рота, обстановка, отрасль, сельское хозяйство, промышленность 等。例如:

① Режиссёр решил собрать **такую** труппу, **где** главное место займут молодые актёры.

② —Ну, романы читаешь?
　　—Да... только **такие**, где кончится свадьбой.

③ Его тянуло в **такую** обстановку, где есть необходимость активной деятельности.

④ Картину, **где** вы играете, я смотрел с ужасным волнением. (Е. Ильина)

⑤ Читайте побольше серьёзных книг, **где** язык строже и дисциплинированнее, чем в беллетристике. (А. Чехов)

⑥ ...мне приятно вспоминать о другой жизни в этой, **куда** меня сунули против моей воли. (М. Горький)

Б. 名词化的代词-定语句

在这类定语句中主句以名词化的代词为从句的基础词,它们空泛的内容由从句来揭示,使其具体化。从句借助关联词 кто, который, что 等连接,与被修饰的代词相呼应,形成一种对应关系。

1. тот..., 关联词 кто (который, что)

指示代词 тот 指的是什么样的人,因此它只有阳性(тот)、阴性(та)和复数(те)的形式以及其格的变化。它们在主句中作主语、定语、补语和谓语。关联词 кто 没有性和数的变化,其格取决于它在从句中的作用。例如:

① Хорошо смеётся **тот, кто** смеётся последним.

② В полку служат теперь **те, кто** десять лет назад были пионерами...(Б. Полевой)

③ **Та, кто** сидела справа от меня, не записывала лекцию.

④ Герой это **тот, кто** творит жизнь вопреки смерти, кто побеждает смерть. (М. Горький)

⑤ Всем хотелось сделать что-нибудь для детей **тех, кто** пал в бою. (Л. Космодемьянская)

⑥ **Тому, кто** строит, творит, создаёт, **кто** честно трудится и живёт трудами рук своих, нужен мир. (И. Эренбург)

⑦ Мы ценим **того, кто** служит народу от всего сердца.

关联词 кто 在从句中作主语时,如它所说明的指示代词 тот 是复数(те),则从句中的谓语通常用单数,在形式上与 кто 相一致。但是,有时从句的谓语也可用复数,在意义上与 кто 所说明的词一致。例如:

① Мы не из **тех, кто** отступает перед трудностями.

② **Те, кто** остались, решили сами с собой, что им надо было делать.

在 тот..., кто 的结构中,从句既可位于被说明词之后,又可位于被说明词之前。而后者更为常用。有时从句还可不紧跟主句中的被说明词,而位于整个主句之后。这时含有强调主句中该成分的意味。例如:

① **Кто** ищет, **тот** всегда найдёт. (В. Лебедев-Кумач)

② **Кто** сеет да веет, **тот** не обеднеет. (Посл.)

③ **Кто** стар, **тому** не спится.

④ **Те** пришли, **кого** мы вызвали.

⑤ Даже **тот** тебя поймёт, **кто** сам этого не испытал.

⑥ Жизнь только **того** не обманывает, **кто** размышляет о ней. (И. Тургенев)

关联词 который 与 кто 同义,但前者有性和数的变化,与主句中被说明的指示代词一致。例如:

① **Те, которые** не успели проникнуть в середину, толпились около окон.

② Мы **те, которые** составляем армию великого пролетарского стратега, армию товарища Ленина.

③ Это дорога не **та**, по **которой** мы ехали вчера.

④ Завтра кафедра организует культпоход в музей для **тех, которые** не успели съездить вчера.

⑤ ...он ещё сильнее вспомнил о **той, которую** всегда любил больше всего на свете. (Ф. Достоевский)

关联词 что 与 кто 同义。前者不仅没有性和数的区别,而且还没有格的变化,只有第一格的形式,在从句中用作主语。这时从句的谓语在性、数上要与主句中的 тот, та, те 一致。例如:

① **Тот, что** шёл впереди, молчал.

② Волки не отставали: **тот, что** бежал впереди, был уже рядом с санями. (Л. Толстой)

③ А **те, что** живы, работают, строят, творят. (Л. Космодемьянская)

④ **Та, что** сидела справа от меня, не записывала лекцию.

⑤ Кое-как отбившись от **тех, что** следовали за ним по пятам через асфальтовый двор, Никанор Иванович скрылся в шестом подъезде и поднялся на пятый этаж. (М. Булгаков)

⑥ Меткой очередью Гуля остановила **тех, что** подбирались с её стороны. (Е. Ильина)

[注] 在口语中 тот..., кто 结构中的指示词有时可省略不用。尤其在指示词和关联词形式相同,主句和从句是并行结构的情况下,指示词的省略更为常见。例如:

① **Кто** сеет ветер, пожнёт бурю.

② **Кого** люблю я, не таков.

③ **Кто** ясно мыслит—ясно излагает. （М. Горький）

④ Блажен, **кто** смолоду был молод. （А. Пушкин）

2. **все...**，关联词 **кто**

在这种主从复合句中，限定代词 все 在主句中可用作主语、补语等。关联词 кто 与之相对应，揭示被说明词所表示的人物特征。如果 кто 在从句中用作主语，则从句的谓语通常用单数，在形式上与 кто 一致。但是，有时从句的谓语也可用复数，在意义上与 кто 所说明的词一致。例如：

① **Все**, **кто** имели ордена, сидели в первом ряду.

② Она подружилась со **всеми**, **кто** был в её палате. （Л. Космодемьянская）

③ **Все**, **кого** вызвал к себе Ватманов, чувствовали серьёзность момента. （В. Ажаев）

④ **Всех**, **кто** честен душою, мы зовем за собою. （Л. Ошанин）

⑤ **Всем**, **кто** пришёл на вечер, понравилась эта песня.

⑥ Эту местность знают **все**, **кто** бывали в наших краях.

3. **каждый（всякий，любой）...**，关联词 **кто**

限定代词 каждый, всякий, любой 在主句中可用作主语、补语等，关联词 кто 在从句中与之相对应，揭示被说明词所表示的人物的特征。例如：

① **Каждый**, **кому** нужны знания, должен учиться.

② **Каждому**, **кто** хотел выступить, было предоставлено слово.

③ **Каждый**, **кто** переправляется через Музгу, обязательно посидит у шалаша дяди Васи. （К. Паустовский）

④ Он щедро угощал **каждого**, **кто** заходил к нему на квартиру. （Л. Дмитерко）

⑤ **Каждый**, **кому** нужна помощь, кто хочет услышать доброе слово, может прийти к дереву и ударить в колокол. （К. Федин）

⑥ **Любой**, **кто** к нему приходил в гости, чувствовал себя как дома.

⑦ **Всякий**, **кто** посвятил себя науке, не свободен от неё и в дни отдыха.

4. то（всё）...，关联词 что

在这种主从复合句中,指示代词 то 或限定代词 всё 在主句中可用作主语、谓语、补语或定语,关联词 что 连接的从句揭示 то 或 всё 所指事物的具体内容。что 没有性、数的变化,而格取决于它在从句中的作用。例如:

① **То**, **что** я хочу рассказать, было в сороковых годах. （Л. Толстой）

② **Всё**, **что** говорил сын о женской жизни, была горькая правда. （М. Горький）

③ **Всё**, **что** приходилось на память, было так слабо, ненужно. （А. Чехов）

④ Это совсем не **то**, о **чём** вчера говорил докладчик.

⑤ Это как раз **то**, **чего** я так долго и упорно искал, к чему стремился.

⑥ Это **всё**, **что** осталось в сознании Арсена. （А. Дмитерко）

⑦ **Тому**, **что** было уже, не бывать. （А. Пушкин）

⑧ Иногда поэт видит **то**, **чего** не видят критики,... （И. Эренбург）

⑨ Он начинал расспрашивать обо **всём**, **что** привлекало его внимание. （В. Короленко）

⑩ Она хорошо рассказывала, увлекаясь и радуясь красоте **того**, о **чём** говорила. （Л. Космодемьянская）

⑪ Почти физически ощутил он необъятность, грандиозность родины и **всего**, **что** происходило на её просторах. （В. Ажаев）

⑫ Он определил словами свойства и качества **всего**, **что** его окружает. （С. Маршак）

在 то..., что 的结构中,从句既可位于主句中被说明词之后,又可位于主句之前,而后一种情况较为常见。有时从句还可以不紧跟主句中被说明词而位于整个主句之后。这时含有强调主句中 то 所表示的成分的意味。例如:

① **Что** посеешь, **то** и пожнёшь.

② **Что** он хочет, **то** и делает.

③ **Что** с возу упало, **то** пропало.

④ **Что** я чувствовал, **того** не стану о писывать. （М. Лермонтов）

⑤ Только **то** ценно, **что** завоёвано собственным трудом.

⑥ Не всё **то** золото, **что** блестит.

5. такой(таков)..., 关联词 какой（каков）

在这种主从复合句中，такой 或 таков 只能用作主句的谓语：такой 有性、数和第一、五格的变化，таков 只有性、数的区别。从句用关联词 какой 或 каков 连接，какой 有性、数、格的变化，其性和数要与所说明的代词 такой 或 таков 一致，其格取决于它在从句中的作用。каков 只有性和数的区别，无格的变化。它在从句中只能用作谓语，与从句中的主语性、数一致。例如：

① На занятиях Варя была **такой**, **какой** мы привыкли её видеть всегда.

② Жара в этом году была **такая**, **какой** не помнят жители деревни.

③ Товарищи студенты были совсем не **такие**, **каких** я ждал. (В. Вересаев)

④ Одна мать как будто не менялась: **какой** была..., **такой** и осталась. (А. Андреев)

⑤ Ноздрёв в тридцать пять лет был **таков** же совершенно, **каким** был в восемнадцать и двадцать.

⑥ Всю свою жизнь... я прожил в Москве и начал помнить её совсем не **такою**, **какова** она в настоящее время.

⑦ Сегодня Пекин уже не тот, каким он был вчера, и завтра будет не **таким**, **каков** он сегодня.

在 таков..., каков 的结构中，从句通常位于主句之前。例如：

① **Каков** мастер, **такова** и работа.

② **Каково** дерево, **таковы** и яблочки.

③ **Каков** привет, **таков** и ответ.

④ **Каков** образ жизни людей, **таков** и образ их мыслей.

B. 名词化的其他词—定语句

在这种定语句中，从句与主中的名词化的形容词、顺序数词等发生关系。从句可用关联词 что, кто 连接。

1. новое(первое)..., 关联词 что

如果名词化的形容词等表示某个事物或现象（用单数、中性形式，如 новое,

главное, первое, многое 等），则从句用 что 与之相连。这时 что 代替主句中名词化的形容词等所表示的事物或现象。它没有性、数的变化，而格取决于它在从句中的作用。例如：

① И **первое**, **что** увидели наши танкисты, это—памятник Ленину.

② **Многое**, **чего** бы она не заметила прежде, теперь само бросалось ей в глаза. （Н. Помяловский）

③ **Многое** в синтаксисе, **чего** я ещё совсем не знаю, мне предстоит изучить за один семестр.

④ **Главное**, **чему** меня учили в школе, я стараюсь не забывать.

⑤ Это **последнее**, **что** у него есть. （Б. Горбатов）

⑥ Вы отдали Родине **самое дорогое**, **что** имели —своих детей. （Л. Космодемьянская）

2. **новый（перый）...**，关联词 **кто**

如果名词化的形容词等表示人时，则从句用 кто 与之相连。这时 кто 代替主句中名词化的形容词等所表示的人。它没有性、数的变化，而格取决于它在从句中的作用。例如：

① Я был **последним**, **кому** удалось попасть на выставку.

② **Первый**, **кто** тебя поймает, может убить без суда и следствия. Даже обязан. （В. Шукшин）

II. 扩展句

在这类定语句中从句虽然形式上说明和依附于主句中的名词，但实质上却与整个主句发生关系，起扩展主句的作用。这就是说，从句并不是对事物修饰其特征，而是对已知的具体事物进一步作补充的描写或叙述。从句可用关联词 который, где, куда, откуда 等连接。这时关联词在从句中与其说起连接作用，还不如说起代词作用。因此，主句与从句在结构上和意义上都各自保持相当程度的独立性，接近于并列复合句中的分句。例如：

① Через несколько минут явился слепой, таща на спине мешок, **который** положил в лодку. （М. Лермонтов）

② Он получил известие о кончине своего брата, **которое** его ввергло в жестокую болезнь.

③ У Ивана Ивановича была довольно странная двойная фамилия——Чемша-Гималайский, **которая** совсем не шла ему. (А. Чехов)

④ Она отворила шкап, **откуда** потянуло запахом сластей. (И. Гончаров)

A. 扩展句的特征：

这类定语句可能具有以下几个特征或其中之一：

扩展句中被说明词与关联词既可能有共同所指的对象，又可能没有。

在纯定语句中被说明词的所指与关联词的所指只能是同一个对象，也就是被说明词表示的事物与关联词所指的事物是一致的。如 Я ведь боец **того самого** батальона «инженеров человеческих душ», **который** здесь был так сурово раскритико(Н. Островский) 句中，被说明词 батальона 与替代它的关联词 который 所表示的事物（即 батальон）是一致的，也就是两者共同表示某个特指的具体事物。

而在扩展句中被说明词的所指对象与关联词的所指，两者既可能等同，又可能不等同。通常有以下三种情况：

1）两者等同一致，也就是两者共同表示某个事物。例如：

① Он обхватил за толстую талию кока Капитона Павловича Макарова, **которого** все зовут Капитаном Павловичем или адмиралом Макаровым. (Б. Горбатов)

2）两者不完全等同，只在某些方面有着共同的概念。如 Я надел фрак, без **которого** никому не советую выезжать, даже на охоту. (И. Тургенев) 句中，"甚至去打猎我都穿上燕尾服"中的"燕尾服"与"对任何人我都不主张不穿燕尾服就出去"中的"燕尾服"，两者只是概念相同，但不是同一个东西，即不是同一件"燕尾服"。例如：

① Мне скучно без красивых женщин, **которых** в Ялте нет.

② Это был типичный донецкий город, жизнь **которого** без завода бессмысленна и невозможна. (В. Попов)

3）两者不完全等同，一个表示某个具体的事物，而另一个表示与该事物同一类型的许多事物。例如：

① Сарай был подарен ему за одну услугу, **которых** он много оказывал разным людям.

② Тройка то взлетал на пригорок, то неслась с пригорка, **которыми** была усеяна вся столбовая дорога. (Н. Гоголь)

③ Обычло Вайман пытался рассказать какой-нибудь сальный анекдот, до **которых** он был большой любитель,... (Н. Островский)

2. 扩展句中被说明词通常是确定的、已知的，或者在语义上并不概括，并不笼统，比较具体，具有语义自主性。因此它们不需要用从句来修饰其特征。

在纯定语句中被说明词在语义上比较概括，比较笼统，不具体。它们通常是不定的，具有语义的依附性。如 Он принадлежал к **тем** людям, **которых** в дружбе больше дают, чем берут, для **которых** в дружбе нет корысти... (Б. Горбатов)句中，людям 的语义是不定的，因此需要从句来修饰它，从一般事物中把它区分出来，成为特指的具体事物。

而在扩展句中被说明词是确定的。它们通常有第一、二人称的人称代词、专有名词、独一无二的人和物的名称（вселенная，земля，луна，солнце，отец，мать，жена，муж 等）。例如：

① Нас, **которые** всю жизнь работают, она соединяет понемногу; будет время—соединит всех! (М. Горький)

② —И это говорите вы, **который** и устно и печатно так хвалил машину? (Б. Полевой)

③ К Ольге, **которая** несла домой аккордеон, подошла Женя. (А. Гайдар)

④ Он отправился на юг России и под конец очутился в Одессе, **где** и прожил сряду несколько лет.

⑤ География—это наука о Земле, на **которой** мы все живём;... (Н. Носов)

⑥ Екатерина Дмитриевна, входя, увидела широкую спину мужа, **который**, не оборачиваясь, шёл к столу. (Л. Толстой)

有时被说明词本身的语义是不定的，但是它在具体的句子中却带有一定的说明语，对其语义加以修饰和限制，从而使它成为特指的、确定的。例如：

Именно в этот бессмысленный поток попала запряжённая двумя добрыми гнедыми конями селянская телега, на **которой** ехали Уля Громова, Анатолий Попов, Викшор Нетпров и его отец. (А. Фадеев)

有时被说明词本身的语义是不定的，但是它在一定的语境或上下文中却是确定的。这主要因为它所指的对象在语境或上下文中已经提到过，是已知的。这就是说，它已经成了特指的、确定的事物。例如：

Кусты раздвинулись, и два мальчугана, настороженные, как любопытные синички, готовые каждую минуту сорваться и убежать, осторожно, держась за руки, стали подходить к нему. Старший, худенький, голубоглазый, с русыми волосами, держал в руке наготове топор, решив, должно быть, применить его при случае... Старший, **которого** звали Серёнкой, приказал брату Федьке бежать во весь дух в деревню звать народ, а сам остался возле Алексея караулить его. (Б. Полевой)

第三人称的人称代词在语境或上下文中都是已知的、确定的。例如：

① Очевидно, каждая из них думает, что он, кости **которого** давно истлели, любил её одну к только ей одной принадлежал. (А. Новиков-Прибой)

② Из её глаз полились слёзы, и она, **которая** была всегда такой стойкой и мужественной, как ни старалась, не сумела их сдержать. (М. Салтыков-Щедрин)

3. 在扩展句中由于主从句间的联系比较松散，因此在结构上和语义上往往具有时间关系、让步关系、原因关系等特征。

而在纯定句中主从句间的联系十分紧密。它们在结构—语义上是纯定语关系：从句在结构上与主句中的被说明词组成扩展性的定语组合，在语义上修饰、限制被说明词。

扩展句中主从句间的结构—语义关系通常有：

1) 时间关系

如果主从句谓语都用完成体过去时形式,从句位于主句之后,则可表示主从句行为先后顺序发生的时间关系,即从句行为发生在主句行为之后。例如:

① Он кинул бутылку англичанину, **который** ловко поймал её. (Л. Толстой)

② Капитан с капитаншею отправились спать; а я пошёл к Швабрину, с **которым** и провёл целый вечер. (А. Пушкин)

③ Татьяна Афанасьевна с беспокойством взглянула на брата, **который** побледнел, закусил губы и молча вышел из светлицы. (А. Пушкин)

④ В 1850 году Чайковский поступил в училище правоведения в Петербурге, по окончании **которого** стал чиновником.

如果主从句谓语都用未完成体过去时形式,从句位于主句之后,则有时可表示主从句行为先后顺序发生,并多次重复。例如:

① Ему купили множество деревянных кубиков, и с этой поры в нём жарко вспыхнула страсть к строительству: целыми днями он, сидя на полу своей комнаты, молча возводил высокие башни, **которые** с грохотом падали. (М. Горький)

2) 对别—让步关系

主从句间还可表示对别—让步关系。这时被说明词往往是人称代词或在主句中可加类连接词 всё же, всё-таки 等,以加强从句的对别—让步意义。例如:

① Я, **который** сейчас только говорил Дмитрию, своему другу, о том, как деньги портят отношения, на другой день утром... взял у него двадцать пять рублей ассигнациями на дорогу. (Л. Толстой)

② Мне казалось, что уже месяц отделяет меня от Якустка, из **которого** мы выехали всего дней шесть назад. (В. Короленко)

③ Развязка, **которую** он предвидел ещё с осени, **всё же** поразила его своей внезапностью. (М. Шолохов)

3) 因果关系

有时从句还可具有主句内容的原因、理由或结果的意味。例如:

① Мы должны были ехать по воде, **которая** вливалась в наш экипаж.

② Она сиротку Лену, **которую** война без отца без матери оставила, удочерила. (Б. Полевой)

③ Сергей успокаивал жеребца, **который** подгибал задние ноги и дрожал всем телом. (С. Бабаевский)

④ Чины к России необходимы хотя бы для одних станций, **где** без них не добьёшься лошадей.

4. 在扩展句中由于无需指示从句存在的必要性，因此主句中被说明词前无法加指示词 тот，такой 等。否则就会出现逻辑上的矛盾。如《A!》сказала тётушка и посмотрела пристально на Ивана Федоровича, **который**, покраснев, потупил глаза в землю(Н. Гоголь)。在这个句子中如在 Иван Федорович 前加指示词 тот，则表示"那个伊凡·费多罗维奇"。这是从几个同名同父名的伊凡·费多罗维奇中区分出来的，整个句子的意思就起了变化，这是其一。其二，该句中从句行为发生在主句行为之后，因此在 Иван Федорович 前就无法加指示词 тот，否则就会引起逻辑混乱，人们无法理解。

有时在专有名词前也可加区分意义的指示词 тот。尽管专有名词本身的语义是确定的，但在一定的条件下它可转化为不定的。因此，可加区分意义的指示词，把它从同类事物或同名同姓中区分出来。这时这种定语句表示纯定语关系。例如：

① Я сравниваю современную Россию с **той** Францией, **которой** управлял Наполеон III при помощи кучки комарильи. (А. Новиков-Прибой)

② Перед Лизой стоял совсем не **тот** Цветухин, **который** только что ей улыбался.

③ Позовите ко мне **того самого** Петрова, **который** разбил окно.

④ Я не говорю не о **том** Иванове, **который** командовал разведкой, а об Иванове—сапёре.

Б. 常用的关联词

1. 关联词 **который**

关联词 который 的用法参看纯定语句。例如：

① Тут не было ревности, но дружба Анны с Жарким, с **которым** Дубава не разговаривал, раздражала его. (Н. Островский)

② Дома у меня отец, **которого** я не видел два года и теперь должен увидеть при такой странной и загадочной обстановке,...（А. Гайдар）

如果被说明的人称代词是第一人称或第二人称,而且这些人称代词和关联词 который 又分别在主句和从句中用作主语,则从句的动词谓语现在时或将来时要与人称代词的人称一致。如 Я, **который** сижу...; Мы, **которые** сидим...; Ты, **который** сидишь...; Вы, который(которые) сидите... 等。例如:

① —Да, всё это вечная правда, мы—сильнее смерти, мы, **которые** непрерывно дарим миру мудрецов, поэтов и героев, мы, кто сеет в нем всё, чем он славен!（М. Горький）

② Вы, **который** так много шумите об анархизме деревни, должны бы лучше других понять нашу работу.（М. Горький）

在没有共同所指对象(关联词 который 所替代的事物与被说明的事物不完全一致)的结构中,它们两者可在数上不一致:被说明词用单数,который 用复数。例如:

① ... сарай этот был подарен Головану за какую-то услугу, оказывать **которые** он был большой охотник и мастер.（Н. Лесков）

2. 关联词 где, куда, откуда

关联词 где, куда, откуда 的用法参看纯定语句。例如:

① Из редакции Антошка пошёл на Невский, **где** купил дорожный костюм.（А. Толстой）

② По распоряжению Хлопуши караульный отвёл меня в приказную избу, **где** я нашёл Савельича...（А. Пушкин）

③ Он отправился на юг России и под конец очутился в Одессе, **где** и прожил сряду несколько лет.

④ Наталья Андреевна пришла в Петербург, **куда** вызвало её правительство для возвращения ей имения, отнятого в казну во время бироновщины.

⑤ Она отворила шкап, **откуда** потянуло запахом сластей.

III. 定语句的翻译

我国英语教学家殷宝书先生对朱光潜、吕叔湘、潘家洵和杨必翻译的五部英美文学作品中的定语句译文,作了分析、归纳、统计,结果是:限制性定语从句(即纯定语句——作者注)可译成:①定语结构(约占 20％);②并列分句(约占 45％);③状语从句(约占 15％);④独立句、谓语结构及宾语结构(约占 20％)。非限制性定语从句(即扩展句——作者注)可译成:①并列分句(约占 70％);②独立句(约占 20％);③其他如状语、定语、谓语、宾语等结构(约占 10％)。从而得出结论:限制性定语从句的翻译除译成定语结构外,还可译成其他结构;非限制性定语从句主要译为并列分句或独立句。他又进一步指出:这是因为"限制性定语从句带来的是一种或大或小的限制,而非限制性定语从句却不限制先行词(antecedent 即定语从句所说明主句中的被说明词——本书作者注),只给主语或宾语带来一种比较独立的描写或叙述。"①

殷宝书的这一看法是正确的。俄语定语句的翻译与英语相似。它们的翻译首先要确定纯定语句还是扩展句,然后再进行翻译。

A. 纯定语句的翻译

纯定语句在结构上从句与被说明词发生关系,并与它组成一个扩展性的定语组合;在语义上从句对被说明词加以限制、修饰,使被说明事物从同类的一般事物中区别出来,成为特指的、具体的、个别的事物。因此从句对于主句中被说明的事物来说是必需的,它是非分解结构。

纯定语句既可合译,又可分译。通常是,定语句的从句较短合译较多,从句较长多用分译。例如:

① Кроме русского языка, арифметики и других предметов, **которые** были у нас в прошлом году, теперь прибавляются еще география, история и естествознание. (Н. Носов)

除了去年我们学的俄语、算术和其他课程外,今年又增加了地理、历史和自然常识。

② От людей, **которые** говорили новое, слобожане молча сторонились.

---

① 殷宝书:《英语定语从句的译法》,《外语教学与研究》1963 年第 1 期。

（М. Горький）

工人区的人们默默地躲避那些谈论新事物的人。

③ Но на выходе любой информационной системы в конечном счёте оказывается человек, **который** должен усвоить выданную системой информацию.

但是，在任何情报系统的输出终端还是靠人，靠必须掌握情报系统所提供信息的人来最终完成。

④ Они продолжают **то** дело, ради **которого** отдали свою жизнь их товарищи. （Л. Космодемьянская）

他们正继承着这一事业，为了这一事业他们的同志献出了自己的生命。

⑤ Это был **тот** самый, давно знакомый тон, с **которым** отец всегда относился к нему и к **которому** Серёжа научился уже подделываться. （Л. Толстой）

这正是那种早已熟悉了的口吻，父亲总是用这种口吻对待他，而谢廖沙已学会了怎样迎合。

⑥ Торцов делал замечения одному из артистов по поводу исполнения его роли, одну из сцен **которой** он прослушался, стоя за кулисами. （Станиславский）

托尔佐夫向一个演员提了关于他扮演的角色的意见，他站在舞台侧面看过这个角色的一场戏。

⑦ Ребята! Надо сходить назад—взять офицера, **что** ранен там в канаве. （М. Лермонтов）

弟兄们，必须回去把躺在壕沟里的那个受伤的军官抬来。

⑧ Был **тот** особенный вечер, **какой** бывает только на Кавказе.

那是一个特别的夜晚，类似这样的夜晚只有在高加索才有。

⑨ Совсем уж в темноте подошли к соломенным крышам, **где** у прудочка фыркали кони среди распряженных телег. （А. Толстой）

在漆黑中走近了草舍，站在那里池塘边的货车中间的马匹呼呼喘气。

⑩ Я с интересом наблюдал за жизнью орлов, **чьи** тревожные крики не давали мне покоя.

我怀着极大的兴趣观察鹰的生活，它们惊惶的鸣叫声使我不得安宁。

Б. 扩展句的翻译

扩展句中被说明词通常是确定的、已知的,或者具有语义自主性,它们不需要用从句来限制、修饰其特征。从句形式上依附于主句中的被说明词,但实质上却与整个主句发生关系,起扩展叙述主句的作用,对主句作补充的描写。因此,从句对于被说明词来说不是必需的,它是分解结构。

扩展句译成汉语时通常采用分译。否则,有可能犯逻辑性错误。例如:

《А》 сказала тетушка и посмотрела пристально на Ивана Федоровича, **который**, покраснев, потупил глаза в землю. (Н. Гоголь)

婶婶说了声"呵!"并聚精会神地看了伊凡·费多罗维奇,而他的脸马上涨得通红,眼睛看着地面。

这个句子中如把"他的脸马上涨得通红,……"合译在"伊凡·费多罗维奇"前面,则同名同父名的"伊凡·费多罗维奇"可能有几个,区分出来一个"脸"会"马上涨得通红"的"伊凡·费多罗维奇",则整个句子的意思就起了变化,这其一。其二,该从句行为发生在主句行为之后。如果合译,则就会引起逻辑混乱,人们无法理解。

扩展句的主句和从句在意义上各自保持相当程度的独立性,接近于并列复合句中的分句。例如:

① Через несколько минут явился слепой, таща на спине мешок, **который** положил в лодку. (М. Лермонтов)

过了几分钟那瞎小孩背着袋子来了,他把袋子放进了小船里。

② Он получил известие о кончине своего брата, **которое** его ввергло в жестоку болезнь.

他得到了他弟弟去世的消息,这一消息使他生了一场大病。

③ У Ивана Ивановича была довольно странная довойная фамилия— Чемша-Гималайский, **которая** совсем не шла ему. (А. Чехов)

伊凡·伊凡诺维奇有个相当奇怪的复姓切姆沙—吉马莱斯基,这个姓和他完全不相称。

④ Часов в девять вечера прошел короткий, но сильный дождь, после **которого** туман сразу исчез, и мы увидели красивое, звездное небо. (В. Арсеньев)

晚上九点钟左右下了一阵急雨,雨停后雾气立刻消散,我们看到了星光灿烂美丽的夜空。

⑤ Екатерина Дмитриевна, входя, увидела широкую спину мужа, **который**, не оборачиваясь, шел к столу. (Л. Толстой)

叶卡捷琳娜·德米特里耶夫娜走进房间时就看到了丈夫宽阔的脊背,他并没有转过身来,径直向桌子跟前走去了。

⑥ Я побывал в Ясной Поляне, **где** Толстой писал «Война и мир». (И. Эренбург)

我到过雅斯纳雅·波良纳庄园,托尔斯泰就在那里创作了《战争与和平》。

⑦ Наталья Андреевна пришла в Петербург, **куда** вызвало ее правительство для возвращения ей имения, отнятого в казну во время бироновщины.

娜达丽娅·安德里耶夫娜来到彼得堡,政府传唤她到这里来是为了归还在比隆专政时期没收她的庄园。

⑧ Но техника нашего времени так совершенна, что я могу несмотря на расстояние, резделяюшее нас, говорить с нами, быть активным участником съезда, открытие **которого** я слушал вчера, с таким вниманием по радио. (Н. Островский)

但是,在我们这个时代,技术已经这样完善,所以虽然我们中间有很远的距离,我仍能同诸位讲话,作大会的一个积极参加者。大会开幕的情形,昨天我在无线电里注意地收听了。

由于扩展句中主、从句间的联系比较松散,因此在结构—语义上往往具有时间关系、让步关系、原因关系等特征。译成汉语时可译与主句有状语关系的结构。

扩展句可译成时间关系的结构。例如:

① Он кинул бутылку англичанину, **который** ловко поймал её. (Л. Толстой)

他把瓶子向英国人扔去,而英国人却灵巧地接住了它。

② Татьяна Афанасьевна с беспокойством взглянула на брата, **который** побледнел, закусил губы и молча вышел из светлицы. (А. Пушкин)

塔吉娅娜·阿法纳西耶夫娜不安地看了弟弟一眼,他的脸马上变得苍白起来,他咬紧嘴唇,默默地从房间时走了出去。

③ Капитан с капитаншею отправились спать; а я пошел к Швабрину, с **которым** и провел целый вечер. (А. Пушкин)

上尉和夫人去睡觉了,而我到了什瓦勃林那里,和他一起度过了整个夜晚。

④ В 1850 году Чайковский поступил в училище правоведения в Петербурге, по окончании **которого** стал чиновником.

1850年柴可夫斯基进了彼得堡的法律学校,从该校毕业后就当上了官员。

⑤ Лет пять тому назад он, будучи пропагандистом, встретил в одном из своих кружков девушку, **которая** сразу обратила на себя его внимание. (М. Горький)

五年前他当宣传员的时候在一个小组里遇见了一位姑娘,她立即引起了他的注意。

⑥ Вдруг сзади меня послышался топот ног. Это бежал рассыльный с вахты, молодой матрос, **который**, опередив меня, постучал в дверь. (А. Новиков-Прибой)

突然从我后边响起了脚步声,跑来了一个从值班下来递送文件的年青水手,他跑到了我的前边,敲了几下门。

⑦ Он отправился на юг и под конец очутился в Одессе, **где** и прожил сряду несколько лет.

他去了南方,最终到了敖德萨,在那里一连生活了好几年。

⑧ Рано утром, чуть завиднелось, Анисья Назарова пошла доить корову. Но только открыла теплый хлев, **откуда** из темноты просительно замычала Буренка,—послышались выстрелы из степи. (А. Толстой)

清晨,刚能看见东西,阿尼西亚·娜扎洛娃就去饮牛,但她才打开温暖的牛栏,从那里黑暗的地方布林加发出了哞哞的哀求声,因为从草原传来了枪声。

扩展句可译成让步关系的结构。有时在主句中往往有语气词 всё же, всё-таки 等。例如：

① Я, **который** сейчас только говорил Дмитрию, своему другу, о том, как деньги портят отношения, на другой день утром... взял у него двадцать пять рублей ассигнациями на дорогу. (Л. Толстой)

虽然我刚对我的朋友德米特里谈了金钱是怎样破坏人与人之间的关系的，但是第二天早晨……却向他借了二十五个卢布纸币作旅费用。

② Мне казалось, что уже месяц отделяет меня от Якутста, из **которого** мы выехали всего дней шесть назад. (В. Короленко)

尽管我们离开雅库茨克总共才六七天，但我仍然觉得离开那里好像已经有一个月了。

③ Развязка, **которую** он предвидел еще с осени, всё же поразила его своей внезапностью. (М. Шолохов)

尽管还在秋天的时候他就预料到这样的结局，但是它的突然出现仍然使他感到震惊。

④ Из ее полились слезы, и она, **которая** была всегда такой стойкой и мужественной, как ни старалась, не сумела их сдержать. (М. Салтыков-Щедрин)

泪水从她的眼里流了出来。尽管她总是这样坚强和刚毅，并且想竭力克制住自己，但是眼泪仍然夺眶而出。

扩展句的从句有时可译成具有主句内容的原因、理由或结果的结构。例如：

① Она сиротку Лену, **которую** война без отца без матери оставила, удочерила. (Б. Полевой)

她把孤儿莲娜收为养女，因为战争使她失去了父母。

② Воздух свежий, прохладный, от **которого**, как от летнего купанья, пробегает по телу дрожь бодрости. (И. Гончаров)

空气清新、凉爽，因此它犹如夏天洗澡后使全身精神焕发。

③ Мы должны были ехать по воде, **которая** вливалась в наш экипаж.

我们只好在水中行驶了，因为我们车里已经进水了。

IV. 纯定语句与扩展句之间的过渡类型

在《主从复合句结构变化》一书中，波斯彼洛夫认为 В числе мужиков находился и ростовец, **тот самый**, **что** встретился с Антоном на ярмарке. （А. Грибоедов)等类型的句子是具有"限定功能"的定语句(即纯定语句——引者注)[①]。《1980 年语法》也有类似的看法。它把 И снова озеро встаёт передо мной—**то самое** озеро, в сонной утренней рамке **которого** последним виденьем явилась прежняя жизнь. （В. Каверин)等句子划为定语句中的限制句(即纯定语句——引者注)[②]。这一看法值得商榷。

事实上，上面所列举的句子中与从句发生关系的不是主句中的被说明词，而是重复部分中被说明词的重叠词或指示词，这就形成了兼有纯定语句和扩展句特征的过渡结构。

这类主从复合句具有扩展句的特征：被说明词在语义上通常是具体的，已知的，确定的，无需从句来修饰、限制其语义。被说明词语义上的确定不仅是静态的，而且是动态的。前者是指被说明词本身的语义是确定的。后者是指被说明词本身的语义是不定的，但是在具体的句子或一定的上下文中却是确定的。例如：

① Да ведь это будущее России, **той** России, **которую** мы с вами знали, потеряли и, я верю, вернём. （М. Никулин)

② А ведь ты была мне больше чем друг: ты чем-то заменила для меня, отца, погибшего на войне; да-да, именно отца, **которого** я очень любила и **которому** доверяла всё, чего не доверила бы и моей доброй маме. （Б. Полевой)

③ Стук рессорного экипажа, **тот** стук, **который** так особенно заметен в деревенской глуши, внезапно поразил его слух. （И. Тургенев)

④ Теперь идёт плёнка с записью шумов событий, происшедших за последнюю неделю,—шумов, **которые** уже отзвучали и больше не повторятся. （Б. Полевой)

[①] 《Изменения в строе сложноподчиненного предложения》, М. 1964, с. 28—34.
[②] 《Русская грамматика》, Т. 2, М., 1980, с. 522—523.

⑤ Мы с Изей вынули из номера некролог о Костанди. Наутро «Моряк» вышел без некролога, но тотчас же этот некролог был обнаружен нами в «Одесских известиях», **тот же самый**, до последней запятой, некролог, **который** мы только что выбросили из «Моряка». (К. Паустовский)

这类句子还具有纯定语句的特征:从句不是直接与被说明词发生关系,而是与被说明词的重叠词或指示词发生关系,对它们加以修饰,限制,并与它们一起组成扩展性的定语组合,这就使其具有非分解结构的性质。

被说明词与重叠词在语法形式(性、数、格)上通常是一致的,它们之间可用逗号、破折号等隔开。如果被说明词是专有名词,表示独一无二人或事物名称的名词,第一、二人称的人称代词;则重叠词前必须加指示词 тот, самый, тот самый 等。如果被说明词是其他名词,重叠词前既可加指示词 тот, самый, тот самый 等,又可不加。有时重叠词也可省略,而说明重叠词的指示词就成了句子结构的必需要素。例如:

① А то, в другой раз, заметив, что Капитон, **тот самый** Капитон, о **котором** сейчас шла речь, как-то слишком любезно разговорился с Татьяной, Герасим подозвал его к себе пальцем, отвёл в каретный сарай... (И. Тургенев)

② Но вдруг я узнал двух коней Данияра, **того самого**, о **котором** говорил днём бригадир. (Ч. Айтматов)

③ Книги писателя-коммуниста Айтматова, пронизанные любовью к человеку, верой в его силы, духовную красоту, и его высокое слобо в искусстве, слово, **которому** внимают сегодня миллионы. (Н. Потапов)

④ Всю жизнь моя мать не выпускала из своих рук берёзового трепала, **того самого** трепала, **которым** обрабатывают лён... (Ф. Абрамов)

⑤ Но мы всё-таки подождём другого критика, ещё более смелого, **такого**, **который** поднимется и над Кладо. (А. Новиков-Прибой)

有时重叠的不是被说明词的重叠词,而是它的同义词。但是,这种现象很少见。例如:

① И вот (она) одолела. Всех положила на лопатки. Одна, За один месяц. А чем? Какой силой-хитростью? Хлебом. **Теми самыми** хлебными буханками, **которые** выпекала на пекарне. (Ф. Абрамов)

在这类结构中,被说明词的重叠使用赋予它们具有分解结构的性质。这一特征也是扩展句所具有的。由于这一过渡类型具有分解结构的性质,因此在主句之后有时可打上句号,把主句与重复部分、从句之间分割开来,构成分割结构（парцеллированная конструкция）。主句构成分割结构的主要部分,重复部分和从句是该结构的分割部分。例如：

① Ежели даже люди пощадят, лес задавит. Лес, **который** стеной со всех сторон наступает на Мамониху... (Ф. Абрамов)

② Только тогда настоящим образом узнали, что он несомненный к круглый дурак. **Такой** дурак, **которому** может быть доступны только склады науки, а сама наука—никогда. (М. Салтыков-Щедрин)

③ Но ведь есть эгоизм и куда посерьёзнее, **тот, который** проявляется не в семейных отношениях. —в общественных.

④ "Сан-Квантнн"—калифорнийская каторжная тюрьма. **Та самая**, в **которой** не так давно был застрелен тюремщиками Джеймс Джеком.

这种过渡类型的从句除用关联词 который 连接外,还可用关联词 кто, что, где 等连接。例如：

① На первый съезд Советов жители Самурзакани выбрали наиболее достойных представителей, **тех, кто** мог незаметно увести самого горячего коня. (К. Паустовский)

② Расстояние между нами быстро сокращалось, и я увидела, что один из них, **тот, что** с краю, ехал на иноходце. (Ч. Айтматов)

③ На сем месте была некогда церковь——вероятно, **самая та, где** венчались наши любовники, и **где** они захотели лежать и по смерти своей. (Н. Арамзин)

V. 现代俄语中带 **который** 定语句的使用规范

A. 在带 который 的定语句中关联词 который 起着从属联系（подчинительная

связь)和复指联系(анафорическая связь)的作用。前者指主从句之间借助于从属连接词或关联词所形成的句法联系。这一句法联系在定语句中表现为被说明词与 который 所起的连接词作用之间的关系。复指联系是指前一句的个别成索或整个内容在后一句中的再现。这种句法联系在定语句中表现为被说明词与 который 所起的代词作用之间的关系。

由于 который 在定语句中起着两种联系作用,因此现代俄语中带 который 定语句的使用规范有以下几点需要注意:

1. который 是名词化的代词。因此它与形容词不同,在句中只起替代名词的作用,不起修饰作用,不能与名词组合成修饰关系,如 Мы тут впервые увидели картофель, о котором огородном продукте до того и понятия не имели (《Словарь современного русского литературного языка》)等就不符合现代俄语的规范。

由于 который 是名词化的代词,因此它与名词也有所区别:不具有名词所固有的价值(валентность)特征。这就是说 который 不能带修饰性的定语,如 последний который, новый который 等;不能带有从属于它的名词间接格形式,如 который моего отца 等;不能与数词、数量副词等组成词组,如 много которых, два которого 等。

который 与第三人称代词也有差别,它不能与语气词 только, даже, тоже 等组成词的组合,如 только который, даже которыи 等。

2. 在带 который 的定语句中主句必须具有从句所说明的被说明词。这与带关联词 кто, что 的定语句不同,后者的被说明词当具有抽象意义"人"的时候,可被省略。例如:

① **Кто** сеет ветер, пожнёт бурю.

② **Кого** люблю я, не таков.

但是,这一规范有时在口语中也可不遵守。例如:

① **Которые** над нами жили, уехали в Киев.(О. Лаптева)

② У **которых** были билеты, пришли вперёд.(М. Зощенко)

3. 在这类定语句中被说明词必须是名词或名词化的其他词。被说明词除名词以外,还可用以下的词表示:

1) 人称代词

① И это говорите вы, **который** и усто и печатно так хвалил машину? Выходит, мы с вами обманывали народ, партию?（Б. Полевой）

② Вот она привела вас ко мне с открытой душой. Нас, **которые** всю жизнь работают, она соединяет понемногу; будет время——соединит всех.（М. Горокий）

2) 名词化的指示代词、限定代词、不定代词等

苏联语法学家 А. А. Зализняк 和 Е. В. Падучева 在《代词 который 的句法特性》一文中指出："在名词化的指示词、限定代词、不定代词和否定代词中可成为 который 的先行词（антецедент）只有那些表示动物对象的词，即тот, та, те; 而不是 то, всё, нечто, ничего。"[1] 例如：

① Я **тот**, **которому** внимала ты в полуночной тишине.（М. Лермонтов）

② Где **та** была, **которой** очи, как небо, улыбались мне.（А. Пушкин）

这一用法有点陈旧，在现代俄语中最好不用关联词 который，而用关联词 кто。

这些代词如表示非动物对象，从句一般不用关联词 который 连接，而用关联词 что 连接。例如：

① * Язык есть **то**, с помощью **которого**（⇒**чего**）мы познаем мир. [2]

② * Во мне нет **ничего**, **которое**（⇒**что**）могло бы ей нравиться.

至于疑问代词、反身代词，通常不能用作带 который 从句的被说明词。例如：

① * Кто, **который** без греха, бросит в неё камень?

② * Иван наказал самого себя, **который** заслужил наказание.

3) 名词化的形容词、形动词

这些词如表示动物对象，则从句可用 который 连接。否则，从句通常用关

---

[1] А. А. Зализняк, Е. В. Падучева, "Синтаксические свойства местоимения который". В кн.:《Категория определенности-неопеденности в славянских и балканских яшках》, М., 1979.

[2] * 号表示该句不规范。=>号表示从不规范到规范的关联词更换。下同。

联词 что 连接。例如：

① Его удручала не столько война, сколько разлука с возлюблёнными, портреты **которых** были развешаны над столиком. （А. Новиков-Прибой）

② Это чувство в тебе сильнее, чем во многих, **которые** не считают себя эгоистом.

③ * Это единственное, в **которое**（⇒**во что**）я верю.

4）名词化的集合数词、定量数词、顺序数词

这些词如表示动物对象，则从句可用 который 连接。否则，从句通常用关联词 что 连接。例如：

① Но двое, о **которых** я начал речь, совсем не терялись в массе людей, занятых сложным трудом. （Б. Полевой）

② Среди его учеников есть один, **который** с особенным вниманием изучает Аристотеля. （М. Ильин, Е. Сегал）

③ * И первое, **которое**（⇒**что**）увидели наши танкисты, это——памятник Ленину.

4. 关联词 который 不仅与名词一样具有数和格的变化，而且还与形容词一样具有性的变化。它的性和数必须与被说明词一致，而格视其在从句中所起的作用而定。如果被说明的人称代词是第一人称或第二人称，而且这些人称代词和关联词 который 又分别在主句和从句中用作主语时，则从句的动词谓语现在时或将来时要与人称代词的人称一致。如 Я, **который** сижу...；Мы, **которые** сидим...；Ты, **который** сидишь...；Вы, **который**（**которые**）сидите... 等。例如：

① —Да, всё это вечная правда, мы——сильнее смерти, мы, **которые** непрерывно дарим миру мудрецов, поэтов и героев, мы, кто сеет в нём всё, чем он славен! （М. Горький）

② Вы, **который** так много шумите об анархизме деревни, должны бы лучше других понять нашу работу. （М. Горький）

在没有共同所指对象（关联词 который 所替代的事物与被说明的事物不完全一致）的结构中可在数上不一致。这时被说明词用单数、而 который 用复数。

例如：

① Обычно Вайман пытался рассказать какой-нибудь сальный анекдот, до **которых** он был большой любитель, ... （Н. Островский）

② ... сарай этот был подарен Головану за какую-то услугу, оказывать **которые** он был большой охотник и мастер. （Н. Лесков）

当然,在现代俄语中关联词 который 与被说明词在数上的不一致远没有用关联词 какой 来得自然。例如：

① Он был в картузе, **какие** носят волжские боцманы.

② На них были такие банты, **какой** я тебе купил.

5. 带 который 的从句与主句之间只存在着从属联系和复指联系。这些联系是带 который 的从句进入定语句的句法手段。除此之外,主从句之间不可能再存在着任何其他的补充联系。因此带 который 的从句不能与主句中的成素构成并列联系。

现代俄语中这一使用规范确立的时间还不很长。而在 19 世纪带 который 的从句却可与被说明词的定语、同位语等构成并列联系。例如：

① Я сделал это по чувству, похожему на застенчивость и **которое** не могу объяснить одним словом. （Л. Толстой）

② Лакей сенатора, большой охотник до политических новостей и **которому** было где их собирать, сообщил мне, что в Петербурге был бунт. （А. Герцен）

③ Средние века представляют картину странную и **которая** кажется произведением расстроенного воображения. （А. Пушкин）

Б. 带 который 的从句可切分成若干个句子的直接构成成素（непосредственный составляющий компонент）。所谓句子的直接构成成素就是指"由它们直接构成句子的成素",它们是"谓语（简单谓语、合成谓语或复合谓语）和直接从属于谓语的每个词群（主语群、每个补语群和每个状语群）"[①]。在构成定语句时要把带 который

[①] А. А. Зализняк, Е. В. Падучева, "Синтаксические свойства местоимения который". В кн.: «Категория определенности-неопределенности в славянских и балканских языках», М., 1979.

的直接构成成素移至从句之首，与主句中的被说明词靠近。例如：

① На террасе сидел Андрей Петрович, **который** читал газету.

② Это история, вмешиваться в **которую** я тебе не советую.

③ Ерамолай купил себе именье, прекрасней **которого** нет на свете.

④ Развивающиеся страны не намерены удовлетворяться мелкими уступками, прикрываясь **которыми**, Запад хотел бы сохранить всё по-старому.

在带 который 定语句中有关直接构成成素切分的规范应注意以下几点：

1. 前置词不能与从属于它的名词分割开来，因为这样就不能构成直接构成成素。例如：

① * Я живу в **том** доме, **котором** вы раньше жили в.

2. 名词二格表示的非一致定语不能与其被说明的名词分割开来，因为名词二格表示的非一致定语不能单独构成句子的直接构成成素。但在 19 世纪名词二格表示的非一致定语放在句首被认为是规范的。正如 Ф. И. Буслае в 在《历史语法》中所指出的那样，"代词 который 或 какой 可位于从句中与其联结的名词之前或之后。如 человек, **которого** опытности я доверяю 和 человек, опытности **которого** я доверяю①。例如：

① В офицере же с сумкой, **которого** лицо он видел где-то, ему всё казалось противно и нагло. (Л. Толстой)

② Широкая сакля, **которой** крыша опиралась на два закопчённых столба, была полна народа. (М. Лермонтов)

3. 从句中带 который 的直接构成成素不能进入另一从句的组成之中。如 * Вот книга, **которую** я хотел, чтобы вы прочли 等句子之所以不正确，是因为句中的"которую"不是直接与"хотел"发生关系的。如果把该句调整成"Вот книга, чтобы вы прочли которую, я хотел"，则句中带 который 的直接构成成素（чтобы вы прочли которую）的划分是正确的，因为它从属于谓语"хотел"。但是 который 在整个从句中的位置修辞上是不合适的，而且从句的句首部分具有两个从属连接词或关联词。诸如此类的句子有：

---

① Ф. И. Буслаев,《Историческая грамматика》, М., 1959, с. 562.

① * Князь по привычке говорил вещи, **которым** он и не хотел, чтобы верили.

② * Мы улыбаемся, слушая людей, **которых** нам кажется, что мы сквозь видим.

* Это басня про волков, **которые** что жадны всяский знает.

③ * Это просьба, **которую** он огорчится, если ты не выполнишь.

4. 从句中的 который 通常不能进入形动词短语的组成之中。如 * Надо указать параметры, **которыми** особенно существенны значения, принимаемые 的句中"которыми"不直接与"существенны"发生关系。但如果把句子的词序作些调整，如 Надо указать параметры, значения, принимаемые **которыми**, особенно существенны，则"значения, принимаемые которыми"是从句的直接构成成素。但是该句在修辞上有毛病，通常不能运用。诸如此类的句子还有：

① * Есть проблемы, трудности, связанные с **которыми**, мы не смогли преодолеть.

② * Иногда фотолюбители пользуются бумагой, художественная ценность снимков, отпечатанных на **которой**, невелика.

5. 从句中的 который 不能在其直接构成成素中与其他词构成并列联系。例如：

① * Я принёс бумагу, **которая** ей нужен карандаш и.

② * Не существует числа, **которое** и его половина равны между собой.

③ * Это те разлечения, **которые** она молода и любит.

如果从句中进入并列联系是谓语，而且带 который 的直接构成成素为这些谓语所共有，则这样的句子被认为是合乎规范的。例如：

① Он говорил на изысканном французском языке, на **котором** не только говорили, но и думали наши деды.

如果从句中进入并列联系的是谓语，而且在第二个并列成分中有与 который 共同所指的代词，则这样的句子是合乎规范的。例如：

① Есть однин монах, **которого** он принимал и долго говорил с ним. (Л. Толстой)

如果进入并列联系的是整个句子，而且它们都说明同一个被说明词，则这样的句子合乎规范。这时 который 既可用在两个从句之首；也可只用在第一个从句之首，而第二个从句中用与 который 共同所指的代词。例如：

① Левин оглядывал душистый кусок мыла, **который** для гостя приготовила Агафья Михайловна, но **который** Облонский не употребил.

② Сообщите нам название товаров, **которые** били вам нужны, но их не оказалось в продаже.

在带 который 的定语中存在着某些与句子直接构成成素切分不相适应的现象。但是这些现象在现代俄语中通常被认为是可以容许的。它们大致有：

1. 当 который 与前置词连用，并与其他词一起构成从句的直接构成成素时，前置词＋который 的组合往往可以脱离其直接构成成素，移至句首。例如：

① Вот вопрос, на **который** мы ждём ответа.

② Вот что сказал гондурасский учёный, с **которым** у нас вчера состоялась встреча.

③ Заезжали в Китай, от границы **которого** мы находились в десяти километрах.

④ Проезжая лагерем, я видел наших раненых, из **которых** пять человек умерло той же ночью.

⑤ Полк..., представлял стройную массу 2000 людей, из **которых** каждый знал своё место.

当 который 与动词不定形式连用构成直接构成成素，或者它们与其他词一起构成从句的直接构成成素时可脱离其直接构成成素，移至句首。例如：

① Князь дождался виконта, **которого** он обещал довезти до дому.

② Настоящее замедление лишает русские войска... тех лавров, **которые** они привыкли пожинать в битвах.

③ Между ними имеются различия, **которые** наметилась тенденция преувеличивать.

④ Всё началось с понятия поля, **которое** я сделал попытку строго определить.

В. А. Б. Шапиро 在莫斯科大学的《现代俄语·句法学》中指出："当关联词

который 是从句的主语或从属于动词的变位形式时，总是位于从句之首。当关联词 который 从属于名词或动词不变位形式的次要成分时，通常位于它进入该词组的主导词之后。"① 这一提法是正确的，但是没有涉及 который 在从句中位置的规范问题，也就是 который 离从句之首或近或远的规范问题。М. Н. Откупщикова 和 Т. Н. Никитина 在《俄语科技文章中带 который 结构的某些容许标准》一文中② 就这一问题谈了比较明确的意见。这一意见可供我们参考。

她们认为：用箭头的数目测量 который 与句首的距离比用词的数目测量来得精确，因为并列联系与一致定语不影响句子的累赘，因此也不增加测量距离的箭头。如... сражение, начало и конец **которого**...；... вещество, все основные свойства **которого**... 等。她们明确提出：который 距离句首的箭头如果是一至二个，则是可容许的；如果是三至四个，则是不可容许的。例如：

① Имеется уровень потребления, ниже которого человек добровольно не опускается.（距离：一个箭头）

② Это было сражение народное, начало и исход которого каждый знал заранее.（距离：一个箭头）

③ В землянке жили связные, один из которых заведовал почтой.（距离：两个箭头）

④ Функция вычисляется от аргумента, интервал изменения значений которого весьма велик.（距离：三个箭头）

第三节 带说明从句的主从复合句

I. 概述

带说明从句的主从复合句简称说明句。在这种主从复合句中，说明从句在

---

① 《Современный русский язык. Синтаксис》, Под ред. Е. М. Галкиной-Федорук, М., 1958, с. 398.

② М. Н. Откупщикова, Т. Н. Никитина, "Некоторые критерии допустимости конструкий со словом который в русских научно-технических текстах". В кн.: 《Лингвистические проблемы функционального моделирования речевой деятельности》вып. П., Л., 1979.

结构上与主句中基础词(表示言语、思维、意愿、感情或感受、存在、评价等意义的词或词组)发生关系,在语义上补充说明这些词所述的内容。说明从句可以回答各格的问题。

　　说明从句说明的基础词既可以是动词,也可以是形容词、谓语副词、名词以及具有上述意义的词组。它们有:

　　1. 具有言语意义的词或词组,如 говорить, рассказывать, сообщать, передавать, отвечать; разговор, рассказ, сообщение, передача; дать слово, делать сообщение 等。

　　2. 具有思维意义的词或词组,如 думать, мыслить, верить, воображать; понимать; мысль, понятие; иметь понятие, пришла (в голову) мысль 等。

　　3. 具有意愿意义的词或词组,如 хотеть, желать, мечтать, просить, требовать, стремиться; желание, мечта, просьба, требование; желательно, надо, нужно, необходимо; выражать желание 等。

　　4. 具有感情或感受意义的词或词组,如 чувствовать, радоваться, гордиться, удивляться, бояться, видеть, слышать, замечать; рад, горд; заметно, видно, слышно, удивительно; радость, чувство, беспокойство; испытывать чувство, выражать радость 等。

　　5. 具有存在意义的词或词组,如 кажется, оказывается, бывает, случается, выходит, получается; случай, факт, обстоятельство; (не) может быть 等。

　　6. 具有评价意义的词或词组,如 хорошо, правильно, верно, плохо; беда, счастье, глупость, молодец, умница; счастлив, умён, глуп, хорош 等。

　　在这种主从复合句中,主句在结构上不完整,需要从句来填补所短缺的补语、主语等句法位置。例如:

① Помните, **что** наука требует от человека всей его жизни. (В. Павлов)

② Мать довольна, **что** сын поступал в университет.

③ Недаром говорится, **что** дело мастера боится.

④ Важно, **чтобы** все это поняли.

⑤ Предложение рабочего, **как** усовершенствовать станок, было принято коллективом завода.

说明从句可借助于连接词 что，чтобы，ли，как，будто，будто бы，как будто 等和关联词 кто，что，как，какой，сколько，когда，где，куда，почему，зачем 等与主句相连接。主句中可使用指示词 то。说明句中的 то 与定语句中的 то 有所不同：前者是个含义空泛的语法化了的代词，它只泛指关系；而后者具有实物意义，表示事物或现象。说明从句一般位于基础词之后，因此从句通常置于主句之后或主句之中。

说明句根据其结构和语义的特点可分为：

1. 陈述说明句

这种说明句只是陈述现实中存在的事情。从句通常用连接词 что，как，будто 等连接。例如：

① Староста сообщил нам, **что** зачёт по химии будет через неделю.

② Все уверены, **что** он хорошо выполнит поручение.

③ Он не заметил, **как** брат ушёл.

④ Мне послышалось, **будто** кто-то зовёт меня.

2. 意愿说明句

这种说明句表示现实中不存在的事情，只是一种愿望而已。从句通常用连接词 чтобы，чтобы не 等连接。例如：

① Он попросил, **чтобы** завтра мы зашли к нему.

② В телеграмме было сказано, **чтобы** он приехал.

③ Нужно, **чтобы** больной принимал это лекарство.

④ Алексей страшился, **чтобы** Таня **не** отказалась от его поручения.

3. 疑问说明句

这种说明句表示一种间接的问题：询问事情是否存在或询问事情某方面的有关情况。从句通常用连接词 ли，或 和关联词 кто，что，когда 等连接。例如：

① Интересно, будет **ли** завтра дождь.

② Не могу сказать, придёт он **или** не придёт.

③ Я не знаю, **кто** нам будет помогать.

④ Мысль, **каким образом** решить эту задачу, не оставляла её несколько дней.

4. 强化说明句

从句通常用关联词 как, какой, что за, насколько, сколько 等连接。它们在从句中起着强化由形容词、副词、动词或名词表示的性质特征或数量特征的作用。例如：

① Слышно, **как** тяжело дышат копающие бойцы. (Н. Некрасов)

② Мне вспомнилось, **каким** добрым другом была для меня книга в дни отрочества и юности.

③ Честные люди всего мира знают, **какой** ценой спасён мир от фашистского варварства.

④ Ты не подозреваешь даже, **сколько** в тебе врождённого ума и наблюдательности. (А. Куприн)

II. 连接词连接的说明句

A. 连接词 что

连接词 что 连接的说明从句可与主句中表示言语、思维、感情或感受、存在、评价等意义的基础词（表示意愿的基础词除外）发生关系，通常用作主句中缺位的主语或主体扩展成分（мне кажется, **что**...; меня радует, **что**...; важно, **что**...等）和补语或客体扩展成分（сказал, **что**...; рад, **что**...等）。这种从句表示现实存在的事件。例如：

① Уж сколько раз твердили миру, **что** лесть гнусна, вредна. (И. Крылов)

② Я убеждён, **что** в любой воинской части должен быть один командир. (М. Бубеннов)

③ Ты рада, **что** ты дома? (А. Чехов)

④ Довольный **тем**, **что** приехал брат, он поспешил домой.

⑤ Распространился слух, **что** сельдь идёт с низовьев вверх. (К. Федин)

⑥ Тина посылала посылки, письма и жила непоколебимой уверенностью, **что** мать и отец могут появиться на пороге каждую минуту. (Г. Николаева)

⑦ В доме все уже давно легли, но никто не спал, и Наде чудилось, **что** внизу играют на скрипке. （А. Чехов）

⑧ Ей показалось, **что** он испугался чего-то. （М. Горький）

⑨ Дорофее было приятно, **что** её рассказ приняли так близко к сердцу. （Б. Панова）

⑩ Качаясь с боку на бок, он шёл рядом с телегой, и было ясно, **что** ему всё равно, куда идти—направо, налево. （М. Горький）

⑪ Всех обрадовало, **что** он уже выздоровел.

⑫ Было объявлено, **что** собрание переносится на пятницу.

⑬ Мне невольно пришло на мысль, **что** я слышал тот же голос. （М. Лермонтов）

[注] 在口语中这类说明句的从句有时还可用连接词 что 与关联词或其他连接词一起来连接，如 что почему, что какой, что как, что зачем, что куда, что где, что сколько, что в чём (о чём), что ли 等。这时第一个连接词 что 只表示从属关系，而关联词或其他连接词使主从句之间的主从关系的性质具体化。例如：

① Мне интересно узнать, **что почему** он поступил так.

② Я постоянно удивляюсь, **что какая** у тебя память хорошая.

③ Пойди спроси её, **что** не прочтёт **ли** она завтра лекцию вместо меня.

④ У Сократа есть удивительная по глубине мысль, он говорит, **что в чём** состоит миссия человека на Земле.

Б. 连接词 как

连接词 как 连接的说明从句只能与主句中表示感受意义的基础词（如 видеть, слышать, замечать; видно, слышно, заметно 等）发生关系，而且从句中的谓语要用完成体动词。这时连接词 как 几乎没有什么词汇意义，表示现实存在的事件，通常可用连接词 что 来替换。例如：

① Крайнев поднял голову и увидел, **как** в открытые ворота въехала колонна машин. （В. Попов）

② Лёжа на земле, я слышал, **как** преследователи бросились ловить моего коня. （М. Лермонтов）

③ Она и сама не заметила, **как** все в её жизни стало связано с Алёшей и освещено им. (Г. Николаева)

④ Кирилл слышал, **как** в теле его сжалась каждая мышца. (К. Федин)

⑤ ...и молодые Турбины не заметили, **как** в крепком морозе наступил мохнатый декабрь. (М. Булгаков)

⑥ В окно было видно, **как** к воротам подъехала машина.

как 连接的从句, 如果不是与主句中表示感受意义的词发生关系; 如果从句与主句中表示感受意义的词发生关系, 但其谓语却用未完成体动词; 则通常表示不仅注意到发生了某件事情, 而且也注意到这件事情是如何进展的。这时 как 通常不是连接词, 而是关联词。因此不能用连接词 что 来替换。例如:

① В комнате было слышно, **как** они кричали и смеялись.
在房间里可以听见, 他们是怎样又嚷又笑的。

② Она видела, **как** ветер кружил в воздухе жёлтые листья.
她看见了风是如何使枯黄的树叶在空中盘旋的。

③ Стоим и смотрим, **как** мигают звёзды.
我们站在那里看星星是怎样闪烁的。

④ Девушка спросила, **как** проехать на Ленинские горы.
姑娘问, 到列宁山怎么乘车。

B. 连接词 будто, будто бы, как будто

连接词 будто 等连接的说明从句通常表示, 说话人认为从句所述内容不是自己的意思, 或者怀疑其真实性。因此主句中基础词在词义方面受到限制: 它们通常具有感受、言语和思维意义。其中常用具有不确切感受意义的词 (如 кажется, чудится, снится; сон, похоже 等) 以及具有不完全确信、不确切回忆意义的词 (如 врать, хвастать, воображать, выдумывать 等)。连接 будто 等通常可译为"似乎……""好像……"。例如:

① Передавали из уст в уста, **будто бы** поезд с делегацией подойдёт к станции через десять минут.

② Рассказывали, **будто** он в молодости был талантлив и умён.

③ Ей казалось, **будто** что-то переменилось в звуках комнаты. (К. Федин)

④ Старик притворился, **будто** не слыхал моего вопроса. (А. Пушкин)

⑤ О нем ходят слухи, **будто** он занялся хлебной торговлей и разбогател сильно. (И. Тургенев)

⑥ Было похоже, **будто** с ней случилось несчастье.

⑦ Не воображай, **будто** мы без тебя не справимся.

⑧ Вбреду ему чудилось, **как будто** он попал под холодный дождь.

⑨ Я слыхала, **что будто бы** до свадьбы он любил какую-то красавицу, простую дочь мельника. (А. Пушкин)

[注] 在说明句中连接词 будто 等不能与具有确信无疑意义的知晓、理解、认知、揭示等词义的基础词发生关系，即不能说 знать, **будто**...; понимать, **будто**...; обнаружить, **будто**... 等。

如果主句中的基础词表示的言语或意见属于第一人称人称代词 я 的，而且又用现在时来表达，则从句不能用 будто 等连接。如不能说 Я убежден (уверен, считаю, верю, обещаю 等), **будто**...。而可以说 Я уверен, что она выполнит обещание. 如果用过去时来表达，则从句可用 будто 连接。如 Раньше я был уверен, **будто** она выполнит обещание. 这时该句表示过去的看法是不正确的，而现在却不这样看了。如果主句中的基础词表示的言语或意见属于第三人称，则从句可用 будто 连接。如 Пётр уверен, **будто** она выполнит обещание. 这时该句表示彼得是深信的，而说话者（即 я）却表示怀疑或异议。

Г. 连接词 чтобы

连接词 чтобы 连接说明从句表示现实中不存在的事情，只是一种假设的愿望而已。因此尽管从句谓语用过去时形式，但是它并没有时间意义，也就是说它可以表达现在、过去、将来假设的行为。

чтобы 连接的说明从句通常有以下五种情况：

1. 如果从句与主句中表示意愿、必然、祈使等意义的基础词发生关系，则从句只能用 чтобы 连接。

具有上述意义的词有：

1) 意愿：хотеть, хочется, мечтать, добиваться, стараться, стремиться; желать; желательно; мечта, старание, стремление, желание 等。

2) 必然：надо, нужно, необходимо; заслуживать; необходимость 等。

第五章 主从复合句

3）祈使：просить, советовать, предлагать, рекомендовать, требовать, приказывать, велеть, разрешать; просьба, предложение, требование, приказ, приказание 等。

例如：

① Отец потребовал, **чтобы** я ехал с ним. （А. Толстой）

② Мы хотим, **чтобы** в воспитании господствовала разумность. （Н. Добролюбов）

③ Мать и отец старались, **чтобы** дочь после болезни скорее набиралась сил. （А. Чехов）

④ Я попросил, **чтобы** меня никто не провожал на железную дорогу. （В. Гаршин）

⑤ Хотелось бы только, **чтобы** вы мне верили по-прежнему... （А. Чехов）

⑥ Но мне хотелось, **чтобы** виновный сознался сам. （Л. Космодемьянская）

⑦ Желательно, **чтобы** все до конца осознали значение своего дела.

⑧ Ей необходимо, **чтобы** ею все восхищались.

⑨ Надо, **чтобы** люди были счастливы. （С. Маршак）

2. 如果从句与主句中表示言语等意义的基础词（如 говорить, писать, сообщать, передавать, повторять, звонить; важно, интересно 等）发生关系, 从句既可用 что 连接, 又可用 чтобы 连接。两者的区别在于：что 连接的从句表示现实存在的事实；而 чтобы 连接的从句表示非现实存在的事实, 只是说话者的一种假设, 即希望发生的或认为应该如此的。试比较：

① Он сказал, **что** все пришли на собрание.

他说大家都到会了。

Он сказал, **чтобы** все пришли на собрание.

他说让大家都到会。

② В телеграмме было сказано, **что** он приехал.

电报中说, 他已经到达了。

В телеграмме было сказано, **чтобы** он приехал.

电报中说要他前来。

③ Важно, **что** работа была закончена в срок.

重要的是, 工作按期完成了。

Важно, **чтобы** работа была закопчена в срок.

重要的是要按期完成工作。

[注] 在上述的说明句中,如果意愿的意义已由从句中的词汇手段(如 нужно, надо, необходимо; должен; хотеть 等)表达,则从句只能用 что 连接。试比较:

① Брат сказал, **чтобы** я вернул ему авторучку.

Брат сказал, **что** я должен вернуть ему авторучку.

Брат сказал, **что** мне нужно вернуть ему авторучку.

弟弟说要我还给他自来水笔。

② Отец написал, **чтобы** я пришёл его встречать.

Отец написал, **что** я должен его встретить.

Отец написал, **что** мне нужно его встретить.

父亲来信说要我去接他。

3. 如果从句与主句中表示怀疑、不确信等意义的词、词组(сомневаться, трудно представить, трудно поверить; сомнение; сомнительно, не вероятно 等) 或带有否定的某些词、词组(не видеть, не слышать, не помнить, не думать, не считать, не верить, редко видеть, редко слышать; невозможно, нежелательно 等)发生关系,则从句可用 что 或 чтобы 连接。这时 что 和 чтобы 连接的从句在意义上的区别基本消失,都表示某种假设,表示说话者怀疑或否定这种假设的可能性或现实性。例如:

① Я сомневаюсь, **чтобы** вы успешно сдали экзамен (Я сомневаюсь, **что** вы успешно сдадите экзамен).

② Сомнительно, **чтобы** вы добились положительных результатов в такой короткий срок. (Сомнительно, **что** вы добьётесь положительных результатов...).

③ Никогда мы не видели, **чтобы** сестра сидела без дела.

④ Я не представляю себе, **чтобы** ты не выполнил этого задания.

⑤ Я не думаю, **чтобы** из него вышло что-нибудь серьёзное. (В. Гаршин)

⑥ Я редко слышу, **чтобы** незнакомым говорили «ты».

4. 如果从句与主句中表示喜好、厌恶、习惯等意义的基础词（любить，нравиться, ненавидеть, обожать, привыкнуть 等）发生关系，则从句可用 чтобы 或 когда, если 连接。这时 чтобы 和 когда, если 连接的从句基本上同义。例如：

① Я люблю, **чтобы** в комнате стояли цветы (Я люблю, **когда** (**если**) в комнате стоят цветы).

② Мне нравится, **чтобы** в общежитии был порядок (Мне нравится, **когда** (**если**) в общежитии бывает порядок).

③ Васильев ненавидел, **чтобы** его по пустякам отрывали от работы.

④ Стасов любил жизнь, любил, **чтобы** всё было «как следует».

⑤ Жители городка привыкли, **чтобы** весна начиналась рано в этих краях.

5. 如果从句与主句中表示害怕、担心等意义的基础词 (бояться, опасаться, остерегаться, беспокоиться, испугаться; страшно; страх, боязнь, беспокойство, опасение 等) 发生关系，则从句可用 чтобы 或 как бы 连接。这时从句揭示害怕、担心的内容，表示不希望发生的事情，因此从句永远带否定词 не，但从句本身并无否定的意义。如 Мать боялась, **чтобы** её сын **не** заболел 可译为"母亲害怕儿子生病"。否定词 не 通常放在从句谓语之前。

在这种复合句中，如主从句的行为同属于一个主体，从句谓语用动词不定形式；如它们的行为分别属于不同的主体，从句谓语用过去时形式。从句中的谓语通常用完成体动词来表示。例如：

① Сестра его Аня... тоже боится, **чтобы** кто-нибудь **не** выиграл. (А. Чехов)

② Алексей страшился, **как бы** Таня **не** отказалась от его поручения.

③ Он очень беспокоился, **как бы не** опоздать.

④ Мне было страшно, **чтобы** волны **не** перевернули лодку.

⑤ Опасаясь, **как бы не** задержали его в городе, Чичиков забился в угол кибитки и опустил кожаную занавеску. (Н. Гоголь)

⑥ Бабуля и Нина Ивановна не выходили на улицу из страха, **чтобы** им **не** встретился Андрей Андреич. (А. Чехов)

上述例句中，连接词 чтобы 和 как бы 也可用连接词 что 来替换，其意义和关系不变。但用 что 连接时，从句谓语不带否定词 не，而且还要用完成体将来时形式，例如：

① Мать боялась, **что** её сын заболеет.

② Он очень беспокоился, **что** опоздает.

如果主句中具有害怕、担心等意义的基础词前有否定词 не，则从句不能用 чтобы 或 как бы 连接，只能用 что 来连接。例如：

① Он не боялся, **что** опоздает.

② Зимой он работал без тёплой одежды, но не опасался, **что** заболеет.

Д. 连接词 ли, или, ли...или

在这种说明句中，从句不是确定所述内容的存在，而是表示一种间接的问题：询问事件是否存在或事件某方面的有关情况。从句通常与主句中表示询问、打听、探寻、思索、怀疑等意义的基础词（спрашивать, выяснять, узнавать, думать, размышлять, интересоваться, сомневаться; вопрос, сомнение; интересно, неизвестно 等）发生关系。

如果从句只含有一个疑问重点，则从句可由 ли 或 не...ли 连接，连接词 ли 置于从句句首的疑问重点词之后。如用 не...ли 连接，则 не 置于从句句首的疑问重点词之前，而 ли 置于该词之后。例如：

① Я спросил его, позволит **ли** он мне провожать его, **не** помешаю **ли** я ему. (И. Тургенев)

② ..., когда я не появлялся два-три дня, (Екатерина Павловна) присылала узнать, здоров **ли** я. (А. Чехов)

③ В твои годы я тоже думал, **не** лебедь **ли** я. (М. Горький)

④ Не знаю, помните **ли** вы меня. (Е. Ильина)

⑤ Они шли, обессиленные, и не знали, дойдут **ли**. (Э. Казакевич)

⑥ Интересно, состоится **ли** собрание.

⑦ Важно, дойдёт **ли** письмо.

⑧ Вопрос о **том**, является **ли** порядок слов в русском языке свободным, легче всего разрешить экспериментальным путём.

如果从句含有两个疑问重点，则从句用 ли...или 或 или 连接。例如：

① Студенты интересовались, поедут **ли** они в Крым **или** на Кавказ.

② Бойченко спросил, останется **ли** Сергей в станице **или** уедет в город.

③ И трудно было понять: осуждает она Екатерину Герасимовну **или** одобряет. (В. Катаев)

④ Все спрашивали, будет он у нас в этом году вожатым **или** нам дадут кого-нибудь другого. (Н. Носов)

⑤ Я хотел узнать, поедем мы в Ленинград **или** не поедем.

⑥ Я хотел узнать, поедем мы в Ленинград **или** нет.

III. 关联词连接的说明句

A. 关联词 кто, что, чей, когда, где 等

在这类说明句中，如果从句与主句中具有询问、打听、探寻、思索、怀疑等意义的基础词发生关系，则从句具有疑问意义，表示询问从句行为的时间、地点、程度、行为方法、原因、目的、主体或客体等有关情况。如果从句与主句中具有获得信息意义的基础词(знать, понимать 等)发生关系，则从句的疑问意义消失。试比较：

① Он спросил, **где** поворот к озеру.

② Он знал, **где** поворот к озеру.

关联词 кто, когда 等是由疑问代词和疑问副词变来的关系代词和关系副词，其中关系代词有形态变化。关联词有词汇意义。它在从句中作句子成分并带有逻辑重音。例如：

① Скажите мне, **что** я должна читать, скажите мне, **что** я должна делать. (И. Тургенев)

② Часто я угадать хотел, о **чём** он пишет. (А. Пушкин)

③ Молодой человек просит совета, **что** делать, **как** жить... (А. Чехов)

④ В конце концов уточните между собой вопрос, **кто** из вас главный в доме—ты или мама? (А. Фадеев)

⑤ Пьер смотрел на них, не понимая, **кто** такие эти люди, **зачем** они и чего хотят от него.（Л. Толстой）

⑥ Паренёк, видно, не знал, с **кем** он имеет дело.（А. Фадеев）

⑦ Мы не знали, в **которую** сторону идти: улиц множество и переулков тоже.（И. Гончаров）

⑧ Никто не знает, **чья** рука положила зти цветы.（А. Куприн）

⑨ Мысль, **каким образом** решить эту задачу, не оставила её несколько дней.

⑩ Любопытно, **зачем** она пришла сюда.

⑪ Сестра и Анюта хотели спросить, **как** мне тут живётся, но обе молчали и только смотрели на меня.（А. Чехов）

⑫ Мама начала собирать ужин и спрашивать, **куда** девался уксус.（С. Антонов）

⑬ Меня удивило, **почему** они складывают их（дрова）так далеко от франзы.（В. Арсеньев）

Б. 关联词 как, какой, что за, сколько 等

在这类说明句中,从句与主句中具有知道、理解、思考、感受,特别是表示不知道、不理解、惊奇、愤怒、欣喜等意义的基础词发生关系。关联词词语 как, какой, что за, насколько, сколько, до чего, до какой степени 等在从句中起着强化由形容词、副词、动词或名词表示的性质特征或数量特征的作用,通常可译为"多么……"或"多少……"等。例如:

① Андрея поразило, **как** изменился Степан Бояркии за одни сутки.（М. Бубеннов）

② Слышно, **как** тяжело дышат копающие бойцы.（Н. Некрасов）

③ Когда путем войны пройдёшь, Ещё поймёшь порой, **как** хлеб хорош, И **как** хорош глоток воды сырой.（А. Твардовский）

④ Мне вспомнилось, **каким** добрым другом была для меня книга в дни отрочества и юности.

⑤ Посмотрите, **какой** хороший вечер.（Н. Помяловский）

⑥ Честные люди всего мира знают, **какой** ценой спасён мир от фашистского варварства.

⑦ Ты не можешь вообразить, **что за** странный человек этот Петров.

⑧ Ты не подозреваешь даже, **сколько** в тебе врождённого ума и наблюдательности. (А. Куприн)

IV. 表示评价意义的说明句

这是一种特殊类型的说明句。在这类主从复合句中,从句在结构上与主句中具有评价意义的词发生关系;在语义上报道对某一事件的评价,即从句是主句评价的原因或理由,或用以揭示主句评价的内容或实质。从句通常用连接词 что 连接,但有时也可用连接词 чтобы, когда, если 连接。在这类复合句中主从句的位置固定不变,主句在前,从句在后。整个复合句既可以是陈述句,也可以是疑问句或感叹句。

这类说明句与其他类型的说明句一样,它们的从句在结构上都与主句中具有一定词义的基础词发生关系。这是非分解句的特征。但是它们之间也有不同之处:这类说明句的主句在结构上是完整的,并不缺少任何成分,因此从句不起填位作用;在语义上从句是主句评价的理由或对象,因此语义关系并不发生在基础词与从句之间,而发生在整个主句与从句之间。这是分解句的特征。

具有评价意义的词或词组往往带有鲜明的褒贬色彩,它们是:хорошо, правильно, верно, плохо, ничего страшного, ничего плохого; молодец, умник, глупец, дурак, счастье, беда, глупость, вздор; глуп, умён, счастлив, замечателен 等。

A. 连接词 **что**

在这种复合句中,主句如是双部句,则评价词作谓语,人称代词、指示代词 это 或人名作主语;主句如是单部句,则该句通常由评价词构成。что 连接的从句表示现实存在的事实,而整个复合句表达现实存在的事实是评价的理由或对象。这种复合句可用以下的结构模式表示:1. N_1(Pread),**что**…; 2. $Pron_1$(это…-)＋N_1(Adjкратк.),**что**… 例如:

① Счастье, **что** он выжил.

② Молодцы, **что** послышались моего совета. (А. Кодири)

③ Не секрет, **что** они вели между собой закулисные переговоры.

④ Напрасно себя оправдываешь, только и факт, **что** сорвал.

⑤ Хорошо, **что** он улетает утром.

⑥ Глупо, **что** ты не хочешь закидаться систематически.

⑦ Странно, **что** Коля не понимает меня.

⑧ И молодец я, **что** достал цветы. (А. Арбузов)

⑨ Дурак Петруха, **что** за тебя пошёл. (Л. Толстой).

⑩ Это вздор, **что** традиции могут расцветать сами по себе! (В. Мейерхольд)

⑪ Но это не его вина, **что** он здесь. (С. Воронин)

⑫ Ваня, какое это счастье, **что** мы встретились! (Г. Марков)

⑬ Счастливы вы, доктор, **что** можете спать в такую ночь. (А. Чехов)

⑭ Я глуп, **что** осердился! (А. Пушкин)

Б. 连接词 чтобы

在表示评价意义的说明句中，连接词 чтобы 的使用范围要比 что 窄得多。它通常用在主句是否定结构的句子中，即主句是"не ＋ 具有评价意义的名词"的结构。这时 чтобы 连接的从句仍是主句评价的理由或对象，但这一理由或对象是假设的、虚拟的、不可能实现的。如 Мы не богачи, **чтобы** такую шикарную дачу покупать 可理解为"我们不是财主，买不起这么豪华的别墅"。

在这种复合句中，表示评价意义的基础词既可能本身具有这一意义（如 дурак, растяпа, идиот 等）；又可能本身不具有这一意义，但在具体的句子里可获得这一意义（如 дело, ребёнок, причина 等）。这种复合句的结构模式是：$Pron_1$（это...）＋не＋N_1, **чтобы**... 例如：

① Это тебе не такси, **чтобы** развозить больных.

② Я не ребёнок, **чтобы** играть в камешки. (А. Беляев)

③ Гришка Сторожевой не дурак, **чтобы** под дождём обретаться... (В. Липатов)

④ Ты ие старушка, **чтобы** тебя под руки водить. (Н. Богданов)

⑤ Мы не рысаки, **чтобы** с такой скоростью бегать. (В. Крапивин)

⑥ Я не идиот, **чтобы** хоть на минуту допустить такую мысль. (Ю. Усыченко)

⑦ Но это ещё не причина, **чтобы** я перестал ей помогать. (И. Грекова)

⑧ Это не порядок, **чтоб** до венца к невесте приезжать! (А. Чехов)

在这种复合句的主句中，具有评价意义的基础词有时也可用形容词来表示。

例如：

① И я не святой, **чтобы** толковать ей об экономических задачах современного момента.

② Я не нищий и не маленький, **чтобы** просить. （А. Яшин）

③ Не сумасшедшие же турки, **чтобы** ввязаться в войну! （Б. Лавренев）

[注] 这种复合句有时也可能是修辞疑问句。这时主句中通常有疑问语气词（如 разве, неужели, что ли 等）和具有评价意义的基础词。其结构模式是： Разве（неужели...）＋$Pron_1$＋N_1, **чтобы**...?! 主句中虽然没有否定词 не, 但是它不仅没有失去否定意义,而且还获得了明显的表情色彩。例如：

① Разве я ополченец, **чтобы** мне во второочередных частях служить? （К. Левин）

② Дурак я разве, **чтобы** врал? （Н. Гоголь）

③ Нешто я миллионщик, **чтоб** каждого прохожего пьяницу кормить? （А. Чехов）

④ Дура она, что ли, **чтобы** к свиньям в хлев лазить! （А. Яшин）

В. 连接词 когда, если

连接词 когда, если 连接的从句通常只表示主句评价所涉及的对象。когда 连接的从句表示经常存在的事实,因而带有泛指概括的意义。если 连接的从句假定意义比较突出。试比较：

① Что за счастье, **что** в доме женщина! （强调客观事实）有主妇之家就是幸福!

② Что за счастье, **когда** в доме женщина! （泛指经常存在的事实）常有主妇之家何等幸福!

③ Что за счастье, **если** в доме женщина! （假设可能的事实）倘若家中有位主妇,那该何等的幸福!

在这种复合句中,主句结构上既可能是双部结构（$это＋N_1$）,又可能是单部结构（N_1 或 $Pread$）。例如：

① *Хорошо*, **когда** с тобой друзья.

② *У-у, это страшное дело*, **когда** заместо любви или там ещё какого чувства жалость приходит. (В. Тишков)

③ Грустно, **если** все мы будем как чужие друг с другом. (М. Салтыков-Щедрин)

④ Но какая же это чушь, **если** вы намерены прокладывать дорогу по болоту. (С. Воронин)

V. Только и..., что... 表示说明意义的成语化结构

《1954 年语法》把 Только и разговоров, что об отъезде 等结构看作是"用词汇—结构手段表示的复合句"①。而《1980 年语法》却认为这一结构是简单句中的成语化结构②。别洛莎帕科娃在《现代俄语中的复合句》一书中也持有同样看法③。她明确指出：这类结构的"第一部分含有决定句子情态—时间概念的述谓中心，而第二部分只有被强调的词形或词形的组合，富有表现力色彩，它们在语法上依赖于谓语，或与它协调一致。"她还认为 Только и делает, что разгуливает 等是"带有不可分解的谓语的简单句"。

笔者赞同《1980 年语法》和别洛莎帕科娃的观点，认为 Только н разговоров, что об отъезде；Только и покупает, что книги 等是简单句，主要因为它们只有一个述谓中心，一个情态和时间综合体。它们的第二部分不是个述谓单位，在语法上或者从属于第一部分的谓语或主要成分，或者与第一部分的谓语协调一致。至于 Только и делает, что разгуливает 那样的句子，第一部分中 делать, знать 等是词汇意义不完全的，只起辅助作用的动词。它们和第二部分中与其形式相同的全义动词构成复杂化的简单动词谓语。由此可见，这一结构中的各种类型都是简单句④。

如果这类结构的第二部分是个句子，即是另一个情态—时间综合体，则整个结构是具有说明意义的成语化复合句。

这种复合句有：

1. Только и...，что(как)...

结构第一部分用表言语意义的名词 разговор, речь, толк 等的第二格表示

---

① 《Граммтика русского языка》，Т.2，Ч.2，М.，1954，c.355.
② 《Русская грамматика》，Т.2，М.，1980，c.386.
③ В. А. Белошапкова，《Сложное предложение в современном русском языке》，М.，1967，c.38.
④ 吴贻翼：《现代俄语中 только и, что... 类型的成语化结构》，《中国俄语教学》1990 年第 2 期。

现象的大量存在,通常可加主体意义的 у кого, там 等,系词 было, будет 用来表示时间。这是单部结构的二格表量句（генитивно-количественное предложение）。第二部分是个句子,表示言谈涉及的内容。整个结构强调唯一性,表示谈论的只是某一内容或者在谈论某一内容,通常可译为"唯一的话题就是……"或"谈论的全是……的事"。例如:

① От этих приставов **только и** толку, **что** притесняют прохожих да обирают нас бедных. （А. Пушкин）

② Объявление вывесили после завтрака, а уже в обед **только и** было разговоров, **как** мы будем завтра убирать виноград. （Р. Бершадский）

③ **Только и** нового, **что** все зайцы совещаются, как им орлов прогнать. （Л. Толстой）

有时结构第一部分也可用其他名词（如 надежда, радость, наука 等）的第二格,第二部分阐述第一部分中名词的具体内容。通常可译为"唯一的……就是……"或"老是……",例如:

① Вон чижик: **только и** науки у него, **что** ведёрко с водой таскать умеет,…（М. Салтыков-Щедрин）

② **Только и** разницы, **что** один—врач, другой—геолог. （В Ажаев）

2. Только и дела (дел, хлопот, заботы, забот…), что…

结构第一部分只用表示事情、活动等意义的名词第二格,第二部分用动词不定形式表示的行为,明确第一部分中名词的具体内容。通常可译为"只知道干……事""只从事……活动"。例如:

① Тебе **только и** дела, **что** воровать яйца. （В. Белов）

② Живёшь тут на краю города, скучно. **Только и** развлечения, **что** с заказчиком поговорить. （Б. Лавренев）

如果第一部分中用名词 забота,则第二部分既可用 что 连接,又可用 чтобы 连接。但后者不仅表示说明关系,而且还带有某些目的意味。例如:

① У нас **только и** забот теперь, **что** мыть да чистить.

② Не нестоящая ты, если у тебя **только и** заботы, **чтобы** всё плохое прикрыть. (А. Яшин)

VI. 说明句中指示词 то 的用法

说明句中的指示词 то 与定语句中名词化的代词 то 是有区别的；前者没有实物意义，语义上是不具体的、空泛的，因此它常常是选择性的，可省略不用，从句中与它相对应的既可是关联词，又可是连接词 что，чтобы 等。而后者具有实物意义，表示"那件事情""那个东西"，因此它是句中所必需的，从句中通常用关联词与它相应。试比较：

① Я слышал (о **том**), **что** он уезжает. (说明句)

我听说他走了。

② Жители этого города привыкли (к **тому**), **чтобы** весна начиналась рано. (说明句)

这个城市的居民对于春天的早早来临已经习以为常了。

③ Он не говорил(о **том**), **что** собирался делать. (说明句)

他没有讲打算做什么。

④ **То**, **что** я хочу рассказать, было в сороковых годах. (定语句)

我想讲的那件事发生在 40 年代。

⑤ Я прошу вас не говорить **того**, **что** несправедливо. (定语句)

我请求您不要讲那些不公道的话。

⑥ Я имею право говорить о нем **то**, **что** думаю. (定语句)

我有权谈论我对他情况的看法：

在说明句的主句中，指示词 то 的使用涉及必用、不用和可用可不用三种情况。

A. 指示词 то 必用的情况

1. 当指示词 то 的前置格形式与某些动词组成不可分解的词组时。如 заключаться в том, состоять в том, быть в том, оказаться в том 例如：

① Трудность решения этого вопроса заключается в **том**, **что** мы не располагаем всеми материалами.

② Задача заключается в **том**, **чтобы** и дальше совершенствовать стиль работы.

③ Главная трудность состояла в **том**, **что** участники экспедиции плохо знали маршрут.

④ Цель моя состояла в **том, чтоб** побывать на Старой улице.

有时主句中这些动词可以省略。这时主句中的主语通常用 задача, разница, отличие, преимущество, беда, проблема, вопрос, трудность, дело, причина, цель 等名词表示。例如：

① Дело в **том, что** слова Рудина так и остаются словами.

② Разница в **том, что** чужие дети станут каждому еще ближе.

③ Все дело в **том, чтобы** они работали поровну, правильно соблюдая меру работы, и получили поровну. (В. Ленин)

2. 当有些动词在词汇意义上不容许直接与从句连接，指示词 то 的间接格形式是其必不可少的中介环节时。如 благодарить, бороться, высказаться, исходить, сводиться, начать(ся), кончиться 等。例如：

① Я от всего сердца благодарила врача за **то, что** он вылечил моего сына.

② Рассуждение его сводились к **тому, что** каждый рабочий должен повышать производительность труда.

③ Мы начали вечер с **того, что** предложили всем потанцевать.

④ Закончился спектакль **тем, что** хороший человек выстоял перед несправедливостями.

3. 当从句所说明的指示词 то 的各种形态与用带前置词或不带前置词的间接格形式表示的成分是同等成分时。因为只有借助指示词才能引出说明从句。例如：

① Вечерами старый матрос рассказывал о чудесных странах и о **том, как** живут там люди.

② Наконец Алексеев верил в свою удачу, в **то, что** упорный труд увенчает успехом.

③ Да, это школа, здесь взрослые люди, учителя, учили детей знанию и **тому, как** надо жить на свете. (А. Фадеев)

④ Павел заговорил горячо и резко о начальстве, о фабрике, о **том, что** за границей рабочие отстаивают свои права. (М. Горький)

4. 当从句表示否定一个事实和肯定另一事实而进行对照时。例如：

① Я радуюсь не **тому**, **что** ты переезжаешь в город, а **тому**, **что** ты будешь работать по специальности.

② Он готовился не к **тому**, **чтобы** заняться теорией, а к практической работе.

③ И на Улю подействовало не **то**, **что** он сказал, а **то**, **как** он говорил с ней. （А. Фадеев）

④ Они молчали, думая не столько о **том**, **что** сказала девушка, сколько о ней самой. （В. Ажаев）

当从句说明的词表示作品或文件的名称时。这些词有 рассказ，повесть，роман，фильм，спектакль，опера，статья，репортаж，очерк，постановление，инструкция，договор，соглашение 等。例如：

① 《Повесть о **том**, **как** один мужик прокормил двух генералов.》（М. Салтыков-Щедрин）

② Мне понравился фильм о **том**, **как** смелые и честные люди побеждают несправедливость.

Б. 指示词 то 不用的情况

1. 当主句中的基础词由表示评价意义的词（如 умница，молодец；умён，глуп；хорошо，плохо 等）、某些情态意义的谓语副词和无人称动词（如 можно，нельзя，нужно，необходимо；хочется，следует，стоит 等）、某些表示判断意义的动词（считать，думать，казаться，полагать 等）、某些表示存在意义的动词如 бывать，случаться，получаться 等）以及表示意愿的动词（如 желать，стараться，хотеть，требовать，советовать 等）表达时。例如：

① Молодец, **что** он пришёл.

② Надо, **чтобы** все до конца поняли государственные значения своего дела.

③ Необходимо, **чтобы** в нашем районе была открыта ещё одна библиотека.

④ Я думаю, **что** ты сможешь закончить работу в срок.

⑤ Бывает, **что** писатель с увлечением пишет, а читатель без увлечения читает. （А. Толстой）

⑥ Друзья советуют, **чтобы** я больше занимался математикой.

［注］主句中的基础词如由表示判断意义和存在意义的动词表达，主句中有

时可使用指示词 так。例如：

① Я **так** считаю, **что** ты сможешь закончить работу в срок.

② Бывает так, **что** он по три дня не говорит ни с кем.

2. 当从句用连接词 когда，если，будто 等连接时。例如：

① Хорошо будет, **если** меня пошлют на Урал.

② Он любит, **когда** в комнате цветы.

③ Рассказывали, **будто** он в молодости был талантлив и умён.

3. 当从句占有主句中强支配联系的不带前置词第四格的句法位置时。这就是说，指示词 то 一般不作句中第四格的直接补语。例如：

① Все видели, **что** ей работается легко и весело.

② По голосу я поняла, **что** девочке очень обидно.

[注] 如果从句内容被语气词加强，或从句位于主句之前，则指示词 то 可用作第四格的直接补语。例如：

① Он понял только **то**, **что** с ним не хотят говорить.

② Он видел лишь **то**, **что** происходило на левом берегу реки.

③ **То**, **что** ей работается легко и весело, видели все.

B. 指示词 то 可用可不用的情况

通常是，带有指示词 то 的结构更符合书面语结构严谨的要求，而不带指示词 то 的结构更反映口语生动灵活的特点。

当从句说明的基础词要求两个支配格（第四格 что? 和第六格 о чём?）的及物动词时。这些动词有 сказать，рассказать，сообщить，спросить，написать，прочитать，забыть 等。它们如用指示词，则只用第六格（о том），不用第四格。例如：

① Он рассказал (о **том**), **что** собирается делать летом.

② Мне сообщили (о **том**), **что** моя статья будет напечатана.

③ Я всегда буду помнить (о **том**), **как** много хорошего ты сделала для меня.

④ Он стал думать (о **том**), **кому** бы нужны были эти произведения.

当从句说明的基础词是要求间接格的动词或其他词时。这些词有 радоваться，согласиться，сомневаться，признаться，удивиться，привыкнуть，верить，надеяться，жаловаться；рад，доволен，уверен 等。例如：

① Надеюсь（на **то**），**что** эта статья даст ответ на наш вопрос.

② Мы привыкли（к **тому**），**что** к нам часто приезжают гости.

③ Согласисъ（с **тем**），**что** выучить иностранный язык— дело нелёгкое, особенно в моём возрасте.

④ Я был рад（**тому**），**что** меня пригласили на этот вечер.

3. 当从句说明的基础词是 известно，ясно，понятно，заметно，важно，естественно，странно 等短尾形容词时。例如：

① Ему известно（**то**），**что** его ожидали.

② Странно（**то**），**что** он до сих пор не вернулся домой.

③ Было заметно，**что** он волнуется.（В. Кочетов）

④ Важно было **то**，**что** его никто не заметил.（М. Горький）

当从句说明的基础词是表示言语、思维、感觉等意义的名词时。这些名词有 разговоры，просьба，требование，мысль，убеждение，известие，слух，надежда 等。例如：

① Мысль（о **том**），**что** скоро он увидит родных，глубоко волновала его.

② Сообщение（о **том**），**что** космический корабль приземлился，облетело весь мир.

③ Распространился слух（о **том**），**что** в районе появилось до тысячи партизан.

④ Через несколько дней после моей поездки в Петрищево радио принесло известие，**что** Зое посмертно присвоено звание Героя Советского Союза.（Л. Космодемьянская）

VII. 说明从句中谓语的时间形式

在说明句中，主从句谓语的时间形式具有性质不同的时间意义。主句谓语的时间形式是绝对时间。它是以说话时刻为起算点的：与说话时间同时发生的行为为现在时，在说话时刻以前发生的行为为过去时，说话时刻以后发生的行为为将来时。而从句谓语的时间是相对时间。它是以主句行为发生的时刻为起算点的：与主句行为同时发生的是现在时，在主句行为以前发生的是过去时，在主句行为以后发生的是将来时。

现将从句谓语时间形式归纳如下：

А. 从句谓语用现在时形式，表示从句行为与主句行为同时发生。例如：

① Я чувствую, **что** ему не нравится мой ответ.

② Студенты подробно рассказали, **как** они готовятся к педпрактике.

③ В своём письме он сообщит, **что** дела идут хорошо.

Б. 从句谓语用过去时形式，表示从句行为发生在主句行为之前。例如：

① Мне кажется, **что** Светлана уже уснула.

② Он объяснил, **почему** ушёл с занятий.

③ Я спрошу, **где** он был.

［注］如果主句谓语用感受意义动词（видеть, слышать 等）的过去时形式，从句谓语有时也可用未完成体过去时形式表示与主句行为同时发生的行为。这一形式与从句谓语的现在时形式构成同义。但前者为绝对时间，后者为相对时间。例如：

① Я хорошо видел, **что** дед следит (следил) за мной. （М. Горький）

② Я видела, **как** росла (растёт) сила и мощь рабочего класса, **как** росла (растёт) его партия. （Н. Крупская）

③ Смотрели мы, **как** над заливом туман поднимался (поднимается) седой. （А. Плещеев）

В. 从句谓语用将来时形式，表示从句行为发生在主句行为之后。例如：

Я надеюсь, **что** он придёт.

Он сказал, **что** будет работать на заводе.

Я буду утверждать, **что** ты совершишь ошибку, если будешь поступать так.

第四节　带处所从句的主从复合句

带处所从句的主从复合句简称处所句。在这种主从复合句中，从句在结构上与主句中表示行为位置和方向的指示词或副词发生关系，在语义上确切这些词的具体内容。

主句中通常用的指示词和处所副词有 там，туда，оттуда；везде，всюду，вперёд，направо 等，从句借助关联词 где，куда，откуда 与之相连。从句的位置一般紧跟在指示词或副词之后。通常回答 где? куда? откуда? 的问题。例如：

① Я готов пойти **туда**，**куда** зовёт меня Родина.

② Партизаны появились **оттуда**，**где** враги их совсем не ждали.

③ **Всюду，где** мы были, нас принимали приветливо.

④ Автомобиль повернул **направо，где** стоял высокий дом.

有时指示词和处所从句可与主句中处所副词或具有处所意义的前置词—名词结构发生关系。这时指示词和从句都起确切的作用。例如：

① Все посмотрели направо，**туда，где** преподаватель чертил схемы.

② Дойдя до конца аллеи, Кондратий взглянул налево，**туда，где** над прудом стояла кривая от времени беседка.（А. Толстой）

③ Все посмотрели на доску，**туда，где** преподаватель чертил схемы.

④ Медведь остановился на опушке，**там，где** только что стоял лось.（Б. Полевой）

有时在口语中，主从句可构成带有对比意味的并行结构。这时从句与主句中的指示词分离，置于主句之前；主句中通常有加强语气词 и。这类处所句常用于谚语、格言中。例如：

① **Где** нет любви к искусству，**там** нет и критики.（А. Пушкин）

② **Где** счастие，**там** и радость.

③ **Куда** ты—**туда** и я.

④ **Куда** иголка，**туда** и нитка.

⑤ **Откуда** дождик — **оттуда** и снег.

⑥ **Откуда** ветер，**оттуда** и дождь.

I. 关联词 где

关联词 где 一方面连接从句，另一方面又在从句中作状语成分，表示从句静态行为的位置。它既可与表示主句静态行为位置的指示词 там 对应,又可与表示主句行为运动方向或运动起点的指示词 туда 或 оттуда 相对应。选择哪一个指示词,这取决于主句中动词谓语词义的要求。例如:

① И каждый должен быть не **там**, **где** он хочет, а **там**, **где** нужен. (Н. Островский)

② Для нас даже **там**, **где** ничего нет, что-нибудь найдётся. (М. Горький)

③ Мы идём **туда**, **где** нас жбут товарищи.

④ Челкаш с улыбкой посмотрел **туда**, **где** находится пакгауз. (М. Горький)

⑤ **Оттуда**, **где** была река, веяло сыростью.

⑥ Он пришёл за нами **оттуда**, **где** нас ждут товарищи.

⑦ И **везде**, **где** за правду сражаются люди, голос мира сильнее, чем голос орудий. (Л. Яковлев)

⑧ Все заглядывали **вперёд**, **где** качалось и реяло красное знамя. (М. Горький)

⑨ **Где** счастье, **там** и радость.

⑩ **Где** смелость, **там** и победа.

在...там, где...的结构中,指示词 там 在口语中有时可以省略。例如:

① Сиди (**там**), **где** тебя посадили.

② Мы остановились (**там**), **где** дорога поворачивала вправо.

II. 关联词 куда

关联词 куда 一方面连接从句,另一方面又在从句中作状语成分,表示从句行为的运动方向。它可与主句中的指示词 там, туда, оттуда 或副词相对应。例如:

① Поеду **туда**, **куда** пошлют. (А. Андреев)

② Лодку несло всё дальше и дальше, **туда**, **куда** хотела река. (Е. Ильина)

③ **Там**, **куда** мы шли, нас ждали.

④ Один товарищ недавно приехал **оттуда**, **куда** их послали.

⑤ Мы стали спускаться **вниз**, **куда** вёл указатель «Спортивный зал».

⑥ **Везде**, **куда** врываются немцы, коммунисты и комсомольцы пошли в партизаны.

⑦ **Куда** конь с копытом, **туда** и рак с клешней.

⑧ **Куда** ты, **туда** и я.

在...туда, куда...的结构中,指示词 туда 在口语中有时可以省略。例如：

① Поезжай (**туда**), **куда** тебя посылают.

② Потом мы пошли(**туда**), **куда** вела тропинка.

III. 关联词 откуда

关联词 откуда 一方面连接从句,另一方面又在从句中作状语成分,表示从句行为运动的起点。它可与主句中的指示词 там, туда, оттуда 或副词相对应。例如：

① Он выехал **оттуда**, **откуда** одна за другой съезжали во двор лошади. (А. Толстой)

② Люди бежали **оттуда**, **откуда** доносились взрывы. (К. Симоно)

③ Эти товарищи едут **туда**, **откуда** я только что приехал.

④ Володя не один раз поднимался высоко, **туда**, **откуда** открывается широкий обзор панорамы гор.

⑤ Он поднял голову и посмотрел наверх, **туда**, **откуда** падали снежные хлопья.

⑥ Они сейчас находятся **там**, **откуда** я только что приехал.

⑦ Прораб совхоза М. Салаватов вбил первый кол **там**, **откуда** начинается новое селение. («Правда»)

⑧ **Откуда** ветер, **оттуда** и счастье. (М. Лермонтов)

在...оттуда, откуда...的结构中,主句中的指示词 оттуда 在口语中有时可以省略。例如：

① Он приехал(**оттуда**), **откуда** и ты.

第五节　带行为方法、程度和度量从句的主从复合句

带行为方法、程度和度量从句的主从复合句简称行为方法、程度和度量句。这类主从复合句具有质量—数量的多义特征。在这类复合句中,从句在结构上与主句中的指示词 так, такой, до того, до такой степени, столько, настолько 等发生关系。在语义上,从句一方面揭示指示词的内容,表示质量—数量意义,即行为方法、程度和度量意义;另一方面借助连接词 что(带有结果意味)、чтобы(带有非现实的结果或目的意味),как будто(带有虚拟的比较意味)等与主句连接,因此从句带有结果、目的、比较等意义。前一个意义由从句与主句中具有词汇—语法意义的词组之间的关系所决定;可见,从句是扩展主句中的词或词组的。后一个意义受从句与整个主句内容相互关系的制约,因此从句扩展整个主句或主句中的谓语。由此可见,行为方法、程度和度量句是主从复合句中非分解型与分解型之间的过渡类型。

这类主从复合句的句序是固定的:主句在前,从句在后。

这类主从复合句包括行为方法句、程度句和度量句。它们通常回答 как? в какой степени? сколько? 等问题。例如:

① Мы всё сделали **так, как** попросил преподаватель.（行为方法句）

② Раздался **такой** громкий крик, **что** все вздрогнули.（程度句）

③ Ночью я просыпался **столько** раз, **сколько** раз били мой стенные часы.（度量句）

I. 指示词的意义和用法

指示词按其意义可分为:

A. 行为方法意义的指示词

这类指示词有 так, таким образом。其中 так 较为常用,таким образом 具有书面语的色彩。它们与表示行为或状态的动词的基础词搭配。例如:

① Мальчика одели **так, что** все принимали его за девочку.

② Всё было сделано **таким образом, что** никто не заметил ошибки.

③ Я всё сделал **так, как** мне советовали.

④ Работу надо организовать **таким образом**, **чтобы** все были одинаково заняты.

Б. 程度意义的指示词

这类指示词有 так，такой，настолько，до того，до такой степени，столь 等。其中 до того 具有口语色彩，до такой степени 和 столь 多用于书面语。与它们搭配的基础词通常有：

1. так

① Комната **так** мала, **что** в ней не могут жить два человека.

② На улице **не так** холодно, **чтобы** надевать пальто.

③ Мы **до того** устали, **что** не могли сдвинуться с места.

④ Книга написана не **так** хорошо, **чтобы** вам понравиться.

2. такой ＋名词, 连接词……

① Навстречу дул **такой** ветер, **что** нам трудно было двигаться вперёд.

② Ты тогда был **таким** маленьким, **что** не мог выговорить даже его имени.

③ Обстановка должна быть **такова**, **чтобы** можно было не откладывать решение.

В. 度量意义的指示词

这类指示词有 столько 等。它通常与名词第二格的基础词搭配，表示事物数量之多。столько 有时也可和容许在数量上进行评定的动词搭配。这时它具有 так много 的意思。例如：

① На вокзале собралось **столько** знакомых, **что** мы не успели со всеми попрощаться.

② В воскресенье я **столько** пел в ансамбле, **что** сегодня у меня хриплый голос.

II. 连接词连接的行为方法、程度和度量句

A. 连接词 что

что 连接的从句表示现实存在的事实。这种从句除了表示主句的行为方法、程度和度量外，还带有主句行为结果的意味，即通过指出某种结果来说明主句的行为方法、程度和度量。

1. 行为方法句

что 连接这种行为方法句的结构是"基础词＋行为方法意义的指示词, что..."①通常可译为"……（得）这样，使（以至）……"，例如：

① Он объяснял **так**, **что** слушатели легко его понимали.

② Он начал дело **так**, **что** все почувствовали к нему уважение.

③ Зоя иной раз поступает **так**, **что** никто не может этого понять. (Л. Космодемьянская)

④ Говорил он **так**, **что**, даже не видя его лица, вы по одному звуку его голоса чувствовали, что он улыбается. (И. Тургенев)

⑤ Потом он встал, потянулся **так**, **что** хрустнули кости... (М. Горький)

⑥ Он встал у доски **таким образом**, **что** все могли видеть написанное.

［注］在"动词＋ так, что..."的结构中有时也兼有某些程度的意味。通常是指示词 так 在表示具体行为的动词之后，从句更多地强调行为方法意义；指示词 так 在动词之前时，从句更多地强调程度意义。例如：

① Я **так** волновался, **что** ничего как следует не слышал и не видел вокруг.
我这样激动，以至对周围的一切，什么也没有听见，什么也没有看见。

---

① 指示词与基础词的搭配参看本节 I "指示词的意义和用法"。下同。

② Мы **так** устали, **что** не можем идти дальше.

我们很累，难以往前走了。

2. 程度句

что 连接这种程度句的结构是"程度意义的指示词＋基础词，что..."，通常可译为"……到这样的程度，以至……"，例如：

① Речка **так** блестит и сверкает на солнце, **что** глазам больно. (И. Гончаров)

② Было **так** темно, **что** Варя с трудом различала дорогу. (А. Фадеев)

③ Журавли стремились неудержимо и **так** быстро, **что** воздух свистел вокруг. (И. Тургенев)

④ Ночь была **так** черна, **что** люди, стоящие рядом, не могли видеть друг друга. (А. Фадеев)

⑤ Олег **до того** растерялся, **что** лицо его приняло глупое выражение. (А. Фадеев)

⑥ Она была **настолько** красива, **что** никто не пытался за ней ухаживать. (Д. Гранин)

⑦ Кругом расстилался **такой** густой туман, **что** в десяти шагах ничего не было видно.

⑧ Я здесь в городе **настолько** известный, **что** скрыться мне невозможно. (А. Фадеев)

⑨ Синтаксис мне показался **настолько** интересным, **что** я решил заниматься им серьёзно.

⑩ Пёс был дрянной и **до того** грязный, **что** всклокоченная шерсть его пожелтела и перепуталась. (С. Антонов)

⑪ Ветер дул порывами и с **такой** силой, **что** стоять на ногах было почти невозможно. (В. Арсеньев)

⑫ Он говорил с **такой** убеждённостью, **что** с ним нельзя было не согласиться.

⑬ Сделалась **такая** метель, **что** он ничего не взвидел. (А. Пушкин)

⑭ Жар **такой**, **что** на песке следы горят.

⑮ Дождь **такой**, **что** нельзя выйти.

⑯ Стадо **таково**, **что** трудно перечесть.

3. 度量句

что 连接这种度量句的结构是"度量意义的指示词＋基础词，что..."，通常可译为"……这样多，以至（因此）……"，例如：

① У меня сейчас **столько** работы по сбору материала для курсовой работы, **что** я в последнее время не хожу в кино.

② Он увидел **столько** интересного за свою поездку, **что** ему есть о чём рассказать.

③ В русской земле **столько** прелести, **что** всем художникам хватит на тысячи лет. （К. Паустовский）

④ Коля **столько** рассказывает о своём родном городе, **что** мы уже хорошо знаем этот город.

⑤ Она **столько** рассказывала им (врачам) о своих недомоганиях, **что** её немедленно клали в больницу... （Б. Панова）

［注］"так много (мало)..., что..."的结构在用法和意义上与"столько..., что..."的结构近似。例如：

① Их было **так много**, этих писем, **что** только одно их проглядывание заняло у неё немало времени.

② У меня **так мало** денег, **что** я не могу купить зту книгу.

③ У Вас **так много** определений, **что** вниманию читателя трудно разобраться... （А. Чехов）

④ Он сам **так много** набезобразничал в собрании в разные времена, **что** теперь ему будет выгодна роль сурового и непреклонного ревнителя офицерской чести. （А. Куприн）

Б. 连接词 чтобы

чтобы 连接的从句表示期望的、可能的、必须实现的行为，而这一行为在现实中并不存在。这种从句除了表示主句的行为方法、程度和度量意义外，还兼有目的或非现实结果的补充意味。

1. 从句兼有目的意味

主句谓语如由具有积极行为意义的动词（表示愿望、祈使、请求等意义的 хотеть, хотеться, стараться, стремиться, просить, приказывать, требовать

等），具有必须、应该等情态意义的词（如 нужно, надо, необходимо, должен, следует 等）组成或动词命令式表示，则从句兼有目的意味。

1) 行为方法句

чтобы 连接这种行为方法句的结构是"基础词＋行为方法意义的指示词，чтобы..."，通常可译为"……这样，以便（好让）……"，例如：

① Больной вёл себя **так，чтобы** другие о нём не беспокоились.

② Я запер дверь **так，чтобы** никого не разбудить.

③ Я буду воспитывать своих школьников **так，чтобы** они походили на Зою, на смелую, чудесную Вашу дочку. （Л. Космодемьяская）

④ Дом хотели построить **так，чтобы** из окон видеть море.

⑤ Художник стремился писать **так，чтобы** на картинах его был ощутим воздух.

⑥ Я ходила по улицам, стараясь устать **так，чтобы**, придя домой, уснуть. （Л. Космодемьянская）

⑦ Работу надо организовать **таким образом，чтобы** все были одинаково заняты.

⑧ Мы должны учиться **так，чтобы** стать полезными Родине и народу.

⑨ Самое дорогое у человека—это жизнь. Она даётся ему один раз, и прожить её надо **так，чтобы** не было мучительно больно за бесцельно прожитые годы... （Н. Островский）

⑩ Читайте **так，чтобы** всем было слышно.

⑪ Рассказывайте **так，чтобы** все поняли.

⑫ Прочтите **так，чтобы** никто не видел. （А. Аксаков）

[注1] 当主句谓语由具有积极行为意义的动词表示时，从句既可用连接词 чтобы 连接，又可用连接词 что 连接。前者表示不是现实存在的行为，而是期待的行为。后者表示现实存在的行为，带有结果意味。试比较：

① Он говорил **так，чтобы** все его слушали.
他讲得声很大，以便大家都听见他的话。

② Он говорил **так，что** все его слышали.
他讲得声很大，大家都听见他的话了。

③ Он встал у входа **так，чтобы** мы его сразу заметили.

他站在门口，好让我们马上就看见他。

④ Он встал у входа **так**, **что** мы его сразу заметили.

他站在门口，我们马上就看见他了。

［注2］在这种复合句中，主句谓语不能用表示状态的动词来表示，如 лежать, стоять, сидеть, висеть 等。如果主句谓语用这些动词表示，则从句只能用 что 连接。试比较：

① Он сел **так**, **чтобы** хорошо видеть экран.

② Он сидел **так**, **что** хорошо видел экран.

2）程度句

чтобы 连接这种程度句的结构是"程度意义的指示词＋基础词，чтобы..."通常可译为"到这样的程度，以便（使）……"例如：

① Работу нужно **так** организовать, **чтобы** наш годовой план был перевыполнен.

② Володя **так** написал курсовую работу, **чтобы** её взяли на конкурс студенческих работ.

③ Она... вытирала губы салфеткой **так** крепко, **чтоб** все поняли, губы у неё не накрашены. （М. Горький）

④ Он умел выразить своё ощущение **настолько** сильно, **чтобы** оно передалось другим.

⑤ У подростка была мечта стать **до того** искусным столяром, **чтобы** весь свет дивился на его работу.

⑥ А могу я у вас получить списочек **таких** лучших произведений, **чтобы** именно их использовать в целях повышения воспитательной роли популярности и действенности пропагандистской работы? （В. Кочетов）

⑦ Мальчики решили построить **такую** модель самолёта, **чтобы** она летала на большую высоту.

⑧ Нужно **такую** жизнь строить, **чтобы** в ней всем было просторно. （М. Горький）

⑨ Мысль должна быть выражена с **такой** чёткостью, **чтобы** сразу точно воспринималась.

⑩ Обстановка должна быть **такова**, **чтобы** можно было не откладывать решение.

3）度量句

чтобы 连接这种度量句的结构是"度量意义的指示词＋基础词, чтобы...", 通常可译为"……这样多, 以便（使）……", 例如：

① Мы взяли **столько** денег, **чтобы** хватило на билеты.

② Хочется **столько** сделать сегодня, **чтобы** завтра снова не садиться за эту работу.

2. 从句兼有结构意味

在这种主从复合句中, 主句在结构上必须有否定词 не。它既可位于指示词之前, 又可位于谓语之前。这时从句只能用 чтобы 连接。这种主从复合句在语义上表示, 主句中所表达的"程度不够"或"数量不足"致使从句内容"不可能实现"。因此 чтобы 连接的从句表示非现实的结果, 即假想的结果。

1）程度句

чтобы 连接这种程度句的结构是"не＋程度意义的指示词＋基础词, чтобы..."或"не＋谓语＋程度意义的指示词..., чтобы..."通常可译为"……没到这种程度, 以至（因此）不能（无须）……"例如：

① Эта книга **не так** интересна, **чтобы** читать её второй раз.

② На улице **не так** холодно, **чтобы** надевать пальто.

③ Книга написана **не так** хорошо, **чтобы** вам понравиться.

④ Я **не так** устал, **чтобы** не заниматься.

⑤ Я **не до такой степени** устал, **чтобы** меня не держали ноги.

⑥ **Не такой** уж он чувствительный, **чтобы** обращать внимание на их насмешки.

⑦ У него **не такой** характер, **чтобы** он изменил принятое решение.

⑧ Он **не такой**, **чтобы** отступить перед первой трудностью.

⑨ Обстановка **не такова**, **чтобы** можно было медлить.

⑩ Он **не** знает язык **так** хорошо, **чтобы** читать быстро.

⑪ Я **не** устал **настолько**, **чтобы** меня не держали ноги.

⑫ Она ни разу **не** смеялась **так**, **чтобы** из-за смеха не слышны были слёзы.

⑬ Он **не** был **таким** внимательным, **чтобы** сразу заметить перемену.

⑭ Ещё **не** было **такой** темноты, **чтобы** совсем не видно было тропинки.

2）度量句

чтобы 连接这种度量句的结构是"не ＋度量意义的指示词＋基础词, чтобы..."或"не＋谓语＋度量意义的指示词..., чтобы..."这一结构的变体是"не так много(мало)＋基础词, чтобы...". 这些结构通常可译为"……没有那么多（少）……,以至（因此）不能（无须）……",例如：

① У него **не столько** денег, **чтобы** ехать в мягком вагоне.

② Времени до отхода поезда было **не так много**, **чтобы** осматривать город.

③ Сделано ещё **не столько**, **чтобы** были основания говорить об успехах..

④ **Не** нашлось у меня **столько** денег, **чтобы** ехать в мягком вагоне.

[注1]在"не＋程度或度量意义的指示词..., чтобы"或"не ＋谓语＋程度或度量意义的指示词..., чтобы..."的结构中, 主从句的行为分别属于不同的主体, 从句谓语有时也可用动词不定形式。这时通常强调从句的泛指人称意义或不定人称意义。例如：

① На улице **не так** тепло, **чтобы** идти без пальто.

② Эта кинокартина **не так** интересна, **чтобы** смотреть её второй раз.

[注2]在上述结构的主从复合句中, 从句谓语的动词不定形式既可用未完成体, 又可用完成体。前者否定行为过程的发生, 即否定行为的必要性, 通常表示无须、不该或不宜进行的行为。后者否定行为的结果, 即否定行为的可能性, 通常表示不可能获得所需的结果。试比较：

① Мне **не так** нужны эти книги, **чтобы** идти за ними в такую даль.

这些书我还不急需, 不必跑大老远去借。

② Он **не так** трудолюбив, **чтобы** в совершенстве овладеть языком.

他不很勤奋, 因此不可能把语言掌握得很好。

B. 连接词 будто, как будто 等

будто, как будто, словно, точно, как если бы 等连接的从句借助虚拟的比较（从句的所述内容是假设的, 与现实情况不相符合）来揭示行为方法、程度和度量意义。连接词 будто, как будто, словно, точно 有时还可与 бы 连用, 以加强虚拟意义。连接词 как если бы 要求从句的动词谓语用过去时形式,这就是说动词谓语的这一形式与连接词中的 бы 构成假定式。

1) 行为方法句

будто 等连接这种行为方法句的结构是"基础词＋行为方法意义的指示词,будто 等…",通常可译为"……(得)这样,就像……似的",例如:

① Доска была укреплена **таким образом**, **как будто** она висела сама по себе.

② Больной вёл себя **так**, **будто** с ним ничего не случилось.

③ Ты прощаешься со мной **так**, **как будто бы** мы уже не увидимся больше.（А. Куприн）

④ Башка... держал себя **так**, **точно** ничего особенного не произошло.（Д. Мамин-Сибиряк）

⑤ Лаевский... в его (фон Корен) присутствии чувствовал себя **так**, **как будто** всем было тесно и за спиной стоял кто-то.（А. Чехов）

⑥ Пол блестел **так**, **как если бы** его только что натёрли.

2) 程度句

будто 等连接这种程度句的结构是"程度意义的指示词＋基础词,будто 等……",通常可译为"……到这样的程度,就像……似的",例如:

① Он **так** устал, **как будто** работал без отдыха целые сутки.

② Он **настолько** устал, **будто** целый день землю копал.

③ И всё это маленькое растение **так** сверкало у наших ног, **будто** оно было действительно сделано из хрусталя.（К. Паустовский）

④ Он был **так** рад, **будто** это была не тройка, а самая настоящая пятёрка.（Н. Носов）

⑤ Стали падать крупные капли дождя, и их шорох звучал **так** таинственно, **точно** предупреждал о чём-то.（М. Горький）

⑥ Я помню все события того дня **так** хорошо, **как если бы** всё происходило только вчера.

⑦ На душе было **так** тяжело, **как будто** кто взвалил на тебя дохлую корову.（Н. Гоголь）

⑧ От лошадей пошёл **такой** пар, **как будто бы** они отхватили не переводя духа станцию. (Н. Гоголь)

⑨ И потом наступила **такая** тишина, **как будто** всё вокруг вымерло. (Л. Космодемьянская)

⑩ День казался **таким** высоким, **будто** небо распахнулось до самой глубины... (К. Паустовский)

⑪ Собака издаёт **настолько** отчаянный вой, **словно** она смертельно ранена.

⑫ Действие этих неосторожных слов было **таково**, **словно** в доме разорвалась бомба.

⑬ Первое впечатление было **такое**, **будто** он очень добрый человек.

3）度量句

будто 等连接这种度量句的结构是"度量意义的指示词＋基础词,будто 等……",通常可译为"……这样多,就像……似的",例如：

① За полчаса набрали **столько** грибов, **словно** целый день этим и занимались.

② Он **столько** всяких подробностей приводил, **как будто** боялся, что ему не поверят. (С. Антонов)

③ Говорил **столько**, **как будто** намолчался в долгом одиночестве.

Г. 连接词 как

как 连接的从句借助现实的比较或适应、不适应来揭示行为方法和程度意义。

连接词 как 表示现实比较意义,即主句所述内容与从句表示的现实中存在的情景进行比较。它与 будто 等的区别在于,后者表示非现实(虚拟)的比较意义,即主句所述内容与从句表示假设的,现实中不存在的情景进行比较。试比较：

① Она любит его **так**, **как** любят родного сына.

② Она любит его **так**, **как будто** он её родной сын.

前一句中,从句表示现实中存在的情景,即"人们热爱亲生儿子"。后一句中,从句表示非现实的情景,即现实中他不是她的亲生儿子。

连接词 как 还可表示适应、不适应的意义,即主句所述内容适应或不适应从句所表示的请求、命令、要求或愿望。因此从句谓语或主要成分通常由 надо, нужно, хотеть, просить, велеть, советовать, думать, предполагать, ожидать, казаться 等词语表示。

1) 行为方法句

как 连接这种行为方法句的结构是"基础词＋行为方法意义的指示同, как...",通常可译为"……(得)这样,就像……"或"按照……那样……",例如:

① Дядюшка пел **так**, **как** поёт простой народ. (Л. Толстой)

② Он сделал это **так**, **как** это сделаю и я.

③ Он говорил просто и убедительно **так**, **как** когда-то в школе объяснял ученикам.

④ Книги стояли на этажерке **так**, **как** она их расставила. (Л. Космодемьянская)

⑤ Я сделал всё **так**, **как** мне советовали.

⑥ Я написал письмо **так**, **как** ты просил.

⑦ С Тамарой всё получилось не **так**, **как** надо. (В. Добровольский)

⑧ Но всё вышло совсем не **так**, **как** я думал. (Н. Носов)

[注] 在 как 表示适应或不适应意义的行为方法句中,主句中的指示词 так 在口语中可以省略,例如:

① Поступай, **как** хочешь.

② Всё идёт, **как** надо.

2) 程度句

как 连接这种程度句的结构是"程度意义的指示词＋基础词, как...",通常可译为"……到这样的程度,就像……"或"……按照……那样程度……",例如:

① Она заботилась о приёмном сыне **так** же любовно, **как** всякая мать заботится о родном ребёнке.

② Он знает английский язык не **так** плохо, **как** тебе показалось сначала.

③ Она делала всё **так** тщательно, **как** её учили.

④ Человеческий род не **так** беден великолепными людьми, **как** это могло показаться на первый взгляд. (К. Паустовский)

⑤ Ваши доверители совсем не **так** сильны, **как** мне кажется. (М. Горький)

⑥ За окном было **так** тихо и **так** темно, **как** бывает только ночью в деревне. (Л. Пантелеев)

⑦ Оля сделала не **такой** интересный доклад, **как** от неё ожидали.

⑧ Кипренский научился владеть карандашом с **такой** точностью, **как** хирург владеет скальпелем. (К. Паустовский)

[注1] 在"такой＋基础词，что(чтобы,будто 等)..."结构中，如果主句中指示词 такой 与名词发生关系，则 что 等连接的从句除表示程度这个意义外，有时还兼有定语的修饰意义。例如：

① Он говорил с **такой** убеждённостью, **что** с ним нельзя было не согласиться.

他说得很肯定，因此不能不同意他。

② У неё было **такое** выражение, **как будто** я прятал в кармане острый нож или револьвер. (А. Чехов)

她脸上显示出恐吓的神情，好像我在口袋里藏着尖刀或手枪似的。

如果主句中的指示词 такой 与形容词发生关系，则 что 等连接的从句程度意义很突出，就没有定语的修饰意义了，例如：

① Кругом расстилался **такой** густой туман, **что** в десяти шагах ничего не было видно.

周围大雾弥漫，十步之外什么也看不见了。

② Через пять минут я был **таким** мокрым, **как будто** окунулся с головой в реку.

过了五分钟我全身湿透了，就像掉进河里似的。

[注2] 在口语和俗语中，在保留指示词的情况下有时可以省略连接词 как。例如：

① **Такая** темнота—никаким глазом ее не просверлишь. (К. Паустовский)

② **Такая** глушь—в ушах звенит. (А. Толстой)

III. 关联词连接的行为方法、程度和度量句

A. 关联词 сколько

сколько 连接这种度量句的结构是"столько ＋ 基础词, сколько...". столько 和 сколько 既可与名词第二格连用，表示所指事物在数量上相等；又可

说明主、从句的谓语，表示两个动词谓语具有度量相等的特征。在这一结构中，сколько 连接的从句既可位于主句之后，又可位于主句之前。例如：

① Суворов **сколько** раз сражался, **столько** раз и побеждал. （Н. Карамзин）

② Они собрали **столько** денег, **сколько** требовалось.

③ На машину село **столько** человек, **сколько** могло поместится.

④ ... из-за сурового режима ей не удавалось проводить с испанскими ребятами **столько** времени, **сколько** ей хотелось. （Е. Ильина）

⑤ Тут увидишь **столько** золота, **сколько** ни тебе, ни Коржу не снилось. （Н. Гоголь）

⑥ **Сколько** получил, **столько** и отдал.

⑦ Я съем (**столько**), **сколько** мне дадут.

⑧ Он читает всегда ровно **столько**, **сколько** задают на уроках, никогда не прочтёт больше.

⑨ Видно, прохожий **столько** же знал по-немецки, **сколько** тот по-голландски. （В. Жуковский）

⑩ Коля занимался **столько**, **сколько** было необходимо.

Б. 关联词 насколько

насколько 连接这种程度句的结构是"настолько＋基础词, насколько..."，表示主、从句所指特征在程度上相一致，即从句的行为增减到何种程度，主句的行为也增减到何种程度。насколько 连接的从句既可位于主句之后，又可位于主句之前。

这种复合句多用于书面语体。例如：

① Я сделаю **настолько**, **насколько** смогу.

② Мы увеличим посевные площади **настолько**, **насколько** потребуется.

③ Сергей аргументировал свои доводы **настолько**, **насколько** у него хватало знаний.

④ **Насколько** легче стало теперь мне, настолько тяжелее остальным.

⑤ Нам читают лекции **настолько** сложные, **насколько** сложен предмет синтаксиса.

⑥ Она знала жизнь **настолько** плохо, **насколько** это вообще возможно в двадцать лет. (А. Куприн)

IV. 表示程度和度量意义的成语化结构

对"слишком(достаточно 等)...，чтобы..."成语化结构的分类，苏联语法学家有分歧。别洛莎帕科娃、马克西莫夫等把它们划为目的句[1]，而福尔玛诺夫斯卡娅等则认为是行为方法、程度和度量句[2]。尽管他们在分类上有分歧，但是他们都指出，这类成语化结构既具有程度、度量意义，又具有目的意义。由此可见，这类成语化结构是程度、度量句与目的句之间的过渡类型。

在这类结构中，слишком 等已成了语法化的词形：它不仅是主句的一个成分，具有一定的词汇意义，而且还是个连接手段，与连接词 чтобы 一起，起连接作用。这类结构主从句的排列顺序是固定的，不能颠倒。

А. слишком...，чтобы...

这一结构中 слишком 所说明的基础词可由形容词长尾或短尾、副词、谓语副词、动词、不定量数词 много 等表示。这种复合句在语义上表达主句所述的"程度或数量超过限度"致使从句内容"不可能实现"。因此 чтобы 连接的从句表示非现实的结果，即假设的结果。通常可译为"……太……，以至（因此）不能……"，例如：

① ...но у неё был **слишком** горячий нрав, **чтобы** спокойно переносить такое разглядывание. (А. Толстой)

② Но Герцен был **слишком** крупным человеком, **чтобы** долго пребывать в этой идиллии... (А. Луначарский)

③ Чай **слишком** горяч, **чтобы** пить.

④ Он (Левитан) был **слишком** честен, **чтобы** не видеть народных страданий. (К. Паустовский)

⑤ Он шёл **слишком** быстро, **чтобы** все догнали его.

⑥ **Слишком** долго ждал я встречи, **чтобы** радоваться ей. (К. Паустовский)

⑦ Было **слишком** темно, **чтобы** видеть друг друга.

---

[1] «Грамматика современного русского литературного языка», М., 1970, с. 726—727; С. Е. Крючков, Л. Ю. Максимов, «Современный русский язык. Синтаксис сложного предложения», М., 1979, с. 107.

[2] Н. И. Формановская, «Стилистика сложного предложения», М., 1978, с. 57.

⑧ Было уже **слишком** поздно, **чтобы** в метель добираться до больницы.

⑨ Я **слишком** презираю вас, **чтобы** продолжать разговор с вами. （Е. Кошевая）

⑩ Я **слишком** устал, **чтобы** заниматься.

⑪ Но **слишком** знаем мы друг друга, **чтобы** друг друга позабыть. （М. Лермонтов）

⑫ Уля знала, что её мать и отец **слишком** привязаны к своему дому и **слишком** стары и больны, **чтобы** решиться на уход из дому. （А. Фадеев）

⑬ **Слишком** много мы видели горя, **чтобы** врагам снова дать разжечь войну. （Е. Долматовский）

⑭ ...но он знал сейчас **слишком** мало, **чтобы** делать какие-либо выводы.

在少数场合 слишком 还可由名词表示的基础词发生关系。例如：

① Вы **слишком** люди, **чтобы** не ужаснуться этих последствий... （А. Герцен）

② Виктор Гюго никогда не был в настоящем смысле слова политическим деятелем. Он **слишком** поэт, **слишком** под влиянием своей фантазии, **чтобы** быть им. （А. Герцен）

在这一成语化的结构中，主句中的 слишком 有时可用 чересчур 来替代。但后者较为少见。例如：

① Северное солнце **чересчур** скупое, **чтобы** на полях Латвии созревал хлопок.

② Лиза была **чересчур** слаба, **чтобы** составить счастье сильного человека. （К. Федин）

[注1] 在这一结构的主句中，强调特征程度过分的词有时也可用 уже, ещё 表示，它们通常与形容词的长尾或短尾连用。但是这种变体较为少见。例如：

① Я **уже** большой, **чтобы** плакать. （В. Рыбин）

② ...и тогда я **уже** буду стар и слаб, **чтобы** отмстить за них. （М. Горький）

③ Молодой ты **ещё**, **чтоб** мне такие слова говорить. （А. Чехов）

④ Алька подбежала скоком— глупа **ещё**, **чтобы** девичьей поступью, но такая счастливая!（Ф. Абрамов）

［注2］这一结构通常在译成汉语时,如从句是肯定句,则译成否定句;如从句是否定句,则译成肯定句。例如：

① Девочка **слишком** мала, **чтобы** посылать её в магазин.
女孩还太小,不要派她到商店去。

② Книга написана **слишком** хорошо, **чтобы** вам не понравиться.
书写得太好了,您不会不喜欢的。

［注3］在这一结构中,主从句的行为分别属于不同的主体,从句谓语有时也可用动词不定形式。这时通常强调从句的泛指人称意义或不定人称意义。例如：

① Он ещё **слишком** слаб, **чтобы** его выписывать из больницы.

② Ваша идея **слишком** заманчива, **чтобы** отказаться от неё.

从句谓语的动词不定形式既可用未完成体,又可用完成体。前者否定行为过程的发生,否定行为的必要性,通常表示无须、不该或不宜进行的行为。后者否定行为的结果,否定行为的可能性,通常表示不可能获得所需的结果。试比较：

① Мы **слишком** устали, **чтобы** идти дальше.
我们太累了,无法往前走了。

② Он **слишком** глуп, **чтобы** догадаться о её намерении.
他太笨了,揣摩不透她的意图。

［注4］在这一结构中,如加上目的意义的指示词,则该结构的程度、度量意义减弱,目的意义加强。例如：

① Они оба **слишком** ценные **для того**, **чтобы** сидеть без дела.

② Мы стали **слишком** умны **для того**, **чтобы** верить в бога.（М. Горький）

Б. достаточно（недостаточно）..., чтобы...

这一结构中 достаточно 等所说明的基础词可由形容词长尾或短尾、副词、谓语副词、动词或不定量数词 много 等表示。这种结构语义上表达,主句所述行为或特征的程度足以或不足以使从句的内容得到实现或不可能实现。因此 **чтобы** 连接的从句表示非现实的结果。通常可译为"……太或不太……，以至（因此）能或不能……"，例如：

① Вы **достато**чно взрослый человек, **чтобы** решать такие вопросы самостоятельно.

② Но он был ещё **достаточно** наивен, **чтобы** заподозрить её в чём-либо. （А. Фадеев）

③ Я отрапортовал тихо, но **достаточно** отчётливо, **чтобы** генерал услышал. （А. Первенцев）

④ В дворницкой всё же было **достаточно** светло, **чтобы** умыться… （А. Фадеев）

⑤ Он **достаточно** окреп, **чтобы** ходить. （Н. Островский）

⑥ …я **достаточно** знаю порядок выборов, **чтобы** не бояться никаких случайностей по отношению к своей персоне. （В. Овечкин）

⑦ Он знал о нём **достаточно** много, **чтобы** не придавать значения его официальной биографии. （Л. Лагин）

⑧ Руки у неё были **недостаточно** сильные, **чтобы** подтянуть Сергея,… （А. Фадеев）

⑨ Он **недостаточно** здоров, **чтобы** его послали работать в таких тяжёлых условиях.

⑩ Он был молчалив, **недостаточно** красив, **чтобы** бесплатно нравиться девушкам. （Л. Лагин）

⑪ Сейчас **недостаточно** тепло, **чтобы** можно было ходить без пальто.

⑫ Книга написана **недостаточно** хорошо, **чтобы** вам понравиться.

⑬ Я **недостаточно** знаю радиотехнику, **чтобы** браться за ремонт рации. （Л. Лагин）

在这一结构中，有时可用 довольно 来替代 достаточно。但前者常用在口语中。例如：

① Я **не довольно** богат, **чтобы** выписывать себе славных докторов и платить им за своё лечение.

② Наступило молчание, **довольно** красноречивое, **чтобы** нарушать его бесполезными объяснениями.（А. Грин）

[注1] 如果是 недостаточно..., чтобы... 的结构，通常可译为"……不太……，以至（因此）不能（无须）……"，例如：

① Статья написана **недостаточно** хорошо, **чтобы** послать её в журнал.
文章写得不太好，因此不能寄给杂志社。

② Я **недостаточно** подготовился к экзамену по химии, **чтобы** пойти сдавать его завтра.
化学考试我准备得不好，明天无法去参加考试了。

在 достаточно..., чтобы... 的结构中，достаточно 可以表示两种程度：(1) 最高的程度，具有"过分""太"的意思，通常可译为"……太……，以至（因此）不能……"，这时它与 слишком 的词义相近，可以相互换用；(2) 较高的程度，具有"足够""相当"的意义，通常可译为"……很……，（因此）可以……"，这时它与 слишком 的词义不相近，不能相互换用。例如：

① Я **достаточно**（**слишком**）устал, **чтобы** заниматься.
我太累了，无法再学习了。

② Вы, кажется, **достаточно** культурные люди, **чтобы** обсудить и решить всё это мирным путём.
看来你们都是有文化修养的人，可以心平气和地讨论和解决这一切了。

有时这一结构可以有两种理解，如 Он **достаточно** талантлив, **чтобы** решать такие задачи 这个句子，既可理解为"他很有才能，对这样简单的习题不屑一顾"；又可理解为"他很有才能，因此能够解答这样难的习题"。这两种理解只有在一定的上下文中才能确定哪一种理解是正确的，

[注2] 在 достаточно（недостаточно）..., чтобы... 的结构中，有时还可以加上具有目的意义的指示词 для того。这时该结构程度—结果意义减弱，目的意义加强。试比较：

① Река **недостаточио** глубока, **чтобы** по ней могли ходить пароходы.
（强调程度—结果意义）河水不够深，不能行驶轮船。

② Река **недостаточно** глубока **для того**, **чтобы** по ней могли ходить пароходы.（强调目的意义）

要在河上行驶轮船，水的深度还不够。

这一结构表示程度—结果意义时，句序不能颠倒。如句序颠倒，即从句位于主句之前，则该结构强调目的意义。例如：

① **Чтобы** по реке могли ходить пароходы, она **недостатсгачо** глубока.

B. N_1 ＋ **достаточный**（**недостаточный, достаточен, недостаточен**），**чтобы**...

... **достаточный**（**недостаточный**）＋N_1..., **чтобы**...

这类结构的主句中，достаточный 或 недостаточный 是具有特征程度或数量意义的形容词。它们或者与系词 быть, казаться, оказаться, считаться 等组成谓语；或者说明名词，在句中作定语。чтобы 连接的从句与由 достаточный 等或它和其他词组成的成分发生关系。整个结构表示特征的程度或事物的数量足以或不足以使从句所述内容的实现。通常可译为"……足（不足）以……"或"……足够（不够）的……，以至能够（不能）……"①。例如：

① Думаю, что вред от нее будет изрядный, но**достаточный** ли, **чтоб** вверенный край от него процвёл,...（М. Салтыков-Щедрин）

② Он говорил, с жаром и жестами; но видно, что он не находил слов, и все слова, которые ему приходят, кажутся **недостаточными**, **чтобы** выразить всё.（Л. Толстой）

③ Как ни глупы слова дурака, а иногда бывают они **достаточны**, **чтобы** смутить умного человека.（Н. Гоголь）

④ Ветер замирал, но всё же был **достаточен**, **чтобы** двигать парусники, разбросанные по просветлённой водной шири.（А. Новиков-Прибой）

⑤ Сосредоточены **достаточные** силы, **чтобы** обрушить их на головы изменников и предателей.（М. Шолохов）

[注] 在这一结构中如加上目的意义的指示词 для того，则程度、度量意义减弱，目的意义增强。例如：

---

① 译法可参看"достаточно（недостаточно）..., чтобы..."的[注1]。

① Ни одна из этих сил не обладала **достаточными** данными **для того**, **чтобы** самостоятельно пойти на свержение Советской власти.

Г. Достаточно(**недостаточно，хватает，хватит，много，мало，довольно**,...)＋N_2,**чтобы**...

结构的主句中，достаточно 等是谓语副词，хватает 等是无人称动词，它们与名词第二格的形式构成无人称句。整个结构表示作为充分根据的事物数量或特征的程度足以或不足以使从句内容得以实现。因此 чтобы 连接的从句具有结果意义，兼有目的意味。通常可译为"只要……就足(不足)以……"，例如：

① **Достаточно** малейшего шороха в сенях или крика во дворе, **чтобы** он поднял голову и стал прислушиваться...（А. Чехов）

② Одного этого взгляда было **достаточно**, **чтобы** Коростышев вспыхнул и вскочил с места.（Н. Игнатьев）

③ Народу на улицах было **достаточно**, **чтобы** затеряться и ускользнуть.（С. Злобин）

④ Этого срока оказалось вполне **достаточно**, **чтобы** затонцы, вполне насытившись, немного успокоились.（М. Алексеев）

⑤ **Достаточно** пяти минут, **чтобы** он надоел мне так, как будто я вижу и слушаю его уже целую вечность.（А. Чехов）

⑥ Одного этого было **достаточно**, **чтобы** государственное равновесие пошатнулось.（А. Толстой）

⑦ Им было **достаточно** трёх дней, **чтобы** добраться до посёлка.（А. Михальченко）

⑧ Но ежели и этого будет **недостаточно**, **чтобы** спасти душу, то она и другой выход найдёт.（М. Салтыков-Щедрин）

⑨ Времени до отхода поезда было **недостаточно**, **чтобы** осматривать город.

⑩ Боюсь, что моего воздействия будет **недостаточно**, **чтобы** в корне перетрясти её характер.（М. Шолохов）

⑪ Однако колоссального роста и могучего голоса оказалось далеко **недостаточно**, **чтобы** стать вторым Петром.（С. Сергеев-

Ценский)

⑫ Гороха и картофеля у них **хватит**, **чтобы** не умереть с голода. (А. Толстой)

⑬ Мне и этой беды **хватит**, **чтобы** белый свет стал немил. (М. Шолохов)

⑭ Голов у нлх **не хватит**, **чтобы** дойти до Москвы. (М. Бубеншв)

⑮ Двух картофелин **много**, **чтобы** накормить зверька.

⑯ Ютанинского домишка было **мало**, **чтобы** вместить гостей. (С. Злобин)

⑰ Но света было **довольно**, **чтобы** разглядеть множество голов, которые чуть-чуть шевелились, заслоняя стойку. (К. Фецин)

⑱ Этого **довольно**, **чтоб** открыть глаза слепому. (И. Гончаров)

Д. ...достаточно(недостаточно, довольно,...)＋ $N_2...$, чтобы...

在这一结构中，достаточно 等是数量副词，与名词第二格形式组成词组，作句中的主语或补语。整个结构表示作为根据的事物数量足以或不足以使从句所述内容得以实现。因此从句具有结果意义，兼有目的意味。通常可译为"……足(不足)以使……"，例如：

① У меня было **достаточно** книг, **чтобы** учиться, учиться и учиться, несмотря ни на что. (А. Грин)

② О, у нас всегда **достаточно** сил, **чтобы** перенести несчастье ближнего. (Д. Гранин)

③ Несмотря на болезнь, в нём **достаточно** ещё сохранилось сил, **чтобы** раскидать своих подчинённых, как щенят. (А. Новиков-Прибой)

④ Небо, покрытое облаками, всё же давало **достаточно** света, **чтобы** мокрые леса могли загораться вдали, как багряные пожары (Л. Паустовский)

⑤ Однако Олеся нашла в себе **достаточно** силы, **чтобы** достоять до конца обедно. (А. Куприн)

⑥ Я ощутил в себе **довольно** сил, **чтобы** противиться заблуждению. (А. Радищев)

⑦ Я имею **довольно** свободного времени, **чтобы** повествовать вашему превосходительству сие происшествие в должностном порядке. (И. Лажечников)

第六节　带比较从句的主从复合句

带比较从句的主从复合句简称比较句。在这类主从复合句中,结构上与从句发生关系的既可能是整个主句,又可能是主句中的比较级。在语义上从句通过相似现象或相异现象的比较来说明主句。从句借助连接词 как, подобно тому как, будто, как будто, точно, словно, как если бы, чем, нежели 等与主句连接。由复合连接词 чем..., тем... 构成的主从复合句也属于此种类型。这类主从复合句的句序通常是,主句在前,从句在后。从句通常回答 как? 的问题。

比较句中的有些类型,如 как, будто 等连接的从句在结构上和语义上都是与整个主句发生关系,属于分解型的主从复合句。而另一些类型,如 чем 等连接的从句在结构上与主句中的比较级发生关系,属于非分解型;语义关系却不产生于它们两者之间,而产生于两个现实对象之间。如 Звёзды на юге крупнее, **чем** бывают на севере 的句子,结构上 чем 连接的从句说明比较级 крупнее,而语义上却是"звёзды на юге"和"звёзды на севере"的相比较,即前者比后者具有较高程度的特征。由此可见,这类句子的从句语义上说明整个主句,属于分解型。因此,在这种类型的比较句中存在着结构与语义不相适应的现象。

比较句在结构—语义上通常可分为:

1. 相似比较句

这种比较句表示主从句的所述内容在特征上的相似或相同。主从句所述内容的相似或相同既可能是现实的、客观存在的;又可能是非现实的、主观想象的。前者用连接词 как, подобно тому как 等连接。而后者用 будто, как будто, словно, точно, как, если бы 等连接。例如:

① Все мы, советские художники, обязаны Третьяковской галерее, **как** сын обязан родной матери. (Иогансон)

② Врубель жил просто, **как** все мы живём. (А. Блок)

③ Мы втроём начали беседовать, **как будто** век были знакомы.

④ В ту же минуту Павел соскочил с лошади, **точно** его ветром сдуло. (Н.

Островский)

2. 相异比较句

这种比较句表示主从句的所述内容在特征、程度上相异或不同。从句用 чем，нежели 等连接。例如：

① Писатель должен знать больше, **чем** написал. (П. Павленко)

② Вот испытание пришло. Совсем иное, **чем** ожидалось. (Ю. Усыченко)

3. 对比比较句

这种比较句表示主从句的两个相互联系着的内容在特征所表现的程度方面进行对比，即主句所述特征随着从句所述特征的增减而增减。这种复合句用复合连接词 чем..., тем... 连接。例如：

① **Чем** ближе я подъезжал к дому, **тем** сильнее билось моё сердце.

② **Чем** темнее ночь, **тем** ярче звёзды.

I. 连接词连接的比较句

A. 连接词 как

как 连接的从句表示现实存在的事物或现象，因此整个复合句表示主句所谈事物或现象与现实存在的事物或现象相比较。

带连接词 как 的比较句的特征是主从句在语义上的近似。这通常表现在主从句谓语词汇—语义的相同或相似、结构的并行以及从句谓语用语义上概括—指示意义的动词（如 делать, бывать, случаться, водиться, надлежать 等）表示等方面。其中较为常见的是，从句中重复使用主句的谓语，但词的形式不同。

这种比较句通常可译为"……像……那样"。例如：

① Надо воспитывать в себе вкус к хорошему языку, **как** воспитывают вкус к гравюрам, хорошей музыке и т..п. (А. Чехов)

② И вот всё кончилось хорошо, **как** всегда всё кончается в новогодних рассказах. (В. Бианки)

③ Улица эта не обычна, **как** необычен тот, в честь кого она названа. (Н. Тихонов)

④ Он говорил просто и убедительно, **как** когда-то в школе объяснял урок ученикам.

⑤ Он писал очерк напряжённо, **как** выполняют тяжёлую физическую работу.

⑥ И вдруг всё стало глубоко безмолвно, **как** это часто бывает в середине ночи.

⑦ Мозг работал остро и ясно, **как** всегда бывает в минуту опасности у смелых, хладнокровных людей. (Б. Полевой)

⑧ Из-за этой Дульцинеи я дрался на шпагах, **как** и надлежит истинному кавалеру. (Ф. Шаляпин)

在 как 连接的比较从句中，只有在根据主语和次要成分的形式能恢复其谓语形式的情况下，才能省略谓语。否则，就是比较短语。例如：

① Дуня сидела на ручке его кресла, **как** наездница на своём английском седле. (А. Пушкин)

② Человек создан для счастья, **как** птица для полёта. (А. Чехов)

[注1] 连接词 что 与 как 同义，但前者有点陈旧，多用于民间口头创作、民间诗歌之中。例如：

① Муж, **что** в воду канул, весточки не шлёт. (Н. Никитин)

② Борис ещё поморщится немного, **что** пьяница пред чаркою вина. (А. Пушкин)

③ Девица плачет, **что** роса падает... (А. Пушкин)

[注2] 带连接词 как 的比较从句与带连接词的 как 的行为方法、程度和度量句的区别在于：前者的从句与主句整体发生关系，属于分解型主从复合句；而后者的从句与主句中的 как 等发生关系，属于非分解型主从复合句。试比较：

① Таня прекрасно поёт, **как** поют настоящие артистки. (比较句)

② Таня **так** прекрасно поёт, **как** поют настоящие артистки. (行为方法、程度和度量句)

Б. 连接词 подобно тому(,)как

连接词 подобно тому(,)как 与连接词 как 同义。但前者用于书面语。例如：

① Многие русские слова сами по себе излучают позию, **подобно тому как** драгоценные камни излучают таинственный свет. (К. Паустовский)

② Сложноподчинённое предложение строится из зависимых частей, **подобно тому как** словосочетание строится из зависимых слов.

③ Галлия и большая часть Германии были разделены жребием, **подобно тому как** было за полвека при разделении Хлодованова наследия между его детьми. (А. Герцен)

④ Почти всегда какая-нибудь ничтожная оплошность нарушает процесс развития в самом его начале, **подобно тому как** самое лёгкое движение воздуха расстраивает все расчёты химика. (Д. Писарев)

在这种比较句中,有时从句可位于主句之前。例如:

① **Подобло тому как** актёр выбирает роль соответственно своему амплуа, переводчик должен выбирать для себя перевод, согласуясь со своим темпераментом, с характером своего дарования. (К. Чуковский)

В. 连接词 будто, как будто, словно, точно, как если бы 等

будто 等连接的从句表示现实中不存在的,主观想象的事物或现象。因此整个复合句表示主句所谈的事物或现象与非现实的想象中的事物或现象相比较。这些连接词的意义很接近,通常可以相互换用。其中 будто, как будто 多用于口语, слбвно 与 точно 多用于书面语。连接词 будто 等还可以与语气词 бы 连用,但从句谓语的情态不发生变化。带 как если бы 的从句谓语要用过去时形式,它与连接词中的 бы 构成假定式。

这种比较句在结构上与带 как 的比较句有区别:前者通常要求主从句中被比较的对象相同以及主从句谓语在语义上迥异。

这种比较句通常可译为"……像……似的",例如:

① Она чувствовала внутренний жар, **как будто** в груди у неё лежало раскалённое железо. (М. Лермонтов)

② Он строго посмотрел на неё, **как будто** она была виновата. (Д. Гранин)

③ Гуля совсем повеселела, **как будто** всё плохое в её жизни прошло навсегда. (Е. Ильина)

④ Спина у меня болела, **будто** на мне кто-нибудь верхом ездил. (Н.

Носов)

⑤ Это воскресенье я помню ясно, **будто** оно было вчера. (К. Паустовский)

⑥ Она засмеялась, **словно** колокольчик зазвенел.

⑦ Ирина опять помолчала, **словно** задумалась. (И. Тургенев)

⑧ И только один случай я помню отчётливо и ясно, **словно** это было вчера. (Л. Космодемьянская)

⑨ Лицо его было спокойно, **словно** он сидит в комнате один.

⑩ Ей нравилось серьезное лицо Наташи, внимательно наблюдавшей за всеми, **точно** эти парни были детьми для неё. (М. Горький)

⑪ Остался я позади, **точно** перелётная птица, которая состарилась, не может больше лететь. (А. Чехов)

⑫ Лицо его было спокойно, **как если бы** он сидел в комнате один.

⑬ Наташа обрадовалась его приезду, **как если бы** он действительно был её самым любимым родственником. (А. Гончаров)

⑭ Ему было неловко и странно, **как если бы** он и впрямь был эмигрантом и только сейчас приехал из Парижа. (И. Ильф, Е. Петров)

⑮ Разговор не вяжется, **словно бы** мы забыли все слова. (К. Урманов)

⑯ Приближение к родным местам всегда волнует, **словно бы** едешь на свидание с детством.

[注] будто 等连接的比较句与 как 连接的比较句在语义上有区别：前者表示主句所述现象与假设的、想象中的现象进行比较；而后者表示主句所述现象与客观现实中存在的现象相比较。试比较：

① На семинаре Володя произносил слова медленно и внято, **как будто** он говорил на уроке со своими учениками

② На семинаре Володя произносил слова медленно и внятно, **как** он говорил на уроке со своими учениками.

前一句中的从句表示主观想象的情景，实际上他并没有在课上和学生们交谈。而后一句中的从句表示现实中发生的情景，即他确实在课上与学生们交谈过。

Г. 连接词 **чем**，**нежели**，**чем если бы**

чем，**нежели** 连接的比较句在结构上，主句中有作为句子必需成素的比较级（形容词比较级、副词或谓语副词比较级），它们在句中起着一定的句法功能；在语义上表示程度不一的事物或现象进行比较。**чем** 和 **нежели** 是同义，但后者带有书面语的色彩。例如：

① ...и Львову не приходило и не могло прийти в голову, что Захаров, наоборот, оказался гораздо лучше, **чем** он о нём думал. （К. Симонов）

② Дела мои в лучшем порядке, **нежели** я думал. （А. Пушкин）

③ Удары грома тише, **чем** были раньше.

④ Она другая, более сильная и хорошая, **чем** казалось Виктору. （В. Добровольский）

⑤ Время шло медленно, медленнее, **чем** ползли тучи по небу. （М. Горький）

⑥ Молодой человек получал из дому более, **нежели** должен был ожидать. （А. Пушкин）

⑦ Мне станет хуже, **чем** было. （В. Ажаев）

除上述情况外，**чем**，**нежели** 连接的比较句在结构上，主句中有时有作为句子必需成素的 другой, иной, по-другому, по-иному, иначе 等，它们在句中起着一定的句法功能；在语义上表示事物或现象在特征上的差异或不同，通常可译为"……与……不同"。例如：

① Меня, во всяком случае, именно плохое сделало другим, **чем** я был до войны. （К. Симонов）

② Вы, кажется, принимаете меня совсем за другого человека, **чем** я есть. （Ф. Достоевский）

③ Видя неодинаковое выражение своего лица в зеркале, мы можем сказать: мы не знаем себя, ибо воображением создали несколько другой образ, **нежели** он есть на самом деле. （С. Бонди）

④ Вот испытание и пришло. Совсем иное, **чем** ожидалось. （Ю. Усыченко）

⑤ Сейчас, когда этот разговор остался позади, казалось, что он не мог выйти иным, **чем** вышел. （К. Симонов）

⑥ Вечером, когда я вошёл в номер, я увидел совершенно иного, **чем** представлял себе, человека,... (А. Ананьев)

⑦ Оля вела себя по-другому, **чем** можно было ожидать.

⑧ Всё получилось иначе, **чем** он себе представлял. (Д. Бергельсон)

⑨ И всё же дальнейшие события развернулись иначе, **чем** предполагал капитан первого ранга. (Ю. Усыченко)

⑩ Сын рассказывал о том, как всё это было, и из его рассказа получалось, что сделать иначе, **чем** сделал он, было невозможно. (К. Симонов)

[注] 在...другой(иной, иначе 等), чем...的结构中, 连接词 чем 有时可用 как 来代替, 从句的意义不变。但这种用法较为少见, 并且带有某些陈旧的色彩。例如：

① До сих пор я жил иначе, **как** люди живут. (А. Пушкин)

如果在这一结沟的主句中带有否定语气词 не 或否定词 нет 等,则从句通常不用 чем 连接, 而用 как 连接。这时比较从句带有某些区分意味, 通常可译为 "除......之外, 没有......"如：

① Вам, людям молодым, другого нету дела, **как** замечать девичьи красоты. (А. Грибоедов)

② Захар не умёл представить себе другого барина, кроме Ильи Ильича, другого существования, **как** одевать, кормить его... (И. Гончаров)

③ Неужели... мне в тридцать пять лет нечего другого делать, **как** опять отдать свою душу в руки женщине. (И. Тургенев)

④ Поэтому я думаю, что не мог поступить иначе, **как** я поступил... (Л. Толстой)

чем если бы 连接的从句谓语要用过去时形式, 它与连接词中的 бы 构成假定式。因此带该连接词的比较句表示主句所述事物或现象与假设的事物或现象相比较。例如：

① Заранее прочитав о Третьяковской галерее, я смог увидеть в ее залах гораздо больше, **чем если бы** пришёл туда без предварительной подготовки,

② Это было куда сложнее, **чем если бы** всё начиналось сначала. (В.

Ажаев)

③ Снег ни разу не выпал, и от этого холод казался гораздо холоднее, **чем если бы** на улицах лежал снег. (К. Паустовский)

[注]чем 连接的比较句有时可表示替代比较。这种复合句在结构上，主句中没有比较级；在语义上连接词 чем 具有对比意义和替代意义，近似连接词 вместо того чтобы, 通常表示主从句内容的对比，或以主句内容替代从句内容，可译为"与其……，不如……"或"不是……，而是……"。

这种复合句的主句中，谓语通常用将来时形式（用现在时形式或过去时形式也必须有表示将来时的上下文）、祈使式或愿望式，从句用动词不定形式。主从句的句序较为自由。

这种比较句具有对话语言的标志，因此它是以富有感情色彩和无拘束性为其特点的。例如：

① **Чем** дома сидеть, пойду-ка я погуляю.

② **Чем** спать, погулять бы сходили.

③ —Эх, **чем** зверя-то губить неповинного да сапоги по цапыге рвать, вил бы ты гнёздышко пока! (Л. Леонов)

④ —Хватит, починяйте пока такелаж, **чем** языки обхлёстывать, — заявил Трифон Летяга. (В. Астафьев)

⑤ —Да хватит, говорю, честных—то тружеников жалить... Ты бы подрастающему поколению **чем** разгон давать, сестре своей приструнку дал. (Ф. Абрамов)

Д. 复合连接词 чем..., тем...

带 чем..., тем... 的比较句在结构上，主从句中必须有形容词或副词比较级，在语义上表示两个相互制约的现象在特征所表现的程度方面进行对比，即主句所述特征随着从句所述特征的增减而增减，通常可译为"越……，越……"。

这种比较句的句序通常是从句在前，主句在后。例如：

① **Чем** темнее ночь, **тем** ярче звезды.

② **Чем** дальше в лес, **тем** больше дров.

③ **Чем** ближе я подъезжал к дому, **тем** сильнее билось моё сердце.

④ **Чем** больше она думала об этом, **тем** больше беспокоилась.

这种复合句具有概括意义，因此其主从句动词谓语如用过去时形式，则通常用未完成体动词；如用将来时形式，既可用未完成体，又可用完成体。例如：

① **Чем** больше писем получала палата, **тем** острее чувствовал он своё одиночество. （Б. Полевой）

② **Чем** ближе подъезжала Гуля к дому, **тем** тревожнее было у неё на душе. （Е. Ильина）

③ **Чем** скорее придёт ответ, **тем** меньше она будет волноваться.

④ **Чем** раньше встанешь, **тем** больше успеешь сделать.

⑤ **Чем** дальше будут уходить космические корабли, **тем** более суровыми будут последствия такого путешествия для психики человека. （В. Севастьянов）

⑥ **Чем** дальше, **тем** больше будут развиваться потребности населения нашей страны.

II. 表示比较意义的固定结构和成语化结构

A. лучше（скорее，легче）..., чем...

这一结构在结构上，лучше 等是句子结构的必需要素，它们逐渐向连接手段转化，因此在句中不作成分。在语义上表示说话者愿意选择主句所述内容，而舍弃从句内容，通常可译为"与其……，不如……"或"宁肯……，也不愿……"。

主句中的主要成分只限于用将来时形式（用现在时或过去时形式也必须有表示将来时的上下文）、祈使式、愿望式或动词不定形式。从句通常用动词不定形式。

这种复合句的句序较为自由。如果从句位于主句之前，则从句的主要成分必须用动词不定形式。例如：

① **Лучше** останусь дома, **чем** ехать в горы.

② **Лучше** не останусь живой, **чем** позволю ей переступить порог моего дома. （А. Писемский）

③ **Скорее** с голоду я умру, **чем** съем у вас ещё хоть одну крошку хлеба. （И. Крылов）

④ **Чем** чужую кухарку нанимать, так **лучше** своя будет. (А. Писемский)

⑤ **Чем** на мост нам идти, поищем **лучше** броду. (И. Крылов)

⑥ **Чем** сидеть дома, пойди **лучше** погуляй.

⑦ Ты **лучше** объяснил бы всё по-хорошему, **чем** обижаться.

⑧ Ты **скорее** бы умер, **чем** её в такую минуту покинул. (Ф. Достоевский)

⑨ **Лучше** бы ты была нема и лишена вовсе языка, **чем** произносить такие речи. (Н. Гоголь)

⑩ **Лучше** бы тебе посетить институтскую поликлинику, **чем** идти в районную.

⑪ **Лучше** умереть героем, **чем** жить рабом.

⑫ Для меня **легче** сидеть на бочке с порохом, **чем** говорить с женщиной. (А. Чехов)

⑬ Нельзя забывать любящих, **лучше** их убить, **чем** забыть—говорила его мать. (К. Паустовский)

⑭ **Лучше** бедность да честность, **нежели** прибыль да стыд.

⑮ **Лучше** умная хула, **чем** глупая похвала.

Б. Нет＋Adj сравн. ＋N2（ничего），чем（как）...

连接词 чем 与 как 在现代标准俄语中是相互对立的：前者用于形容词或副词比较级，表示相异现象的比较，而后者用于形容词或副词原级，表示相似现象的比较。但是，如果比较级在某些句法结构（如这一结构等）中与其说表示比较意义，不如说表示最高程度，则 чем 与 как 在语义上的对立减弱，可以相互混用。

在这一结构中，чем 或 как 之后可用动词不定形式或整个句子。这一结构通常可译为"没有比……更……"，例如：

① **Нет** более горького дела, **чем** выселять людей из их тёплых жилищ. (В. Акаев)

② **Нет** ничего ужаснее, **как** чувствовать себя иностранцем в журнале, в котором участвуешь. (В. Салтыков-Щедрин)

③ Земля-наш дом, наше прошлое, настоящее, будущее, и **нет** задачи более возвышенной, более благородной, **чем** сберечь нашу планету от пожара ядерной войны...

④ И, поверьте, **не было** бы для меня большего блаженства, **как** жить с вами. (Н. Гоголь)

⑤ Он уверяет, что **нет** больше счастия, **как** служить науке. (А. Чехов)

⑥ Лучше **нет** для дум времени, **как** дрова колоть. (Б. Васильев)

第七节　带时间从句的主从复合句

I. 概述

A. 时间句的概念

带时间从句的主从复合句简称时间句。在时间句中，从句结构上直接说明整个主句或其谓语，有时也可用来揭示主句中用作时间状语的指示词的具体内容。常用的指示词有 тогда, в то время, после того, с тех пор, до тех пор 等。在语义上表示主句行为发生的时间。通常回答 когда? с каких пор? до каких пор? 等问题。例如：

① Обоз весь день простоял у реки и тронулся с места, **когда** садилось солнце. (А. Чехов)

② **Только что** я вошёл в опушку, вальдшнеп со стуком поднялся из кустов. (И. Тургенев)

③ Близкого человека только тогда поймёшь вполне, **когда** с ним расстанешься. (И. Тургенев)

④ Дарья окончательно развеселилась **после того, как** с поля пришла Дуняша.

⑤ Он заметно поседел **с тех пор, как** мы расстались с ним. (И. Тургенев)

在时间句中，从句有时还可说明主句中用副词、前置词—名词组合或词组表示的概念广泛或笼统的时间状语，如 завтра, сегодня, вчера, теперь, потом, иногда, после чая, до обеда, на другой день, в детстве, неделю тому назад 等。这时从句具有确切时间状语的作用。例如：

① Теперь, **когда** старуха кончила свою красивую сказку, в степи стало страшно тихо. (М. Горький)

② Потом, **когда** вошли глубже в лес, мне показалось, что весь он как-то внезапно и чудесно оживился. (М. Горький)

③ На другой день, **чуть только** заалел восток, все появились и стали собираться в дорогу.

④ К поэту летал соловей по ночам, **как** в небе луна выплывала. (Н. Некрасов)

⑤ Три часа назад, **когда** он вывел своих людей в лес, передовые танки даже ворвались нв станцию и в город.

Б. 时间句的时间关系

在时间句中，主、从句行为在时间上的关系有三种基本类型：

1. 同时关系，表示主、从句行为的同时存在。同时关系又可分为全部同时关系和部分同时关系。前者是主、从句行为在时间上全部吻合，后者是一行为的发生与另一行为过程中的某一点或某一段时间在时间上吻合。

2. 在后关系，表示主句行为发生在从句行为之后。

3. 在前关系，表示主句行为发生在从句行为之前。

这些时间关系主要是通过运用不同的时间连接词，主、从句动词谓语的体和时间形式等表达出来的。

各种不同的时间连接词可以表示不同的时间关系。例如：

同时关系	когда，как，пока，в то время как，по мере того как
在后关系	когда，как，только，лишь，едва，чуть，как только，только что，чуть только，лишь только，после того как，с тех пор как
同时关系	когда，как，пока，то время как，по мере того как
在前关系	пока，до тех пор пока，перед тем как，до того как，прежде чем，раньше чем，как вдруг

主、从句动词谓语体的对应可以表示不同的时间关系。大致有以下几种情况：

1. 未完成体动词表示不受内在界限制约的行为。因此，两个过程中的行为就可能构成同时关系；两个重复发生的行为就可能构成多次重复的在后关系或在前关系。例如：

① Младшая сестра, Женя, **пока** говорили о земстве, молчала. (А. Чехов)

② **Когда** поздно вечером шёл он из гимназии к Шелестовым, сердце у него билось и лицо горело.（А. Чехов）

③ **Когда** я поздно вечером приходил домой, я ужинал и сразу ложился спать.

④ **Перед тем как** я выхожу из вагона, я прощаюсь со своими попутчиками.

2. 完成体动词表示受内在界限制约的行为。因此两个具有内在界限的行为就可能先后存在，构成在后关系或在前关系。例如：

① **Когда** я открыл окно, моя комната наполнилась запахом цветов.

② **Едва** мы тронулись, начался обстрел.

③ Он весь промок, **пока** перебежал через улицу.

④ **Прежде чем** я остановился в этом берёзовом леску, я со своей собакой прошёл через высокую осиновую рощу.（И. Тургенев）

3. 完成体动词表示瞬间的行为，未完成体动词表示持续的行为，因此不同动词体的组合就能表示一行为的发生与另一行为过程中的某一点在时间上吻合，构成部分同时关系。例如：

① Начинало смеркаться, **когда** пришёл я к комендатскому дому.（А. Пушкин）

② **В то время, как** Нехлюдов вошёл в его приёмную, Топоров в кабинете своём беседовал с монахиней-игуменьей.（Л. Толстой）

③ Читать сознательно я научился, **когда** мне было лет четырнадцать.（М. Горький）

④ **В то время как** она выходила из гостиной, в передней послышался звонок.（Л. Толстой）

主、从句动词谓语时间形式的对应也可表示不同的时间关系。大致有以下几种情况：

1. 主、从句动词谓语都是绝对时间，即以说话时刻为起算点。与说话时刻一致的时间是现在时，先于它的是过去时，后于它的是将来时。例如：

① **Прежде чем** я приступлю к описанию самого состязания, считаю не лишним сказать несколько слов о каждом из действующих лиц моего рассказа.（И. Тургенев）

② Папа, ты сам приказал послать за доктором Астровым, а **когда** он приехал, ты отказываешься принять его. (А. Чехов)

③ На земляном полу электростанции временно, **пока** закончат постройку мастерской, расставили части и детали оборудования. (В. Ажаев)

2. 如果运用相对时间,通常是主句谓语用绝对时间,从句谓语用相对时间,即以主句行为的时间为起算点。与主句行为同时的是相对现在时,先于它的是相对过去时,后于它的是相对将来时。例如:

① Она так резво бегала, **когда**, бывало, разыграется, так звонко смеялась, на ней всегда были такие красивые платья, и в тёмные косы ей каждый день горничная вплетала алую ленту. (В. Короленко)

② На усмирение восставших направлялись царские войска,... Однако не всегда царским войскам удавилось сразу подавить восстание. Несколько месяцев иногда держались восставшие, **прежде чем** с ними справятся.

有时也可以遇见从句谓语用绝对时间,主句谓语用相对时间的现象。例如:

① Помню, **когда** мама ещё была здоровая, она работает на баштане, а я, совсем еще маленькая, лежу себе на спине и гляжу высоко, высоко,...
(А. Фадеев)

有时主、从句的谓语可能都是相对时间,它们是以上下文中的行为的时间为其背景的。例如:

① Лобзик постепенно понял, что **после того, как** он подержит в зубах полку, ему дадут сахару, и стал держать палку в зубах сам, без посторонней помощи. (Н. Носов)

② Пока мы играли, я все время думал: "Вот забьём ещё один гол, и я пойду домой", но почему-то так получалось, что, когда мы забивали гол, я решал, что пойду домой, **когда** мы ещё один гол забьём. (Н. Носов)

③ **Как**, бывало, услышит об этом, станет ему жаль.

句子的时间关系除了运用不同的时间连接词,主、从句谓语的时体对应等手段以外,有时还可通过上下文或句子本身的词汇组成来表达。例如:

① Лицо Олега стало даже жёстким, **когда** он заговорил. (А. Фадеев)

② Голос его задрожал, **когда** он спросил: 《Что с тобой случилось?》

在这两个句子中，主、从句谓语都用完成体动词表示，本应表示在后关系，但是，由于这两个句子的词汇组成却表达了同时关系。

II. 连接词连接的时间句

A. 连接词 когда

1. 从句说明主句或主句中的成分

когда 连接的时间句中，从句可以说明整个主句或其谓语以及状语、定语、补语等成分。具体情况如下：

1) 从句说明整个主句或其谓语

在这类时间句中，从句既可位于主句之前或主句之中，又可位于主句之后。例如：

① **Когда** волчиха пробиралась к себе густым осинником, то было видно отчётливо каждую осинку. (А. Чехов)

② **Когда** люди молоды и весна на дворе, всё кажется весёлым и радостным. (К. Станиславский)

③ Отец, **когда** я пришёл к нему, сидел глубоко в кресле. (А. Чехов)

④ И у Матвея Костиевича вдруг больно сжалось сердце, **когда** в этой девушке он узнал прежнюю Лизу Рыболову. (А. Фадеев)

2) 从句说明主句中的状语

在这类时间句中，从句必须位于主句之后，或位于被说明的状语之后。

(1) 从句揭示主句中用作时间状语的指示词的具体内容。常用的指示词有тогда, в то время 等。例如：

① Умей жить и **тогда**, **когда** жизнь становится невыносимой. (Н. Островский)

② **В то время**, **когда** на квартире Туркенича шло совещание ребят, Андрей Валько и Матвей Шульга стояли перед майстером

Брюкнером и его заместителем Балдером в том самом кабинете, где несколько дней назад делали очные ставки Шульге. (А. Фадеев)

③ Десять лет прошло **с того дня**, **когда** я в последний раз выступал на конференции комсомола. (Н. Островский)

从句确切主句中概念笼统或广泛的时间状语的内容。这类时间状语通常由副词（завтра，сегодня，теперь，потом，утром，вечером，весной 等）、前置词—名词的组合（после чая，до обеда，по утрам，через месяц 等）表示。例如：

① Прежде, **когда** я был помоложе, мои родные и знакомые знали, что со мною делать... (А. Чехов)

② ... и я решил, по шишкинскому примеру, показать табель потом, **когда** праздники кончатся. (Н. Носов)

③ Каждый раз, **когда** я приходил, Катя встречала меня со своим привычным сдержанным достоинством.

从句说明主句中由副动词表示的独立状语。例如：

① Николай, его стремянный, дядюшка и его охотник вертелись над зверем, улюлюкая, крича, всякую минуту собираясь слезть, **когда** волк садился на зад, и всякий раз пускаясь вперёд, **когда** волк встряхивался и подвигался к засеке, которая должна была спасти его. (Л. Толстой)

(4) 从句说明主句中由动词不定形式表示的目的状语。例如：

① До шести часов я вышел из дому встретить Лизу, **когда** она будет возвращаться с работы.

3) 从句说明主句中的定语

在这类时间句中从句必须位于被说明的定语之后。

(1) 从句说明主句中由某些形容词（известный, свойственный, близкий, нужный, необходимый 等）表示的独立定语。例如：

① В продолжение этого времени он имел удовольствие испытать приятные минуты, известные всякому путешественнику, **когда** в чемодане всё уложено и в комнате валяются только верёвочки, бумажки да разный сор. (Н. Гоголь)

② Повара старинных помещиков приступают к изготовлению долгоносых птицы, войдя в азарт, свойственный русскому человеку, **когда** он сам хорошенько не знает, что делает, придумывают к ним такие мудреные приправы, что... (И. Тургенев)

(2) 从句说明主句中由形动词表示的独立定语。例如：

① Это жид Мойсейка, дурачок, помешавшийся лет двадцать назад, **когда** у него сгорела шапочная мастерская. (А. Чехов)

② Глядя в окно на мокрую зелень ветвей, думала она о жестоких мужниных словах, сказанных с хлопаньем дверьми, **когда**, противно всем долголетним привычкам, ушёл Алексей Ллексеевич спать один в кабинет. (Л. Толстой)

4) 从句说明主句中的补语

在这类时间句中从句必须位于被说明的补语之后。

(1) 从句说明主句中由动词不定形式表示的补语。例如：

① Он уговаривал меня спрятаться от немцев, **когда** они будут шагать по улице.

② Я обещаю немедленно известить его об этом, **когда** вы вернётесь.

(2) 有一类比较特殊的结构，在这类结构中从句既与主句中的谓语发生关系，补充说明具有言语、思维、知觉等意义的动词所表示的谓语，又与主句谓语所要求的补语发生关系，从时间关系上进一步确切补语的内容，使其具体化。因此这类结构兼有说明句和时间句两者的某些特点。这类结构具有口语特色，通常可译为"……，当时……""……，那时……"，例如：

① Как теперь вижу Исая Фомича, **когда** он в субботу слоняется, бывало, без дела по всему острогу. (Ф. Достоевский)

② Я помню эту Кисочку миленькой, худенькой гимназисточкой 15—16 лет, **когда** она изображала собою нечто в гимназическом вкусе. (А. Чехов)

③ Но больше всего я вижу ее в паре с отцом, **когда** она плавно двигается около него и с гордостью и радостью и за себя и за него взглядывается на любующихся зрителей. (Л. Толстой)

5) 从句说明主句中用名词表示的比较短语

在这类时间句中,从句的谓语多半用未完成体现在时或完成体将来时形式,表示经常性的行为。从句的位置必须在被说明的比较短语之后。例如:

① Люди вспыхивали около неё, как паруса на рассвете, **когда** их коснётся первый луч солнца... (М. Горький)

② Он сквозь щёлку видел, как Герасим, сидя на кровати, приложив к щеке руку, тихо, мерно и только изредка мыча, пел,..., как ямщики или бурлаки, **когда** они затягивают свой заунывные песни. (И. Тургенев)

③ Полненькие щёки казачки были свежи и ярки, как мак самого тонкого розового цвета, **когда**, умывшись божьею росою, горит он, расправляет листики. (Н. Гоголь)

④ ...и в его голосе слышится не только одобрение, но и снисходительность, совсем такая же, как у Митяя, **когда** он говорит об отце. (Б. Горбатов)

⑤ Что касается меня, то, когда я добрался до Колючей, у меня, как и у Пири, **когда** он достиг полюса, было только одно желание — выспаться. (Б. Горбатов)

2. 主从句行为的时间关系

1) 同时关系

同时关系可分为全部同时关系和部分同时关系。前者指两个行为同时存在,在时间上吻合;后者指两行为部分同时存在,即一行为的发生与另一行为过程中的某一点在时间上吻合。这两种不同的情况主要是用主句和从句中动词谓语的不同时体对应关系来表示的。

(1) 表示全部同时关系时,主、从句谓语都用未完成体同一时间的语法形式。

从句谓语	主句谓语
未完成体过去时	未完成体过去时
未完成体现在时	未完成体现在时
未完成体将来时	未完成体将来时

① Был сентябрь, ветреный и мокрый, **когда** Артамонов подъезжал к Дрёмову. (М. Горький)

② **Когда** она ехала с вокзала домой, то улицы казались ей очень широкими, а дома маленькими. (А. Чехов)

③ **Когда** мы ехали из колхоза, мы всю дорогу говорили о проблемах сельского хозяйства.

④ **Когда** людей незаслуженно унижают, он не может стоять в стороне и молчать. (Ю. Трифонов)

⑤ **Когда** люди молоды и весна на дворе, всё кажется весёлым и радостным.

⑥ **Когда** солнце поднимается над полями, я невольно улыбаюсь от радости. (М. Горький)

⑦ Я буду читать твою статью, **когда** буду дежурить у телефона.

⑧ Думаешь, я буду хныкать и молчать, **когда** меня будут бить? (А. Фадеев)

⑨ Так же и вы не будете замечать Москвы, **когда** будете жить в ней.

主、从句谓语用未完成体现在时或过去时形式时，既可表示同时发生的一次行为，又可表示同时发生的经常、重复的行为。在表达行为的重复性时，句中可以有具有行为重复意义的状语（каждый раз, иногда, всегда, часто, по утрам 等）。有时行为的重复性可以根据上下文和句子的意思来判断，而句中并没有特殊的表达形式。例如：

① **Когда** мы едем куда-нибудь вечером, я всегда сажусь на козлы. (Л. Толстой)

② Каждый раз, **когда** повторял старый урок, я задавал себе несколько вопросов.

③ **Когда** роешься в книгах—время течёт незаметно. (М. Горький)

[注] 主、从句的动谓语用完成体同一时间的语法形式通常表示在后关系，

但偶尔也可表达同时关系,表示两个瞬间的行为同时存在。这主要由这类时间句本身的涵义以及上下文所决定的。例如:

① Наталье показалось, что щёки матери зарумянились и что, **когда** она, улыбаясь, сказала: "Я не боязлива", —улыбка вышла фальшивой. (М. Горький)

② ... голос его задрожал, **когда** он сказал: «До чего довели». (Л. Толстой)

③ Близкого человека только тогда поймёшь вполне, **когда** с ним расстанешься. (И. Тургенев)

④ А чем вы, дорогие мои друзья, встретите своих отцов и братьев, **когда** они вернутся домой? (А. Мусатов)

(2) 表示部分同时关系时,如从句的动词谓语用未完成体过去时或将来时,主句谓语用完成体同一时间的形式,则表示主句行为的发生与从句行为过程中的某一点在时间上吻合;反之,表示从句行为的发生与主句行为过程中的某一点在时间上吻合。

从句谓语	主句谓语
未完成体过去时	完成体过去时
未完成体将来时	完成体将来时
完成体过去时	未完成体过去时
完成体将来时	未完成体将来时

① Вечером, **когда** пили чай, кухарка подала к столу полную тарелку крыжовнику. (А. Чехов)

② **Тогда** он слушал эти рассказы о любви, его собственная любовь к Наташе вдруг вспомнилась ему. (Л. Толстой)

③ Валя увидится со своим другом, **когда** он будет проезжать через наш город.

④ **Когда** я буду перепечатывать свой доклад, я вставлю цитату из выступления М. Горького на съезде писателей.

⑤ Отец, **когда** я пришёл к нему, сидел глубоко в кресле. (А. Чехов)

⑥ Утром, **когда** я проснулся, ласковое апрельское солнце весело глядело во все окна моей комнаты. (Д. Маиин-Сибирнк)

⑦ **Когда** закончат стройку электростанции, вы уже будете инженером.

[注]从句谓语用完成体将来时形式、主句谓语用未完成体将来时形式的结构,通常表示在后关系,但有时也可表示部分同时关系。表示部分同时关系时,必须借助于词汇手段,即在主句中要有 уже 等词。试比较:

① **Когда** она окончила университет, я уже буду работать. (表示部分同时关系)

等她大学毕业时候,我已经参加工作了。

② **Когда** она окончит университет, я буду работать. (表示在后关系)

等她大学毕业后,我也将参加工作。

2) 在后关系

(1) 从句动词谓语用完成体过去时形式时,如主句谓语用未完成体过去时形式,则表示从句行为结束后主句的持续行为发生;如主句谓语用完成体过去时形式,则表示两行为先后相继发生,并都已达到内在界限。从句谓语用完成体将来时形式时,如主句谓语用未完成体将来时形式,则表示从句行为将来结束后主句的持续行为发生;如主句谓语用完成体将来时形式,则表示两行为将要先后相继发生,并达到其内在的界限。

从句谓语	主句谓语
完成体过去时	未完成体过去时
	完成体过去时
完成体将来时	未完成体将来时
	完成体将来时

① **Когда** гроза прошла, мы долго гуляли в саду.

② **Когда** дым рассеялся, на земле лежала раненная лошадь, и возле неё Бэла... (М. Лермонтов)

③ **Когда** он лёг и уснул, мать осторожно встала со своей постели и тихо подошла к нему. (М. Горький)

④ **Когда** я открыл окно, моя комната наполнилась запахом цветов, растущих в скромном палисаднике. (М. Лермонтов)

⑤ **Когда** я вырасту, я тоже буду бегать на лыжах и прыгать с высоких гор. (А. Малеинов)

⑥ Раньше шлифовалш модели вручную, а **когда** папа сделает такой прибор, все модельщики будут шлифовать модели этим прибором. (Н. Носов)

⑦ **Когда** я узнаю его телефон, я сообщу его тебе.

⑧ Вы это поймёте, **когда** поживёте здесь ещё несколько времени. (А. Пушкин)

［注］从句谓语用完成体过去时形式、主句谓语用未完成体过去时形式的结构,既可表示主、从句行为的部分同时关系,又可表示在后关系。通常可根据上下文和句子的意思来确定其时间关系。试比较:

① **Когда** я пришёл домой, все уже спали。(表示部分同时关系)

我回到家的时候,大家都已睡了。

② **Когда** он увидел свою первую книгу на полках магазина, он не спал всю ночь, думал, как её встретит читатель。(表示在后关系)

他看到店里架子上放着他的第一部著作时,他整夜都没有睡着,总在想,读者会对它怎么反应。

(2) 表示在后关系时,有时主、从句谓语可用未完成体过去时或现在时形式,表示经常重复的先后发生的行为。

从句谓语	主句谓语
未完成体过去时	未完成体过去时
未完成体现在时	未完成体现在时

① **Когда** все в доме засыпали, он тихонько одевался и до утра исчезал куда-то. (М. Горький)

② **Когда** я открывал окна, в комнату залетали сухие дубовые листья. (К. Паустовский)

③ Каждый день я ложусь спать, **когда** кончаю работу.

④ **Когда** вспоминаю отца, всегда чувствую раскаяние— всё кажется, что недостаточно ценил и любил его. (И. Бунин)

[注] 主、从句的动词谓语用未完成体现在时或过去时形式,既可表示同时关系,又可表示多次重复的在后关系。这主要由上下文和全句所表示的意思来决定。试比较:

① **Когда** мы вчера вечером возвращались домой, шёл дождь. (表示同时关系)

昨天晚上我们回家的时候,正下着雨。

② **Когда** я поздно вечером приходил домой, я ужинал и сразу ложился спать. (表示在后关系)

每当我深夜回到家以后,吃过晚饭就马上躺下睡觉了。

3) 在前关系

通常主、从句谓语用完成体动词同一时间的语法形式。此外,还必须借助于词汇手段,即在主句中有 уже, давно, совсем 等词,或在从句中有 ещё не 等词。例如:

① Уже стемнело, **когда** Акопов, подув на конверт, чтобы просохли чернила, надел тюбетейку и пошёл из палаты. (И. Василенко)

② Солнце уже давно встало, **когда** Рудин пришёл к Авдюхину пруду... (И. Тургенев)

③ **Когда** я приду, он уже уедет.

④ **Когда** взошло солнце, ветер совсем стих. (В. Лацис)

⑤ **Когда** он ещё не вернулся домой, мы отправились в путь.

3. 主从句谓语的时体对应规律

《1970年语法》指出:"时间句表达同一时间平面上或一个跟着一个不同时间平面上实现的两个现象外部联系的各种不同形式。它与制约句不同,其从部与主部的时间概念不能分隔,即将来时与过去时概念不能组合。"①《1980年语法》也有同样的看法,它认为:"时间句结构具有其他类型句子所没有的专门限制的特点,即在这类句子中不容许句法时间平面的分隔。因此主、从部动词谓语或是同一时间的形式,或是按时间接触的原则成形,也就是排斥将来时形式与过去

---

① 《Грамматика современного русского литературного языка》, М., 1970. с. 727.

时形式的组合。"① 由此可见,在时间句中或是主、从句时间平面的重合,即同一时间平面上发生的行为;或是主、从句不同时间平面的直接接触,即一个跟着一个不同时间平面上发生的两个行为。总之,时间句中主、从句的时间平面不能分隔,它们之间不能有任何间隙。这就是时间句中主、从句谓语时体对应必须遵循的规律。

когда 连接的时间句也不例外。如果在这类时间句中两行为在时间平面上不重合,没有直接接触,则不能用 когда 来连接。否则,句子就无法理解,因此不可以说 когда мать пришла, ребёнок успокоится; когда все будут вставать, он улёгся 等。

总之,在 когда 连接的时间句中,两个行为在时间平面上一定要有直接接触,时间平面之间不容许有任何间隙。

在 когда 连接的时间句中主、从句动词谓语时体的对应组合可以有 25 种可能性。根据上述规律,它们有以下三种情况:

1) 无条件的对应组合

这类对应组合表示的行为在时间平面上可以直接接触,不需要借助其他手段。因此称它们为无条件的对应组合。

无条件的对应组合是动词谓语的同一时间形式的各种对应组合:或是未完成体的同一时间形式,通常表示全部同时关系;或是不同体的同一时间形式,通常表示部分同时关系;或是完成体的同一时间形式,通常表示在后关系。这类对应组合共有 9 对(参看本节 II.A.2),具体有:

从句谓语	主句谓语
未完成体过去时	未完成体过去时 完成体过去时
完成体过去时	未完成体过去时 完成体过去时
未完成体现在时	未完成体现在时
未完成体将来时	未完成体将来时 完成体将来时
完成体将来时	未完成体将来时 完成体将来时

---

① 《Русская грамматика》, Т.2, М., 1980, с.542.

2) 有条件的对应组合

这类对应组合表示的行为在时间平面上不能直接接触，但是借助其他手段可促使两个行为在时间平面上的接触，不留间隙。所以它们是有条件的，被称为有条件的对应组合。

有条件的对应组合是动词谓语不同时间形式的对应组合。由于主、从句谓语用的是不同的时间形式，因此两个行为在时间平面上不能直接接触，它们之间有间隙。这类对应组合在实践语言中通常不能运用，只有加上一定的条件，如借助适当的时间状语、句法时间的转义运用等，才有可能使行为的不同时间平面接触起来。例如：Когда устал, смените меня 的句子中，从句表示的是说话前已经发生的行为，而主句表示的却是潜在的将来发生的行为。这两个行为在时间平面上没有接她，它们之间有一个间隙。因此感受者对这样的句子无法理解。但是，如果在主句中加上时间状语 теперь，如 Теперь, **когда** я устал, смените меня〔现在，当我很累的时候，请您替换我〕，则就可使人理解，在实践语言中可以运用。这主要因为 теперь 把已经发生的行为和即将发生的行为在时间平面上连结起来。《1970 年语法》指出："如果句中没有 теперь 这个词，两个部分的组合是不可能的。"① 由此可见，теперь 这个条件是这类时间句所必需的。

这类对应组合共有 13 对。根据其运用手段的不同又可分为以下两种情况：

(1) 主句中加时间状语 теперь, сейчас 等

在现代俄语中时间副词 теперь, сейчас 的特点是它们本身没有明确的时间概念，既可能是较短的时刻，又可能是较长的时期。因此句子的时间概念一般不是通过它们来表达的，而是通过句中动词谓语的时间形式来确定的。鉴于 0 这一特点它们可以容纳说话前、说话当时存在的或说话后可能存在的行为。例如 Он сейчас диссертацию защитил〔他刚才进行了论文答辩〕；Теперь мы переселились в другой город〔现在我们迁居另一城市了〕— Сейчас я пишу письмо〔现在我在写信〕；Чем он теперь занимается?〔现在他在做什么?〕— Теперь он будет хорошо работать〔现在他将好好工作〕；Сейчас я приду〔我马上就来〕等。此外，还有一些时间副词，утром, вечером, ночью, весной, летом 等以及某些具有时间意义的前置词—名词组合 под вечером, перед зарёй 等也具有

---

① 《Грамматика современного русского литературного языка》, М., 1970. с. 727.

这一特点。

正因为这些时间状语可以容纳各种不同的时间平面，所以不同时间发生的行为通过它们就有可能在时间平面上连结起来，使时间平面之间不留间隙。

这一类型的对应组合共有 10 对，具体有：

在这一组对应组合中，从句谓语用的未完成体过去时或完成体过去时形式都必须具有行为已经完成，但其结果继续存在的意义。未完成体过去时形式具有这种意义的动词为数很少，通常有 видеть，слышать 等表示感受意义的动词。时间状语 теперь 等把从句中过去发生的行为结果与主句中现在或将来发生的行为连结起来，构成同时关系。例如：

从句谓语	主句谓语
未完成体过去时	未完成体现在时
	未完成体将来时
	完成体将来时
完成体过去时	未完成体现在时
	未完成体将来时
	完成体将来时

① Теперь **когда** я видел это своими глазами, случившееся представляется мне в ином свете.

② Теперь, **когда** я видел этого человека, я буду с уверенностью защищать его.

③ Теперь, **когда** вот уже целый месяц не выпадали дожди, урожай, наверное, погибнет.

④ Старые рабочие прямо говорят: на хозяина работали лучше, на капиталиста работали исправнее, а теперь, **когда** мы сами стали хозяевами, этому нет оправдания. (Н. Островский)

⑤ Даже теперь, **когда** все опасности миновали, я буду приходить к вам.

⑥ Теперь, **когда** мать пришла, ребёнок успокоится.

在这组对应组合中，теперь 等的时间状语把主、从句不同时间平面发生的行为连结起来。它们使从句谓语的未完成体现在时扩展为从过去到说话时刻的一个持续的过程，而主句谓语的未完成体或完成体过去时表示已经发生的行为，与从句行为过程中的某一段或某一点在时间上吻合，构成部分同时关系。例如：

从句谓语	主句谓语
未完成体现在时	未完成体过去时 完成体过去时

① Дерево нужно пересаживать, когда оно спит: или рано весной, или поздно осенью. А я этого не знал и пересаживал летом, **когда** дерево растёт.（П. Кондратов）

② Потом был Алгатов на Невском проспекте под вечер, **когда** на нём всё кипит и бурлит. （М. Пришвин）

③ Сейчас, **когда** мы сидим тут, он дважды пробегал мимо нас по коридору.

④ Каким, должно быть, жестоким холодом отозвался в сердце матери этот эгоизм дочери—теперь, **когда** нет отца, **когда** мать так одинока! （А. Фадеев）

从句谓语	主句谓语
未完成体现在时	未完成体将来时 完成体将来时

在这组对应组合中，теперь 等时间状语使从句谓语的未完成体现在时表示从说话时刻扩展到将来的一个持续的行为过程，而主句谓语的未完成体或完成体将来时表示主句行为发生在从句行为过程中的某一段或某一点，构成部分同时关系。例如：

① Вторым делом, насчёт житья своего решил так: ночью, **когда** люди, звери, птицы и рыбы спят—он будет моцион делать... （М. Салтыков-Щедрин）

② Теперь, **когда** он работает у нас, я буду часто с ним встречаться.

③ Теперь, **когда** он регулярно посещает занятия, он быстро догонит остальных.

④ Теперь, **когда** до отъезда остаётся всего один день, я не зайду к тебе.

这 10 对对应组合在口语中，特别是当从句谓语用具有行为已经完成而其结果继续存在的意义的完成体过去时形式，主句谓语用未完成体现在时形式时，теперь 等时间状语有时也可省略不用。例如：

① Папа, ты сам приказал послать за доктором Астровым, а **когда** он приехал, ты отказываешься принять его. (А. Чехов)

② Итак, **когда** женщина избрала писателя, которого она желает заполонить, она осаждает его посредством комплиментов, любезностей и угождений... (А. Чехов)

(2) 主、从句动词谓语句法时间的转义运用

句法时间的转义运用是在上下文的条件下动词的词法形式所表达的，与该动词形式的词法意义不相适应的时间意义。例如在一定的上下文中用动词现在时，既可表示即将发生的行为(Завтра я еду〔明天我去〕)，又可表示已经发生的行为(Иду я вчера по улице, вдруг...〔昨天我在街上走时，突然间……〕)。

时间句中句法时间的转义运用就有可能使主、从句谓语的不同时间形式表示的行为在句法时间上接触起来。例如 **Когда** гадюка укусит, яд стекает через эти зубы прямо в ранки〔每当蝮蛇咬人后，毒液通过它的牙齿直接注入伤口〕这个句子，如果从词法时间来看，主、从句行为不仅在时间平面上不能接触，而且在逻辑上也是矛盾的。但是，如果借助句法时间的转义运用这个手段，即从句谓语的完成体将来时形式表示总是发生在另一行为之前的经常性行为，则主、从句的行为在时间平面上就可直接接触，表示一个接着一个的在后关系。

这类对应组合共有 10 对，其中有 7 对既可借助于加时间状语的手段，又可运用句法时间转义运用的手段。这类对应组合具体有以下两种情况：

a. 未完成体现在时形式句法时间的转义运用

维诺格拉多夫指出："当时间背景发生主观变化时，未完成体现在时形式可以用来描写过去时。它的用途是把过去的事实叙述成仿佛是在说话的时刻在听者或读者眼前完成的事实一样。"[①] 由此可见，未完成体现在时为了把故事描绘得生动，可用作现在时。这种现在时叫做历史现在时。这组对应组合共有 4 对，具体有：

从句谓语	主句谓语
未完成体过去时	未完成体现在时
完成体过去时	

---

① В. В. Виноградов,《Русский язык》, Учпедгиз, 1947, с. 572—573.

从句谓语的未完成体或完成体过去时是句子的时间背景，主句谓语的未完成体现在时是历史现在时。主句谓语用的动词有所限制，只能用具有 aористическое значение 的动词，如 слышать, видеть, говорить, подходить, останавливать 等。通常不能用具有状态意义的动词，因为它们不具有 aористическое значение 在这组对应组合中，如从句谓语是未完成体过去时，则表示主句行为发生在从句行为过程中的部分同时关系，如从句谓语是完成体动词，则表示在后关系。例如：

① **Когда** я проходил мимо, слышу, он плачет.
② **Когда** Маша проходила мимо него, он вдруг останавливает её и шепчет что-то.
③ **Когда** дождь перестал, Вайткус и говорит:«Пойдём теперь заберем куртки». (М. Слуцкис)
④ **Когда** я вошёл в комнату, вижу, он стоит у окна.

从句谓语	主句谓语
未完成体现在时	未完成体过去时 完成体过去时

主句谓语的未完成体或完成体过去时是句子的时间背景，而从句谓语的未完成体现在时是历史现在时，从而与主句谓语的未完成体过去时构成同时关系，与主句谓语的完成体过去时构成部分同时关系。例如：

① Время текло, как реке, и, как река, **когда** плывёшь посредине неё, оно представлялось замкнутым и не имеющим выхода. (В. Катаев)
② **Когда** глаза чистого человека устало останавливаются на нём, он, чуть приподнявшись, дотронулся рукою до шляпы и сказал, сквозь густые усы: —Добрый день, господин инженер. (М. Горький)

维诺格拉多夫在《俄语》一书中明确指出："在观念中的时刻和说话的时刻一致时，将来的行为也可以被主观认作是在实现着的。在这种情况下现在时形式表示实现行为的决心或最近将来的行为的潜在开始。"①这就是说,如果把将来时行为主观想象为已经在眼前实现着,则现在时可以表示将要发生的行为。这组对应组合共有 2 对,具体有:

从句谓语	主句谓语
未完成体将来时	未完成体现在时
完成体将来时	

从句谓语的未完成体或完成体将来时是句子的时间背景。主句谓语的未完成体现在时具有将来时的意义,通常要用具有运动意义的动词来表示。它与从句谓语的未完成体将来时构成部分同时关系,与从句谓语的完成体将来时构成在后关系。例如:

① **Когда** будем проплывать мимо деревни, я схожу на берег.

② **Когда** подплывем к нашей деревне, я схожу на берег.

б. 完成体将来时形式句法时间的转义运用

"完成体将来时也可出现在用现在时表示过去事件的叙述里,但它们专门用来表达重复的,每次都是瞬间或完成的行为。"②这就是说,完成体将来时可以表示过去反复发生的短促行为,每次都达到其内在的界限。这组对应组合共有 2 对,具体有:

从句谓语的未完成体现在时或过去时都表示过去多次反复发生的行为。句中有时可以有语气词 бывало。从句谓语与主句谓语的完成体将来时构成过去多次反复发生的在后关系。例如:

从句谓语	主句谓语
未完成体过去时	完成体将来时
未完成体现去时	

① **Когда** папа приходит с работы, он всегда сначала отдохнёт немного, а потом садится за чертежи для своего прибора или читает книжки. (Н. Носов)

---

① В. В. Виноградов, 《Русский язык》, Учпедгиз, 1947, с. 572.

② 《Свременный русский язык. Морфология》, Изд. МГУ, 1952, с. 298.

② Когда (бывало) начиналась гроза, мы сядем у окна и смотрим.

完成体将来时还可以"具有在另一个非一次完成的行为的每次出现之前的行为的意义"。① 这就是说,完成体将来时可表示总是发生在另一行为之前的经常性行为。这组对应组合共有 2 对,具体有:

从句谓语	主句谓语
完成体将来时	未完成体过去时
	未完成体现在时

主句谓语的未完成体过去时或现在时具有多次反复发生的行为的意义。句中有时可以有语气词 бывало 这组对应组合表示多次反复的在后关系。例如:

① **Когда** дядя Тихон изъездит его (поле) вдоль и поперёк, оно делалось чёрным и будто лоснилось. (И. Василенко)

② **А когда** поломается, бывало, машина, садились на коней и за сутки отмахивали вёрст по полтораста, уезжая на заре, и к ночи возвращались к Уральску. (Д. Фурманов)

③ **Когда** же отворим дверь в тёплую комнату, то все гда дует ветер низом со двора в комнату, а верхом дует из комнаты на двор. (Л. Толстой)

④ **Когда** стемнеет, в глубине балок загораются ярко огни электрических фонарей на улицах селений и приветливо светятся окна хат. (С. Покровский)

完成体将来时还可以"表示过去的某些迅速的、瞬间的行为突然和急速到来的意义"②。这时句中通常伴有语气词 как, да как, да и 等。这组对应组合共有 2 对,具体有:

从句谓语	主句谓语
未完成体过去时	完成体将来时
完成体过去时	

---

① 《Свременный русский язык. Морфология》, Изд. МГУ, 1952, с. 579.
② В. В. Виноградов, 《Русский язык》, Учпедгиз, 1947, с. 579—580.

这组对应组合中，如从句谓语是未完成体过去时，则表示部分同时关系，如是完成体过去时，则表示在后关系。例如：

① **Когда** я говорил ему об этом, он как вскочит.

② **Когда** я сказал ему об этом, он как закричит.

③ **Когда** я подошёл к ней, она как раскроет глаза и уставится на меня.

3) 无法组成的对应组合

有 3 对对应组合（即 когда ＋未完成体将来时，未完成体过去时；когда ＋未完成体将来时，完成体过去时；когда ＋完成体将来时，完成体过去时）表示的行为在时间平面上通常无法接触，因此一般情况下在实践语言中无法运用。正如《1970 年语法》所指出的那样，在 когда 连接的时间句中"将来时与过去时的组合是不可能的"。[①]

Б. 连接词 как

连接词 как 带有俗语和口语色彩。它通常可表示以下几种时间关系：

1. 同时或部分同时关系

这时连接词 как 与连接词 когда 同义。表示同时关系时，主、从句谓语用未完成体同一时间的形式。表示部分同时关系时，主、从句谓语通常用不同体的同一时间形式。例如：

① **Как** он подходил к тому селению, то уже осуждённого вели к наказанию.

② Значит, вы обо мне думали-с, **как** почивать ложились. (А. Островский)

③ **Как** внука долго нет дома, старушка беспокоится.

④ Другие девушки плачут, Юленька, **как** замуж идут... (А. Островский)

⑤ Слуга, поскакавший за ним, воротился, **как** ещё сидели за столом. (А. Пушкин)

⑥ **Как** давеча вы с Лизой были здесь, перепугал меня ваш голос чрезвычайно. (А. Грибоедов)

⑦ Дед мой находился тогда в службе, **как** она умерла.

⑧ Пели петухи и было уже светло, **как** достигли они Жадрина. (А.

[①] 《Грамматика современного русского литературного языка》, М., 1970. с. 728.

Пушкин）

⑨ Мы и сами переедем, **как** потеплее будет, недели через три. （И. Гончаров）

⑩ Ну, что ж, граф Петр Кириплыч, **как** ополчёнье-то собирать будут, и вам придется на коня?... （Л. Толстой）

有时主、从句谓语也可用完成体将来时形式,表示多次重复发生的同时行为。例如：

① **Как** начнёт рассказывать, так животки надорвёшь от смеха. （М. Лермонтов）

② **Как** соловьи начнут согласно будить и кликать солнце красно-тогда меня разбудит стук Карет.（И. Крылов）

［注1］如果主句谓语用未完成体将来时形式,从句谓语用完成体将来时形式,则通常不表示部分同时关系,而表示在后关系。

［注2］为了明显地指出主句行为与从句行为过程中的某一瞬间相吻合,主句可以加上 в ту пору, в ту минуту, в ту самую минуту, в то самое время 等,使 как 所表示的总时间意义更为明确。例如：

① Слова эти неудобны для передачи **в ту минуту**, **как** делается последняя попытка к примирению.（Л. Толстой）

2. 在后关系

这时连接词 как 与连接词 когда 或 как только 同义,这类时间句通常用完成体同一时间的形式。有时主句句首可加 так 等词以强调主句行为紧接着从句行为的发生而发生。例如：

① Он, **как** пришёл домой., сразу прошёл в свою комнату и заперся на ключ.

② Мы, **как** пошёл дождь, сейчас же повернули домой,

③ **Как** получу зарплату, матери подарок куплю.

④ **Как** услышит об этом, станет ему жаль.

表示在后关系时,有时主句谓语可用未完成体过去时或将来时形式,从句谓语用完成体同一时间的形式。例如：

① **Как** родился в Петербурге, так и не выезжал никуда. (И. Гончаров)

② Вот **как** пройдёте красненький домичек, так на левой руке будет переулочек. (А. Чехов)

表示在后关系时,有时主句谓语可用未完成体现在时或完成体将来时形式,而从句谓语用完成体过去时形式。例如:

① Вот **как** прошла гроза, везде по деревне ручьи бегут. (Л. Толстой)

② А **как** немцы пришли, теперь уже не учусь... (А. Фадеев)

③ Бороду под генерала подстриг. Небось, думаешь, **как** обрезал под генерала, так тебе сразу дивизию дадут?

表示在后关系时,有时主句谓语可用未完成体过去时或现在时形式,从句谓语用完成体将来时形式。这时从句谓语的完成体将来时形式表示该行为多次重复发生在主句行为之前。例如:

① Карамзин наказывал немедля, **как** приедет в Париж, писать и прислать ему письма для печати. (А. Пушкин)

② **Как** вспомню о своей службе, то невольно выхожу из себя. (Л. Толстой)

③ **Как** пойдут ясные дни, то и длятся недели три-четыре. (И. Гончаров)

④ А **как** оглянусь я сейчас на свою жизнь—вижу, в чём моя ошибка, и вижу, что не сегодння я её сделал. (А. Фадеев)

表示在后关系时,有时主、从句谓语可用未完成体过去时或现在时形式,表示多次重复发生的先后行为。例如:

① К поэту летал соловей по ночам, **как** в небе луна выплывала. (Н. Некрасов)

[注1] как + 具有时间意义的名词第一格, так... 的结构,表示 как 连接的部分所述的某一时间一到来,主句行为紧接着发生。例如:

① **Как** полная луна, так он заснуть не мог. (Л. Толстой)

— 一到月圆.他就不能入睡。

② **Как** зима, так я голоден, болен, встревожен. (А. Чехов)

— 一到冬天,我就挨饿、生病,惊慌不安。

[注2] как 连接的时间句中，从句位于主句之后时，连接词 как 有时与 с тех пор как 同义。例如：

① Прошло два года, **как** мы познакомились.

我们认识以来已经有两年了。

② Вот уж две недели, **как** я живу в деревне.

我住在农村已经有两个星期了。

③ Мы здесь живём, **как** завод перевели в город.

工厂搬到城里时起，我们就住在这里了。

在这类结构中，如第一部分是具有时间段落意义的名词，则出现了丧失述谓性逐渐向状语过渡的趋向。例如：

① Уже шесть лет **как** не идёт спектакль.

已经有六年不上演戏剧了。

② Она два месяца **как** уехала.

她走了已经有两个月了。

3. 在前关系

这时 как 与连接词 перед тем как 等同义。例如：

① ... **как** приезжать ему, так она и вон из дому.

② **Как** идти мне сюда, я у себя в спальне помолилась, на всякий случай.

（А. Островский）

③ Обязательно пообедай, **как** в школу идти.

④ Поработай в огороде, **как** выйдет солнце.

B. 连接词 пока

与连接词 пока 同义的有 покамест(俗和旧), покуда(俗), покудова(俗), доколь(旧), поколь(旧)等。

1. 主从句行为的同时关系

1) 主、从句行为同时存在

пока 表示的同时关系与 когда 表示的同时关系在语义上有所不同：前者强

调主句行为发生的时间是以从句行为发生的起讫点为界限的，而后者只表示两行为的同时存在。试比较：Я не видел конец передачи: я смотрел телевизор, **пока** брат писал сочинение, а потом мы пошли вместе гулять〔我没有看电视节目的结尾，因为弟弟在做作文的时候，我在看电视，而后来我们两个一起去散步了〕和 Я не знаю, как брат писал сочинение: **когда** он писал, я смотрел телевизор〔我不知道弟弟的作文是怎样写的，因为在他做作文的时候，我正在看电视〕。前一句强调我看电视的时间是以弟弟做作文的时间为界限的，也就是弟弟做作文多长时间，我看电视就多长时间，两行为在时间上完全吻合。而后一句只表示弟弟做作文的时候，我正在看电视，并不强调两行为在时间上的完全吻合。

根据主、从句行为同时存在的情况，可分为全部同时关系和部分同时关系。前者是主、从句行为的存在在时间上完全吻合，即主句行为发生的时间以从句行为发生的时间为界限。后者是指主句行为发生的时间只与从句行为发生的时间段落中的部分时间吻合。这类时间句通常可译为"当……时候""趁……时候"。

在这类时间句中，主、从句谓语的时体对应关系如下：

（1）表示全部同时关系时，主、从句谓语用未完成体同一时间的形式。

从句谓语	主句谓语
未完成体过去时	未完成体过去时
未完成体现在时	未完成体现在时
未完成体将来时	未完成体将来时

① **Пока** я спал, шёл дождь.

② **Пока** Володя читал, его сестра внимательно наблюдала за ним.

③ ... **пока** дядя Терень сбрасывает с себя мокрую одежду, (Жданов) достает из сундука свою и даёт старику. (Б. Горбатов)

④ **Пока** существует капиталистический империализм, по-прежнему сохраняют свою силу и законы капитализма.

⑤ Я сам учился всю жизнь, продолжаю учиться и сейчас, буду учиться, **пока** будет хрататать на это моих сил. (Н. Зелинский)

⑥ Я буду в институте, **пока** мои студенты будут сдавать экзамен.

表示全部同时关系时，主、从句谓语可用完成体动词同一时间的形式。这类对应关系表示主句行为在为实现从句行为所需时间的全部期限中完成,从句通常可回答 за какое время? 的问题。

从句谓语	主句谓语
完成体过去时	完成体过去时
完成体将来时	完成体将来时

① **Пока** я сделал уроки, братишка исписал целую тетрадь.

② **Покуда** нашла автомобиль, промочила ноги.

③ **Пока** вы купите билеты, я позвоню маме.

④ Подежурю на улице, **пока** соберутся. (А. Фадееев)

从句谓语	主句谓语
完成体将来时单数第二人称	完成体将来时单数第二人称

① На полках у них такой беспорядок, что каждый раз, **пока** найдёшь нужную книгу, потеряешь всякий интерес к ней.

② В сильные дожди, **пока** добежишь до дома, промокнёшь до нитки.

③ **Пока** напишешь статью, перечитаешь и просмотришь ворох книг.

在这种类型的时间句中,有时主句也可用人称句,但其谓语必须用完成体将来时形式。例如:

① В сильные морозы, **пока** дождёшься автобуса, ноги замёрзнут.

(3) 表示部分同时关系时,从句谓语用未完成体动词,主句谓语用完成体动词同一时间的形式。

从句谓语	主句谓语
未完成体过去时	完成体过去时
未完成体将来时	完成体将来时

① **Пока** я пел, кот Васька все жаркое съел. (И. Крылов)

② Насилу мы его нашли, но, **пока** искали, потерялись те три шеста, которые уже были найдены. (Н. Носов)

③ **Пока** он будет лезть, они его застрелят из винтовки. (В. Катаев)

④ Слепительный милиционер придержит поток машин, **пока** шествие будет перебираться через перекрёсток. (Л. Леонов)

这类时间句如表示多次重复的行为,则主句谓语要用未完成体动词。例如:

① Каждый день, **пока** жена готовила завтрак, Данилов выходил в огород.

[注1] 有时主句谓语也可用运动动词 ходить, носить, водить 等加前缀构成未完成体过去时形式,表示往返的行为,与从句谓语的未完成体过去时形式构成部分同时关系。例如:

① **Пока** пили кофе, несколько раз в кофейню заходили уличные торговцы и предлагали иностранцам свои товары. (В. Катаев)

② **Пока** ели, приходил наверх повар Никанор справиться, что гости желают к обеду. (А. Чехов)

[注2] 有时从句谓语也可用带有时间界限的前缀(如 по-, про- 等)的完成体动词,与主句谓语的完成体动词同一时间的形式构成部分同时关系,表示主句行为在从句行为过程中的某一段时间内完成。例如:

① **Пока** я посидел дома, он успел сбегать на почту.

② **Пока** я почитал газету, мать приготовила ужин.

(4) 表示部分同时关系时,从句用未完成体现在时形式,主句谓语用未完成体、完成体过去时形式。这时从句谓语的未完成体现在时形式表示从过去到说话时刻的一个持续的行为过程;而主句谓语的未完成体、完成体过去时形式,表示主句行为已经发生,与从句行为过程中的某一段或某一点在时间上吻合,构成部分同时关系。

从句谓语	主句谓语
未完成体现在时	未完成体过去时 完成体过去时

① Вот и сейчас: **пока** мы сидим тут, он дважды пробежал мимо нас по коридору.

② Но именно сейчас, **пока** он здесь, в этом большом и тихом доме, его могли накрыть. (Н. Островский)

(5) 表示部分同时关系时,从句谓语用现在时形式,主句谓语用未完成体、完成体将来时形式。这时从句中的现在时形式,表示行为从说话时刻扩展到将来的一个持续过程;而主句中的未完成体、完成体将来时形式,表示主句行为即将发生,与从句行为过程中的某一段或某一点在时间的吻合,构成部分同时关系。

从句谓语	主句谓语
未完成体现在时	未完成体将来时 完成体将来时

① **Пока** сила есть, бастовать будут. (А. Фадеев)

② Будем с тобой контру здесь душить, **пока** на фронт у тебя сил нет. (Н. Островский)

③ Отец у него почтальон, а почтальон, **пока** из дома в дом ходит, мало ли чего наслушается. (А. Гайдар)

④ **Пока** ты раздумываешь, идти или не идти в кино, я посмотрю, что идёт в нашем кинотеатре.

(6) 表示全部同时关系或部分同时关系时,从句谓语用未完成体现在时或将来时形式,主句谓语用未完成体或完成体的命令式。

从句谓语	主句谓语
未完成体现在时或将来时	未完成体命令式 完成体命令式

① Трудись, **покамест** служат руки. (Н. Некрасов)

② А что? Хорошие деньги. Берите, **пока** дают. (В. Катаев)

③ А менн кормите и пойте, **покуда** буду жить, и погребите кости мои, когда умру и переселюсь в вечность. (А. Болотов)

④ Поживи у нас, **пока** родители отдыхают на юге.

⑤ Запиши адрес, **пока** ты помнишь его.

⑥ Вот и поговорим, товарищи, **пока** каша варится. (Л. Леонов)

[注] пока 连接的这类时句从句中如有 не,则是否定语气词,译成汉语时应

将其否定意义译出来。例如：

① Она колебалась, **пока** сама себя не знала. (Л. Толстой)

她自己还不了解自己的时候，曾经动摇过。

② За пятнадцать дней, **пока** его здесь не било, увлечение выросло в настоящее чувство, какого она еще не ведала. (В. Ажаев)

他不在这里的15天里，爱慕之心变为她还未感受过的那种真正的爱情。

③ **Пока** отец не приходил, Серёжка сел к столу, играя ножичком, и стал думать. (Л. Толстой)

父亲没有回来的时候，谢廖沙坐到桌子跟前，摆弄小刀，开始思考起来。

④ **Пока** никто не мешает, можно прокатиться верхом. (А. Бикчентаев)

谁也不来打搅的时候，可以骑马兜兜风。

2) 从句行为的结果与主句行为同时存在

这类时间句表示从句行为先于主句行为发生，并达到其内在的界限，但其结果状态继续存在，与主句行为构成同时关系。通常可译为"当……时候""趁……一时"。如 Идите, **пока** он не вернулся〔趁他还没有回来的时候，你们走吧〕这个句子中，"他还没有回来"发生在"你们走吧"之前，而"他还没有回来"行为结果的状态继续存在，一直延续到"你们走吧"这一行为的发生，并与它构成同时关系。

在这类时间句中，从句谓语既可用具有结果存在意义（перфектное значение）的完成体过去时形式，又可用具有持续意义的否定语气词 не 加完成体过去时形式。主句谓语通常可用未完成体、完成体陈述式的各种时间形式或命令式，但用完成体的为数较多。其时体对应关系是：

从句谓语	主句谓语
完成体过去时	未完成体、完成体过去时
	未完成体现在时
	未完成体、完成体将来时
	示完成体、完成体命令式

① **Пока** дождь прекратился, они ушли.

② В избу, **пока** не переехали на новую квартиру, вселился небывалый порядок. (Л. Леонов)

③ **Пока** путь осветили, продвигаемся вперёд.

④ ...а надо идти, **пока** не стемнело, в город, на барахолку и продавать пальто. (В. Катаев)

⑤ **Пока** перо не вывалилось из пальцев, я буду по-своему защищать революцию от врагов. (Л. Рахманов)

⑥ Я побегу, **пока** не рассвело. (А. Фадеев)

⑦ Молчи, **пока** глотку не заткнули! (А. Фадеев)

⑧ Примите меры, **пока** его не отчислили.

在这类时间句的从句中，如有 не，则是否定语气词。译成汉语时应将其否定意义译出来。试比较：

① Бежим, **пока** не осветили путь.

趁路还没有被照亮的时候，让我们跑吧！

② Бежим, **пока** осветили путь.

趁路被照亮的时候，让我们跑吧！

[注]《1954 年语法》明确指出：Идёмте, **пока** нас **не** сшибли...（А. Фадеев）这类时间句是由连接词 пока 和丧失否定意义的语气词 не 构成的复合连接词 пока не 连接的，表示从句行为的发生中断或终止主句的行为。因此它把这类时间句与 Идёмте, **пока** нас **не** сшибут〔我们走吧，一直到我们被撞倒为止〕归为同一类型。① 甚至有些语法著作（如莫斯科大学出版的《复合句》）认为，Здесь можно заниматься, **пока не** пришли студенты 和 Здесь можно заниматься, **пока не** придут студенты 可以互相转换，语义基本不变。②

这一看法被许多语法学家所接受，因此在苏联语法学界广为流传。但是，这一看法也有其自相矛盾之处。在这里冒昧提出来，供学者们商讨。

如果这两类句子同属一个类型，表示从句行为中断主句行为延续的界限，那就可以在这些句子的主句中加上具有界限意义的指示词 до тех пор, до того времени 等。但是，事实是，前一类句子中通常无法加这类指示词，而后一类句子却可以，如 Идёмте **до тех пор**, **пока** нас не сшибут；Здесь можно заниматься

---

① 《Грамматика русского языка》, Т. 2, Ч. 2, М., 1954, с. 309.

② 《Сложное предложение》, Под редакцией С. А. Шуваловой, МГУ, 1983, с. 155.

до тех пор，**пока** не придут студенты。这恰好说明前一类句子的语义与指示词所具有的界限意义格格不入，在逻辑概念上有矛盾。由此可见，这两类句子在语义上并不同义。

米海依洛夫在《带连接词 пока 的从句》一文中指出，这类时间句由连接词 пока 连接，语气词 не 具有否定意义。这时连接词 пока 与 прежде чем 的语义相近，其"界限意义减弱，一行为发生在另一行为以前的意义加强"。①

米海依洛夫的这一观点也有值得商榷的地方。既然这类时间句由连接词 пока 连接，否定语气词 не 就不可能是这类句子的结构要素。由此可以推论：这类时间句的从句中否定语气词 не 的有无并不影响其分类，尽管对于这一点米海依洛夫文章中没有涉及。于是这就出现了矛盾：在从句不带 не 的这类时间句中，不表示主句行为发生在从句行为之前者为数也不少。例如：

① Студенты отдыхают，**пока** их распустили на каникулы.

② А **пока** полегла над хутором ночь, наверное, один Кондрат Майдаников не спит во всём Гремячем. (М. Шолохов)

综上所述可以清楚地看出：这类时间句既不表示从句行为的发生中断或终止主句的行为，又不表示主句行为发生在从句行为之前，而表示从句行为的结果与主句行为构成同时关系。

2. 主从句行为的在前关系

目前在苏联语法学界占统治地位的意见是，连接词 пока 表达在前关系时，复合连接词 пока не 在表达在前关系的同时兼有从句行为指出主句行为界限的意义。他们认为，连接词 пока 与失去否定意义的语气词 не 已构成复合连接词 пока не。《1954 年语法》指出："为表达这个和那个意义，从句借助于连接词 пока（покамест）和必需使用的语气词 не 与主句联系。因为在这种情况下该语气词是必需的，并在这里已失去其通常的否定意义，所以可以说，在现代俄语中已构成复合连接词 пока не。"②《1980 年语法》与这一看法类似。它认为 пока не 是复合连接词，"语气词 не 是该连接词本身的结构要素，不论其对连接词第一部的位

---

① М. М. Михайлов, "Придаточные предложения с союзом 'пока'". 《РЯШ》, 1952, No. 6
② 《Грамматика русского языка》, Т. 2, Ч. 2, М., 1954, с. 309.

第五章 主从复合句

置如何,没有否定意义。"①

与上述意见针锋相对的是苏联语法学家尼基季娜的看法。她在"带连接词 пока 和否定语气词 не 的时间从句的类型"中提出:"没有任何理由可以说在现代俄语中已形成复合连接词 пока не",因为在 пока 表达在前关系的句子里,语气词 не 始终保持其否定意义。②

在这类时间句中,决定 не 是否成为复合连接词组成部分的关键是,не 是否具有否定意义。从收集到的大量例句中可以看出:在这类时间句的从句中,如有 не 则都含有否定意义,绝无例外。这些例句大致可分为以下两类:

大多数例句是,带 не 的从句与不带 не 的构成同义现象。因此不少语法学家就以此来证明 не 已丧失否定意义。这种看法值得商榷。因为带 не 的从句与不带 не 的构成同义现象,这并不等于 не 已丧失否定意义。如 Сиди здесь, **пока** я не приду〔在我没有回来以前,你就坐在这里吧!〕和 Сиди здесь, **пока** я приду〔在我回来以前,你就坐在这里吧!〕,尽管"在我没有回来以前"和"在我回来以前"是同义现象,但是前一句中的 не 仍有其否定意义。类似这样的现象在现代俄语中也不是绝无仅有的。试比较:

① Товарищ водитель, я вчера оставила в автобусе зонтик. Вы его видели?
司机同志,昨天我把伞忘在汽车里了,您看到了吗?

② Товарищ водитель, я вчера оставила в автобусе зонтик. Вы его не видели?
司机同志,昨天我把伞忘在汽车里了,您看到了没有?

少数例句是,从句中或有强调否定语气的否定语气词 ни、否定副词 никогда、否定代词 ничто, никто 等,或有其他否定词(如 нельзя)组成的谓语。这时从句中的 не 明显地具有否定意义,对此无论哪一位语法学家都是无法否认的。例如:

① Викторас глотал, **пока** в бутылке не осталось ни капли. (М. Слуцкис)
维克托拉斯把瓶中的水喝得一滴不剩。

② Задача комсомола—бить немецко-фашистских захватчиков, **пока** не

---

① 《Русская грамматика》, Т. 2, М., 1980, с. 550.

② Э. Г. Никитина, "Типы временных придаточных предложений с союзом 'пока' и отрицательной частицей 'не'", 《ФН》, 1964г. No. 2.

останется ни одного. (А. Фадеев)

共青团的任务是打击德国法西斯侵略者,直到一个也不剩。

③ Захар, беззлобно посмеиваясь про себя, докурил **до поры, пока** уже нельзя было держать цигарку... (П. Проскурин)

扎哈尔边温厚地窃笑自己,边抽烟,直抽到无法叼住卷烟为止……

既然从句中的 не 都具有否定意义,是否定语气词,那它就无法与连接词 пока 构成一个整体,成为复合连接词的组成部分。

此外,还必须指出,当 пока 表示在前关系时,带 не 的从句虽然与不带 не 的构成同义现象,但是它们之间在语义上的细微差别依然存在。试比较:

① Все остались, **пока** закончили работу.

在结束工作以前,大家都留了下来。

② Все остались, **пока** не закончили работу.

在没有结束工作以前,大家都留了来,直到结束工作。

在前一句的从句中只有一个由动词谓语表示的现实存在的行为,即 закончили работу。整个句子表示在结束工作以前大家都留了下来。后一句的从句中,由于 не 的存在,因此有由同一个动词谓语表示的,意义上相互对立的两个行为:现实存在的行为(не закончили работу)和替代它的现实中不存在的行为(закончат работу)。这两个行为依次与主句发生关系,表示在没有结束工作以前大家都留了下来,直到结束工作为止。这主要因为从句中的语气词 не 既具有否定意义,又具有一行为中断或终止另一行为的意义。

综上所述可以清楚地看出,пока 连接的时间句在表达在前关系时,有两种基本类型:1. 单纯表达在前关系,这时从句中没有否定语气词 не,通常可译为"在……以前"或"等到……时";2. 在表达在前关系的同时兼有从句行为指出主句行为界限的意义,这时从句中有否定语气词 не,通常可译为"在尚未……以前"或"一直到……时候为止"。

在这两种基本类型中,主句中有时可加指示词 до тех пор, до того времени 等与从句呼应。这两种类型主、从句谓语的时体对应关系基本一致,通常是,从句谓语用完成体动词,主句谓语既可用未完成体动词,又可用完成体动词。但是在在前关系兼有界限意义的时间句中,由于从句行为中断或终止主句的持续行为,因此主句行为通常具有持续意义,多半用未完成体动词表示。

[注] 在前关系兼有界限意义的时间句中，主句谓语用完成体动词表示的大致有以下几种情况：

当主句谓语由限制延续意义的动词（如带有时间界限的前缀 по-, про- 等的动词）表示时。例如：

① Они почитают, **пока** он не придёт.

② Леонтьев постоял, **пока** не стихли голоса женщин, и свернул к себе на кордон. (К. Паустовский)

③ ...они молча просидели в камере еще некоторое время, **пока** немцы не перевязали всех заключённых. (А. Фадеев)

④ И три ночи после этого пролежал он с товарищем в кукурузе, **пока** голод не выгнал их на дорогу. (Б. Горбатов)

当主句中有延续意义的状语时。例如：

① Валько несколько раз повторил адрес Олега, **пока** не затердил. (А. Фадеев)

② Ваня два раза упал, **пока** не дотащил его брата к окну. (Л. Толстой)

③ Он сел за чай надолго, **пока** весь самовар не выпил. (М. Пришвин)

3. 当主句谓语用结果存在意义 (перфектное значение) 的完成体动词过去时形式表示时。例如：

① Я остался здесь **до тех пор**, **пока** он не вернётся.

② Маша отправила ее в деревню, **пока** не наладит свои дела.

③ ...... заговорил Санка жарко и торопливо, **пока** не окрикнули, не оборвали. (Л. Леонов)

4. 当主句是否定结构时。这是因为否定致使完成体动词增添了延续的意义。例如：

① Он не сел за работу, **пока** совсем не стемнело.

② И я отсюда никуда не уйду, **пока** меня не отправят в Хвалынск. (К. Федин)

③ Не дам вам есть, **пока** не заплатите за прежнее. （Н. Гоголь）

这两种类型主、从句谓语的时体对应关系如下：

1）从句谓语用完成体过去时、将来时形式，主句谓语用未完成体或完成体同一时间的形式：

从句谓语	主句谓语
完成体过去时	未完成体过去时
	完成体过去时
完成体将来时	未完成体将来时
	完成体将来时

① Студенты занимались спортом, **пока** их распустили на каникулы.

② **Пока** я добился от него ответа, я измучился.

③ Буду звонить, **пока** отопрут.

④ Но **пока** мы дойдём, начнётся второе отделение. （В. Ажаев）

⑤ Из строя он не уходил, **пока** не иссяли силы. （Н. Островский）

⑥ Он два раза проехал с своим возом по двору, **покамест** не нашёл хату.

⑦ Так и я — буду беречься, **пока** не потеряю последние силы. （И. Василенко）

⑧ Пробудем там **до тех пор**, **пока** дело не пойдёт полным ходом. （В. Ажаев）

在单纯在前关系的时间句中，如表示多次重复发生的行为，则主、从句谓语都用具有泛指意义的完成体将来时单数第二人称形式。主句中通常有表示多次重复意义的状语。

从句谓语	主句谓语
完成体将来时单数第二人称	完成体将来时单数第二人称

① В сильные дожди, **пока** добежишь до дома, **промокнёшь до нитки.**

② **Пока** напишешь статью, **перечитаешь и просмотришь ворох книг.**

在前关系兼有界限意义的时间句中，如表示多次重复发生的行为，主句中通常有表示多次重复意义的状语。其时体对应关系有以下 4 对：

从句谓语	主句谓语
未完成体过去时	未完成体过去时
未完成体现在时	未完成体现在时
未完成体将来时	未完成体将来时
完成体将来时	完成体将来时

① Он часто сидел у окна, **пока** не темнело.

② Когда нечего делать, мы начинаем скучать и скучаем **до тех пор**, **пока** не находим какого-нибудь дела. （Н. Носов）

③ Ежедневно его будут оставлять у сестры, **пока** за ним не будет приходить отец.

④ Бывало он заговорит о музыке и говорит о ней, **пока** кто-нибудь не прервёт его.

［注］如果 пока 连接的从句中没有否定语气词 не，主、从句谓语都用完成体动词同一时间的形式，则通常是，既可表达同时关系，又可表达在前关系。这只有在一定的上下文或语境中才能确定哪一种理解是正确的。例如：

① **Покуда** нашла автомобиль, промочила ноги.
她找到汽车时，她的脚已经湿透了。（在她找到汽车前，她的脚已经湿透了）。

② **Пока** приехали пожарные, пламя удалось потушить.
消防队到来的时候，火已被扑灭了（消防队到来之前，火已被扑灭了）。

③ **Пока** вы купите билеты, я позвоню маме.
您卖票的时候，我给妈妈打个电话（在您卖票以前，我给妈妈打个电话）。

④ Сколько птиц погибнет, **пока** стая долетит до тёплых краёв!
鸟群到达温暖地方的路上将死掉多少鸟啊（在鸟群到达温暖地方以前，将死掉多少鸟啊）!

2) 从句谓语用完成体将来时形式，主句谓语用未完成体或完成体过去时、未完成体现在时形式。

从句谓语	主句谓语
完成体将来时	未完成体过去时
	完成体过去时
	未完成体现在时

① Его оставляли у сестры, **пока** за ним придёт отец.

② На земляном полу электростанции временно, **пока** закончился постройки мастерской, расставили части и детали оборудования. (В. Ажаев)

③ Но я требую соблюдения внешних условий прличия, **пока** я приму меры (Л. Толстой)

④ Сын не писал нам и не давал своего адреса до тех пор, **покуда** не прославится.

⑤ Лягу спать и шепчу стихи, закрыв глаза, **пока** не засну. (М. Горький)

⑥ Она оставила его на вокзале, **пока** не навестит Катерину. (Л. Леонов)

3) 从句谓语用完成体将来时形式，主句谓语用未完成体或完成体命令式。

从句谓语	主句谓语
完成体将来时	未完成体命令式 完成体命令式

① Сиди здесь, никуда не уходи, **пока** я вернусь.

② Потерпи, отсидись, **пока** дуть перестанет. (В. Ажаев)

③ Иди по этой дороге прямо, **пока** не увидишь справа огромный дуб.

④ Почитай что-нибудь, **пока** мы не отправимся.

⑤ Поиграем, **пока** дети не заснут.

[注] 连接的时间句有时可带有条件意味，这时主句通常用 не 加完成体将来时形式或 не 加假定式形式，从句谓语用 не 加完成体将来时或过去时形式。例如：

① Ты не успокоишься, **пока** не добьёшься своей цели.

   不达到目的你就不会安心。

② Я спрячу тебя в этот корабль, и ты не выйдешь из него **до тех пор, пока** не настанет время, о котором говорил мой отец... (А. Чехов)

   我把你藏在这条船上。只要我父亲说起的那个时候还没有到来，你就不要从船里出来。

③ ...я бы не уходил с работы, **пока** не насытился ею. (Н. Островский)

只要不干够工作，我就不离开它。

3. 主从句谓语的时体对应规律

时间句中主、从句谓语时体对应的规律是，主、从句的时间平面不能分隔，它们之间不能有任何间隙。这就是说，或是主、从句时间平面的重合，即同一时间平面上发生的行为；或是主、从句不同时间平面的直接接触，即一时间平面上发生的行为直接转为另一时间平面上发生的行为。пока 连接的时间句的时体对应组合也必须遵循这一规律。

пока 连接的时间句中主、从句谓语时体对应组合共有 25 对可能性。根据上述规律，其中有 19 对组合的时间平面可以重合或直接接触，通常可以构成句子。它们具体可分为以下四种类型：

1) 同一时间平面上同一时间段落内发生的行为

(1) 同一句法时间的组合

这类组合是主、从句谓语用同一句法时间的组合，既可能是同一个体，表示句法时间的完全重合，即主、从句行为的全部同关系；又可能是不同的体，即从句谓语用未完成体动词，主句谓语用完成体动词，表示句法时间的部分重合，即主、从句行为的部分同时关系。这类对应组合共有 7 对，具体是：

从句谓语	主句谓语
未完成体过去时	未完成体过去时
未完成体现在时	未完成体现在时
未完成体将来时	未完成体将来时
完成体过去时	完成体过去时
完成体将来时	完成体将来时
未完成体过去时	完成体过去时
未完成体将来时	完成体将来时

例句参见本节 II. B. 中的 1。

(2) 不同句法时间的组合

这类对应组合是从句谓语用现在时形式,主句谓语用未完成体或完成体过去时、将来时形式。这时从句谓语的句法现在时具有扩展现在时意义,因此主句行为可以与其行为过程中的某一段或某一点吻合,构成部分同时关系。这类对应组合共有 4 对,它们是:

从句谓语	主句谓语
未完成体现在时	未完成体过去时
	完成体过去时
未完成体现在时	未完成体将来时
	完成体将来时

例句参见本节 II. B. 中的 1。

[注] 在这类对应组合的主句中有时可加时间状语 теперь, сейчас 等,但也可不加。когда 连接的时间句如遇这类对应组合,则时间状语 теперь, сейчас 等通常是该时间句所必需的结构要素(参看本节 II. A. 3.),如 Ночью, **когда** люди, звери, птицы и рыбы спят— он будет моцион делать...(М. Салтыков-Щедрин)〔晚上,人们、野兽、鸟雀和鱼群都睡觉的时候,他将出来散散步……〕。这两类时间句之所以在这方面存在着区别,主要因为连接 пока 和 когда 在语义上有差别。前者表达的同时关系兼有界限意义,即主句行为发生在从句行为起讫点的界限之内,因此在这类时间句中时间状语可加可不加。

2) 一时间平面上完成的行为,其结果扩展到该时间平面上的下一时间段落或另一时间平面上的行为

(1) 同一句法时间的组合

这类对应组合是从句谓语用结果存在意义的完成体过去时形式,主句谓语用未完成体或完成体过去时形式;表示一行为的结果扩展到同一时间平面上的下一时间段落,与该时间段落上发生的另一行为构成同时关系。这类对应组合共有 2 对,它们是:

从句谓语	主句谓语
完成体过去时	未完成体过去时
	完成体过去时

例句参见本节 II. B. 中的 1。

（2）不同句法时间的组合

这类对应组合是从句谓语用结果存在意义的完成体过去时形式,主句谓语用现在时或未完成体、完成体将来时形式；表示一行为的结果扩展到另一时间平面,与另一时间平面上发生的行为构成同时关系。这类对应组合共有 3 对,它们是：

从句谓语	主句谓语
完成体过去时	未完成体现在时 未完成体将来时 完成体将来时

例句参见本节 II. B. 中的 1。

3) 同一时间平面上一时间段落的行为转向另一时间段落的行为

这类对应组合是从句谓语用完成体过去时或将来时形式,主句谓语用未完成体、完成体过去时或将来时形式,表示同一时间平面上一时间段落的主句行为转向下一时间段落的从句行为,构成在前关系。这类对应组合中,从句谓语前既可加否定语气词 не,又可不加。它们共有 4 对,具体是：

从句谓语	主句谓语
完成体过去时	未完成体过去时 完成体过去时
完成体将来时	未完成体将来时 完成体将来时

例句参见本节 II. B. 中的 2。

4) 一时间平面上的行为转向另一时间平面上的行为 这类对应组合是从句谓语用完成体将来时形式,主句谓语用未完成体过去时、现在时或完成体过去时形式。这时主句谓语的这些动词形式必须具有行为持续的意义,从而与从句谓语表示的行为构成一时间平面转向另一时间平面的在前关系。在这类对应组合中,从句谓语既可加否定语气词 не,又可不加。它们共有 3 对,具体是：

例句参见本节 II. B. 中的 2。

从句谓语	主句谓语
完成体将来时	未完成体过去时
	未完成体现在时
	完成体过去时

除上述 19 对对应组合外,还有 6 对对应组合在通常的条件下不能运用。由于从句谓语用未完成体过去时或将来时形式,其句法时间很难转义运用,因此,如果主、从句谓语不是同一时间的形式,两个时间平面既不能重合,又不能直接接接触,它们之间有个间隙,在实践语言中通常不能运用。这 4 对对应组合是:

从句谓语	主句谓语
未完成体过去时	未完成体现在时
	未完成体将来时
	完成体将来时
未完成体将来时	未完成体过去时
	完成体过去时
	未完成体现在时

Г. 连接词 в то время(,)как

这类时间句通常用于书面语体中,表示主、从句行为的同时关系。

连接词 в то время как 既可以表示时间意义,连接时间句;又可表示对比意义,连接并列复合句。连接时间句时,从句或是主句行为的时间标志,或进一步确切主句中时间状语的内容。为了强调从句的时间意义,语调上 время 通常带有逻辑重音,время 之后要停顿,书写时在 как 前可打上逗号。在这类时间句中从句通常位于主句之前。连接并列复合句时,время 不带逻辑重音,время 后不要停顿。书写时在 как 前不能打逗号。这时 в то время как 连接的句子通常后置。试比较:

① **В то время, как** я познакомился с ним, ему было уже лет тридцать. (М. Салтыков-Щедрин)(表示时间意义)

我认识他时,他已经 30 来岁了。

② На третий день после этой сцены, **в то время как** я только что подходил сзади к полубарскому выселку, мне навстречу подвигались две женские фигуры. (Н. Златовратский)（表示时间意义）

这件事情后的第三天，当我刚刚从后面走近半贵族式的新村的时候，迎面走来了两个妇女。

③ На севере лежит снег, **в то время как** на юге начинается сев.（表示对比意义）

南方开始春播的时候，北方还遍地是雪。

④ Отдельные МТС получают излишнее количество запасных частей, **в то время как** в других машинно-тракторных станциях их недостаёт. （表示对比意义）

个别农业机器站获得过多的备用零件，而另一些农业机器站却缺乏这样的零件。

在这类时间句中主、从句谓语的时体对应关系如下：

1. 主、从句谓语都用未完成体过去时或现在时形式，表示全部同时关系。

从句谓语	主句谓语
未完成体过去时	未完成体过去时
未完成体现在时	未完成体现在时

① **В то время как** Нехлюдов подъезжал к дому, одна карета стояла у подъезда... (Л. Толстой)

② Жена приказчика выглядывала из двери, **в то время, как** испуганная девушка с пушками подавала блюдо. (Л. Толстой)

③ **В то время, как** весь лагерь спит, дозоры следят за малейшим шорохом.

④ **В то время как** один из его товарищей расстилает на мостовой тощий ковёр, служащий ему ареною, гаер гордо посматривает на толпу. (Д. Григорович)

2. 一谓语用表示瞬息行为的完成体过去时形式，另一谓语用表示持续行为的未完成体过去时形式。这时主、从句行为构成部分同时关系。

从句谓语	主句谓语
未完成体过去时	完成体过去时
完成体过去时	未完成体过去时

① **В то время как** она выходила из гостиной, в передней послышался звонок. (Л. Толстой)

② **В то время как** мы разгружали пароход «Псков», мы обнаружили мешки, которые были повреждены морской водой.

③ Почему-то в ожидании его на месте, **в то время как** он бродил по роще, она увидела себя взрослой, а его — маленьким... (К. Федин)

④ **В то время, как** Нехлюдов вошёл в его приёмную, Топоров в кабинете своём беседовал с монахиней-игуменьей. (Л. Толстой)

⑤ Княжна Марья, потерянная и бессильная, сидела в зале, **в то время как** к ней ввели Ростова. (Л. Толстой)

3. 主、从句谓语都用完成体过去时形式, 表示两行为在同一时间完成。

从句谓语	主句谓语
完成体过去时	完成体过去时

① **В то время как** товарищ мой остановился, мелькнула перед моими глазами большая бабочка. (С. Аксаков)

② **В то время как** я вздремнул, взошла луна и бросала сквозь неплотные тучи и падающий снег свой холодный и яркий свет. (Л. Толстой)

③ — А! Алексей Александрович! — сказал старичок, злобно блестя глазами, **в то время как** Каренин поравнялся с ним... (Л. Толстой)

Д. 连接词 по мере того(,) как

连接词 по мере того(,) как 表达的同时关系兼有逐渐增减的意义, 即主句行为在性质和程度上随从句行为的增减而增减, 而这种增减是渐进的。通常可译为"随着……"。

在这类时间句中, 主、从句谓语只能用未完成体动词同一时间的形式。如:

① **По мере того как** работа приближалась к концу, мы ещё более увлекались ею.

② **По мере того как** дождь усиливался, вода в реке прибывала.

③ Шум стихал **по мере того, как** известие проникало во все углы зала. (Л. Толстой)

④ **По мере того как** растут производительные силы, снижается стоимость продуктов.

⑤ **По мере того как** Саша растёт, он становится всё красивее.

⑥ **По мере того как** развёртывается социалистическое соревнование, появляется всё больше передовых коллективов.

E. 连接词 как только 和它的同义词

连接词 как только 和它的同义词 едва, чуть, лишь, только, только что, чуть только, лишь только 等连接的时间句表示主句行为紧跟着从句行为之后发生。通常可译为"刚一……，就……"。

这类复合句中，从句通常位于主句之前。如从句位于主句之前，主句之首有时可加 то, так, и, как 等与连接词呼应。但 как только 连接的时间句中主句之首不能加 как。例如：

① **Как только** я получил это известие, я сейчас же сообщил ему об этом.

② Николай покраснел, **как только** вошёл в гостиную. (Л. Толстой)

③ **Как только** выползли они на поляну, так из дзота их заметили немцы.

④ А вчера, вы **только** уехали от князя Корчагина, и я приехал.

⑤ **Едва** успели зажить раны, как он подал заявление, требуя отправить его на фронт.

⑥ **Едва** он выехал со двора, как отец её вошёл. (А. Пушкин)

⑦ **Только что** он вошёл в комнату, как ему позвонили по телефону о срочной явке в райком.

как только 表示的紧跟意义不带任何附加意味。только 的意义和用法与 как только 相似。как скоро 的意义和用法与 как только 相同，但修辞上有差别。前者在 19 世纪的著作中就已具有书卷气的修辞色彩，在现代俄语中通常只用在仿古的场合。

例如：

① **Как только** ты меня позовёшь, я сразу же приду.

② Но **только** он сел за дневник, вошла Катя с одеялом в руках.

③ **Только** вымолвить успела, дверь тихонько заскрипела.

④ **Как скоро** Алексей Михайлович воротился в Москву, Никон созвал собор русских архиереев. （П. Мельников-Печёрский）

едва 表示的紧跟意义带有主句行为部分地与从句行为在时间上吻合的附加意味，即主句行为发生时从句行为还没有完全结束。因此从句中通常不能运用 совсем，совершенно 等副词。例如：

① **Едва** я успел спрятаться под дерево, хлынул дождь.

② **Едва** мы тронулись, начался обстрел.

③ **Едва** я вошёл в комнату, как зазвонил телефон.

连接词 чуть 与程度副词 чуть 有词源上的联系，因此连接词 чуть 带有程度的附加意味。它的语义等于 как только 加 немножко，通常可译为"稍微一……"。由于它连接的从句中的谓语表示程度不大的行为，因此从句的谓语只能用可与程度状语 немножко 搭配的动词，不能用不表示程度的动词，如 вернуться, уйти, сесть, сказать, увидеть, услышать, остановиться 等。чуть только 的语义和用法与 чуть 相近。例如：

① **Чуть** погода прояснилась, ребята все уже вышли на улицу.

② Утром, **чуть** начинает сереть, отправляемся домой.

③ **Чуть только** стало смеркаться в поле, дед надел свитку и пошёл. （И. Тургенев）

④ На другой день, **чуть только** стало светать, мы вышли из дома.

лишь 表示的紧跟意义带有一事实与另一事实不相适应的附加意味。如 Но с крылечка **лишь** сошла, пёс ей под ноги и лает и к старухе не пускает.［但是她一下台阶，狗却就扑到她的脚跟前狂吠，不放她走到老婆婆那里去］中，лишь 强调狗不应该狂吠，不应该不放她到老婆婆那里去，强调事实之间不相适应的关系。例如：

① И **лишь** прозвонили, Борис, точно первоклассник, бросился в шинельную.

② **Лишь** начали работу, он уже говорит, что устал.

лишь только 的语义既可与 только 相近,又可与 лишь 相近。例如:

① **Матвея** я отправил домой, **лишь только**（＝**только**）он явился。（Ф. Достоевский）

② **Лишь только**（＝**лишь**）начала она ходить, её уже заставили возиться с маленькими братьями и сёстрами。（Ф. Решетников）

только что 表示最大限度紧跟的意义,也就是主句行为这样迅速地紧跟从句行为的发生而发生,以至使人产生两行为重合的印象。由于连接词 только что 与副词 только что 在语义上有联系,因此它连接的从句中谓语只能表示说话时刻前刚刚完成的行为,通常用完成体动词过去时形式表示。这类时间句一般不能表达多次重复的紧跟意义,从句谓语在现代标准俄语不能用将来时形式来表示。例如:

① **Только что** Нехлюдов вошёл, красивые глаза её оторвались от лица матери.

② **Только что** вы ушли, она вдруг искренно стала раскаиваться…（Ф. Достоевский）

③ **Только что** я вошёл в опушку, вальдшнеп со стуком поднялся из кустов。（И. Турнгенев）

这类时间句表示一行为紧跟着另一行为的发生而发生,它们都先后达到其内在的界限。因此主、从句谓语通常用完成体动词表示。只有在表示多次重复发生的行为时才能用未完成体动词。主、从句谓语的时、体对应关系大致有:

1. 主、从句谓语都用完成体动词同一时间的语法形式,表示主句行为紧接着从句行为的发生而发生。

从句谓语	主句谓语
完成体过去时	完成体过去时
完成体将来时	完成体将来时

① **Я** пошёл к нему, **как только** узнал, что он заболел.

② **Лишь только** мы въехали на самую высокую точку горы, лошади вдруг совсем остановились。（И. Гончаров）

③ **Только лишь** переступила порог, силы ей изменили, и она без чувств упала на руки Маши.（И. Тургенев）

④ Но **едва только** он отъехал от деревни, как силы изменили ему.

⑤ **Как только** в Берлине начнётся пожар, немецкая армия на Украине и Польше развалится.（Н. Островский）

⑥ **Только** позовёшь, я приду.

2. 如主、从句谓语都用未完成体现在时或过去时形式,则表示一行为紧接着另一行为的现象多次重复发生。

从句谓语	主句谓语
未完成体过去时	未完成体过去时
未完成体现在时	未完成体现在时

① **Как только** прекращалась пурга, охотники выходили в море.

② Но **только** исчезали самолёты, как всё вновь возвращалось на свои места.（А. Фадеев）

③ **Чуть** рассветало, начиналось движение.

④ **Как только** мать умолкает, он говорит: 《И Иванов у нас сегодня получил двойку.》（Н. Носов）

⑤ Теория становится материальной силой, **только** она овладеет массами.

3. 从句谓语用完成体过去时形式,主句谓语用未完成体过去时或现在时形式。这时主句谓语用的未完成体动词,表示主句的行为紧跟着从句行为之后持续或多次重复发生。

从句谓语	主句谓语
完成体过去时	未完成体过去时
	未完成体现在时

① **Только что** мы остановились, слышнее становилось завывание ветра и виднее огромное количество снега, носящегося в воздухе.

② **Едва** шаги ребят зазвучали по коридору, раненые на койках вопросительно, с надеждой подымали голову...（А. Фадеев）

③ ... **едва** он прочёл несколько строк, как из передней доносятся звуки вальса, и чтение обрывается. (А. Чехов)

④ **Лишь** начали работу, он уже говорит, что устал.

4. 从句谓语用完成体将来时形式，主句谓语用未完成体过去时或现在时形式。这时从句谓语的完成体将来时形式，表示总发生在另一行为之前的、多次重复发生的行为。因此它与主句中的未完成体过去时或现在时形式构成多次重复发生的紧跟行为。有时句中可加表示过去多次发生的插入语 бывало。

从句谓语	主句谓语
完成体将来时	未完成体过去时 未完成体现在时

① Был уже весенний месяц март, но по ночам деревья трещали от холода, как в декабре, и **едва** высунешь язык, как его начинало сильно щипать. (А. Чехов)

② Они (крыбы) с неимоверною быстротою исчезали в каменьях, **чуть лишь** тронешь их. (И. Гончаров)

③ **Едва только** сойдёт снег, начинается пахота.

④ **Чуть только** тучка закроет солнце, лес сразу становится угрюмым. (В. Арсеньев)

⑤ **Чуть** услышит что-нибудь новое или тревожное, и уже лоб его наморщивается.

⑥ **Лишь** закрою глаза, как мне видится берег полноводной реки, тени синей волны.

⑦ Бывало, пушка заревая **лишь только** грянет с корабля, с крутого берега сбегая, уж к морю отправляюсь я. (А. Пушкин)

[注] 从句谓语用完成体将来时形式，主句谓语有时可用完成体过去时形式。这时从句谓语的完成体将来时形式，表示该行为发生在另一行为之前；主句谓语的完成体过去时形式表示主句行为紧接着从句行为之后发生，并已达到其内在的界限。例如：

① **Лишь только** ляжет железо на наковальню — и пошла и заиграла музыка Кузнецов, великая музыка созидания и творчества. (В. Солоухин)

Ё. 连接词 после того(,)как

带有连接词 после того(,)как 表示的在后关系完全排除两个行为同时存在的可能性,也就是说一行为结束后接着发生另一行为,两行为间在时间上不仅没有任何重合的地方,而且还可能有个间隙。而 когда 表示的在后关系,既可能是一行为结束后接着发生另一行为,两行为之间在时间上没有任何间隙,如 Когда я пришёл домой, я сразу лёг спать.〔我回到家以后,就立即躺下睡觉了〕;又可能是第一行为的结束阶段与第二行为的开始阶段在时间上有所重合,即在表示在后关系的同时还兼有部分的同时关系,如 Когда я взял её за руку, она покраснела.〔当我抓住她的手时,她的脸涨得通红。〕как только 在表示一行为接着另一行为发生的同时,还强调其速度,即一行为被另一行为迅速代替。而 после того как 就不强调两行为的速度。试比较:После того как я кончил университет, я стал работать на заводе〔我大学毕业以后就在工厂里工作〕和 Как только я кончил университет, я стал работать на заводе〔我刚一大学毕业,就马上到工厂里工作了〕。

после того(,)как 连接的从句位于主句之前时,как 前通常不加逗号。从句位于主句之后是 как 前通常加逗号。如果在连接词前有被 после того 说明的时间状语,则 как 前通常加逗号。例如:

① **После того как** работа была закончена, все разъехались по домам.

② Наиболее крупные свои произведения Толстой написал **после того, как** оставил военную службу.

③ Вскоре **после того, как** они (часы) пробили полночь, послышались торопливые шаги. (А. Чехов)

④ Он (Фомин) его не сразу выдал, а так на пятый, на шестой день **после того, как** немцы пришли. (А. Фадеев)

从句谓语	主句谓语
完成体过去时	未完成体过去时
	完成体过去时
	未完成体现在时
完成体将来时	未完成体将来时
	完成体将来时

第五章　主从复合句

　　这类时间句表示从句行为结束后才发生主句的行为，因此从句谓语通常用完成体动词表示。其主、从句谓语的时、体对应关系是：从句谓语用完成体过去时形式，主句谓语用未完成体现在时、过去时或完成体过去时形式；从句谓语用完成体将来时形式，主句谓语用未完成体或完成体将来时形式。这时主句谓语如用未完成体动词，则表示发生在从句行为之后的持续或多次发生的行为；如用完成体动词，则表示主句行为发生在从句行为之后，并即将或已经达到内在的界限。

① Чудесное ощущение жизни захватывает его всякий раз **после того, как** он перенёс смертельную опасность.

② Иди же ещё посмотреть немножко, как живут люди через несколько времени **после того, как** стали понимать то, что давно понимала ты. (Н. Чернышевский)

③ Даже **после того, как** он вовсе перестал быть работником, он всё ещё думал, Гаврила Петрович, что он главный в доме. (А. Фадеев)

④ Со вчерашнего вечера, **после того как** он побил Франциску, я не видел его. (Н. Островский)

⑤ Разошлись по домам **после того, как** отряд остановился в центре города и начал размещаться по квартирам. (Н. Островский)

⑥ Только **после того как** миновало часа четыре дежурства у постели Степана, Иван Иванович отошёл душой. (А. Коптяева)

⑦ Вы будете служить своей Родине **после того, как** вы закончите университет.

⑧ Через час буду здесь, **после того как** покончу с делом... (В. Ажаев)

⑨ Скажу спасибо **после того, как** получу всё сполна. (В. Ажаев)

⑩ **После того как** я прочитаю книгу, я сдам её в библиотеку.

　　这类时间句只有在表示多次重复发生的在后关系时，从句谓语才能用未完成体动词。这时主、从句谓语要用同一时间的形式。例如：

① Каждый год, **после того как** я сдавал все экзамены, я ехал в дом отдыха.

② Несколько раз мать обыскивали, но всегда на другой день **после того, как** листовки появлялись на фабрике. (М. Горький)

③ Каждый раз **после того, как** в международной напряжённости наступает известное ослабление, империалисты начинают усиленно обострять эту напряжённость и мешать дальнейшему смягчению обстановки.

［注］有时从句谓语可用完成体将来时形式，主句谓语用未完成体现在时或过去式形式。这时从句谓语的完成体将来时形式表示多次重复发生的行为，与主句谓语构成多次重复发生的在后关系。句中有时可加表示过去多次重复发生的插入语 бывало。例如：

① **После того как** потеплеет, деревья оживают.

每当天气变暖之后，树木就抽枝发芽了。

② **После того, как** прекратится электрическая активность коры головного мозга, прекращается сердечная деятельность и дыхание.

只要大脑皮层的电活性一停止，心脏和呼吸也就停止了。

③ ... и он садился делать уроки **после того, как** мама раз двадцать напомнит.（Н. Носов）

总要在妈妈提醒20次左右之后，他才坐下来做功课。

④ Всегда, **после того как** скользнёт такая мысль, жизнь становилась темней и скучней.（М. Горький）

总是在闪过这样的念头之后，生活就越来越阴郁，越来越无聊。

⑤ Он и не мог вспомнить: ласкали его отец и мать **после того, как**, бывало обидят?（М. Горький）

他想不起来了：每当他受到欺负以后，父亲和母亲是否安慰过他？

Ж. 连接词 с тех пор(,)как

带连接词 с тех пор(,)как 的时间句不仅表示主句行为在从句行为之后发生，而且还表示主句行为是在从句行为为其开始界限，与说话时刻一致为其结束界限的时段里进行的，即主句行为开始（с тех пор）于过去，而它的结束则与说话时刻（现在时）相一致。因此连接词 с тех пор, как 表示的在后关系附有两端限制的意义（с тех пор—до тех пор）。

连接词 с тех пор(,)как 书写时，常在 как 前加逗号，特别当从句位于主句中间时。这类时间句有时还可用 с того момента как；с того времени как；с той поры как；с той поры когда；с того дня как；с того мгновения как；с того часа как 等连接。它们与 с тех пор(,)как 同义。通常可译为"从……时起"。例如：

① Прошло два года **с тех пор, как** мы знакомились.

② **С тех пор как** я живу в этом городе, я чувствую себя лучше.

③ **С тех пор, как** мы расстались, мы ни разу не встретились.

④ **С того момента, как** Ваня попал в этот табор, у него уже не было другой цели, как только отыскать машину, на которой ехали Ковалёвы.（А. Фадеев）

с тех пор(,)как 不仅表示主、从句行为的在后关系，而且还强调从句行为是主句行为开始的界限，即从句行为是主句行为的起点。而 после того(,)как 只表示单纯的在后关系。试比较：**С тех пор как** поставили новые станки, качество продукции улучшилось［从安装新车床时起，产品质量就有了提高］和 **После того как** поставили новые станки, качество продукции улучшилось［安装了新车床以后，产品质量就有了提高］。由于 с тех пор(,)как 表示从句行为是主句行为的起点，因此它在表示在后关系的同时还兼有主、从句行为的部分同时关系，也就是说主、从句行为在时间上部分吻合。例如：**С тех пор как** я живу в этом городе, ты работаешь на автомобильном заводе［从我住在这座城市时起，你就在汽车工厂工作］。而 после того(,)как 表示一行为结束后发生另一行为，因此完全排除两行为同时存在的可能性。

这类时间句中，主、从句谓语的时、体对应关系有：

1. 由于这类时间句表示具有开始界限意义的在后关系，因此从句谓语通常用完成体过去时形式。这时主句谓语可用未完成体现在时、过去时或完成体过去时形式。

从句谓语	主句谓语
完成体过去时	未完成体过去时
	完成体过去时
	未完成体现在时

① **С тех пор как** он кончил университет, он работает на заводе.

② **С той поры, как** мы увиделись с тобой, в сердце радость, как солнышко, ношу.（В. Лебедев-Кумач）

③ **С тех пор как** я поселился за городом, расписание поездов менялось три раза.

④ **С тех пор как** сын уехал, старушка жила одна.

⑤ Мы не имели от него никаких известий **с тех пор, как** он уехал из Москвы.

⑥ Он заметно поседел **с тех пор, как** мы расстались с ним. (И. Тургенев)

⑦ Мне казалось, что, **с тех пор как** я явился сюда, на старое кладбище, прошло не менее суток... (В. Короленко)

⑧ **С тех пор как** он стал изучать синтаксис, интерес его к сложному предложению возрос.

2. 从句谓语有时也可用未完成体现在时形式，主句谓语用未完成体现在时、过去时或完成体过去时形式。这时从句谓语的未完成体现在时形式是扩展现在时，表示从过去一直到说话时刻继续存在的持续性为。

从句谓语	主句谓语
未完成体现在时	未完成体过去时 完成体过去时 未完成体现在时

① **С тех пор как** я учусь в университете, моя семья живёт в Москве.

② **С тех пор как** мы с ним знакомы, мы всегда спорим.

③ Плачь, Русская земля! Но и гордись. **С тех пор, как** ты стоишь под небесами, такого сына не рождала ты и в недра не брала свои обратно. (Н. Некрасов)

④ **С тех пор как** я живу в этом городе, я с ним не встречался.

⑤ **С тех пор как** он работает у нас, его планы уже дважды подвергли обсуждению.

⑥ **С тех пор как** мы знаем друг друга, ты ничего мне не дал, кроме страданий. (Н. Лермонтов)

⑦ Он родился в Сталинграде и **с той поры, когда** в детской голове слагаются первые понятия о жизни, приучился гордо носить легендарную славу своего города. (Б. Полевой)

第五章　主从复合句

3. 从句谓语有时也可用未完成体过去时形式，主句谓语用未完成体现在时或完成体过去时形式。这时从句的谓语只表示与现在无关的过去的行为，而连接词 до сих пор 的限制意义则靠主句谓语的现在时和过去完成时（перфект）来维持。

从句谓语	主句谓语
未完成体过去时	完成体过去时 未完成体现在时

① Не замечаю в себе никакой умственной или нравственной перемены **с той поры, как** ты видывал меня лично. （Н. Чернышевский）

② Он занимается регулярно лечебной гимнастикой **с тех пор, как** он лечился в санатории.

③ **С тех пор как** я учился в университете, произошли две мировой войны и две революции.

④ **С тех пор, как** не видал его князь Андрей, Кутузов ещё потолстел, обрюзг и оплыл жиром. （Л. Толстой）

[注1] 这类时间句是以与说话时刻一致（现在时）为其结束的界限的，因此主、从句谓语不能表示在说话时刻以后发生的行为，也就是排除运用将来时形式的可能性。例如不能说：**С тех пор как** я кончу университет, я буду работать на заводе。

但是，如果在一定的上下文中完成体将来时形式不表示说话时刻以后发生的行为，而表示多次重复发生的行为，则可以用在带连接词 с тех пор как 的时间句中。例如：

① Обида взяла лису. И поклялась она никогда больше с людьми не разговаривать. **С тех пор, как** увидит лиса человека, отвернёт морду и прочь бежит.
狐狸感到委屈。它发誓不再跟人交谈了。从此它一看见人，就把脸一扭，跑开了。

[注2] 这类时间句排除主、从句运用过去未完成时（имперфект）的组合，因为过去未完成时表示的是与现在无关的过去的行为，这与连接词 с тех пор как 的意义相矛盾。例如不能说：**С тех пор как** она уезжала из города, она оставляла ключи соседям.

如果主句或从句谓语的未完成体过去时形式带有界限意义的色彩,也就是具有结果意义的意味,则可以用在带连接词 с тех пор как 的时间句中。例如:

① **С тех пор как** я учился в университете, моя семья несколько раз меняла своё местожительство.

从我在大学里学习时起,我家的住所已经变换几次了。

3. 连接词 что

连接词 что 通常说明主句中具有时间意义的名词或副词,具有 с тех пор как 或 после того как 的意义。但这种用法已经过时。有时在口语中可以见到。例如:

① Ещё не было году, **что** семейство Голицыных поселилось в Казацком.

② Вот неделя, **что** я от вас ни строки не получал.

③ Вчера был ровно год, **что** мы с вами познакомились.

④ Вот уже больше недели, **что** я в Москве, и только одно письмо.

⑤ Я не писал к тебе, потому что был болен, а теперь, **что** выздоровел, первое письмо к тебе. (А. Грибоедов)

И. 连接词 перед тем(,)как ; до того(,)как; прежде чем; раньше чем

1. 这类时间句表示主句行为发生在从句行为之前,通常可译为"在……之前"。但是,这些连接词在语义上是有细微的差别的。перед тем как 表示主句行为发生在从句行为之前不久,可译为"在临……之前"。而 до того как 表示主句行为发生在从句行为之前的任何时间,既可能是较短的,又可能是较长的。时间的长短往往用 задолго, незадолго, за три года, непосредственно, в последнюю минуту 等表示,它们应位于连接词的前面。例如:

① **Перед тем как** уезжать из дома, Вронский зашёл к ней. (Л. Толстой)

② Он выскочил из дома в самый последний момент **перед тем, как** обрушилась крыша. (В. Ильенков)

③ **До того как** уйти из дома, я закрыл все окна.

④ Мы переехали на новую квартиру за год **до того, как** родился наш сын.

如果 до того как 连接的时间句表示主句行为发生在从句行为之前较短的时间内,则通常可用 перед тем как 替换。例如:

① **До того как**(**перед тем как**)сесть в поезд, он вспомнил о забытом портфеле.

прежде чем, раньше чем 和 прежде нежели(旧)表示主句行为发生在从句行为之前的任何时间,既可能是较短的,又可能是较长的。例如:

① **Прежде чем** их(танки)сожгли, они раздавили несколько человек...（К. Симонов）

② Полтора года прошло после этого разговора, **прежде чем** Павел Петрович решился осуществить своё намерение.（И. Тургенев）

如果 прежде чем, раньше чем 单纯地表示"在……之前"的任何时候,通常可用 до того как 替换。如果它们单纯地表示"在……之前"的时间是较短的,通常可用 перед тем как 来替换。例如:

① **Прежде чем**(**до того как**)Алексей Петрович появился в нашей школе, он преподавал несколько лет в техникуме.

② **Прежде чем**（**до того как**, **перед тем как**）уйти домой, я должен закончить свою работу.

прежде чем, раньше чем 不仅能表示主、从句行为间的在前关系,而且还能表示超前关系,也就是发生较晚的主句行为超前和中断开始较早的从句行为。这时 до того как, перед тем как 就无此种含义。例如:

① Я схватил чашку, **прежде чем**(**раньше чем**)она упала на землю.
茶杯还未掉在地上的时候,我抓住了它。

② Но **прежде чем** этот кусок успевал упасть на землю, рабочий с необыкновенной ловкостью обматывал его цепью в руки толщиной.（В. Панова）
但是每当钢块尚未落地之前,工人就非常敏捷地用胳臂粗的铁链将它捆住了。

如果 прежде чем, раньше чем 与动词不定形式连用,则强调主句行为的必要性和明确的目的性。而 до того как, перед тем как 无这种含义。试比较:

① **Прежде чем** поступить в институт, я сдал несколько экзаменов.
在进学院之前，几门功课我都考及格了。

② **Прежде чем** ехать в дом отдыха, я купил новые часы.
在去休养所之前，我买了块新表。

① **Перед тем как**（до того как）поступить в институт, я заболел.
在进学院之前，我病了。

② **Перед тем как**（до того как）ехать в дом отдыха, я потерял свои часы.
在去休养所之前我把表丢了。

2. 在这类时间句中，从句谓语既可用陈述式，又可用动词不定形式。从句谓语用动词不定形式表示的有以下几种情况：

1）当主句和从句的行为同属于一个主体时，从句谓语既可用陈述式，又可用动词不定形式。但后者更为常见。如用动词不定形式，通常表示不是实际发生的行为，而是准备实现的行为。试比较：

① Я... долго стоял перед окном, **прежде чем** разделся и лёг в постель. （И. Тургенев）
脱衣睡觉以前，我在窗前站了很久。

② **Прежде чем** раздеться и лечь в постель, я долго стоял перед окном.
在还没有脱衣睡觉以前，我在窗前站了很久。

［注］当主句和从句的行为分别属于不同的主体时，从句谓语通常用动词的陈述式。但是，如果从句表示准备实现的行为，主、从句行为又分别属于不同的主体时，从句谓语也可用动词不定形式。这时从句中的行为主体要用第三格。例如：

① **Раньше чем** этому случиться, приехала мать.

② Антон явился к концу дня, **перед тем как** прийти отцу с работы.

③ Эта нелепая, тёмная жизнь недолго продолжалась, **перед тем, как** матери родить, меня отвели к деду. (М. Горький)

④ **Перед тем как** нам уже уходить на пристань, подошёл старухин сын и сообщил, что в уборной в яме плавает вторая красная подвязка. （А. Гайдар）

2）当主句谓语由具有必须、应该等意义的词（должен, надо, нужно, необходимо, следует 等）组成，主、从句行为又同属于一个主体时，从句谓语通常用动词不定形式。例如：

① **Прежде чем** пообещать что-то друзьям, ты должен был подумать, способен ли ты выполнить своё обещание.

② **Прежде чем** возражать, надо выслушать всё до конца.

③ **Прежде чем** решить что-либо, нам нужно хорошо подумать. （Горький）

④ **Прежде чем** обвинять кого-нибудь в неудаче, следует внимательно проверить свою работу и поступки.

［注］这类时间句中，如主、从句的行为分别属于不同的主体，则从句谓语要用陈述式表示。例如：

① **До того как** придут товарищи, я должен сходить на почту.

② Мне нужно поговорить с ней **прежде, чем** она увидится с отцом. （А. Островский）

3) 当主句谓语由动词命令式表示时，从句谓语常用动词不定形式。例如：

① Изучите азы науки, **прежде чем** пытаться взойти на её вершины. （И. Павлов）

② **Прежде чем** отвечать, подумай.

③ Зайди ко мне, **до того как** пойти в библиотеку.

④ **Прежде чем** уйти, выключи свет.

从句谓语的动词不定形式有时也可用动词陈述式（将来时第二人称的形式）来替换。例如：

① **Прежде чем** отвечать（будешь отвечать）, додумай.

② Зайди ко мне, **до того как** пойти（пойдёшь）в библиотеку.

［注］在这类时间句中，如主、从句行为分别属于不同的主体，从句谓语要用陈述式。例如：

① **Прежде чем** будем драться, вы позвольте показать мне, как надо стрелять. （А. Чехов）

3. 在这类时间句中，主、从句谓语的时、体对应关系如下：

1) 主句谓语用未完成体、完成体过去时或将来时形式，从句谓语用完成体过去时或将来时形式。主句谓语如用未完成体动词，则表示发生在从句行为之前的主句行为是多次重复或持续的；如用完成体动词，则表示发生在从句行为之前的主句行为已经或即将达到其内在的界限。

从句谓语	主句谓语
完成体过去时	未完成体过去时
	完成体过去时
完成体将来时	未完成体将来时
	完成体将来时

① **Прежде чем** мы отыскали дорогу, мы долго блуждали по лесу.

② **До того как** вы мне это предложили, я уже сам догадывался о цели вашего посещения.

③ **Перед тем как** ты приехал, я простудился.

④ **Раньше чем** стемнело, мы добрались до дому.

⑤ **Перед тем как** ты приедешь, я буду покупать билеты в театр.

⑥ **Перед чем** мы вам ответим, сделаем вопрос и вам, в свою очередь. (В. Белинский)

⑦ **До того как** он поступит на стройку, он окончит строительный техникум.

2) 主、从句谓语用未完成体过去时或现在时同一时间的形式，表示多次重复发生的在前关系。

从句谓语	主句谓语
未完成体过去时	未完成体过去时
未完成体现在时	未完成体现在时

① Клима посылали спать, **раньше чем** начиналось чтение или преферанс. (М. Горький)

② Такое благонравие скоро привлекло на него внимание даже самого учителя латинского языка, которого один кашель в сенях, **прежде нежели** высовывалась в дверь его фризовая шинель и лицо, изузоренное оспою, наводил страх на весь класс. (Н. Гоголь)

③ **Перед тем как** я выхожу из вагона, я прощаюсь со своими попутчиками.

3) 主句谓语用未完成体、完成体过去时或未完成体现在时形式,从句谓语用完成体将来时形式。

从句谓语	主句谓语
完成体将来时	未完成体过去时 完成体过去时 未完成体现在时

① Несколько месяцев иногда держались восставшие, **прежде чем** с ними справятся.

② Павел Тимофеевич с товарищами взялся заделать печь **до того, как** она остынет. (Б. Полевой)

③ Зачем же вы ложитесь в постель, **прежде чем** вам спать захочется? (И. Тургенев)

④ **Прежде чем** я приступлю к описанию самого состязания, считаю не лишним сказать несколько слов о каждом из действующих лиц моего рассказа. (Д. И. Тургенев)

4) 主句谓语用命令式或情态词加不定形式,从句谓语用未完成体、完成体将来时形式。这时从句谓语的未完成体或完成体动词具有体的一般意义。

从句谓语	主句谓语
未完成体将来时 完成体将来时	命令式或情态词

① **Прежде чем** будете отвечать, подумайте.

② **Перед тем как** уйдёшь, выключи свет.

③ Давай поговорим **до того, как** он придёт.

④ **До того как** начнутся каникулы, мы должны сдать два экзамена.

5) 主句谓语可用陈述式、命令式或情态词加不定形式,从句谓语用未完成体、完成体动词的不定形式。

从句谓语	主句谓语
未完成体 ⎫ 完成体 ⎬ 不定形式 ⎭	陈述式 命令式 情态词

① **Прежде чем** уходить на работу, он привёл в порядок свою комнату.

② **Прежде чем** вернуть эту книгу, я ещё раз перелистал её.

③ Бывало, **прежде чем** вырубить ёлку, дед выкуривает трубку, долго нюхает табак, посмеивается над озябшим Ванюшкой. (А. Чехов)

④ **Прежде чем** продолжать о будущем, вернёмся к прошлому, ... (Б. Полевой)

⑤ **Прежде чем** отвечать, подумай.

⑥ Постучи, **прежде чем** войти в комнату.

⑦ **Прежде чем** выносить решение, нужно заслушать заключение комиссии.

⑧ **Прежде чем** сделать этот вывод, нужно проверить все факты.

Й. 连接词 как вдруг

连接词 как вдруг 在表达在前关系的同时，强调从句行为的突发性、意外性。它表示主句行为突然被从句行为中断，或表示在主句行为进行中从句行为的突然发生。在这类时间句中从句的位置总是在主句之后。例如：

① Мы уже подходили к ним, **как вдруг** впереди нас мелькнула женская фигура... (И. Тургенев)

② Уже прозвонил звонок, и в класс пришла Ольга Николаевна, **как вдруг** отворилась дверь, и на пороге появился совсем незнакомый ученик. (Н. Носов)

③ Прошло много времени в молчании, **как вдруг** больной застонал.

④ Я велел было поскорее закладывать лошадей, **как вдруг** поднялась ужасная метель... (А. Пушкин)

⑤ Я шёл размышляя, **как вдруг** резкий голос окликнул меня.

在这类时间句中，从句谓语通常用完成体过去时形式，主句谓语可用未完成体或完成体过去时形式。主句中有时可加语气词 было, 以加强主句行为被从句行为中断的意味。这时主句谓语通常用完成体过去时形式。例如：

① Я ещё час сидел, **как вдруг** пришёл лакей и сказал: «Ступайте, Аксентий Иванович, домой, барин уже уехал из дому». (И. Гоголь)

② Он ещё болтал палкой, **как вдруг** дверь каморки быстро распахнулась—вся челядь тотчас кубарем скатилась с лестницы. (И. Тургенев)

③ Валерий уже бежал по трапу, **как вдруг** Любка догнала его и сунула в карман какую-то записку.

④ Прошло сколько-то времени в молчании, **как вдруг** губы опять зашевелились... (М. Пришвин)

⑤ Он собрался было идти, **как вдруг** в темноте послышался конский топот.

⑥ Я его потерял было совсем из виду, **как вдруг** получил от него короткое письмо. (Н. Златовратский)

⑦ Алёша уже было вышел, **как вдруг** Митя кликнул его... (Ф. Достоевский)

有时从句谓语也可用未完成体现在时形式。这时主句谓语的过去时是绝对时间, 是时间背景; 从句谓语的现在时是相对时间, 是与主句行为同时发生的相对现在时。例如：

① На другой день совещались мы в райкоме, **как вдруг** секретарша вызывает меня по телефону. (В. Солоухин)

［注］在 не успел.., как..., не прошло..., как... 等结构的第二部分中, 有时可加副词 вдруг, 以加强其突然的意味。这时 вдруг 在句中不是连接手段, 而是说明谓语的状语, 因此其位置比较灵活。这些结构与连接词 как вдруг 连接的时间句是完全不同的两种类型, 例如：

① Кирша **не успел** ещё порядком осмотреться, **как** вдруг послышались в близком расстоянии голоса. (Ю. Загоскин)

② Но Пьер **не успел** договорить этих слов, **как** с трёх сторон вдруг напали на него. (Л. Толстой)

III. 表示时间意义的成语化结构

在现代俄语中,表示时间关系的成语化结构,在结构上和语义上都有其特色。这些结构的共同特点是:各分句的排列顺序是固定的,不能颠倒;语气词 не 往往不表示否定意义;各分句间是并列关系,还是从属关系,界限不清(如在从属连接词 как 的位置上通常可使用并列连接词 и,a 等);结构中主句与从句的界限不清(如不带连接词的分句,在形式上是主句,但在语义上却说明带连接词的分句,即形式上是从句。

A. не успел..., как...

这种结构表示两个行为的迅速交替:或表示第一分句行为还未发生,就被第二分句行为所代替,这时 не 具有否定意义;通常可译为"还没有来得及……,就已经……";或表示第一分句行为刚一发生,第二分句行为就随即发生,这时 не 不具有否定意义,通常可译为"刚……,就已经……"。

如果结构的第一分句中有 ещё, и, ещё и 等词,则 не 具有否定意义。例如:

① Ещё **не успел** я снять пальто, **как** в дверь постучали.
   他还没有来得及脱大衣,就有人敲门了。

② Ещё **не успеешь** раскрыть рта, **как** они уже готовы спорить. (Н. Гоголь)
   你还没有来得及张嘴,他们就已经作好争辩的准备了。

③ **Не успел** я прочитать и полстранички, **как** уснул.
   我还没有来得及看完半页,就已经睡着了。

④ **Не успел** я написать и четверти страницы, **как** из большого дома вышел Гайдар.. (К. Паустовский)
   我还没有写完四分之一页,盖达尔就从高楼里走了出来……

⑤ Ещё **не успел** он сказать и двух слов, **как** его перебили.
   他还没有说两句话就被打断了。

如果结构的第一分句是否定结构,则 не 具有否定意义。例如:

① Жена Ивана Тимофеевича, Анна,... **не успела** ничего ответить, **как** муж ответил за неё... (А. Яшин)

伊凡·季莫费也维奇的妻子安娜还没有来得及回答,她丈夫就代替她回答了……

② **Не успел** я произнести ни одного слова, **как** голова моя мотнулась в одну сторону, затем в другую. (А. Новиков-Прибой)
我一个字还没有来得及说出来,我的头就被打得向一边晃动,然后向另一边晃动。

③ Фёдор Фёдорович внезапно отделился от стены, и никто **не успел** уследить, **как** он уже был возле солдата, тащившего раненого. (А. Фадеев)
费多尔·费多洛维奇出其不意地离开了墙壁。谁也来不及拦阻,他已经到了那个拖着伤兵的兵士身旁。

如果动词不定形式位于 не успел 之前,这种词序强调 не успел 的否定意义。例如:

① Крестьянин ахнуть **не успел**, **как** на него медведь насел. (И. Крылов)
农夫还没有来得及叫喊,熊就扑到了他的身上。

如果结构的词汇组成能够确切表示 не 不具有否定意义,则 не успел 就等于"только успел""едва успел"例如:

① **Не успела** она войти в комнату, **как** увидела на столе письмо.
她刚一进屋就看见桌上有封信。

② **Не успел** я задать вопрос, **как** все ученики закричали, заглушая ответы друг друга.
我刚一提出问题,所有的学生就嚷嚷起来,相互压倒别人的回答声。

③ **Не успели** мы втроём выйти из сада, **как** за нами хлопнули ворота… (Л. Пантелеев)
我们三人刚走出花园,背后的大门就砰的一声关上了……

④ **Не успел** он выйти из аудитории, **как** друзья бросились его поздравить.
他刚走出教室,朋友们就跑去向他祝贺。

有时这类句子可以作两种理解,如 Не успел я ответить на первый вопрос, **как** он задал мне второй и третий 既可理解为"我还没有来得及回答第一个问

题,他就已经对我提出了第二、第三个问题",又可理解为"我刚回答第一个问题,他就已经对我提出了第二、第三个问题"。这两种理解一般可通过上下文来确定哪一种理解是正确的。

这类复合句各分句谓语的时、体对应关系通常有以下几种情况:

1. 第一分句谓语用 не успел 加完成体动词不定形式,第二分句谓语既可用完成体过去时形式,表示第二个行为已达到其内在的界限,又可用未完成体过去时或现在时形式,表示第二个行为是持续的。但前者更为常见。

第一分句谓语	第二分句谓语
не успел＋完成体不定形式	完成体过去时 未完成体过去时 未完成体现在时

① Крестьянин ахнуть **не успел**, **как** на него медведь насел.（И. Крылов）

② **Не успел** я приблизиться к забору, **как** увидел Зинаиду（И. Тургенев）

③ Но **не успел** я этого сделать, **как** уже ехал раскаиваться.（Л. Толстой）

④ **Не успел** я занять место в вагоне, **как** поезд тронулся.

⑤ Федор Федорович внезапно отделился от стены, и никто **не успел** уследить, **как** он уже был возле солдата, тащившего раненого.（А. Фадеев）

⑥ **Не успели** отзвенеть на лугах косы, **как** уже август стоял у ворот, истомившийся, душный, пыльный, клоня к земле тяжёлые колосья.

⑦ Попрыгунья Стрекоза Лето красное пропела, Оглянуться **не успела**, **как** зима катит в глаза.（И. Крылов）

⑧ **Не успела** отойти ранняя обедня, **как** к Шерстобитовым тянутся бабьи полчища.（К. Федин）

有时第一分句谓语可用 не успевал 加完成体动词不定形式,第二分句谓语用未完成体过去时形式。这类结构具有多次重复的意义。例如:

① **Не успевала** схлынуть молва о крупной аварии где-нибудь на юге, **как** уже накатывалась новая —о гибели целого транспорта с бензином на севере.

② **Не успевал** я, бывало, прочитать а полустранички, **как** засыпал.

第一分句谓语用 не успею，не успеешь 等加完成体动词不定形式，第二分句谓语用未完成体现在时、完成体将来时或完成体过去时形式。这类结构表示"超时间"或过去经常、多次重复的迅速交替的行为。

第一分句谓语	第二分句谓语
не успею＋完成体不定形式	未完成体现在时 完成体将来时 完成体过去时

① Плывут караси пощипать зелёных листочков, не чуют опасности, но **не успеют** и рта открыть, **как** из зелени стремительно выплывает щука, и уж кто-нибудь да попадёт в зубастый её рот. （З. Кривоносова）

② **Не успеем** выйти из самолёта—навстречу бегут школьники с букетами в руках. （В. Солоухин）

③ А как я рад, когда по необходимости остаюсь где-нибудь ночевать！**Не успеешь** бултыхнуть в постель, **как** уж спишь. （А. Чехов）

④ Вернёшься с работы, **не успеешь** раздеться, а он сразу прыг на колени. （П. Проскурин）

［注1］не усиеешь(успел)＋оглянуться 或 мигнуть, как. 结构中，第一分句没有主语，结构已经固定化了，语义也融合在一起，具有泛指意义，表示"转瞬间就……""一眨眼就……"，例如：

① **Не успел** оглянуться, **как** пришла зима.

② Мигнуть **не успеешь**, **как** он тебя обобрал да и прочь отошёл. （П. Мельников Печёрский）

［注2］在 не успел..., как... 的结构中，第二分句的句首有时可不用 как 连接，而用 а（а уже），но（но уже），и（и вот уже），когда 等连接；或不用任何连接词，两部分间用逗号、破折号等分开。这些结构与 не успел..., как... 的结构相比较，前者强调两个行为在时间上的对比，后者除了表示两个行为在时间上的对比外，还强调第二分句行为的突然性或意外性，例如：

① **Не успел** я вернуться, **а** меня **уже** схватили трое десятских за шиворот. （В. Соллогуб）

② Грицько **не успел** поднять левое весло, **и** она (лодка) закружилась.

③ Они **не успели** допить, **когда** перед ними возникли Цветухин и Пастухов.

④ **Не успело** солнце пригреть землю, всё встрепенулось.

⑤ **Не успело** солнце пригреть землю—загудело всё небо... (М. Бубёнов)

[注3] 连接词 едва, едва только, только что, лишь только 等连接的时间从句中，谓语既可用 успеть 表示，又可用其他动词表示。这类时间句与 не успеть,...как... 的结构有所不同，它们并没有，而且也不可能成为成语化的固定结构。例如：

① Я **едва** успел приготовить всё, что мне было нужно для работы, как она уже вернулась. (В. Гаршин)

② Но **едва** мелькнула эта мысль, как я вспомнил, что... (Н. Павлов)

③ Араб **только что** успел встать, как вошёл секретарь кабинета министра. (И. Лажечников)

④ Он **только что** проснётся у себя дома, как у постели его уже стоит Захарка. (И. Гончаров)

Б. не прошло(прошёл)... ,как

这类结构的第一分句是 не прошло(прошёл) + N_2，分句中的第二格名词通常用表示时间段落的名词（如 минута, час, неделя, месяц, год 等）或表示空间度量的名词（如 метр, километр, верста, шаг 等）。前者通常与 пройти(протечь, миновать)的无人称形式搭配，如 **не прошло** и пяти минут, **как**,... 等；但偶尔也可与 пройти(проехать)的人称形式搭配，如 **не проехали** мы и пяти минут, **как**... 等。后者常与 пройти(проехать, отойти, отъехать)的人称形式搭配，如 **не прошли** мы и километра, **как**... 等。

这类结构表示两行为的迅速交替：或表示第一分句行为尚未结束，第二分句行为即已发生，这时 не 具有否定意义，通常可译为"还没有过……（多少时间），就……""还没有走……（多少路程），就……"；或表示前一行为刚刚完成，后一行为随之发生，这时 не 不具有否定意义，通常可译为"刚过……（多少时间），就……""刚走出……（多少路程），就……"。

如果结构的第一分句中有 ещё, и, ещё и 等词，则 не 具有否定意义。例如：

第五章 主从复合句

① Часу ещё **не протекло,** **как** явился к Литвинову кельнер. (И. Тургенев)

没有过一个小时,堂倌就来到了利特维诺夫跟前。

② Но он **не отбежал** ещё пятидесяти шагов, **как** вдруг остановился, словно вкопанный. (И. Тургенев)

但是他没有跑出五十步远,就突然纹丝不动地站住了。

③ **Не прошло** и часа, **как** он позвонил мне.

不到一个小时,他就给我打电话了。

④ **Не прошёл** Никитин и двухсот шагов, **как** и из другого дома послышались звуки рояля. (А. Чехов)

尼基金没有走出两百步远,就听见从另一所房子里传来了钢琴声。

⑤ **Не прошло** ещё и двух месяцев, **а** мой Алексей был уже влюблён без памяти. (А. Пушкин)

没过两个月,我的阿列克谢就如醉如痴地坠入情网了。

⑥ Но мы ещё **не отъехали** и ста шагов, **как** вдруг нашу телегу сильно толкнуло. (И. Тургенев)

但是我们没有走出一百步远,我们的大车就突然被撞了一下。

如果结构的第一分句中,有 какой-нибудь(不多于……,不大于……)说明第二格名词,则 не 不具有否定意义, не прошло каких-нибудь пяти минут 或 не прошли каких-нибудь пяти километров 就等于"прошло всего лишь пять минут"或"прошли всего лишь пять километров"。例如:

① **Не прошло** какого-нибудь месяца, **как** цех восстановили.

刚过一个月车间就恢复了生产。

② **Не прошло** каких-нибудь пяти минут, **как** он позвонил мне.

刚过五分钟他就给我打电话了。

③ Мы **не проехали** каких-нибудь пяти километров, **как** машина сломалась.

我们刚驶出五公里,汽车就坏了。

④ Я **не прошёл** каких-нибудь сто шагов, **как** почувствоал, что не могу ходить.

我刚走出一百步远就觉得不能走路了。

如果结构的第一分句中既没有 ещё，и，ещё и 等词，又没有 какой-нибудь 说明第二格名词，则 не 不具有否定意义，не прошло недели 或 не проехали километра 就等于 прошло около недели 或 проехали приблизительно километр。例如：

① **Не прошло** минуты, он опять начал стучаться. （А. Пушкин）
大约过了一分钟他又敲起门来了。

② **Не прошло** десяти минут, **как** на конце площади показался тот, которого мы ожидали. （М. Лермонтов）
大约过了十分钟我们等待的那个人从广场的那一边出现了。

③ **Не прошло** часа после этого разговора——он был уже в саду у князя. （Н. Павлов）
这次谈话之后大约过了一小时，他已经到了公爵的花园里。

④ **Не проехали** мы пяти километров, **как** машина сломалась.
我们大约才驶出了五公里，汽车就坏了。

这类复合句第二分句谓语既可用完成体过去时形式，表示第二个行为已达到其内在界限，又可用未完成体过去时或现在时形式，表示第二个行为是持续的。但是，前者更为常见。

第一分句谓语	第二分句谓语
не прошло(не прошёл)＋第二格名词	完成体过去时 未完成体过去时 未完成体现在时

① **Не прошло** и десяти минут, **как** все мотоциклисты вновь сели на машины и помчались в город. （А. Фадеев）

② **Не прошло** и четверти часа, **как** нараставший стрекот моторов наполнил собой всё вокруг... （А. Фадеев）

③ **Не проехали** мы четверти часа, **как** ямщик, остановив лошадей, передал вожжи Алёшке. （Л. Толстой）

④ **Не прошёл** я в лесу и версты, **как** мне послышалось, будто впереди навстречу едет телега. （М. Пришвин）

⑤ Мы **не проехали** ещё и четверти дороги, **как** вдруг я услышал за собой крик. （Ф. Достоевский）

⑥ **Не прошло** и получаса с его приезда, **как** уж он с самой добродушной откровенностью рассказывал свою жизнь. (И. Тургенев)

⑦ Данилка вскочил и побежал к машине. И одной минуты **не прошло, как** он уже сидел рядом с шофёром на кожаном сиденье... (И. Воронкова)

⑧ **Не прошло** и десяти минут, **как** Сергей сидел в самолёте. (С. Бабаевский)

⑨ **Не проехали** ещё и десяти вёрст, **а** он уже думал: «Пора бы отдохнуть». (А. Чехов)

⑩ **Не прошло** ещё 25 лет после его смерти, **как** его уже никто не читает. (М. Дмитреев)

［注1］не прошёл...,как... 结构的第一分句中，有时还可以用带前缀 до- 或 c- 的运动动词来代替 прошёл。这时在这些动词后面不能直接跟第二格名词，而需要加上适当的前置词。例如：

① Мы **не добежали** до дома, **как** пошёл дождь.

② По мере, как я читал, вы улыбались, но я и до половины **не дошёл, как** вы остановили меня. (Ф. Достоевский)

③ Я поклонился ей и вышел молча,... но **не сошёл** ещё с лестницы, **как** догнала меня Настасья Егоровна. (Ф. Достоевский)

有时第一分句也可用 не сказал двух слов 或 не просидел, не проспал, не прожил 等＋表示时间段落的名词第二格表示。例如：

① Он **не сказал** и трёх слов, **как** все уже поняли, что это настоящий оратор.

② Но **не просидел** он и четверти часа, **как** вдруг, очень где-то вблизи, послышался аккорд гитары. (Ф. Достоевский)

③ **Не проспал** и часу, **как** меня разбудили.

④ **Не прожили** н двух лет, **как** получили новую квартиру.

［注2］не прошло...,как... 的结构有时可变体为 не пройдёт...,как＋将来时形式或 не проходит...,как＋现在时形式的结构。例如：

① **Не пройдёт** и пяти минут, **как** пойдёт дождь.

② **Не проходит** и пяти минут, **как** дети опять хохочут и мирно беседуют. (А. Чехов)

［注3］не прошло．．．．как．．．的结构有时可变体为"表示时间段落的名词第一格+прошёл，как．．．"的结构。例如：

① **Не прошла** и неделя, **как** я получил ответ от брата.

② **Не пройдёт** минут десять, **как** он, верно, придёт поглядеть на меня. （Н. Гоголь）

［注4］在 не прошло(не прошёл)．．．，как．．．的结构中，有时第二分句可以不用 как 来连接，而用 а，но，и 等连接，或不带任何连接词，两部分间用逗号或破折号分开。如果第二分句不用 как 连接，则不强调第二分句行为的突然性。例如：

① **Не прошло** и недели, **а** штабели заметно поредели.

② **Не прошло** трех минут, он опять вернулся.

③ **Не прошло** часа после этого разговора—он был уже в саду у князя. （Н. Павлов）

B. не проходит(проходило)．．．，чтобы не．．．

在这类结构中，第一部分由 не проходит，не проходило 的无人称形式加表示时间段落的名词第二格，有时也可以用其他名词来表示时间段落，如 обед，ужин，чай，урок，собрание 等。在这些名词前除数词 один 外，通常不能加其他数词。这类结构在语义上表示：第二分句所谈的内容就是在第一分句所表示的这个时间段落里发生的事情。第一分句和第二分句中两个否定语气词是双重否定，在语义上等于肯定。通常可译为"没有一天（小时等）不……"或"每天（小时等）都……"。这类结构除表示时间关系外，还兼有定语意味，即第二分句对第一分句中的表示时间段落名词起修饰作用。例如：

① **Не проходит** дня, **чтобы** он **не** зашёл ко мне.

② Верите ли, году **не проходит**, **чтобы** он мне денег **не** прислал．．．． （Л. Толстой）

③ **Не проходило** ни одного дня, **чтобы** он собственноручно не избил пятнадцать-двадцать человек из команды. （А. Новиков-Прибой）

④ Между тем дня **не проходило**, **чтобы** Серёжа **не** говорил о скрипе.

⑤ Манилова проговорила..., что муж её, **не проходило** дня, **чтобы не** вспомнил о нём.

⑥ **Не проходит** обеда и чая, **чтобы** вы **не** поднимали шума. （А. Чехов）

⑦ **Не проходило** урока, **чтобы** наш учитель по истории не рассказывал нам какой-нибудь интересный эпизод, связанный с тем или иным историческим событием.

这类结构的第二分句中，谓语通常用未完成体动词，但有时也可用完成体动词，强调其结果意义。例如：

① **Не проходило** дня, **чтобы** аэродром **не** подвергался жестокой бомбёжке. （Ю. Нагибин）

② **Не проходит** месяца, **чтобы** мать **не** получила от него письма.

［注1］在这类结构中，第一分句中的не проходит（проходило）同义已发生了变化，不表示"运动"，而表示"存在"，因此有时可用 нет, не было, не бывает, не бывало 来代替。例如：

① **Нет** дня, **чтобы** они **не** ссорились.

② **Не было** дня, **чтобы** разведчики **не** добывали ценных сведений.

③ Впрочем **не было** года, **чтобы** в N-ском полку **не** застрелили кого-нибудь из офицеров. （А. Куприн）

④ Еще **не бывало** дня, **чтобы** мы **не** встретились. （В. Кетлинская）

［注2］这类结构的第一分句中，偶尔还可以遇见用完成体动词 не прошло 的现象。例如：

① С тех пор **не прошло** ни одного дня, **чтобы** я **не** думал о мщении. （А. Пушкин）

［注3］这类结构的第一分句中，在表示时间段落的名词第二格前有时可加指示词 тот。这时第二部分的定语意味更加突出。例如：

① Дня того **не проходят**, **чтобы** мы приступ под стены **не** делали. （В. Шишков）

[注4] 这类结构的第一分句，有时可变体为人称结构：既可带否定语气词 не；又可在形式上不带否定语气词 не，但在意义上却具有否定意义（通，用 редкий 等词）。例如：

① Ни один престольный праздник **не проходил**, **чтоб** по селу Пажары **не** раздавался клич: 《Бей жилу!》(В. Тендряков)

② **Редкий** день **проходил**, **чтобы** они **не** встретились.

第八节　带条件从句的主从复合句

I. 概述

带条件从句的主从复合句简称条件句。在这类主从复合句中从句在结构上与整个主句或其谓语发生关系，在语义上表示实现主句所述内容的条件。从句借助连接词 если(бы)，ежели (бы)，коли(бы)，когда(бы)，раз，кабы 等与主句相连接。通常回答 при каком условии? в каком случае? 的问题。

在这类主从复合句中，从句可后置、前置或置于主句之中。如果从句后置，则从句扩展主句，是实现主句内容的条件。如果从句前置，则强调主从句之间的相互制约关系，具有条件—结果的意味。这时主句之首通常可加 то，так 等，构成 если..., то...；когда..., то... ；раз..., так... 等结构。如果从句置于主句之中，则通常带有嵌入结构所固有的补充意味。例如：

① Я скажу ему об этом, **если** найду нужным.

② Она (жизнь слепого щенка) была бы даже ужасной, **если бы** он мог осознать свою слепоту. (Ю. Казаков)

③ **Если** завтра будет такая же погода, то я с утренним поездом поеду в город.

④ **Раз** вы согласились, так уж нельзя вам отказываться.

⑤ Нам необходимо, **если** относиться к этому серьёзно, немедленно приступить к работе.

⑥ Идут в атаку с теми же палками, в расчёте, **когда** убьют соседа, взять винтовку. (А. Толстой)

条件句根据其结构—语义特征可分为：

1. 现实条件句

这种条件句中，从句所表示的条件现实中业已实现、正在实现、必将实现或有实现的可能。这种条件句又可分为重复条件句和单一条件句。前者表示的条件关系是以现象的重复性或概括性为其基础的，通常用连接词 если，ежели，коли 等连接。后者表示的条件关系是建立在现象的非重复性，即一次性的基础上的，通常用连接词 раз，если，ежели，коли 或 если уж，ежели уж，коли уж 等连接。例如：

① **Если** он приезжал в Москву, то приходил к нам.

② **Если** никого не было дома, то я оставался и ждал, разговаривал с няней, играл с ребёнком. (А. Чехов)

③ **Если** завтра не будет дождя, то поедем на экскурсию.

④ **Раз** он приехал в Москву, то придёт к нам.

⑤ **Если** вы со мной согласны, то поддержите меня.

⑥ **Ежели уж** вы приглашаете, то я остаюсь. (В. Короленко)

2. 非现实条件句

这种条件句中，从句表示的条件现实中是不可能实现的，只是一种假设而已。从句通常用连接词 если，ежели，когда，коли 等加语气词 бы 来连接。例如：

① **Если бы** сегодня была хорошая погода, мы бы поехали за город.

② **Ежели бы** мы знали это заранее, мы приняли бы меры.

③ **Если бы** не дождь, поехали бы за город.

II. 连接词连接的条件句

A. 连接词 если (бы)

连接词 если 是最常用的条件连接词。带 если 的条件从句位置不固定：既可置于主句之前、之后，又可置于主句之中。如果从句位于主句之前，主句句首有时可有 то，так，тогда 等与连接词 если 相呼应。

连接词 если 连接的现实条件句既可表示主从句两行为的同时发生，又可表示一行为跟着另一行为的发生而发生。在这种复合句中，主从句谓语的情态、时间对应关系通常有：1. 重复条件句中，或者主从句谓语都用未完成体过去时、现在时或将来时形式；或者主从句谓语都用完成体将来时形式；或者从句谓语用完成体过去时或将来时形式，主句谓语用未完成体过去时或现在时形式；或者从句谓语用动词不定形式或泛指人称的形式，主句谓语用未完成体现在时、将来时或完成体将来时形式，……2. 单一条件句中，或者主从句谓语都用完成体动词同一时间的形式；或者主从句谓语都用未完成体现在时形式；或者从句谓语用完成体过去时或将来时形式，主句谓语用命令式……，例如：

① **Если** спрос усиливается, то цены повышаются.

② **Если** он приезжал в Москву, то приходил к нам.

③ **Если** будете сидеть тихонько, буду читать. (Н. Островский)

④ **Если** (бывало) спросят о чём-нибудь, он ответит.

⑤ Вера молчала, и **если** её спросят о чём-нибудь, то отвечала, но сама не заговаривала. (И. Гончаров)

⑥ Тихие женщины, **если** полюбят, то уже любят сильно, всем пылом. (А. Чехов)

⑦ **Если** он получил записку, то он приходил в лабораторию.

⑧ **Если** цветы не поливать, они завянут.

⑨ **Если** на этой реке построить гидроэлектростанцию, она будет давать свет всему нашему району.

⑩ **Если** сильно увеличивать температуру жидкости, жидкость переходит в газообразное состояние.

⑪ **Если** встречаешь незнакомые слова, обращаешься к словарю.

⑫ **Если** не будешь тренироваться, успеха не довьёшься.

⑬ **Если** идёшь лесом, то дорога окажется короче.

⑭ **Если** он получил записку, то он уже пришёл в лабораторию.

⑮ **Если** к завтрашнему утру дождь кончится, мы поедем за город.

⑯ **Если** я получу ваше письмо до отъезда, я обязательно отвечу вам.

⑰ **Если** Володя пишет курсовую работу по синтаксису, Наташа может его проконсультировать.

⑱ **Если** поедете в Париж, возьмите меня с собой...（А. Чехов）

⑲ **Если** свободен, приходи сегодня в половине восьмого в сквер на Триумфальной.（В. Каверин）

⑳ **Если** кто не согласен, пускай говорит сразу.（В. Распутин）

㉑ **Если** ты устал, так отдохни, а если нет, так помог бы мне ужин приготовить.

㉒ **Если** он пришёл, пусть починит замок.

㉓ Мне будет очень приятно, **если** ты погостишь у нас на даче.

㉔ Я поговорю с ним о тебе, **если** буду у него.

㉕ **Если** вы уедете, то кто вас заменил бы?

如果 если 连接的条件从句在主句之后或在主句之中，则在主句之中可有指示词 в (том) случае, при (том) условии, на (тот) случай 等与 если 相呼应。有时这些指示词还可与 если 组成复合连接词 в случае если, при условии если, на случай если 等。这时它们具有书面语的色彩。例如：

① Предложение является сложносочинённым **в том случае, если** синтаксическая связь между частями оформлена при помощи сочинительного союза.

② **В случае, если** динамовцы выиграют эту встречу, они обеспечат себе золотые медали за три тура до окончания первенства.

③ Степан грозил сам прийти в Вешенскую, **в случае если** Аксинья не явится в сотню.（М. Шолохов）

④ В дореволюционное время строевую лошадь..., **принимали при условии, если** она ростом была не меньше 2 аршин и 1/2 вершка.（М. Шолохов）

⑤ Я вам оставлю свой адрес **на случай, если** выйдет история.（И. Тургенев）

连接词 если 连接的条件从句，有时其谓语可用动词假定式。动词假定式中的语气词 бы 总是置于 если 之后，从而构成了 если бы。这时主句谓语也要用动词假定式。这种条件句既可能是非现实条件句，即从句表示的条件现实中不可能实现，只是一种假设而已；又可能是现实条件句，即从句表示的条件是潜在的，有实现的可能性，从而使主句内容带有两可（能够实现或不能实现）的性质。试比较：

① **Если бы** мы знали это заранее, мы приняли бы меры.（非现实条件句）
要是我们预先知道的话,我们就采取措施了。

② **Если бы** к завтрашнему утру дождь кончился, мы поехали бы за город.（现实条件句）
如果明天早晨雨停的话,我们就到城外去。

前一句提供的条件实际上并不存在,是虚拟的,因此主句的所述内容与客观事实相反。后一句提供的条件是潜在的,有可能或没有可能实现,因此主句的所述内容带有两可的性质,即如果雨停我们就到城外去,如果雨不停我们就不去。

если бы 连接的条件句不具有具体的时间意义,一般通过时间副词或上下文表示过去时、现在时或将来时的时间意义。例如:

① **Если бы** сегодня была хорошая погода, мы бы поехали за город.

② **Если бы** он не был офицером, то, наверное, был бы знаменитым музыкантом. （А. Чехов）

③ Помните, что наука требует от человека всей его жизни. И **если бы** у вас было две жизни, то и их бы не хватило вам. (И. Павлов)

④ **Если бы** мне ранее сказал кто-нибудь, что я встречу здесь этих людей, то я бы расхохотался. (А. Чехов)

⑤ **Если бы** ты вчера пришёл ко мне, мы бы договорились обо всём.

⑥ **Если бы** люди знали, что ищет Бим, они ему помогли бы. （П. Троеполюский）

⑦ Мы могли бы завтра пойти на концерт, **если бы** достали билеты.

⑧ **Если бы** вы мне помогли в этой работе, я был бы вам очень признателен.

если бы 连接的条件从句如表示的条件是潜在的,则主句谓语有时也可不用动词假定式,而用动词的将来时形式或不定形式。例如:

① Скажи, **если бы** я тебя обидел, страшно бы обидел, простишь?

② **Если бы** я и захотел, мне тебя не переубедить.

если бы 连接的非现实条件句中,从句有时还可用固定结构 если бы не＋N1 表示。这时从句具有否定事物存在或否定事物影响的意义。例如:

① Плохо бы мне пришлось, **если бы не** соседи.

② **Если бы не** солдаты, сгорел бы весь город. (А. Чехов)

③ **Если бы не** война, он давно работал бы хирургом в родном селе.

④ **Если бы не** дождь, поехали бы за город.

⑤ **Если бы не** поездки, многого из написанного мною не было бы. (С. Воронин)

если 连接的条件句有时可兼有其他的意义。它们有：

1. 条件—因果意义

在这种复合句中，从句表示正在实现或业已实现的单一的现实条件。这一条件兼有主句所述内容的因果意味。这时从句谓语一般用动词的过去时或现在时形式，连接词 если 常和 уж 连用。有时主句中可有强调结果意义的类连接词 значит, следовательно, очевидно, стало быть 等。

这种复合句通常可译为"既然……，那就……"。例如：

① **Если** был праздник, то он оставался дома и писал красками. (А. Чехов)

② **Если уж** его лучший друг Володя не может уехать, то он, Толя Орлов, останется с ним. (А. Фадеев)

③ **Если уж** он сюда приехал, то можешь быть уверен, он здесь останется.

④ **Если** слышала вся аудитория —**значит**, слышал и ты. (А. Андреев)

⑤ **Если** человек сам сказал, **значит**, он понял свою вину, и незачем его сильно наказывать. (Л. Космодемьянская)

⑥ **Если** в комнате брата свет, то, **следовательно**, он дома.

⑦ **Если** он долго не приезжал в город, **очевидно**, он был болен.

2. 条件—让步意义

在这种复合句中，从句表示的条件具有"即使……""就算是……"的意义，从而使条件意义接近让步假设意义。这时 если 常与 и 或 даже 连用。даже 可位于 если 之前或之后。и 置于从句谓语之前。主句中常有 всё-таки, всё равно, всё же 等类连接词，以加强让步的意义。

这种复合句通常可译为"即使……，（也）……"。例如：

① **Если** я трачу, то трачу свои деньги и отчетом никому не обязан. (Ф.

Достоевский)

② **Если даже** была хорошая погода, мы не гуляли.

③ Занятия состоятся, **даже если** не будет нескольких членов кружка.

④ **Если** ошибка **и** была, то её исправили.

⑤ **Если** сейчас **и** придет автобус, то к поезду всё равно не успеть. (В. Солоухин)

⑥ **Если даже** теперь он занимался каким-нибудь другим делом, то **всё же** это был солдат и никакого другого определения нельзя было подобрать к его лицу, фигуре, походке. (Ю. Олёша)

Б. 连接词 ежели (бы), коли (бы)

连接词 ежели, коли(коль)的意义和用法与 если 相同，但前者是旧词，在现代俄语中具有口语、俗语色彩。例如：

① **Ежели** отец родной его не простит, то кто же его простит?

② **Ежели** растение не поливать, то оно засохнет.

③ Но помочь, **ежели** надо будет, всегда готов. (Н. Островский)

④ **Ежели** тебе, внучка, по хозяйству что-нибудь требуется, мы мигом сделаем. (К. Паустовский)

⑤ **Коль** дело есть, скорей его кончай.

⑥ **Коли** он (пароход) железный, как же он плывет?

⑦ Смотри, **коли** обманешь, плохо тебе будет. (И. Никитин)

⑧ Съешь и морковку, **коли** яблочка нет.

⑨ **Коли бы** не ты, я, может, за купца бы вышла. (А. Чехов)

В. 连接词 когда (бы)

когда 连接的条件句兼有时间意味。这种条件句提供的是重复的现实条件，表示从很多事实中得出的结论，即过去或现在多次重复的行为。因此它不是指某个具体事件而言，而是具有概括意义。例如：

① **Когда** труд — удовольствие, жизнь — хороша. (М. Горький)

② **Когда** ждёшь чего-нибудь с нетерпением, время тянется особенно медленно.

③ **Когда** в товарищах согласья нет. На лад их дело не пойдёт... (И. Крылов)

④ **Когда** опустишь горящую лучинку в углекислый газ, она сейчас же погаснет.

[注]если 连接的条件从句中，谓语可用动词不定形式，表示概括意义。在 когда 连接的条件从句中，其谓语不能用动词不定形式，而从句可用泛指人称句或不定人称句来表示其概括意义。试比较：

① **Если** цветы не поливать, они завянут.

② **Когда** цветы не поливаешь, они вянут.

③ **Когда** цветы не поливают, они вянут.

когда бы 连接非现实条件句。这种条件句在现代俄语中见得不多。例如：

① **Когда б** имел я сто очей, То все бы сто на вас глядели. (А. Пушкин)

② Ох, лето красное! Любил бы я тебя, **когда б** не зной, да пыль, да комары, да мухи. (А. Пушкин)

[注]когда 连接的条件句和时间句，有时其界线不是很清楚的，很难确定 когда 连接的是什么句。例如：

Когда кто-нибудь заслонял лампочку и большая тень падала на окно, то видел был яркий лунный свет.

当有人把灯挡住（如果有人把灯挡住），窗户上出现一个大黑影的时候，就可看到皎洁的月光。

Г. 连接词 раз, раз что

连接词 раз 常用在口语中，但有时也可用在书面语的事务语体之中。连接词 раз что 具有口语色彩。它们连接的条件从句兼有原因或论证的意味。这种从句提供单一的现实条件，表示已经实现了的或必将实现的条件。因此从句的所述内容发生在主句所述内容之前或两者同时发生。如果从句位于主句之前，主句之首可加 то 或 так 与之呼应。连接词 раз 有时可与 уж 连用。уж 既可置于 раз 之前，又可置于它之后。

这种条件句通常可译为"既然……，那就……"，例如：

① **Раз** все пошли, то и я иду.

② **Раз что** он приехал в Москву, то приедет к нам.

③ **Раз** ты так решила, поступай. (Е. Ильина)

④ **Раз** никому нет дела до меня, останусь и буду жить как жила. (А. Фадеев)

⑤ **Уж раз** мы начали говорить, то лучше договорить всё до конца. (А. Куприн)

⑥ **Раз уж** возьмутся за дело, так доведут его до конца. (А. Чаковский)

有时还能遇见与上述情况完全相反的现象，即主句具有原因或论证意味，而 раз 连接的从句却具有结果意味。这时主句中通常有 значит, стало быть, очевидно, следовательно 等类连接词。例如

① **Раз** мать решила срочно вызвать меня домой, значит, отцу совсем плохо.

② **Раз** правительство решило продолжать стройку нефтепровода, значит, он нужен до зарезу и не позднее, чем через год.

③ **Значит**, у тебя хороший характер, **раз** тебе везде хорошо.

④ **Раз** ты не сдал экзамен по синтаксису, следовательно, ты слишком мало занимался.

⑤ **Раз** ты не говоришь мне всю правду, **очевидно**, ты мне не доверяешь.

⑥ **Очевидно**, Андрей не хочет дружить с Серёжей, **раз** избегает встреч с ним.

Д. 连接词 кабы

连接词 кабы 是专门用来构成非现实条件句的。它具有口语、俗语的色彩。例如：

① **Кабы** лёгкую работу дали, я бы справился.

② А жаль покойного нашего исправника Тараса Алексеевича—**кабы** не сожгли его, так в околодке было бы тише. (А. Пушкин)

③ **Кабы** он получше платил за труды, так и Янко бы его не покинул. (М. Лермонтов)

④ Я бы пошел, **кабы** позвали. (В. Шишков)

⑤ **Кабы** я злой человек был, так разве бы выпустил добычу из рук？（Д. Мамин-Сибиряк）

⑥ Вот **кабы** моя покойница была жива, так она бы поднесла тебе чарочку.（М. Загоскин）

［注］连接词 как бы 是连接词 кабы 的变体。例如：

① **Как бы** на горох не мороз, он бы через тын перерос.（П. Мельников-Печерский）

III. 表示条件意义的成语化结构

A. стоит（стоило）..., как（и, чтобы）...

这种复合句的第一分句是无人称句，由 стоит 或 стоило 加完成体动词不定形式构成，主体用名词的第三格形式，在 стоит 或 стоило 之后有时可加 только, лишь。第一分句表示条件，第二分句表示所述条件的结果。句子的排列顺序不能颠倒。

стоит..., как(и)... 的结构具有现在时或将来时的意义，因此第二分句的谓语要用现在时或将来时形式。在 стоило..., как（и）... 的结构中，第二分句的谓语要用过去时形式。在 стоит（стоило）..., чтобы... 的结构中，第二分句谓语可用动词不定形式或过去时形式。

在 стоит（стоило）..., как（и）... 的结构中，如表示多次重复的行为，第二分句谓语要用未完成体动词；如表示一次性的行为，第二分句谓语要用完成体动词。第二分句谓语如用完成体动词将来时形式，则它既可表示多次重复的行为，又可表示一次性的行为。这要由上下文来决定。在 стоило..., как(и)... 结构中，如表示非现实的条件，或第二分句谓语用假定式，或两个分句谓语都用假定式。

стоит（стоило）..., как(и)... 的结构表示的条件—结果关系兼有时间意味。第二分句如用 как 连接，则具有结果迅速来临的意味。通常可译为"只要……，就……"或"刚……，就……"。而 стоит（стоило）..., чтобы... 的结构只表示条件—结果关系，不兼有其他的意义色彩。第二分句由于受 чтобы 的词汇—语法意义的影响，具有情态意义，表示虚拟、预期或可能发生的结果。通常可译为"只要……，就会……"。стоило..., чтобы... 的结构有时可表示非现实的条件意义。例如：

① **Стоит** ему заговорить, **как** все кругом замолчат.

② Но **стоит** эту же речевую единицу произнести с законченной интонацией, **как** она уже будет предложением.

③ **Стоит** ему **только** бросить Надежду Фёдоровну и уехать в Петербург, **как** он получит всё, что ему нужно.

④ **Стоило** мне выйти на берег с самоловом..., **как** тотчас рядом появлялся Толя-капитан и брал команду в свои руки. (К. Паустовский)

⑤ Но **стоило** ей заговорить с Леной, **как** она снова почувствовала острый луч его взгляда на своей разгорячённой щеке. (П. Павленко)

⑥ **Стоит** сдать очерк в срок, **и** его опубликовывают.

⑦ **Стоит только** на эту горку подняться, **и** дом будет виден. (И. Тургенев)

⑧ **Стоит только** одну рюмку выпить перед обедом—**и** всё как рукой снимет. (Н. Гоголь)

⑨ **Стоило** ему увлечься "тенденциозной" сюжетностыо—**и** он создавал шедевры. (К. Чуковский)

⑩ **Стоило** лишь сделать намёк, **и** она уже всё поняла.

⑪ **Стоит только** поколебать партию, ослабить её, **чтобы** мигом поколебалась и ослабла диктатура пролетариата.

⑫ Да и **стоит** прочитать несколько страниц, **чтобы** в том удостовериться.

⑬ **Стоило** взглянуть на Пекторалиса, **чтобы** оценить, как он серьезно понимает значение этой торжественной минуты.

⑭ Но **стоило** ей это признать, **как** неизбежно возник бы разговор о самом главном, о том, что она скрывала.

⑮ Вам **стоило только** слово сказать, протянуть руку, **и** я пошла бы за вами без оглядки хоть на край света. (А. Островский)

⑯ **Стоило бы** передним или задним колёсам сойти хоть чуть-чуть в сторону, **и** грузовик бы провалился. (К. Симонов)

[注1]这一结构的第二分句句首，特别在口语中可用连接词 а 或其他词 так 等。

① **Стоит только** раз с нею познакомиться, **а** там уж ни за что не захочешь расстаться.

② Ведь мне **только** рассердиться **стоит** да уйти от вас, **так** вы после слёзы-то кулаком станете утирать. (А. Островский)

[注2]第二分句句首有时也可不用连接词，两分句间用逗号或破折号隔开。例如：

① **Стоило** ей выйти в коридор,Ланговой следовал за ней, как тень.

② Помните, **стоит** одному замешкаться — всё отделение задержится.

③ **Стоит** сдать очерк в срок—его опубликуют.

[注3]在这一结构中，两个分句的排列顺序不能颠倒。但是有时也可遇见分句排列顺序颠倒的情况，这时该结构成语化性质丧失。стоит 或 стоило 引出的句子条件意义已经消失，替代它的是带有"应该"意味的限制意义，并含有接续的性质。例如：

① Ведь есть же лекарство, думаешь, против этой болезни, **стоит** только найти. (И. Тургенев)

② Всегда он возникал возле, **стоило** только появиться Полине Георгиевне...

③ У них же всегда готовы в голове превосходные проекты для всякого рода реформ, **стоит** только присесть да написать. (В. Белинский)

Б. достаточно (довольно)..., как (и, чтобы)...

结构的第一分句是无人称句，由 достаточно 或 довольно 加完成体动词不定形式构成，主体用名词的第三格形式，时间由系词 быть 表达。第一分句表示条件，由 как(и,чтобы)连接的第二分句表示结果。两分句的排列顺序不能颠倒。这一结构与 стоит(стоило)..., как(и,чтобы)... 的结构是同义的，但它们之间有细微差别，差别在于 достаточно 和 довольно 的词义中含有"足够(以)"的意味。

这一结构通常可译为"只要……，就(足以)……"，例如：

① **Достаточно** было ему посмотреть на неё, **как** она сразу краснела.

② **Достаточно** коснуться проволочного заграждения, **как** тёмное небо озаряется множеством ракет.

③ **Достаточно** было командиру дивизии сказать начальнику своего штаба о приезде командующего, **как** весть это мгновенно прошла по всей дивизии.

④ **Довольно** было прорваться сквозь шум особенно зычному голосу, **как** начиналось выспрашивание, кто кричит?

⑤ **Достаточно** будет один раз посмотреть мне работу этого станка, **и** я всё пойму.

⑥ **Достаточно** добавить ещё одного человека, **чтобы** выполнить эту работу.

⑦ **Достаточно** было кому-нибудь из сотрудников сделать пустяковую ошибку, **чтобы** заслужить его вечное презрение. （К. Паустовский）

⑧ Ей **довольно** было дохнуть, **чтобы** погасить огонь в его очаге,...（М. Ильин, Е. Сегал）

在 достаточно..., чтобы... 的结构里，如在第二分句中加上副词 тотчас же, тут же, сразу же 等，则整个结构除表示条件—结果意义外，还兼有时间意味，强调一行为紧跟另一行为的发生而发生。这时它可和 достаточно..., как... 的结构替换使用。通常可译为"刚……，就……"，例如：

① **Достаточно** мне было вспомнить о предстоящем визите, **чтобы** настроение тут же испортилось. （А. Чехов）

② **Достаточно** создать нормальные условия температуры и питания, **чтобы** клетки сразу же восстановили свои функции.

[注1] 结构的第一分句中，动词不定形式通常用完成体，但有时也可用未完成体。这时一般具有行为持续或多次重复的体的意义。例如：

① **Достаточно** по разу в месяц подливать в водоём керосина, **чтобы** в нём пропало всё комарное потомство.

② **Достаточно** знать, что ожидает тебя впереди, **чтобы** жизнь потеряла всю свою прелесть. （В. Григорьев）

[注2] 在 достаточно..., чтобы... 的结构中，两分句的行为分属于不同的主体时，通常是 чтобы 后用动词过去时形式。但是，有时也可用动词不定形式。

这时或强调第二分句的泛指人称、不定人称意义,或第一分句的客体为后一分句的主体①。例如:

① Ведь **достаточно** им сбить один самолёт, **чтобы** всё раскрылось. (И. Эренбург)

② Для меня **достаточно** будет рассказать что-то один раз, **чтобы** запомнить очень надолго. (Д. Салмина)

[注3] достаточно..., чтобы... 的结构除表示条件—结果关系外,还兼有目的意义。如果结构中有目的意义的指示词 для того, затем 等,若是两个分句的排列顺序颠倒,则该结构就只强调目的意义了。例如:

① **Чтобы** понять это, **достаточно** представить себе, какие массы людей и военной техники были приведены в движеиие согласно единому плану. (А. Фадеев)

В. что касается..., то...

苏联语法学家对这一结构的看法有分歧。《1954年语法》、捷姆斯基等认为这一结构是复合句②。他们主要是以这一结构的形态组成为其依据的。而另一些语法学家(如别洛莎帕科娃、马克西莫夫等)把它归为简单句③。别洛莎帕科娃在《现代俄语复合句》中明确指出,"что касается... 不是个述谓单位,没有任何述谓单位所固有的情态—时间意义。касается 的形态在固定组合 что касается..., то 中已失去动词的特性(这一形态不可能有时间上的变化)。что касается..., то 整个组合在现代俄语中乃是具有区分功能的特殊虚词。值得注意的是,短语 что касается..., то; что касается до... то 在某些使用的场合与前置词 насчёт, относительно 同义……"。苏联语法学家之所以对这一结构有不同

---

① 参看 У И-и "Формых сказуемых в сложноподчиненных предложениях с придаточными цели". 《РЯШ》,1987г. №1.

② 《Грамматика русского языка》Т. 2,Ч. 2, М,1954, с. 358—359.

③ В. А. Белошапкова, 《Сложное предложение в современном русском языке》. М., 1967,с. 36—37. С. Е. Крючков, Л. Ю. Максимов, "Современный русский язык. Синтаксис сложного предложения", М.,1977, с. 104.

的看法,正因为该结构本身在结构与语义、功能上是互相矛盾的。因此作者只得暂且在这里对此做些描写。

在结构的第一部分中,что касается 加名词、人称代词的第二格或加前置词 до 和名词、人称代词的第二格连用。第一部分指出吸引人们注意的人或物,具有一定的条件意义。后一部分由 то 引出。它是对第一部分所述的人或物加以说明。两个部分的排列顺序不能颠倒。

这一结构多用在书面语体。通常可译为"至于(说到)……,那……",例如:

① **Что касается** меня, **то** я лишь ученик Ленина, и моя цель быть достойным его учеником.

② **Что касается** второго вопроса, **то** мнение у всех одинаково.

③ **Что касается** меня, **то** я по-прежнему живу в Ялте...(А. Чехов)

④ **Что же касается** материальной стороны, **то** вот извольте спросить у Ивана Ивановича: табачку иной раз купить не на что. (А. Чехов)

⑤ **Что касается** до моего личного дела, **то** нет необходимости говорить здесь.

⑥ **Что же касается** до Нежданова—**то** нечто ещё худшее установилось внезапно между им и хозяином дома.

⑦ **Что касается** до второго обстоятельства, то есть до столь страшного для меня экзамена, **то** оно почти с ума меня сводило. (А. Болотов)

⑧ **Что касается** до меня, **то**, признаюсь, известие о прибытии молодой и прекрасной соседки сильно на меня подействовало...(А. Пушкин)

在口语中有时可遇到这种结构的变体 что до..., то... 即第一部分中动词 касается 省略不用。例如:

① **Что до** меня, **то** я ни за что не соглашусь.

② **Что до** меня, я не собираюсь с ним мириться. (В. Ажаев)

③ **Что до** Кати, **то** она за два года вполне поняла своего мужа.

[注]在 18 世纪的作品中,结构的第一部分除用 касаться 外,还可用 надлежать 和 принадлежать。例如:

① **Что принадлежит** до улиц, **то** они очень не широки. (Н. Карамзин)

第九节　带让步从句的主从复合句

I. 概述

带让步从句的主从复合句简称让步句。让步从句结构上与整个主句或其谓语发生关系,用连接词 хотя, хоть, несмотря на то(，)что, пусть, пускай 等以及关联词 куда ни, когда ни, сколько ни 等连接于主句;语义上表示阻碍主句行为实现的条件,但主句行为不受这些条件的阻碍而照常进行。通常回答 несмотря на что? 的问题。

无论是让步从句,还是条件从句都表示主句行为的条件,但前者是阻碍主句行为实现的条件,而后者是促进主句行为实现的条件。试比较:

① **Хотя** было ещё довольно холодно, все ходили уже без пальто.（让步句）

② **Если** было тепло, все ходили без пальто.（条件句）

在让步句中,从句的位置可在主句之前、之后,也可在主句之中。如果从句在主句之前,主句句首通常可加对别连接词 но, однако, а 等。这时强调从句制约主句的存在,因此主从句间是相互制约、相互从属的关系。这种复合句表示让步—对别意义。例如:

① **Хотя** он был свободен, **но** не выполнил задания в срок.

② **Хотя** мне было очень узко и неловко в новом платье, я скрыл это от всех.（Л. Толстой）

③ **Пускай** порой тебе взгрустнётся, ты головы не опускай.（В. Лебедев-Кумач）

如果从句位于主句之后,则从句扩展整个主句,强调单方面从属。这时所述重心在主句,从句表示纯让步意义,往往伴有接续意味。例如:

① Я знаю вас и знаю ваши вкусы, **хотя** мало встречалась с вами.

② Он продолжал работать, **несмотря на то что** рабочий день уже кончился.

③ Мы не отступим, **пусть бы** нам было очень трудно.

如果从句位于主句之中,则通常具有补充说明的性质,在意义上与嵌入句近似。例如：

① За костром, **хотя** в это время и светила луна, всё казалось непроницаемо тёмным.

② Выслушать мнение старших товарищей, **хотя** именно это было необходимо, он не пожелал.

③ Мальчик с пальчик, **даром что** мал, был очень ловок и хитёр. （Л. Толстой）

主从复合句中的让步关系与并列复合句中的对别关系相近，主要因为这些句子都表示一些事实与另一些事实的对立。因此带有对别连接词 но, одноко 等的让步句是介乎主从关系和并列关系之间的过渡现象。试比较：

① **Хотя** было темно, **но** проводник уверенно вёл отряд.

② Было темно, **но** проводник уверенно вёл отряд.

让步句按其结构—语义特征可分为：

1. 对立让步句

在这种让步句中，从句指出与主句所表示的结果相对立的条件。这种让步句通常用连接词 хотя, несмотря на то(,) что, пусть, пускай 等连接。例如：

① **Хотя** он вырос на берегу моря, **но** он не умеет плавать.

② **Хотя** уже наступил вечер, **но всё же** было очень жарко.

③ Он отличный механик, **несмотря на то что** не получил специального образования.

④ **Пусть** он был несдержан, груб, тебе следовало проявить терпимость.

⑤ **Пускай** у нас будет мало времени, но тем не **менее** мы выполни м свою работу.

2. 加强让步句

在这种让步句中，从句的行为或特征非常强烈或者已到极限，但仍未能阻碍主句内容的实现。这种让步句如用关联词加语气词 ни 的组合（куда ни, когда ни, сколько ни, как ни, кто ни, что ни 等）来连接，则表示现实的让步句；如用关联词 куда бы ни, когда бы ни, сколько бы ни, как бы ни, кто бы ни, что бы ни 等连接，则表示非现实的让步句，即假设的让步句。例如：

① **Что ни** делаю, постоянно думаю, что служу этим прежде всего моему отечеству. (П. Павленко)

② **Кто ни** пытался, никто не мог завладеть нашей землёй.

③ И **куда ни** глянешь, радуется глаз..

④ **Сколько бы** я **ни** жила, я не забуду этого.

⑤ **Как бы** страстно **ни** говорил ты, мы **всё равно** остались бы при своих мнениях.

II. 连接词连接的让步句

A. 连接词 хотя, хоть

连接词 хотя 在修辞上是中性的, 而 хоть 带有口语色彩。

хотя, хоть 连接的从句如表示现实的让步意义, 则从句谓语用陈述式; 如表示假设的让步意义, 则从句谓语用假定式。

从句位于主句之前或主句之中时, 主句句首有时可加对别连接词 но, да, однако 以及 тем не менее 等与之呼应。这时复合句强调让步—对别意义。为了加强让步意义, 主句中有时可加类连接词 всё же, всё-таки, всё равно 等。

这种让步句通常可译为"虽然……，(但)……"或"即使……"，例如：

① **Хотя** я взял билеты в театр, **но** не знаю, смогу ли пойти.

② **Хотя** и будет дождь, **но** уже не зеленеть траве. (А. Чехов)

③ **Хотя** день был яркий, Придорогин повернул выключатель настольной лампы... (К. Федин)

④ **Хоть** дверь и открыта, не входи без спросу.

⑤ **Хоть** на дворе было сухо, однако у порога стояла грязная лужа. (Л. Толстой)

⑥ На её губах явилась довольная, тихая улыбка, **хотя** в морщинах щёк ещё дрожали слёзы. (М. Горький)

⑦ Мама не могла скрыть своего торжества, **хотя** и молчала. (К. Паустовский)

⑧ **Хотя** бы он и не зашёл за мной, я пойду кататься на коньках.

⑨ Отец решил во что бы то ни стало получить высшее образование, **хотя** бы это было и на старости лет.

⑩ Она не заговаривала бы первой, **хотя** бы он молчал целый день.

⑪ Писатель может пользоваться не каждым словом, **хотя** бы оно и казалось очень удачным. (К. Паустовский)

⑫ Я не знаю зелия такого; **Хоть** бы знала, тебе б не сказала. (А. Пушкин)

⑬ Он забудет всякие неприятности, **хоть** бы их были тысячи.

⑭ **Хоть** бы он и был охотник, а то и ружья-то никогда в руки не брал!

хоть 在口语中可与单数第二人称命令式连用。从句中既可不出现主语,表示泛指人称;又可出现主语,表示其人称。主句谓语通常用完成体将来时形式。这时从句指出极其夸张的阻碍条件,而主句表示即使在这种条件下也会实现其所述内容。例如:

① **Хоть** весь лес обойди, уже ни одного гриба не найдёшь.

② **Хоть** десять раз ему одно и то же повтори, он тебя не поймёт.

③ **Хоть** весь класс меня суди, я остаюсь при своём мнении.

④ И **хоть** ты ангел будь, так не минуешь с ними драки.

⑤ **Хоть** ты им обезьянку изобрети, не удивятся. (Н. Успенский)

[注] хоть убей, хоть умри, хоть режь 等已成为成语,因此它们不是从句,而是加强肯定或否定的表情形式。通常可译为"无论如何""无论怎样"。例如:

① Ни слова от него не добьёшься, **хоть умри.**

② Не слушается он меня, **хоть плачь.**

③ **Хоть убей,** не могу объяснить.

④ **Хоть убей,** следа не видно; сбились мы... (А. Пушкин)

Б 连接词 несмотря на то(,) что, невзирая на то(,) что, вопреки тому(,) что

这三个连接词都带有书面语色彩,其中 несмотря на то(,) что 较为常用,невзирая на то(,) что 常用在公文语体中,вопреки тому(,) что 具有强烈的对立意义。它们连接的从句只能表示现实的事实,因此从句的动词谓语只能用陈述式,不能用假定式。在这种复合句中,主句句首不能加对别连接词 но、однако 等,但

句中可加类连接词 всё же，всё-таки 等，用以加强让步意义。这三个连接词的 что 前有时可加逗号。

这种让步句通常可译为"虽然……""尽管……""不顾……"，例如：

① **Несмотря на то что** у меня был весёлый попутчик, всё же дорога показалась мне очень длинной.

② **Несмотря на то что** я уже ездил один раз в эту деревню, дорога показалась мне совершенно незнакомой.

③ **Несмотря на то что** все окна были занесены снегом, я чувствовал, что день стал светлее вчерашнего. （В. Короленко）

④ **Несмотря на то что** у меня не было ни одной свободной минуты, я вёл нечто вроде дневника—запись некоторых мыслей и впечатлений. （В. Каверин）

⑤ **Несмотря на то, что** было холодно, снег на воротнике таял весьма скоро. （Л. Толстой）

⑥ В степи тихо, пасмурно, **несмотря на то, что** солнце поднялось. （А. Чехов）

⑦ В 1872 году, **несмотря на то что** Левитан уже был художником со всероссийской славой, его вторично выселили из Москвы. （К. Паустовский）

⑧ **Невзирая на то, что** у Богданова не имелось ни малейших оснований считать эту женщину чем-либо связанной с ним, она странным образом продолжала для него существовать. （Г. Березко）

⑨ **Вопреки тому, что** врач запретил больному вставать с постели, он **всё-таки** встал.

⑩ Агрессоры продолжают бесчинствовать, **вопреки тому что** народы мира гневно осуждают их провокации.

⑪ **Вопреки тому что** метеорологическая служба предсказывала похолодание, изменение погоды не наступило.

⑫ **Вопреки тому что** все советовали ему быть журналистом, он не стал им.

[注]连接词 независимо от того（,）что 与 несмотря на то（,）что 近义，用法也一样。例如：

① Футбольный матч состоится **не зависимо от того, что** будет дождь.

② Борьба за мир требует коллективных усилий всех государств **независимо от того**, большие они или малые.

B. 连接词 пусть，пускай

在这种让步句中，从句表示的让步意义通常兼有对不希望发生事实的忍让意味。这时主句却表示进行某种行为的愿望或决心。因此这种让步句通常强调主从句之间的尖锐对立。

在这种复合句中，从句谓语可用陈述式，但是有时也可用假定式。从句通常位于主句之前。这时主句句首可加对别连接词 но，однако 等与从句中的 пусть，пускай 呼应。

连接词 пусть，пускай 通常用在口语或诗歌之中，但 пускай 比 пусть 更具有口语色彩。这种让步句通常可译为"虽然……"或"即使……""哪怕……""就算……"，例如：

① **Пусть** я неправ, но зачем ты так на меня кричишь?

② **Пусть** роза сорвана, она ещё цветёт. （С. Надсон）

③ **Пусть** моя идея никуда не годится, **пусть** она смешна и наивна, но я живу ею.（А. Чехов）

④ **Пусть** нам будет трудно, мы не отступим.

⑤ **Пусть** он больше ничего не скажет, мы знаем теперь всё.

⑥ **Пусть** он ошибся, **но** эту ошибку можно исправить.

⑦ **Пусть** я не был бойцом без упёка, **но** я силы в себе сознавал, я во многое верил глубоко. （Н. Некрасов）

⑧ Мы не отступим, **пусть** бы нам было очень трудно.

⑨ **Пусть** бы со мной никто не соглашался, я **всё равно** постараюсь доказать свою правоту.

⑩ **Пускай** порой тебе взгрустнётся, мы готовы не опускай. （В. Лебедев-Кумач）

⑪ **Пускай** у нас будет мало времени, **но тем не менее** мы выполним свою работу.

⑫ **Пускай** я слаб, мой меч силён. (В. Жуковский)

⑬ **Пускай** ты умер, **но** в песне смелых и сильных духом всегда ты будешь живым примером, призывом гордым к свободе, свету. (М. Горький)

⑭ **Пускай** наступили морозы, я **всё-таки** решил заниматься спортом на улице.

Г. 连接词 даром что

连接词 даром что 在现代俄语中较为少用。它带有强烈的口语和俗语色彩。даром что 在意义上与连接词 хотя 相近。例如：

① Ведь я молода, **даром что** рослая.

② Мне не нравится, **даром что** стихи прекрасные.

③ Он весь был ясно виден, **даром что** ехал в тени. (И. Тургенев)

④ Коли в твоём Володьке будет путь, так отдам за него Машу; **даром что** он гол как кол. (А. Пушкин)

⑤ **Даром что** очерки с лёгкостью пишет, **а** вот фельетон не удался.

⑥ **Даром что** парню девятнадцатый год, **а** в работе любого казака за пояс заткнёт. (М. Шолохов)

⑦ Мальчик с пальчик, **даром что** мал, был очень ловок и хитёр. (Л. Толстой)

[注] 插入语 правда 如与对别连接词 но, однако 等连用, 则具有让步—对别意义。但这种复合句不是主从复合句, 而是并列复合句。例如：

① Правда, я не очень долго готовнлся к экзамену, **но** получил четвёрку.

② Правда, обед его состоял из двух или трех блюд, изготовленных солдатом, **но** шампанское лилось притом рекою. (А. Пушкин)

③ Правда, ему уже сорок пять лет, **но** он довольно приятной наружности и ещё может нравиться женщинам. (Ф. Достоевский)

④ Правда, я беден, **но** мы станем трудитться. (Н. Гоголь)

III. 关联词连接的让步句

A. 关联词 как ни，сколько ни，что ни 等

在这种复合句中，从句以关联词和加强语气词 ни 的组合与主句连接，表示对现实事实的加强让步关系。这种让步句的让步—对立意义要比 хотя，несмотря на что 等连接的让步句更加强烈，更富有表情色彩。

不同的关联词从不同的角度表达加强让步意义：как ни（无论怎样）从行为或特征程度的角度；сколько ни（无论多少、无论多久）从行为次数或延续、事物数量的角度；куда ни（无论到哪里），где ни（无论在哪里），когда ни（无论何时）从行为地点或时间的角度；кто ни（无论谁），что ни（无论什么）从行为主体或客体的角度；какой ни（无论怎样的）从事物特征的角度。这些表达加强让步意义的关联词同时具有概括意义的性质，如"任何人""在任何地方""任何时候"等。与从句中这些关联词相对应的是，主句中可用具有概括意义的词 все，каждый，любой，никто，всё，везде，всюду，нигде，всегда，никогда 等。因此加强让步句又称概括让步句。

从句中的语气词 ни 通常位于动词谓语之前。在 как ни 连接的从句中，如果从句谓语由性质形容词表示，则 ни 既可放在系词之前，又可放在表语部分——形容词短尾之前；如果从句中有表示性质、程度的副词，则 ни 可位于该副词之前。

在这种复合句中，在主句句首或句中可如 но，однако 等以及 так，так и，всё же，всё-таки，всё равно 等，以加强主句和从句的对立意义。例如：

① **Что ни** делаю, постоянно думаю, что служу этим прежде всего моему отечеству. （П. Павленко）

② **Кто ни** пытался, никто не мог завладеть нашей землёй.

③ **Когда** я **ни** приходил, его **всё** не было дома.

④ **Где** мы **ни** были, везде видно строительство новых домов.

⑤ **Куда** она **ни** ездила лечиться, ничего не помогало.

⑥ **Сколько ни** стучал я в дверь, мне **так** никто **и** не ответил.

⑦ **Сколько ни** объяснял я ему это правило, он **всё-таки** не понял его.

⑧ **Сколько** сёл и деревень **ни** проезжали, Чапаева знали всюду, встречали его везде одинаково почётно, радостно. (Д. Фурманов)

⑨ Михалевич уехал на другой день, **как ни** удерживал его Лаврецкий. (И. Тургенев)

⑩ **Как ни** силен был мороз, он нас не испугал.

⑪ **Как ни** был строг и требователен наш учитель, все не только уважали, но и любили его.

⑫ Левинсон, **как ни** крепко спал, тотчас открыл глаза и сел. (А. Фадеев)

⑬ **Какое** место ни тронь, —всё болит. (Г. Николаева)

在这种复合句中，从句谓语通常用未完成体动词而主句谓语用未完成体或完成体动词同一时间的形式。但有时也可不用同一时间的形式，通常是从句谓语用现在时形式，主句谓语用完成体将来时形式。此外，从句或者用泛指人称句，或者其谓语用具有泛指人称意义的单数第二人称命令式或表示多次重复意义的完成体将来时形式。这时，主句谓语常用未完成体现在时或完成体将来的形式。例如：

① **Что** она **ни** делает, всё ей нравится.

② **Когда** я **ни** прихожу в магазин, там всегда много народу.

③ **Как** поздно **ни** возвращаюсь с работы, жена меня ждёт.

④ **Сколько ни** старается Наташа уговорить меня оставить мою идею, я пока настаиваю на своём.

⑤ **Где** он **ни** искал эту книгу, нигде её и не нашёл.

⑥ **Как** я **ни** спешил, **а** на поезд **всё равно** не успел.

⑦ **Сколько** он **ни** бился над этой работой, **так и** не получил никаких результатов.

⑧ **Кому** он **ни** рассказывал о своей идее, его не понимали.

⑨ **Что** я **ни** предлагал, вы ни с чем не соглашались.

⑩ **Сколько** я **ни** читал статей на эту тему, ни одна меня не удовлетворяла.

⑪ **Какие** вопросы ему **ни** задают, он всегда быстро ответит.

⑫ **Сколько ни** будешь стучать, ни за что не открою.

⑬ До **чего ни** дотронешься, хозяйка будет не довольна.

⑭ И **куда ни** глянешь, радуется глаз...

⑮ **О чём** его **ни** спроси, он на всё ответит.

⑯ **Как** волка **ни** корми, он **всё** в лес смотрит.

⑰ **Куда ни** посмотри, везде дети.

⑱ **С какими** трудностями мы **ни** встретимся, мы их преодолеем.

⑲ **Когда** ты **ни** зайдёшь к нему, всегда застанешь его за книгой.

⑳ **Куда** меня **ни** пошлёт партия, я с удовольствием поеду.

［注1］上述关联词由于表示概括意义，因此通常与未完成体动词连用。但有时也可和表示行为或状态各种强度的完成体动词连用。这些动词有 удивиться, обрадоваться, испугаться, устать, проголодаться, замерзнуть, измениться 等。例如：

① **Как ни** изменилась Москва, я **всё же** начинаю узнавать знакомые места.

② **Как ни** устал Алексей, свежесть воздуха бодрила его.

［注2］как ни 既可给予行为性质的评定，又可加强事物性质的程度，因此它不仅可与动词谓语连用，而且还可以说明形容词短尾或性质副词。сколько ни 给予行为数量的评定，强调行为的次数或延续，通常具有 много раз 或 долго 的意义。它有时还可以表示事物的数量。因此 сколько ни 常与动词谓语连用，但有时也可和名词第二格连用。

как ни 和 сколько ни 如与动词连用，有时可以相互换用。但各自强调的重点不同，意义上也有所差别。试比较：

① **Как** я **ни** спорил с ним, он **всё-таки** стоял на своём.

无论我怎样和他争论，他仍然坚持自己的意见。

Сколько я **ни** спорил с ним, он **всё-таки** стоял на своём.

无论我和他争论多久，他仍然坚持自己的意见。

② **Как** он **ни** возражал, его отказ не был принят.

无论他怎样表示异议，但他的辞呈仍然没有被通过。

Сколько он **ни** возражал, его отказ не был принят.

无论他表示异议多少次，他的辞呈仍然没有被通过。

［注3］在这种复合句中，有些句子在结构上有让步句的特征，而在语义上却没有让步意义，即主从句的内容不是矛盾的，不是对立的。如 Где я **ни** путешествовал, везде встречал красивые места [无论我到哪里游览,到处都遇见风景秀丽的地方];Кто сюда ни зайдёт, всех встречают с радостью.[不论谁来这里,都会受到热烈的欢迎]等。这些句子的词汇组成使其主从句在内容上并不对立,从而丧失让步意义。因此有的语法学家将前一句归为处所句,把后一句划为定语句。

Б. 关联词 как бы ни, сколько бы ни, что бы ни 等

在 как ни 等连接的从句中,如要表示非现实的让步意义,即假设的让步意义,则从句谓语要用假定式。这时动词假定式中的语气词 бы 与 как ни, сколько ни, что ни 等组成 как бы ни, сколько бы ни, что бы ни 等。其中 как бы, сколько бы, что бы 等不能分开,而 ни 通常置于谓语之前。

как бы ни, сколько бы ни, что бы ни 等连接的从句比 как ни 等连接的在概括让步意义方面更加强烈,通常可译为"不管怎样""不管多少""不管什么"等。

在这种让步句的主句中,可用具有概括意义的词 все, каждый, любой, всё, везде, всюду, нигде, всегда, никогда 等与从句中的关联词 как бы ни 等相对应。有时在主句句首或句中还可加 но, однако 等以及 так, так и, всё же, всё-таки, всё равно 等,以加强主从句之间对立的意义。例如:

① **Как бы** страстно **ни** говорил ты, мы **всё равно** остались бы при своих мнениях.

② **Сколько бы** лет **ни** проработал человек в мартеновском цехе, **сколько бы** металла **ни** выплавил на своём веку, выпуск плавки, миг рождения стали не может не волновать его. (В. Попов)

③ Я видел жизнь. **Что бы** тебе **ни** говорили о ней, верь всегда, что она удивительна и прекрасна. (К. Паустовский)

④ **Куда бы** нас отчизна **ни** послала, мы с честью дело сделаем своё. (М. Исаковский)

⑤ И где бы он **ни** проходил, **куда бы ни** заглядывал, степь **так и** стояла перед глазами. (С. Бабаевский)

⑥ **Что бы ни** было, ничто не изменит моего решения. (Л. Толстой)

⑦ **Кто бы ни** был ты—рыбак, шахтёр, учёный или пастух—Навек запомни: здесь лежит Твой самый лучший друг. (М. Исаковский)

⑧ **Какой бы** удачной **ни** была формулировка, она всегда остаётся неточной и однобокой. (С. Антонов)

在这种复合句中,主句谓语既可用陈述式,又可用假定式或命令式。如用陈述式,则通常用现在时、完成体将来时或未完成体过去的形式。未完成体将来时和完成体过去时形式一般不用。例如:

① Коммунист, **где бы** он **ни** работал, является слугой народа.
② **Какой бы** вопрос я **ни** задавал этому мальчику, он на всякий вопрос отвечает уверенно и сразу.
③ **Сколько бы** я **ни** жила, я не забуду этого.
④ **Как бы** я **ни** бился над задачей, я не смогу её решить.
⑤ **Кому бы** он **ни** писал, но всегда писал мало.
⑥ **Кто бы** к нему **ни** обращался за помощью, он всем отказывал.
⑦ **Что бы** я **ни** сказал, мне бы **всё равно** не поверили. (К. Паустовский)
⑧ **Как бы ни** старался я понять объяснения учителя, я **все равно** не смог бы этого сделать.
⑨ **Как бы** высоко **ни** оценивали вас, имейте всегда мужество сказать себе: я невежда. (И. Павлов)
⑩ **Куда бы ни** шёл, **ни** ехал **бы**, но здесь остановись, Могиле этой дорогой Всем сердцем поклонись. (М. Исаковский)

［注］在这种复合句中,有些句子在结构上有让步句的特征,而在语义上却没有让步意义,即主从句的内容不是对立的。如 **Кто бы** к нему **ни** обращался, он всем помогал［不管谁向他提出要求,他都给予帮助］；**Где бы** я **ни** путешествовал, везде я встречал красивые места［不管我到哪里旅游,到处都遇见风景秀丽的地方］等。因此有的语法学家把它们划为定语句和处所句。

第十节　带目的从句的主从复合句

I. 概述

带目的从句的主从复合句简称目的句。在目的句中,从句在结构上与整个主句或其谓语发生关系,用目的连接词 чтобы, для того(,) чтобы, с тем(,) чтобы 等连接于主句,在语义上表示主句积极行为的目的或使命。通常回答 для чего? зачем? с какой целью? 等问题。

如果主句不表示积极的行为,则就没有它的目的或使命,也就不可能带有目的从句。因此目的从句不能与下列句子相连接:1.等同句,如 Москва—столица России 等。2.表示消极状态或不由自主的自发行为的无人称句,如 Здесь душно; На небе ни облачка; Меня тошнит; Ему сладко спалось; Лодку унесло течением 等。3.具有存在意义的主格句,如 Начало лета 等。4.表示消极状态的人称句:如 Море спокойно 等。

既然主句报道的是积极的行为,其主体就必然是自觉的行为者。因此主句中的主语或主体通常用动物名词或替代它的人称代词表示。有时主句的主语在下列情况下也可用非动物名词表示:1.当作者把非动物名词用作拟人法表现时,如 Солнце взошло будто затем только, чтобы взглянуть, не исчезла ли, не рассыпалась ли прахом за ночь великолепная столица (Ю. Казаков) 等。2.当主句谓语用被动形动词短尾表示时,试比较:Лампа заслонена бумажным щитом, чтобы свет не разбудил Серёжу (В. Панова) — Лампу заслонили бумажным щитом, чтобы...; Мать заслонила лампу, чтобы... 等。

在目的句中,从句没有固定的位置,它可位于主句之后、之前或之中。如从句位于主句之后,则从句扩展整个主句。这时主句在语义上和结构上(在没有目的意义指示词的情况下)是完整的,而从句总是单方面从属。例如:

① Я разбудил Пашку, **чтобы** он не свалился с дорог. (А. Чехов)

② Потапов догадывался, что она не ложится, **для того чтобы** разбудить его к поезду. (К. Паустовский)

③ Вопрос этот он задал, **лишь бы** что-нибудь спросить. (К. Паустовский)

如从句位于主句之前,则从句制约主句。这时主从句之间是相互制约的关系:从句表示目的,而主句表示达到目的的手段或前提。例如:

① **Чтобы** не думать, Самгин заставил себя вслушиваться в слова Спивака. (М. Горький)

② **Для того чтобы** быть счастливым, надо не только любить, но и быть любимым. (К. Паустовский)

如从句位于主句之中,则从句常常表示嵌入句所固有的补充接续意味。例如:

③ Надо всегда поступать, **чтобы** ни перед кем не было стыдно, честно. (К. Паустовкий)

④ И курсанты, **дабы** не нарушашь порядка, вполголоса прокричали «ура» и тут же половину дыни съели. (К. Паустовский)

目的句根据其结构—语义特征可分为:

1. 纯目的句

在这种目的句中,主句表示积极的行为,是达到目的的前提;而从句表示希望达到的目的。例如:

① Я взял и себе книжку, **чтобы** почитпать дома. (Н. Носов)

② **Чтобы** не мешать ей отдохнуть, мы с Шурой пошли гулять. (Л. Космодемьянская)

③ Она делала Гуле знаки рукой, **чтобы** Гуля вышла в коридор. (Е. Ильнна)

④ **Дабы** не утомить благосклонного читателя, позвольте поставить точку. (А. Чехов)

2. 非纯目的句

非纯目的句就是兼有其他意味的目的句:或目的意义减弱,兼有条件意味;或表示被否定了的目的;或具有相反的目的意义。例如:

① **Надо** быть слепым, **чтобы** не видеть этого.

② Тут помереть **надо, чтобы** забыть такое приключение. (Л. Леонов)

③ **Вместо того, чтобы** подойти к нему, я стал к столу.

④ Мы потратили час на дорогу, **чтобы** оказаться у закрытых дверей музея.

II. 目的从句中谓语的表示

A. 如果主从句的行为同属于一个主体,则从句谓语通常用动词不定形式。

所谓句子的主体就是言语的对象,是由事物意义的名词化成素表示的述谓特征的持有者。由于主体是句子语义组织的成素,因此它与句子形态组织中的主语不同：主语必须是第一格形式；而主体在形态上没有任何要求，既可用第一格的形式，又可用间接格形式。

1. 主句是人称句

如果主句中的主语就是行为主体，主从句的行为属于同一主体，则从句谓语要用动词不定形式。例如：

① Оленин перекинул ружьё за плечи, **чтобы** освободить руки. （Л. Толстой）

② **Чтобы** не разбудить своих, он осторожно разделся в передней. （А. Чехов）

如果主句中的主语与行为主体不一致，而主从句的行为由同一主体发出时，则从句谓语要用动词不定形式。主句中主语与行为主体不一致的情况通常有：

1) 主句中的行为主体用第三格形式，谓语由一些要求第三格主体的短尾形容词或带-ся动词表示，如 нужен, необходм, надобен, понадобиться, требоваться 等。主句中的主体既可以出现，又可内隐。例如：

① Эта книга нужна мне, **чтобы** послать её брату.

② Любовь к труду необходимо **для того, чтобы** построить на земле новую, счастливую жизнь. （М. Горький）

③ Детердингу скоро понадобится вмешательство европейских войск, **чтобы** узнать, как пахнет кавказская нефть. （А. Толстой）

④ Что ещё требуется **для того, чтобы** двигаться вперёд семимильными шагами?

2) 主句中的行为主体用第五格，谓语由被动形动词短尾或具有被动意义的带-ся动词表示。主句中的行为主体既可出现，又可内隐。例如：

① Новая экономическая политика может только облегчить это дело, ибо она введена партией именно **для того, чтобы** облегчить строительство социалистического фундамента нашего народного хозяйства.

② Дверь в коридор была открыта, **чтобы** проветрить камеру.

③ Яков понимал, что всё это говорится Мироном **для того, чтобы** убедить слушателей и себя в своём праве на место в Государственной думе. （М. Горький）

④ Все эти меры предпринимались **для того, чтобы** расколоть силы революции и оторвать от революции умеренные слои народа.

3) 主句的行为主体用 у кого 表示，谓语由一些要求这一行为主体的动词表示。例如：

① У меня было время, **чтобы** отдохнуть. (И. Пулькина)

② Двухлетний план выступил у Рыкова на сцену **для того, чтобы** потом, в ходе практического осуществления пятилетнего плана, противопоставить пятилетке двухлетку, перестроить пятилетку и приспособить её к двухлетнему плану, сократив и обкорнав ассигнования на дело индустрии.

2. 主句是不定人称句

如果主从句的行为都属于同一个没有明确表示出来的不定主体，则从句谓语要用动词不定形式。例如：

① Это была новая и незначительная станция. Её построили, **чтобы** заткнуть какую-то дыру в метеосети.

② **Чтобы** не слишком остужать дом, окошки прорубали в стенах узкие и маленькие. (М. Ильин, Е. Сегал)

3. 主句是无人称句

主句中的行为主体通常用第三格、у кого 表示。主句中的主体既可出现，又可内隐。例如：

① Всякому человеку **для того чтобы** действовать, необходимо считать свою деятельность важною и хорошею. (Л. Толстой)

② Родина в опасности. Но у неё хватит сил, **чтобы** разгромить врага. (А. Фадеев)

③ Бывало, приду, а у него уже много наготовлено, **чтоб** диктовоть почти подряд.

④ Мне хочется купить эту книгу, **чтобы** послать её в подарок товарищу.

［注1］主从句的行为同属一个主体时，有时从句谓语也可用动词过去时 -л 的形式。通常有以下两种情况：

1. 如果从句中重现第一格的行为主体（即主语）例如：

① Мне нужна Россия, **чтобы** был я в ней, как раньше, хозяин на своей земле... (Б. Горбатов)

② **Чтобы** мы комсомольскою сменою стали, в труде и в науке, как Ленин и Сталин, пойдём неустанно вперёд!

2. 如果从句是无人称句。例如：

① **Чтобы** лучше спалось, мы открыли окна.

② Я спал два-три часа, **чтобы** было легче дежурить ночью.

③ Да она, видно, нарочно выбирает себе в мужья пожилого человека, **чтобы** вольготнее ей жилось. (А. Новиков-Прнбой)

[注2] 主从句的行为属于同一主体，从句谓语用动词不定形式时，从句中有时还可以重现第三格的主体。这一主体在现代俄语中是可有可无的。由于韵律的关系，这种用法通常出现在诗歌中。例如：

① А **чтоб** в хмелю не сделать мне пожару, как я свечу совсем задул. (И. Крылов)

② Говорит старику старуха: "Воротись, поклонись рыбке,

Не хочу быть вольною царицей,

Хочу быть владычицей морскою,

Чтобы жить мне в окияне-море,

Чтоб служила мне рыбка золотая,

И была б у меня на посылках".

(А. Пушкнн)

Б. 如果主从句的行为分别属于不同的主体，从句谓语通常用动词过去时形式。例如：

① **Для того чтобы** они поняли нашу правду скорее, мы должны идти вперёд. (М. Горький)

② Свобода нужна честным людям не **для того**, **чтобы** душить друг друга, но **чтобы** каждый мог защищать себя от распространённого насилия нашей беззаконной жизни! (М. Горький)

③ Лампа заслонена бумажным щитом, **чтобы** свет не разбудил Серёжу.

④ Надстройка **для того** и создаётся базисом, **чтобы** она служила ему, **чтобы** она активно помогала ему оформиться и укрепиться, **чтобы** она активно боролась за ликвидацию старого, отживающего свой век базиса с его старой надстройкой.

[注1] 主从句的行为分别属于不同的主体，从句谓语有时也可用动词不定形式。大致有以下几种情况：

1. 如果从句强调泛指人称意义或不定人称意义，则从句谓语可用动词不定形式。例如：

① Пожарная лестница служила **для того**, **чтобы** взбираться на шестой или седьмой этаж, под небо. (К. Симонов)

② Ведь книги **для того**, **чтоб** читать, а не **для того**, **чтоб** на полках стоять. (Н. Носов)

③ Разве я разговаривала, **чтобы** удалять меня с занятий? (С. Крючков, Л. Максимов)

2. 如果主句谓语由被动形动词短尾表示，而其主语由动物名词或替代它的人称代词表示，则主句中的主语可能就是从句中的行为主体。如两者一致，从句谓语要用动词不定形式。例如：

① Мы рождены, **чтоб** сказку сделать былью. (В. Лебедев-Кумач)

② Может быть, он рождён **для того**, **чтобы** сделаться знаменитым исследователем и путешественником. (К. Паустовский)

③ ... он послан официально штабом, **чтобы** организовать дело в Краснодоне. (А. Фадеев)

3. 如果主句中的行为客体与从句中的行为主体一致，则从句谓语有时也可用动词不定形式。例如：

① Вы бы ещё мне галстук на щею нацепили, **чтобы** до конца на буржуя походить. (А. Гайдар)

② Меня послала к вам наша коммунистическая партия, **чтобы** помочь вам организовать колхоз... (М. Шолохов)

③ Ты — сила, созидающая всё на земле! И когда ты не знал этого, но был нужен им, **чтобы** освободить их из цепей неволи и насилия... （М. Горький）

4. 如果主句中的行为主体与行为客体合起来一起作为从句的主体，则从句谓语要用动词不定形式。例如：

① ... после обеда Андрей Андреич пошёл с Надей на Московскую улицу, **чтобы** ещё раз осмотреть дом, который наняли и давно уже приготовили для молодых. （А. Чехов）

② В этот час начальник стройки собирал у себя руководителей районов и своих помощников, **чтобы** наметить и обсудить главные задачи завтрашнего дня. （Б. Полевой）

5. 如果主从句行为分别属于不同主体（这时或者主句并无行为客体，或者主句的行为客体与从句的行为主体不一致），则从句谓语有时也可用动词不定形式。但从句中通常带有第三格的行为主体。例如：

①Иду я вдоль по улице.

А месяц в небе светится.

А месяц в небе светится,

Чтоб нам с тобою встретиться.

（М. Исаковский）

② На другой день разошлись пораньше, **чтобы** молодым завтра пораньше встать и ехать в гости. （С. Аксаков）

③ Она ещё до прихода немцев решила, если немцы станут постой, перебраться в комнату к Володе, **чтобы** всем быть вместе. （А. Фадеев）

如果在一定的上下文中或在具体的言语环境中，从句的主体已经很明确，则第三格的主体也可省略不用。例如：

Возьми на час терпенье, **чтобы** квартет в порядок наш привесть. （И. Крылов）

［注2］主从句行为分别属于不同的主体，从句谓语通常用动词过去时形式，但有时也可用动词不定形式。这一用法是从古俄语中沿用下来的。洛姆捷夫在

《俄语历史句法概要》一书中指出:"古俄语中相应动词的过去时形式和动词不定形式,既可用在同一主体的带目的从句的主从复合句中,又可用在不同主体的带目的从句的主从复合句中。"①

在不同主体的这种主从复合句中,从句谓语如用过去时形式,则"强调主观因素,即经过主体的努力有可能达到的目的";如用动词不定形式,则"强调客观因素,强调借助客观条件有可能达到的目②。试比较:

① Дайте мне руки длиною в тысячу километров, **чтоб** я мог протянуть их... э... к ложу больной. (Б. Горбатов)

② Дайте мне, батенька, глаза-телескопы... а... а... **чтоб** увидеть за тысячи километров... (Б. Горбатов)

III. 连接词连接的目的从句

A. 连接词 чтобы, для того(,) чтобы, затем(,) чтобы, с тем(,) чтобы, с той целью(,) чтобы, ради того(,) чтобы, во имя того(,) чтобы

чтобы 是连接目的从句最常用的连接词,它在修辞上是中性的。для того(,) чтобы, затем(,) чтобы 等与 чтобы 同义,但都带有书面语的色彩。затем(,) чтобы 比较陈旧,在现代俄语中用得较少。ради того(,) чтобы, во имя того(,) чтобы 在修辞上用于崇高语体之中,赋予句子为达到某一目的准备牺牲的意味。

для того(,) чтобы, затем(,) чтобы 等连接词既可分解,又可不分解。如果连接词前有语气词 не, именно, только, лишь, как раз 等,如果连接词中间有句子成分(如 для того..., чтобы...),则分解是必需的。例如:

① Андрей сделал слабые движения рукой, **чтобы** сохранить равновесие. (Н. Островский)

② Лукашин встряхнулся, **чтобы** ноша удобнее легла на плечи. (В. Панова)

③ **Чтобы** не мешать ей отдохнуть, мы с Шурой пошли гулять. (Л. Космодемьянская)

④ **Чтобы** чувствовать себя тверже, я перед операцей поспал больше обычного,

---

① Т. П. Ломтев, «Очерки по историческому русского языка», М., 1956, с. 531.

② У И-и, "Формы сказуемых в сложноподчиненных предложениях с придаточным цели". «Русский язык в школе», 1987, No. 1.

почти полдня. (К. Симонов)

⑤ Взрослые, **чтобы** не мешать молодёжи, перешли во вторую комнату. (Н. Островский)

⑥ **Для того, чтобы** хорошо изобразить, художник должен прекрасно видеть и даже предвидеть. (М. Горький)

⑦ **Для того чтобы** написать эти очерки, я ездил в Астраханскую степь, на Эмбу. (К. Паустовский)

⑧ Но не **для того, чтобы** напугать или разжалобить читателя, была написана Некрасовым «Железная дорога». (С. Маршак)

⑨ Ты только **для того** ходишь на занятия кружка, **чтобы** тебя ни в чём не упрекали.

⑩ Не **для того**, говорит, государство установило обязательное обучение, **чтобы** мои дети росли в темноте. (К. Паустовский)

⑪ Иван Дмитрич хорошо знал, что они пришли **затем, чтобы** перекладывать в кухне печь... (А. Чехов)

⑫ Я пригласил вас, господа, **с тем, чтобы** сообщить вам пренеприятное известие. (Н. Гоголь)

⑬ Командир бригады принял решение прекратить преследование до рассвета, **с тем чтобы** к утру подтянуть резервы. (М. Шолохов)

⑭ Гости из далёкой страны прибыли на завод **с той целью, чтобы** ознакомиться с его работой.

⑮ Ведь нас не **с тем** поймали, **чтобы** скушать. (И. Крылов)

⑯ Володя всё делал **ради того, чтобы** восстановить дружбу с Сергеем.

⑰ Я работаю **ради того**, наконец, **чтобы** человек был прекрасен, прост и умён. (К. Паустовский)

⑱ **Во имя того, чтобы** в каждой советской семье новогодние ёлки были всегда счастливые и радостные, наша партизанская команда должна была быть боевой, беспощадной к врагу. (Медведев)

连接词 чтобы 有时还可连接一种带有特殊意义的目的从句。这种目的从句具有相反的目的意义,即从句的所述内容与主句行为的目的是不相适应的,意义

上是对立的。这种从句还兼有某些结果的意味。在结构上从句必须位于主句之后。通常可译为"……不料……",例如:

① Его долго носило по свету, и наконец он приехал сюда, **чтобы** через полгода умереть здесь от малярии.

② Садовод любовно ухаживает за яблонькой, **чтобы** её сломал хулиган.

③ Он уезжает на чужбину, **чтобы** через год вернуться оттуда больным.

④ Я пришёл сюда, **чтобы** меня прогнали.

⑤ Пожар как будто затухает, **чтобы** через минуту вспыхнуть с новой силой.

⑥ И вот он приехал сюда, **чтобы** здесь столкнуться с новыми несчастьями.

⑦ Мы потратили час на дорогу, **чтобы** оказаться у закрытых дверей музея.

⑧ Мечтали о ребёнке и счастливы были, когда узнали, что появится он, маленькнй человек. Появился, **чтобы** мереть, прожив всего-то одну зиму.

⑨ Иные пялили глаза и незаметно засыпали, **чтобы** проснуться от возгласа председателя — Голосуем, товарищи!

Б. 连接词 лишь бы, только бы, лишь только бы

这些连接词连接的目的句兼有主体准备竭尽余力以求达到某一目的或阻碍其实现,因此主句往往报道为达到目的准备不惜采取任何手段的内容。这些连接词的用法与 чтобы 基本相同,但带这些连接词的从句必须置于主句之后。

这些连接词常用在口语中。通常可译为"只要……""只求……",例如:

① Я на всё готова, **только бы** мама выздоровела. (К. Паустовский)

② Вопрос этот он задал, **лишь бы** что-нибудь спросить. (К. Паустовский)

③ Он заявил архитектору, что не пожалеет денег, **лишь бы** дворец был совершенно оригинальным. (Б. Полевой)

④ Кажется, никаких бы денег в это мгновение не пожалел бы он, **лишь бы** они его увидели. (И. Тургенев)

⑤ Я согласна на всё, **лишь бы** не жить той жизнью, какой я живу.

⑥ Одни иезуиты утверждают, что всякое средство хорошо, **лишь бы** достигнуть цели. (И. Тургенев)

⑦ Крепко задумался Иван над нежданной страшной бедой и порешил идти в солдаты за Егора—всё равно, **только бы** дальше от Феклисты. (Д. Мамин-Сибиряк)

⑧ Буду заннматься дни и ночи, **только бы** хорошо подготовиться к экзаменам.

⑨ Нина готова была хоть два часа объяснять мне материал, **лишь бы** я понял его.

⑩ Я здесь готов ночевать, **лишь только бы** развязаться с вами. (И. Крылов)

B. 连接词 дабы

连接词 дабы 在 18、19 世纪较为通用。该词现已陈旧。在现代俄语中通常用于模拟古语的场合，并带有庄重的色彩。дабы 有时还兼有戏谑、讽刺的意味。дабы 的用法与 чтбоы 相同。例如：

① И потихоньку удалился, **дабы** отец не пробудился. (В. Жуковский)

② В самый день смерти покойника относили на кладбище—**дабы** мёртвый в избе не занимал напрасно лишнего места. (А. Пушкин)

③ Я напишу в Петербург, чтобы вам прислали несколько экземпляров, **дабы** вы могли, не скупясь, ими наделять деревенских охотников до чтения. (Н. Гоголь)

④ Перед сумерками мы все сбегали за дровами, **дабы** обеспечить себя на ночь. (В. Арсеньев)

⑤ Он собирается записать эту историю, **дабы** не потерялась она для отдалённых потомков.

⑥ Мысль ведёт за собой слово, **дабы** оно выразило её и передало людям. (К. Федин)

⑦ За сим, **дабы** не утомить благосклонного читателя, позвольте поставить точку. (А. Чехов)

⑧ И курсанты, **дабы** не нарушать порядка, вполголоса прокричали «ура» и тут же половину дыни съели. (К. Паустовский)

Г. 连接词 вместо того(,) чтобы, заместо того(,) чтобы

вместо того(,) чтобы, заместо того(,) чтобы(俗)连接的目的从句意义比较特殊，表示被否定了的目的，未曾实现的目的。在这种复合句中，从句的主体与主句的主体是一致的，因此从句谓语要用动词不定形式。

这种目的句通常可译为："不是……，而是……""本应……，但……"。例如：

① **Вместо того, чтобы** подойти к нему, я стала к столу.

② Некоторые историки, **вместо того, чтобы** обьяснить зто явление, ограничиваются удивлением.

③ Я рассказываю вам о самом себе, **вместо того, чтобы** говорить вам о Коле.

④ **Вместо того, чтобы** перевозить раненых, особые поезда вывозили награбленное царскими генералами имущество.

⑤ В первую военную зиму, после смерти отца, Володя Осьмухин, **вместо того чтобы** учиться в последнем, десятом, классе школы имени Ворошилова, работал слесарем в механическом цехе треста "Краснодонуголь".

⑥ Феодальные отношения собственносги тормозили производство, **вместо того чтобы** его развивать.

⑦ **Вместо того чтобы** обходить болото, решили делать переход из хвороста.

⑧ Тут только догадался я, что **заместо того, чтоб** к нашим на конный двор вернуться, он вёрст тридцать в сторону шагнул.

IV. 表示目的意义的成语化结构

А. нужно(надо)..., чтобы...

在这种复合句中，在结构上主句带有表示应该、必须等意义的词 нужно, надо, необходимо, требуется 等，它们与动词不定形式或"быть＋表语"连用。语义上主句成为实现从句内容的必要根据(或前提)，从句乃是从这一根据得出的结果。这时从句的愿望意义减弱。

这种复合句有时可报道特征持有者与特征的关系，即主句是从句特征的持有者。通常可译为"只有……，才能……"或"除非……，否则才不……"。例如：

① **Надо** быть сумасшедшим, **чтобы** идти в горы в такую погоду.

② **Надо** быть Пушкиным, **чтобы** так чувствовать родной язык.

③ **Нужно** быть Флобером, **чтобы** ваша температура подскочила при описании лихорадки.

④ **Надо** быть бесстрашным, **чтобы** совершить такое.

⑤ **Надо** быть слепым, **чтобы** не видеть этого.

⑥ **Чтобы** правильно оценить события, **надо** проанализировать обстановку, в которой они произошли.

⑦ **Надо** обладать чуткой душой и развитым чувством родного языка, **чтобы** написать, как на синем небе выступают первые звёздочки, как замирает влетевший ветерок. （С. Антонов）

⑧ Тут помереть **надо**, **чтобы** забыть такое приключение. （Л. Леонов）

这种复合句有时还可表示怀疑实现主句内容的必要性，强调它的荒唐。通常可译为"竟要……才能……"。例如：

① **Надо** было проделать эту большую работу, **чтобы** убедиться в её бесполезности.

② **Нужно** было собрать более пятисот примеров, **чтобы** убедиться в трудности их классификации.

③ Смешно сказать: ему **надо** было уехать в Сибирь, **чтобы** понять, как я ему необходимо.

V. 目的从句与用动词不定形式表示的目的状语的转换

目的从句有时可用目的意义的动词不定形式替换，构成同义结构。能够替换的条件通常有：

1. 当目的句中主从句的行为同属于一个主体时。例如：

① Я приехал в этот город, **чтобы** встретиться с другом детства—Я приехал в этот город встретиться с другом детства.

② Мы пошли в магазин, **чтобы** купить нужную книгу—Мы пошли в магазин купить нужную книгу.

这只是个先决条件。也就是说，并不是具备这一条件的目的从句都可用目的意义的不定形式替换,还需要考虑下列的其他条件。

2. 当目的从句的谓语由不带前缀或带前缀的运动动词、表示位移的动词（如 встать, подняться, остановиться, отправить〈ся〉等）、表示坐站卧姿势变化的动词（如 привстать, прилечь, усесться, засесть 等）等表示时。例如：

① Он ушёл в библиотеку, **чтобы** готовиться к докладу—Он ушёл в библиотеку готовиться к докладу.

② Они отправились на пролив, **чтобы** промерять толщину льда—Они отправились на пролив промерять толщину льда.

③ Я отановился на крыльце, **чтобы** переждать дождь—Я остановился иа крыльце переждать дождь.

④ Воропаев присел, **чтобы** позавтракать—Воропаев присел позавтракать.

⑤ Непременно усядусь после обеда, **чтобы** читать—Непременно усядусь после обеда читать.

[注1]如果主句谓语由带前缀 до-, обо-(об-) 的运动动词表示,则连接词 чтобы 不能省略,也就是不能用目的意义的不定形式替代带 чтобы 的目的从句。因为这些运动动词不能与动词不定形式连用。例如：

① Мы доехали до Ленинских гор, **чтобы** посмотреть новое здание Московского государственного университета.

② Я обошёл весь сад, **чтобы** посмотреть, нет ли его.

[注2]如果从句谓语由下列动词表示,则连接词 чтобы 不能省略。这些动词有：

1) 状态或感受意义的动词,如 видеть, слышать, знать 等。例如：

① Мать подошла к окну, **чтобы** видеть, что делает во дворе её маленький сын.

② Директор часто заходил в цех, **чтобы** знать, как идёт у нас работа.

如果不是状态或感受意义的动词,而是具有积极行为意义的动词（смотреть, слушать, узнавать 等),则可用作目的意义的动词不定形式。例如：

① Я подошёл к окну, **чтобы** посмотреть, что делается на улице—Я подошел к окну посмотреть, что делается на улице.

② Директор часто заходил в цех, **чтобы** узнать, как идёт у нас работа— Директор часто заходил в цех узнать, как идёт у нас работа.

2) 动词 успеть, опоздать, быть, избежать, застать, спастись 等以及某些表示行为结果的动词 поймать, найти 等。例如：

① Он уехал из дому, **чтобы** избежать встречи с отцом.

② Мы вышли на улицу, **чтобы** успеть посмотреть на лунное затмение.

③ Старший инженер часто приезжал на стройку, **чтобы** быть в курсе всех дел.

④ Мы пошли в библиотеку, **чтобы** найти нужные материалы.

如果是不表示行为结果意义的动词（искать, ловить 等），则可用作目的意义的动词不定形式。例如：

① Летят перелётные птицы ушедшее лето искать. （М. Исаковский）

3) 运动动词或空间位移的动词。例如：

① Я взобрался на гору, **чтобы** съехать с неё на лыжах.

② Он встал, **чтобы** идти домой.

[注3]如果主从句行为不是一个紧跟着另一个发生而发生的,这就是说,两行为在时间上或者吻合,或者有一段间隙,则连接词 чтобы 不能省略。例如：

① Он вышел из комнаты, **чтобы** тем самым доказать своё безразличие к разговору.

② Он встал, **чтобы** обратить на себя внимание.

③ Я зашёл к больному Виктору, **чтобы** потом рассказать о его состоянии друзьям.

④ Корреспондент пришёл на стройку, **чтобы** написать очерк о том, как идёт работа.

如果主从句行为是一个紧跟着另一个相继发生的,则连接词 чтобы 可以省略。例如：

① Как раз во время этого интересного разговора он вышел из комнаты, **чтобы** поговорить по телефону—... он вышел из комнаты поговорить по телефону.

② Я зашёл к больному Виктору, **чтобы** рассказать ему обо всём, что произошло за последнее время—Я зашёл к больному Виктору рассказать ему обо всём, …

[注4]能否用目的意义的不定形式来替代目的从句,还取决于目的句的句子结构。

1) 如果连接词 для того, чтобы 之前或从句谓语动词不定形式之前有否定词 не,则连接词 чтобы 不能省略。例如：

① Я пришёл к тебе не **для того, чтобы** спорить с тобой.

② Данилов вышел, **чтобы** не мешать супругам проститься.（В. Панова）

如果在 не для того, чтобы… 之后还有 а для того, чтобы…,则连接词 для того, чтобы 可以省略。例如：

① Я пришёл сюда не **для того, чтобы** будить тебя, а **для того, чтобы** закрыть окно—Я пришёл сюда не будить тебя, а закрыть окно.

2) 如果主句谓语或从句谓语带有行为方法状语、时间状语等,则连接词不能省略。

① Она пришла нарочно, **чтобы** повидать меня.

② Я вышел из дому до шести чесов, **чтобы** встретить Лизу, когда она будет возвращаться с работы.

③ Я залез на высокое дерево, **чтобы** как следует оглядеть окрестность.

④ Григорий опустился на колени, **чтобы** в последний раз посмотреть и запомнить родное лицо.（М. Шолохов）

第十一节　带原因从句的主从复合句

I. 概述

带原因从句的主从复合句简称原因句。原因从句在结构上与整个主句或其谓语发生关系,用原因连接词 потому(,) что, так как, оттого(,) что, благодаря тому(,) что 等连接于主句;在语义上表示主句所述内容的原因或根据。通常回答 почему? отчего? по какой причине? вследствие чего? 等的问题。

在原因句中从句既可位于主句之后或之前,又可位于主句之中。每个原因连接词连接的从句都可置于主句之后。如果从句位于主句之后,则从句扩展整个主句,表示主句所述内容的原因。这时主句在语义和结构上(在没有原因意义指示词的情况下)是相对完整的,而从句总是单方面从属。例如:

① Грушницкий не знает людей и их слабых струн, **потому что** занимался целую жизнь одним собой. (М. Лермонтов)

② Спать не хотелось, **ибо** на душе было неспокойно и тяжело. (А. Чехов)

③ Повести, во всяком случае, писать ты бы мог, **так как** в тебе есть литературная жилка. (И. Тургенев)

如果从句位于主句之前,则从句制约主句。这时主从句之间相互制约,相互从属,表达因果关系;从句表示原因,主句表示结果。原因连接词中 потому что, тем более что, благо, ибо 连接的从句不能置于主句之前。例如:

① **Так как** вы на все предметы смотрите с их смешной стороны, то и положиться на вас нельзя. (И. Тургенев)

② **Поскольку** участок оказался сильно заболоченным, пришлось срочно приняться за осушку его. (А. Куприн)

③ **Оттого что** мы встали очень рано и потом ничего не делали, этот день казался мне очень длинным, самым длинным в моей жизни. (А. Чехов)

如果从句置于主句之中,则从句与嵌入句相近,带有补充的接续意味。例如:

① Я, **потому что** болел, целую неделю на работу не ходил.

② Все возы, **потому что** на них лежали тюки с шерстью, казались очень высокими и пухлыми. (А. Чехов)

在原因连接词中,除 так как, ибо, благо 外,其他的连接词都可分解为两部分:что 前的部分(指示词)置于主句(它既可位于主句之尾,又可位于主句之首或之中），而 что 置于从句。朗读时 что 前的部分往往带有逻辑重音，书写时在 что 前要打上逗号。这种结构说话人着重强调原因。例如：

① Я запомнил этот момент **потому**, **что** начал испытывать сильнейшее желание немедленно удалиться. (А. Грин)

② Уставал он **оттого**, **что** работать становилось всё труднее. (Д. Гранин)

③ **Потому** он не выполнил в срок свою работу, **что** работал неравномерно.

④ **Оттого** нам невесело и смотрим мы на жизнь так мрачно, **что** не знаем труда. (А. Чехов)

⑤ Отвлечённые науки, которыми набита ваша молодая голова, **потому** и называются отвлечёнными, **что** они отвлекают ваш ум от очевидности. (А. Чехов)

原因连接词在语义上有所差别。连接词 потому(,) что, так как, ибо, поскольку 等表示带有理由意味的原因。连接词 оттого(,) что 表示产生无意识、无目的行为的原因。连接词 из-за того(,) что 是引起消极行为的原因。благодаря тому(,) что 是促进积极行为的原因。ввиду того(,) что, в связи с тем(,) что, вследствие того(,) что, в силу того(,) что 等是带有论证意味的原因。тем более(,) что 表示带有补充意味的原因。

II. 连接词连接的原因句

A. 连接词 потому(,) что; не потому, чтобы

потому(,) что 没有特定的修辞色彩：既可用于口语，又可用于书面语。потому(,) что 连接的从句只能置于主句之后。

потому что 连接的从句既可表示原因，又可表示理由。从句表示原因时，потому(,) что 可以分解。通常可译为"……，因为……"或"……之所以……是因为……"。从句表示理由时，它用作推断产生主句所述内容的理由或结论。这时主句中往往带有表示某些程度可信意义的情态词，如 наверное, вероятно, может быть, явно, безусловно, без сомнения, очевидно 等，连接词 потому что 不能分解。通常可译为"因为……，所以……"或"由于……，因此……"。例如：

① Экскурсия не состоялась, **потому что** была плохая погода (... **потому**, **что** была плохая погода).

② Я не пришёл на собрание, **потому что** мне не сообщили (... **потому, что мне не сообщили**).

③ Володя стал заниматься по двенадцать часов в сутки, **потому что** подходит срок сдачи курсовой работы (... **потому, что** подходит срок сдачи курсовой работы).

④ Без сомнения, Оля влюблена, **потому что** глаза её сияют ярче прежнего.

⑤ Видно, он бывал здесь, **потому что** уверенно поднялся к квартире 9, явно условно постучал. (Б. Васильев)

⑥ Должно быть, ему стало жарко, **потому что** он снял шляпу и положил её на колени. (В. Каверин)

⑦ Тут Лильку позвали к телефону... Звонок был какой-то приятный, **потому что** через дверь доносились её радостные восклицания и жизнерадостный смех. (В. Перуанская)

如果主句中的情态词与连接词 потому что 发生关系, 则 потому что 要分解, 从句不表示理由或结论, 而表示原因。试比较:

① Трава мокрая, наверное, **потому, что** был дождь.
草之所以潮湿, 八成儿是因为下过雨。

② Наверное, был дождь, **потому что** трава мокрая.
大概是因为下过雨, 所以青草都湿了。

当连接词 потому что 前有加强语气词 только, лишь 等或在 потом 后有语气词 и, ли 等, 用以强调原因时, потому что 必须分解。语气词 только, лишь, лишь только 强调唯一的原因; именно, особенно 强调原因的区分; ещё, ещё и, и 强调除主要原因外, 还有补充的原因; не 表示否定的原因。语气词 и 如在指示词 потому 之后, 也可表示原因的区别, 但它带有口语的色彩。语气词 ли 在 потому 之后, 表示对原因的怀疑。例如:

① Стоит ли отказываться от трудного дела только **потому, что** оно трудное? (И. Крылов)

② Я много говорю об ассоциациях лишь **потому, что** они теснейшим образом участвуют в творчестве. (К. Паустовский)

③ До ссор у них не доходило. Но не ссорились они именно **потому**, **что** он уступал ей во всём. （К. Федин）

④ Она отличала меня особенно **потому**, **что** кругом все хитрость и ложь, а я казался ей человеком искренним и честным. （Ф. Достоевский）

⑤ Наверное, он так горячо доказывал её правоту ещё и **потому**, **что** это было самооправданием для него самого. （К. Симонов）

⑥ Но риск **потому** и называется риском, **что** не всегда оборачивается счастливым концом. （М. Галлай）

⑦ Они переписывались редко, но не **потому**, **что** их симпатии ослабели и они стали забывать друг друга, а **потому**, **что** каждый был занят своим любимым делом и бывало некогда писать. （Б. Полевой）

⑧ Не **потому** ли я вспоминаю часто о нём, **что** знаю подробности его жизни и люблю его до сих пор. （И. Тургенев）

连接词 потому что 有时可和 иначе, в противном случае, в ином случае 连用，表示相反的理由意义，即从句包含着说话者不愿看到的结果，而这一结果，如果主句所述内容得以实现，就可不产生。这种从句兼有结果意味，因此从句在结构上必须位于主句之后。通常可译为"……，否则（不然）……"。

在这种原因句中，从句谓语可用动词假定式、动词不定形式或将来时形式。后两种形式通常用在否定的场合。例如：

① Они заказали такси, **потому что** иначе опоздали бы на самолёт.

② В сильные морозы ремонтные работы приостановили, **потому что** иначе трубы могли бы лопнуть от низкой температуры.

③ Они вылетели самолётом, **потому что** иначе им не успеть на конгресс.

④ Мы старательно тренируемся, **потому что** иначе не одолеем всех трудностей похода.

表达否定的原因时，有两种结构：... не потому, что... 和 ... не потому, чтобы... 前者表示与现实情况相符合的原因，而后者与现实情况不相符合的原因、假设的原因。试比较：

① Сестра заплакала не **потому**, **что** она потеряла любимую игрушку, но потому, что её обидели соседние мальчишки.

妹妹哭不是因为她丢失了心爱的玩具,而是因为隔壁的男孩欺负了她。

② Сестра заплакала **не потому, чтобы** она потеряла любимую игрушку, но потому, что её обидели соседние мальчишики.

妹妹之所以哭,不是因为她真丢失了心爱的玩具,而是因为隔壁的男孩欺负了她。

前一句表示事实上她丢失了玩具,但这不是她哭的原因,而后一句却表示假想的原因,她事实上并没有丢失玩具。又如:

① Она вернулась **не потому, чтобы** угодить ему, а просто захотела побыть дома.

② Я не искал его **не потому, чтобы** я не почитал себя вправе убить его — я бы очень спокойно убил его, — но потому, что тут не до частной мести. (И. Тургенев)

③ Она любила Ричардсона **не потому, чтобы** прочла... (А. Пушкин)

④ Она остановилась и не тотчас ответила ему — **не потому, чтоб** она сердилась, а её мысли были далеко. (И. Тургенев)

[注] потом как 和 потому 与 потому, что 同义。потому как 是旧词,在现代俄语中常用于口语,带有俗语色彩。常用在俗语中,例如:

① Агнея-то Герасимовна как заговорит про Володьку, так у неё глаза и заходят, **потому как** его она считает заводчиком всяких пакостей. (Д. Мамин-Сибиряк)

② Человека-то поди легче убить, чем скотину, **потому** она безответная тварь, только смотрит на тебя. (Д. Мамин-Сибиряк)

Б. 连接词 оттого(,) что

连接词 оттого(,) что 与 потому(,) что 的意义和用法基本相同。由于 оттого(,) что 由前置词 от 构成,因此在语义上含有人或周围环境的无意识、无目的的行为或状态的意思。它连接的从句结构上除可置于主句之后、之中外,还可置于主句之前。这时该句表达因果关系:从句表示原因,主句表示结果。例如:

① И собаки притихли, **оттого что** никто посторонний не тревожил их покоя. (А. Фадеев)

② Я была безмерно счастлива **оттого, что** вижу её. (А. Андреев)

③ Цветы, **оттого что** их только что полили, издавали влажный раздражающий запах. (А. Чехов)

④ **Оттого** что облака почти касалисъ верхушек берёз, на земле было тихо и тепло. (К. Паустовсклй)

⑤ **Оттого** ли, **что** книги были старые, или, может быть от перемены обстановкн, чтение уже не захватывало его глубоко и утомляло. (А. Чехов)

⑥ **Оттого** нам не весело и мы смотрим на жизнь так мрачно, **что** не знает труда. (А. Чехов)

⑦ Она **оттого** проснулась, **что** её кто-то окликнул.

[注] 表示否定的原因时, 有时还可用 ... не оттого, чтобы... 的结构。这一结构与 ... не потом, чтобы... 的结构在意义和用法上相同。例如：

① В темноте он столкнулся с кем-то и стал кричать и **не оттого, чтобы** звать на помощь, а больше от испуга.

B. 连接词 так как

连接词 так как 没有特定的修辞色彩, 但和 потому что 相比更多用于书面语。它是非分解连接词, 因此在 так как 中间不能加逗号。

так как 连接的从句位置并不固定。当从句前置时, 主句句首可加语气词 то 与连接词呼应。这时整句强调因果关系: 从句表示原因, 主句表示结果。如从句后置, 则从句是主句所述内容的原因或理由。偶尔从句也可置于主句之中。例如：

① Нехлюдов не мог дальше оставаться, **так как** был уже последний день для явки в полк. (Л. Толстой)

② Из текста доктор не понял нн одного слова, **так как** это был какой-то иностранный, по-видимому, английский язык. (А. Чехов)

③ Настоящей помощи от него не ждали, **так как** он был слаб здоровьем.

④ Консервный завод вынужден был прекратить выпуск этих продуктов, так как они не находили сбыта.

⑤ **Так как** я был слаб здоровьем, то сам я областью не правил. (И. Крылов)

⑥ Но **так как** ты обещаешь взяться за учёбу как следует, то я попрошу маму, чтобы она не очень сердилась на тебе. (Н. Носов)

⑦ **Так как** вы на все предметы смотрите с смешной стороны, то и положиться на вас нельзя. (И. Тургенев)

⑧ **Так как** отряд выступил довольно поздно, то пришлось идти почти до сумерек. (В. Арсеньев)

⑨ Вся трава, **так как** дождей давно не было, выгорела.

Г. 连接词 ибо

连接词 ибо 通常同于书面语体（尤其在政论文中较为常见），并带有庄重色彩。ибо 连接的从句必须置于主句之后。例如：

① Никогда не отказывайтесь от малого в работе, **ибо** из малого строится великое. (И. Павлов)

② Всякий труд важен, **ибо** облагораживает человека. (Л. Толстой)

③ Мысль ежегодно праздновать пушкинский день—хорошая мысль, **ибо** значение Пушкина для русской литературы и русского народа неисчерпаемо. (А. Луначарскнй)

④ Истинное искусство обязывает жить по-новому, **ибо**, по словам Толстого, заставляет любить жизнь во всех её проявлениях. (Ч. Айтматов)

⑤ Судите о людях не по результатам, а по действиям, **ибо** результаты не всегда от нас зависят. (А. Алексин)

⑥ Нельзя жить только сегодняшним, **ибо** оно чаще всего незаконченное вчерашнее. (И. Павлов)

⑦ Верить хотелось, **ибо** книги уже внушали мне веру в человека. (М. Горький)

⑧ Литераторы, из рассказов которых я взял малограмотные фразы, не должны обижаться на меня, **ибо** у меня нет намерения высмеивать их. (М. Горький)

［注］在 18、19 世纪连接词 ибо 用得很广泛。它在修辞上是中性的,可用在反映日常生活的上下文中。例如:

① Меня лечил полковой цирюльник, **ибо** в крепости другого лекаря не было.（А. Пушкин）

② Я пригласил своего спутника выпить вместе стакан чаю, **ибо** со мной был чугуный чайник.（М. Лермонтов）

Д. 连接词 поскольку

连接词 поскольку 多用于书面语。它连接的从句位置并不固定。当从句前置时,主句句首可加 то 或 постольку 与连接词呼应。这时整句强调因果关系:从句表示原因,主句表示结果。通常可译为"既然……,所以……"。如从句后置,则表示主句所述内容的原因或理由。通常可译为"……,因为……"。例如:

① Вряд ли вам ясно-понятно. Я не могу сделать выбора, **поскольку** влюбился задолго до моего прихода сюда.（В. Ажаев）

② Я заканчиваю своё выступление, **поскольку** время моё истекает.

③ Такое предложение следует считать нерасчленённым **поскольку** главная часть содержит структурный компонент, требующий именно такой придаточной части.

④ **Поскольку** ты согласен, я не буду возражать.

⑤ **Поскольку** дело идёт успешно, то незачем от него отказываться.

⑥ **Поскольку** участок оказался сильно заболоченным, пришлось срочно приняться за осушку его.（А. Куприн）

⑦ **Поскольку** нефть легче воды, разлившаяся нефть покрывает поверхность воды тонкой плёнкой.

⑧ **Поскольку** решение уже принято, **постольку** требуется не дальнейшее обсуждение, а выполнение его.

⑨ **Поскольку** природные ресурсы иссякают, **постольку** мы должны заботиться об разумном использовании и пополнении.

E. 连接词 из-за того(,) что, благодаря тому(,) что

из-за того(,) что 和 благодаря тому(,) что 是含有主观评价意味的原因连接词：前者是引起消极行为的原因，后者是促进积极行为的原因。它们是可分解连接词。由它们连接的从句既可位于主句之前，又可位于主句之后。

这两个连接词多用于书面语体，在科技和政论文中尤为常见。例如：

① Он плохо выглядел, **из-за того что** уставал и мало спал в последние дни.

② **Из-за того что** наш домашний телефон не работал, мне пришлось звонить товарищу из автомата.

③ Пищевые продукты испортились **из-за того, что** они хранились в сыром месте.

④ **Из-за того что** он получил плохое известие, у него испортилось настроение.

⑤ Но **из-за того что** лил дождь, Арсен н Ярослава взяли такси. （Л. Дмитерко）

⑥ Бородатый аккомпанировал ей и сбивался **из-за того, что** его пальцы, измазанные смолой, прилипали к клавишам. （К. Паустовский）

⑦ **Благодаря тому что** на заводе широко развернулось соревнование, производительность труда рабочих повысилась.

⑧ Пилот избежал аварии, **благодаря тому что** мотор работал безотказно.

⑨ Он выполнил свою работу в срок, **благодаря тому что** с самого начала сумел хорошо организовать своё время.

⑩ **Благодаря тому что** был своевременно проведён медицинский осмотр, удалось предотвратить распространение эпидемии.

⑪ Этот день я помню очень ясно, **благодаря тому что** тогда случилось два важных события.

⑫ Коля успел написать курсовую работу **благодаря тому, что** Наташа помогала ему.

［注］偶尔也可遇见 благадаря тому что 用于引起消极行为的场合，但这只局限于某些作者个人使用的范围。例如：

① **Благодаря тому что** лето было очень жаркое и сухое, понадобилось поливать каждое дерево. （А. Чехов）

Ё. 连接词 ввиду того(,) что, в связи с тем(,) что, вследствие того(,) что, в силу того(,) что 等

ввиду того(,) что 等只用于书面语体，通常用在科技、公文、政论等文章中。它们都是可分解连接词。它们连接的从句既可位于主句之前，又可位于主句之后。

ввиду того(,) что 等都是带有论证意味的原因连接词。它们之间的区别在于构成连接词的前置词不同。ввиду того(,) что 表示前提性的原因，即鉴于发生某种情况，采取相应的措施或出现某种结果，通常可译为"鉴于""由于"或"因为"等。в связи с тем(,) что 表示原因的从属性，即强调与事件或现象相联系的原因。вследствие того(,) что 表示直接引起结果的原因，通常可译为"由于……（的结果），……"。因为它多指已经出现的现象、事物、行为所形成的原因，所以它连接的从句谓语多用过去时形式，不用将来时形式。в силу того(,) что 也表示直接引起结果的原因，通常可译为"由于……（的作用），……"。与它连用的词汇受到限制，它通常不与指出弱小的或不好的事物意义的词连用，例如：

① **Ввиду того что** данная проблема не изучена, придётся ограничиться лишь кратким обзором имеющейся литературы.

② **Ввиду того** погода ухудшилась, экскурсия была отменена.

③ Рабочему дали новую квартиру, **ввиду того что** его семья увеличилась.

④ **В связи с тем что** я пропустил по болезни значительное количество занятий, прошу перенести сдачу экзаменов на следующий год.

⑤ **В связи с тем что** цены снизились, спрос на товары увеличился.

⑥ **В связи с тем**, что уменьшился световой день, зоопарк стал работать с девяти часов утра.

⑦ Завершение работ откладывается, **вследствие того что** оборудование ещё не доставлено.

⑧ **Вследствие того что** стройматериалы не были вовремя доставлены к месту стройки, сдача комбината в эксплуатацию задержалась.

⑨ Резкое похолодание наступило **вследствие того, что** массы холодного воздуха устремились из Арктики.

⑩ **В силу того что** при капитализме машина является конкурентом рабочего, она не облегчает его труд, а служит средством усиления эксплуатации.

⑪ **В силу того что** в этом детском саду дети были хорошо подготбвлены к школе, процесс их приобщения к школьному режиму оказался нетрудным.

⑫ Химическая работа подземных вод происходит весьма деятельно **в силу того, что** на больших глубинах вода и её пары нагреты до температуры четыреста градусов.

Ж. 连接词 тем более(,) что, благо

тем более(,) что 连接的从句既可具有补充原因的意味(ещё и потому, что)，又可表示加强或强调原因的意思(в особенности потому, что)。通常可译为"……还因为……"或"……特别因为""……尤其因为……" тем более(,) что 是可分解连接词。它连接的从句位于主句之后。例如：

① Мы шли молча, любуясь степью, **тем более что** она становилась всё привлекательнее. （М. Горький）

② До смерти не хочу обращаться к врачам, **тем более что** редко кто не спросит: «Как у вас с сердцем?» （Н. Мордвинов）

③ Некоторые из рассказов Левитова поразили меня в ту пору, поразили **тем более, что** связывались с его несчастным образом. （И. Бунин）

④ Думаю, что к вопросу о профессии придётся вернуться не раз в течение года, **тем более, что** многие из вас неясно представляют своё будущее.

⑤ Чем отличается гений от таланта? Вопрос очень важный, **тем более что** его решают всегда очень мудрено. （В. Белинскин）

⑥ Тяжело было слушать, **тем более что** не веритпь очевидцам было невозможно.

[注] 在口语中这一连接词中的 что 有时可以省略。例如：

Жена останется дома, **тем более** и за ребятами надо присмотреть.

连接词 благо 在现代俄语中用得较少，带有口语色彩。它与 тем более(,) что 和 благодаря тому что 同义。它是兼有补充意味的，促进积极行为的原因。благо 连接的从句位于主句之后。例如：

① По обыкновению, мы зашли в первую от околицы избу, **благо** там горел свет, значит, хозяева не спали. (Ю. Нагибин)

② В комнате чисто, **благо** обметать, обтирать нечего.

③ Отдайте мне долг, **благо** у вас есть деньги.

④ Я заканчиваю доклад, **благо** основные положения я уже успел изложить.

⑤ Я подготовил содержательный доклад, **благо** получил необходимые книги по межбиблиотечному абонементу.

III. 表示因果意义的成语化结构

A. на то и... чтобы...

на то и... чтобы...是一种成语化的复合句结构。在语言学的文献中有关该结构的论述为数甚少。1958年什维多娃在《论俄语口语结构中成语化结构的某些类型》一文中指出,该结构或多或少保留着职能意义（значение назначения）①。《1980年语法》对该结构的描写共有两处。一处认为,"成语化结构 на то(он) и... чтоб(ы) 在表情言语中表示人或事物的职能特征。"②而另一处却认为,该结构中的"目的意义可得到各种不同的变化,这些变化通常是与评价性质的语义复杂化联系在一起的"③。这就是说,此处认为该结构表示目的意义。

所谓目的通常表示希望达到的某一结果,它总是与为实现该目的而进行的某一积极行为相联系。在带目的从句的主从复合句中,如果主句不表示积极的行为（如等同句 Я преподаватель；具有存在意义的主格句 Весна；……）,则就无法谈及它的目的,也就不可能带有目的从句。на то и... чтобы... 结构的主句通常不表示积极的行为,而表示事物或现象的存在,因此 чтобы 连接的从句不可能具有目的意义。

所谓职能通常表示人、事物所应有的作用、功能。因此,它总是与某一事物或现象存在的事实相关联。而这一结构中的有些类型,其主句报道的是事物或现象的存在,从句表示该事物或现象的功能或作用。如 А вы как думали? **На то и** оккупанты, **чтобы** грабить（В. Быков）等。因此把该结构的这些类型称之为具有

---

① Н. Ю. Шведова, "О некоторых типах фразеологизированных конструкции в строе русской разговорной речи". 《Вопросы языкознания》, 1958г. № 2.

② 《Русская грамматика》, Т. 2, 1980, с. 507, с. 595.

③ Там же.

第五章 主从复合句

职能意义也未尚不可。但是，该结构还有些其他类型，如 **На то** они **и** узлы, **чтобы** мы их, большевики, распутывали (А. Толстой); Тайна, однако, **на то и** тайна, **чтобы** о ней в конце концов узнали (М. Алексеев)等，从句中的所述内容并不是主句中所报道的事物或现象的功能或作用。由此可见，把整个 на то и... чтобы... 的结构全都归结为"表示人或事物的职能特征"是不恰当的。

本书作者认为，该结构是表示根据—结果关系（отношение основания-следствия）的成语化复合句[①]。结构中的 на то и... чтобы... 是固定不变的，两部分的句序不能颠倒。主从句无论在结构上，还是在语义上都是紧密连结在一起的，其中每一部分都不能脱离另一部分而单独存在。主句是从句所述内容的根据或理由，而从句乃是主句所谈事实的后果或结果。这就是说，既然有了主句中所谈的事实，出现从句中所述的内容那就是理所当然的了。通常可译为"既然……（是），那就应当……"

该结构的主句与目的句中的主句无论在结构上，还是在语义上都有所不同。后者的主句在语义上具有自主性（автосемантичность），它的谓语通常用表示积极行为的动词来表达。而该结构中的主句在语义上具有依附性（синсемантичность），在结构上既可用无动词结构，又可用动词结构。无论用哪一种形式都必须表示人、事物或现象的存在。

试比较：

① Данилов вышел, **чтобы** не мешать супругам проститься. (В. Панова)

② Да ведь говорят, **на то и** слёзы, **чтобы** проливаться. (М. Алексеев)

③ **На то и** весна приходит, **чтобы** кровь играла. (Ю. Алексеев)

上述例句中第一句是目的句，后两句都是这一结构。

该结构的从句与目的句中的目的从句在表达的情态意义上也有所不同。后者表示愿望的情态意义。这种情态意义受主句行为制约，也就是主句行为所希望或想要达到的结果。而该结构的从句表达必要、应该的情态意义，也就是主句表示的根据或理由应该得到的结果、结论。试比较：

① Я прилёг на диван, **чтобы** немного отдохнуть.

---

① 于 И-и, "Семантика конструкции 'на то и..., чтобы...' в современном русском языке". В кн.: 《Системные семантические связи языковых единиц》, МГУ, 1992.

② **На то** ты теперь **и** командир, **чтобы** иметь своё мнение. （И. Акулов）

前一句是目的句,表示"躺一会儿"这一行为希望或想要达到"稍微休息休息"的结果。后一句表示"你现在是指挥员"这一根据或理由应该得到"有自己的意见"这一结果。

这一结构大致有以下几种类型：

1. **На то и** N_1, **чтобы** Inf

这一模式的特点是,主从句都属于同一主体 N_1,因此从句用动词不定形式。主句中的主要成分 N_1 有时可以重复同一名词,构成 N_1 на то и N_1, чтобы Inf 的模式。这一模式在语义上表示的根据—结果意义有所减弱,而功能、作用的意义有所加强。这就是说,从句中的动词不定形式可揭示用作主句中主要成分的名词的某种功能或作用。如 **На то и** старый человек, **чтобы** по опытности своей кое о чём иметь своё самостоятельное мнение. （К. Паустовский）既可表示"既然是老年人,那就该根据其某方面的经验有独自的见解",又可表示"老年人就该根据其某方面的经验有独自的见解"。例如：

① **На то и** врач, **чтобы** лечить.

② **На то и** мать, **чтобы** ничего не скрывать от детей. （М. Алексеев）

③ **На то и** голова, **чтобы** думать. （А. Гайдар）

④ Студент, **на то и** студент, **чтобы** целоваться. （А. Лиханов）

2. **На то и** N_1, **чтобы** Inf

这一模式的特点是,主从句分别属于不同的主体,但是 чтобы 后却用动词不定形式。这一模式在语义上表示从句中动词不定形式表达的行为不仅与主句中事物的存在有着直接的联系,而且还是由该事物引出的后果或结果。因此可以说,这是针对该事物而发生的行为。例如：

① **На то и** книги, **чтобы** читать.

② Гость **на то и** гость, **чтобы** его угощать.

③ Только стол мешает, ну а стол—он **на то и** стол, **чтобы** его обойти... （С. Василенко）

上述句子的从句谓语有时也可用动词过去的形式。如 **На то и** книги, **чтобы** читали; Гость **на то и** гость, **чтобы** его угощали 等。这与从句谓语用动

词不定形式表示的构成同义结构。但是它们在语义上有细微的差别。用动词不定形式表示的强调客观因素,即由于有"书""客人"等客观因素,因此就得"看",就得"宴请客人",而用动词过去时形式表示的强调主观因素,即强调不定的主体就该"看书"或"宴请客人"。此外,前者较多地强调职能意义,即"书是供看的";而后者强调根据—结果意义,即"既然有书,那就该让人看"。

3. **На то**（$Pron_1$）**и** N_1, **чтобы** Inf（V_1прошед.）

这一模式中主从句间相互制约,通常只表示根据—结果意义。例如:

① **На то и** война, **чтобы** были опасности.（А. Степанов）

② Подумайте, **на то** теперь **и** зима, **чтобы** был мороз!（А. Чехов）

③ Но солдат **на то и** солдат, **чтобы** любая неожиданность была ему нипочём（И. Стаднюк）

④ **На то** ты **и** мужчина, **на то** ты **и** солдат, **чтобы** всё вытерпеть, всё вынести, если к этому нужда позвала.（М. Шолохов）

这一模式的根据—结果意义十分明显,因此可以互为因果。通常可译为"既然……,那就得……""……,(因此)……"或"……,因为……"。如上述例句中的第一句可译为"既然发生战争,那就有危险""发生战争,(因此)就有危险"或"有危险,因为发生战争"。

4. **На то** N_1 **и** V_f（Part кратк., Adj кратк.）, **чтобы** Inf（V_1 прошед.）

模式主句中用动词变化形式时,通常只能用具有存在意义的动词或只有在一定的上下文中才具有存在意义的动词。这一模式通常只表示根据—结果意义。由于主从句间相互制约,因此在语义上可以互为因果。例如:

① А я **на то и** на свете живу, **чтобы** не давать людям умирать.（Ф. Абрамов）

② **На то и** служим, **чтобы** войны не боятся, а, конечно, лучше, ежели б её не было.（Б. Лавренев）

③ Человеку **на то и** голова дана, **чтобы** о себе думать.（В. Добровольский）

④ **На то** он здесь **и** поставлен, **чтоб** его все знали!（А. Чехов）

⑤ **На то** вы **и** обучены, **чтоб** это дело понимать...（А. Чехов）

⑥ Однако умные люди **на то и** умны, **чтобы** разбираться в запутанных вещах.（М. Булгаков）

如果主句中的动词谓语不表示存在意义，而表示积极的行为，则 **чтобы** 连接的从句具有目的意义，是目的从句。例如：

—Ну，что значит жалко! —сказала Дорофея. —**На то и** везла тыщу километров, **чтоб** вы поели вволю, только вот этих синих, Фаля, отбери с полсотни —замариновать.（В. Панова）

5. Не на то（и）..., чтобы

该结构之前加否定语气词 не 表示：既然有了主句的所述内容，从句中动词不定形式表示的行为就不是理所当然的。这就是说，否定语气词 не 虽然放在主句之前，但是否定的却是 на то，也就是说否定的是从句的内容。通常可译为"既然……，那就不应当……"，例如：

① **Не на то** уж мы слюбились, **чтобы** расставаться.（А. Островский）

第十二节　带结果从句的主从复合句

原因和结果是相互依存的。在原因句中从句是原因，主句是结果。而在结果句中从句表达结果，主句就表示原因。

带结果从句的主从复合句简称结果句。在这种主从复合句中，从句在结构上与整个主句或其谓语发生关系，用连接词 так что 连接于主句，在语义上表示主句所述内容的结果。

так что 是非分解连接词。它连接的从句必须位于主句之后。在结果句中，主句在结构和语义上相对完整，从句是单方面从属。例如：

① У меня много работы, **так что** в воскресенье мне не придётся отдыхать.

② Я часто болел в этом году, **так что** пришлось пропустить много занятий.

③ Я сделал ошибку в начале вычисления, **так что** надо было всё начинать сначала.

④ Скоро должен был прийти поезд, **так что** пора было идти на перрон.

⑤ Он сейчас же уснул, **так что** на мой вопрос я услышал только его ровное дыхание.（В. Гаршин）

⑥ Снег всё становился белее и ярче, **так что** ломило глаза. (М. Лермонтов)

⑦ Дорога была только одна, и притом широкая и обставленная вехами, **так что** сбиться было невозможно. (В. Короленко)

⑧ За крестьянскими усадьбами начинался спуск к реке, крутой и обрывистый, **так что** в глине там и сям обнажились громадные камни. (А. Чехов)

⑨ Сила героического подвига была велика, **так что** цепи противника дрогнули и отступили. (Д. Фурманов)

⑩ Ты всё равно ничего не поймёшь, **так что** и рассказывать не стоит. (Н. Носов)

[注] 结果连接词 так что 不可分解。如果在 так что 之间用逗号隔开, 如…так, что…, 则从句不是结果从句, 而是行为方法、程度和度量从句。试比较：

① Я устал, **так что** тотчас уснул. (结果从句)

我很累, 所以马上就睡着了。

② Я устал **так**, **что** тотчас уснул. (行为方法、程度和度量句)

我太累了, 以至于马上就睡着了。

第十三节　带接续从句的主从复合句

带接续从句的主从复合句简称接续句。在接续句中, 从句在结构上与整个主句发生关系, 用关联词 что 和 почему, зачем, отчего 等连接于主句, 在语义上是主句内容的补充报道、追加说明或结论。接续从句固定位于主句之后。

在接续从句中, 关联词不仅与主句相连接, 而且还复指主句的全部内容并将它引入从句之中。

I. 关联词 что

关联词 что 在从句中有不带前置词或带前置词的各种格的形式。用哪一个格取决于它在从句中的句法位置。如 Моя курсовая работа выдвинута на конкурс студенческих научных работ, **что** меня очень обрадовало;…, о **чём** я мог только мечтать;…, **чему** я очень рад;…, **чем** я очень взволнован 等。例如：

① Неожиданно заболел Виктор, **что** очень встревожило Анну Петровну.

② Он рассердился на меня, **чего** я не ожидал.

③ Лисий след она принимала за собачий и иногда даже сбивалась с дороги, **чего** с ней никогда не бывало в молодости. (А. Чехов)

④ Но все эти слухи очень скоро затихли, **чему** много способствовали обстоятельства. (Ф. Достоевский)

⑤ Наступили тёплые и ясные дни, **чем** все дети были очень довольны.

⑥ Мы вернулись в Россию в конце декабря, после **чего** жена провела месяц у отца. (Л. Толстой)

⑦ Жить было нечем, и приладилась Мария Яковлевна стирать красноармейцам бельё, за **что** те выхлопотали для неё военный паёк. (Н. Островский)

⑧ Когда мы уже собрались выезжать и город, вдруг поднялась буря, вследствие **чего** пришлось остаться дома.

⑨ Брат выполнял все советы врача, благодаря **чему** быстро поправился.

⑩ В городе появилась эпидемия холеры, в связи с **чем** в школах прекращены занятия.

⑪ В древности русский крестьянин платил высокие штрафы и налоги, о **чём** говорится в 《Русской правде》.

[注1] 上述接续从句通常可用并列连接词 и 和 это 相应格的形式来替代关联 что。这时 и 所连接的是并列复合句，不是主从复合句。试比较：

① Недавно один крестьянин случайно нашёл в этом месте какие-то странные камни, **что** и вызвало большой интерес у геологов. (接续句)

② Недавно один крестьянин случайно нашёл в этом месте какие-то странные камни, **и** это вызвало большой интерес у геологов. (并列复合句)

[注2] что 连接的接续从句有时可以不与整个主句发生关系，而说明主句中的某一谓语或短语。例如：

① Он много переменился: постарел, почернел, **оброс бакенбардами**, **что** очень не шло к нему. (Л. Толстой)

② Но за всем этим——он был хороший, честный, чистый человек, **любивший** её, **чем** она гордилась,... (М. Горький)

II. 关联词 почему, отчего, зачем

关联词 почему, отчего, зачем 常与语气词 и 连用。语气词 и 要放在从句谓语之前。почему, отчего 连接的从句多数表示结果、结论等意义,通常可译为"因此""于是"等。зачем 连接的从句一般表示目的意义,通常可译为"为此"。例如：

① Его не было дома, **почему** я и оставил записку. (А. Пушкин)

② Обнаружили математический просчёт, **почему** и пришлось переделывать проект.

③ В лесу уже становилось темно, **почему** и пришлось возвратиться домой.

④ Нам объявили о конкурсе студенческих работ, **почему** я и стараюсь сделать своё исследование более глубоким.

⑤ Ей нужно было не опоздать в театр, **отчего** она очень торопилась. (А. Чехов)

⑥ Во время сильной бури вывернуло с корнем высокую старую сосну, **отчего** и образовалась эта яма. (А. Чехов)

⑦ Стояла осенняя дождливая погода, **отчего** дороги стали непроходимыми.

⑧ Ему надо было устроить кое-что в городе, **зачем** он и выехал спешно. (А. Пушкин)

⑨ Во всяком случае, рассказ напишу, **зачем** и приехал сюда. (А. Чехов)

⑩ События надо было отразить, **зачем** и был вызван корреспондент.

⑪ Я захотел ещё раз взглянуть на эту картину, **зачем** и возвратился в зал.

[注] потому(и), поэтому(и) 与 почему(и) 同义,也可表示接续和结果意义。例如：

Его карманы всегда были полны всякой всячины, **почему** (**потому, поэтому**) его и прозвали Плюшкиным.

但是,带 потому, поэтому 的句子与带 почему 的句子不同,它们可与并列连接词 и, а 连用,构成并列复合句。例如：

Его карманы всегда были полны всякой всячины, **и** поэтому его прозвали Плюшкиным.

第十四节　带...без того, чтобы...的主从复合句

带...без того, чтобы...的主从复合句是一种较为特殊的类型。它在结构和语义上不仅具有几种不同类型主从复合句的特点，而且兼有非成语化结构和成语化结构的特征。因此本书单列一节对这一主从复合句加以描写。

彼什科夫斯基在他的《俄语句法的科学阐述》一书中把"连接词组合"без того, чтобы（如... ни одной попойки... не обходилось **без того, чтобы** долговязая фигура не вертелась между гостями）归为说明连接词①。《1954年语法》认为，带...без того, чтобы...的结构是带补语从句的主从复合句，并明确指出，在...обойтись **без того, чтобы...**的结构中附于主句的被说明成分的指示代词"**то**"是必需的②。《1970年语法》把这一结构看作是代词—对应句。它还指出，在"Никто не мог войти в дом **без того, чтобы** не споткнуться о порог"句中，指示词без того"占据主要部分中结构基础的任意扩展词的位置③"。由此可见，俄罗斯和苏联语法学家的著作中对这一结构很少涉及；即使涉及，也只是寥寥数语，而且对它的看法往往是因人而异。

在带...без того, чтобы...的主从复合句中，指示词то（без того）没有具体的实物意义，语义上是空泛的，所以чтобы连接的从句揭示指示词без того的具体内容。这一结构的主从句位置是固定的：从句位于主句之后。主句中指示词без того既可位于主句之末，从句紧挨着它；又可插在主句中间，与从句分隔开来。例如：

① Моя антипатия. Ходячая честность. Воды не попросит, папиросы не закурит **без того, чтобы** не показать своей необыкновенной честности. (А. Чехов)

② Как в просвещённой Европе, так и в просвещённой России есть теперь весьма много почтённых людей, которые **без того** не могут покушать в трактире, **чтоб** не поговорить со слугою, а иногда даже забавно

---

① А. М. Пешковский, 《Русский синтаксис в научном освещении》, М., 1956, с. 484.
② 《Грамматика русского языка》, Т. 2, Ч. 2, М., 1954, с. 289.
③ 《Грамматика современного русского литературного языка》, М., 1970, с. 692.

пошутить над ним. (Н. Гоголь)

这一主从复合句有四种类型:

I. ...не...без того, чтобы не...

这一结构具有某些成语化结构的特征。这主要因为在...не...без того, чтобы не...中可以看出"其组成成素的成语化趋势,即它们语义上改造的趋势:在成语化时,结构上必需的成素具有这样的意义,它不受构成该成素的词的直接意义所制约"[①]。在 чтобы 连接的从句中语气词 не 与谓语的组合已失去否定意义。由于从句是揭示 без того 的内容,而 без того 具有否定意义,因此...не...без того, чтобы не...应译为否定结构,表示"不发生某事"的意思。整个结构(即...не...без того, чтобы не...)表示没有从句的行为就不可能发生主句的行为,通常可译为"不……,就不……"。例如:

① В Петербурге есть особая порода людей, которые специально занимаются тем, что вышучивают каждое явление жизни; они не могут пройти даже мимо голодного или самоубийцы **без того, чтобы** не сказать пошлости. (А. Чехов)

② С того дня почти каждый праздник Алексей, на потеху людям, стал поить медведя, и зверь так привык пьянствовать, что гонялся за всеми рабочими, от которых пахло вином, и не давал Алексею пройти по двору **без того, чтоб** не броситься к нему. (М. Горький)

③ Нам не удавалось простоять более двух-трёх дней **без того, чтобы** вражеские самолёты, обнаружив нас, не начинали его (госпиталь) бомбить. (Б. Полевой)

这一类型根据其结构和语义上的特点又可分为以下两种情况:

A. 指示词 без того 是主句必需的扩展成分

主句在结构和语义上都不够完整,这主要因为主句的谓语用动词 обойтись 表示。обойтись 是结构—语义上不够完整的动词,它要求补语,以补充其结构—语义的不足。因此它与指示词 без того 组成不可分解的词组 обойтись без того。整个复合句的结构是"...**не** обойтись **без того, чтобы не**..."。从句通过指示词 без того 与

---

① 《Русская грамматика》, Т. 2, М., 1980, c. 558.

主句中的谓语 обойтись 发生关系,补充说明或揭示主句的内容。例如:

① Полдня буду там работать, и этого нам хватит с тобой, а ты уж не ходи на работу, а то Артем сердиться будет на меня, скажет: не мог обойтись **без того, чтобы** мать на работу не послать. (Н. Островский)

② Ни одна вечеринка не обходилась **без того, чтобы** хозяйка не вздрагивала при каждом звонке и не говорила с победным выражением лица: "Это он!", разумея под словом "он" какую-нибудь новую приглашённую знаменитость. (А. Чехов)

③ Не обходилось **без того, чтобы** какой-нибудь корабль не вылезал из линии. (А. Новиков-Прибой)

④ Почти все они в последние годы, когда в колхоз пришло богатство и трудодень стал полновесный, работали с огоньком, но не обходилось, конечно, **без того, чтобы** не пошуметь, не поссориться, не покричать. (Б. Полевой)

Б. 指示词 без того 是主句任选的扩展成分

主句在结构上和语义上都比较完整,因此 чтобы 连接的从句不是主句结构和语义上必需的扩展成分,而是任选的扩展成分。它通过揭示主句中的指示词 без того 而与整个主句或其谓语、某个成分发生关系,并赋予某些意义。从句通常有以下几种意义:

1. 条件意义

从句通过指示词 без того 与整个主句或其谓语发生关系,表示实现主句内容的条件。例如:

① Погорячился, ваше высокородие, ну, да ведь **без того** нельзя, **чтоб** не побить. (А. Чехов)

阁下,这也是我一时兴起,不过,要是不揍他们两下,那怎么行呢?

② Или же, наоборот, оно (соотносительное слово) может быть, но его никак нельзя опустить **без того, чтобы** не разрушить всего сложного предложения. («РЯШ»)

或者相反,可以有对应词,但是省略它,如果不破坏整个复合句,是不可能的。

有时从句也可与主句中用动词不定形式或动词其他形式（形动词、副动词等）表示的谓语以外的其他成分发生关系，表示实现该行为的条件。例如：

① Остатний стог домётывали, как я уходил. Наказал **без того** не расходиться, **чтобы** не кончить. (М. Салтыков-Щедрин)
在我离开的时候他们在垛剩下的干草，我吩咐他们说，不完工不能回家。

② Волостной старшина и волостной писарь, служившие вместе уже четырнадцать лет и за всё это время не подписавшие ни одной бумаги, не отпустившие из волостного правления ни одного человека **без того**, **чтобы** не обмануть и не обидеть, сидели теперь рядом,... (А. Чехов)
本区的区长和职员现在并排坐在那儿，他们在一起服务了14年，在这段时间里他们要是不敲诈或者不侮辱人，就不签署文件，或者不放人走出办公室，……

2. 行为方法意义

从句通过指示词 без того 与整个主句或其谓语发生关系，表示实现主句内容的方式、方法。例如：

① —В городе провал, и Крайзельман в тюрьме...—сказал Канунников, доставая письмо из неведомого рукава и с ловкостью карточного шулера, и улыбнулся одними губами: ему было совсем не весело, но он не умел говорить **без того**, **чтобы** не улыбаться. (А. Фадеев)
"城里出了事，克拉依泽列曼进监牢了……"卡努尼科夫从人所不知的袖子中，像骗子手那样敏捷地掏出了信件，说道。他只是微微一笑，因为他的心情很不愉快，可见他不会不微笑着说话。

3. 定语修饰意义

从句通过指示词 без того 与主句中用名词或具有名词性质的词所表示的成分发生关系，在语义上修饰该成分，表示它的特征。例如：

① Ни одной усадьбы, ни одного поэтического угла он не мог себе представить **без того**, **чтобы** там не было крыжовника. (А. Чехов)
(...не мог представить ни одной усадьбы, ни одного поэтического угла какими?)

他无法想象一个庄园、一个世外桃源,那里竟会没有醋栗。

② Ни разу я не видел их **без того, чтобы** у них не болтались из-под брюк тесёмки от кальсон...（К. Паустовский）(...не видел их какими?)
我总看见他们衬裤的扎脚带在外裤下面晃动……

[注1]...не...без того, чтобы не... 的结构在口语里从句中的语气词 не 有时可以省略。这一现象在现代标准俄语中是罕见的。例如:

① И тут же у буржуазии получается противоречие. С одной стороны, она не может обойтись **без того, чтобы** обучать грамоте ребят, а с другой стороны — это обучение грамоте и знания, которые ребята получают, расширяют их кругозор, будит их мысль, а капиталистам чрезвычайно неудобно иметь развитых рабочих, которые понимают, что кругом делается, понимают смысл происходящего, понимают суть капиталистического строя. （Н. Крупская）

② Если, бывало, кто-нибудь попросит о таком, что нельзя сделать **без того, чтобы** лишить себя каких-либо выгод, то такому человеку говорили:...（Н. Лесков）

[注2] 指示词 без того 是主句任选扩展成分的这一类型,其从句除了表示条件、行为方法和定语修饰关系外,有时译成汉语时还可译成时间关系。它们虽然并不表示时间关系,但是为了合乎汉语的习惯,有时可根据主从句的逻辑概念推断其行为发生的先后,译成先后的时间关系。例如:

① Отец никогда не уходит на работу **без того, чтобы** не поласкать детей.
父亲总要先和孩子亲热一番后才去上班。

② К ним нельзя было прикоснуться **без того, чтобы** тотчас же не возникала резкая и длинная боль. （Н. Островскин）
碰它们一下,不马上产生剧烈的和长时间的疼痛是不可能的。

II. Не проходит（дня）без того, чтобы не...
（Ни один день）не проходит без того, чтобы не...
这是表示时间关系的成语化结构。这一结构与表示时间关系的成语化结构

не проходит..., чтобы не... 同义。在这种复合句中，第一分句由 не проходит 加表示时间段落的名词构成。在这些名词前除数词 один 外，通常不能加其他数词。这种复合句在语义上表示，在第一分句所表示的时间段落里发生第二分句的内容。通常可译为"没有（一天、一个晚上等）不……"。例如：

① Однако спать приходилось мало: ни одна ночь не проходила **без того, чтобы** Серёжа не играл на скрипке. (журн.)

② Ни одни сутки не проходили **без того, чтобы** на том или другом корабле что-нибудь не случилось:... (А. Новиков-Прибой)

③ Неудивительно также, что вокруг имени Рафлза Хоу росли все новые легенды, ибо не проходило дня **без того, чтобы** не последовало ещё какого-нибудь доказательства его неограниченного могущества и беспредельной сердечной доброты. (журн.)

④ Ни одной зимы не проходило **без того, чтобы** не приезжала какая-нибудь звезда. (А. Чехов)

III. ...редкий (редко)...без того, чтобы не...

这一结构的主句中，虽然谓语前没有否定语气词 не，但是句中却有带有某种程度否定意义的词，如 редкий，редко 等，因此主句仍然具有某种程度的否定意义。所以这种结构无论在结构上，还是在语义上与前两种类型的结构相似。例如：

① Редкий день проходил **без того, чтобы** кто-нибудь из нижних чинов не был здесь задержал. (А. Новиков-Прибой)

② Редкий день проходил **без того, чтобы** на каком-нибудь судне не был арестован за ту или иную оплошность вахтенный начальник. (А. Новиков-Прибой)

③ У нас редкое собрание пионеров проходит **без того, чтобы** не выступали пионеры и не говорили, что дело рабочего класса мы доведём до конца. (Н. Крупская)

④ (Адмирал) любил часто делать смотры, и в таких случаях редко обходилось **без того, чтобы** он не поиздевался над командирами судов и вообще над офицерами — без шума, но тонко и ядовито. (А.

Новиков-Прибой)

Ⅵ. ...без того, чтобы...

在这种复合句中,主从句不是否定结构,而是肯定结构。чтобы 连接的从句具有可能、愿望、必须的情态意义。由于从句揭示主句中具有否定意义的指示词 без того 的内容,因此 ...без того, чтобы... 也具有否定意义,表示"不可能、不希望、不应该发生某事"。例如:

① Жидкость, лишённую воздуха, можно нагреть выше температуры кипения **без того, чтобы** она вскипела. (журн.)

② Истинный художник может найти неисчерпаемый источник правдивых, волнующих, не забываемых образов и картин, отображающих нашу действительность и прошлое во всей их многогранности, **без того, чтобы** уродовать полнозвучный, красочный, богатый русский язык. (Н. Островский)

③ В голосе Пикина звучало недовольство: он сердился на проволочки, считал, что и сам из штаба дивизии может с успехом увязать действия обоих полков, **без того, чтобы** Артемьев ездил к Кузьмичу. (К. Симонов)

④ А как бы она сама жила без Палуши, **без того, чтобы** думать о его большом пути, надеяться на него, кормить, обхаживать его, угождать ему? (А. Яшин)

第十五节　带... номинатив, чтобы...的主从复合句

对于这一结构在很多句法学著作中都有过描写,如《1954 年语法》《1970 年语法》《1980 年语法》、斯米尔诺夫的论文"«не ＋ номинатив... чтобы»型的复合句"[①]等。但是,对它进行全面的描写暂且还没有。

带... номинатив, чтобы... 的结构其中有些类型可归为"表示评价意义的

[①] Г. Н. Смирнов, "Сложные предложения типа «не＋номинатив...чтобы»". В кн.: «Переходность в системе сложного предложения современного русского языка», Изд-во Казанского ун-та, 1982.

说明句",有些类型可归到"表示程度和度量意义的成语化结构",还有些类型可能无法归类。因此有必要单独列一节谈谈这一类型的主从复合句。

这一类型的结构是由词汇—结构手段连接起来的,具有成语化结构的性质。这一结构的第一部分除主语外,还有两个必需的结构成素:1.表示特征—评价意义的词,既可能是名词,又可能是形容词或代词;2.表示特征强度过分意义的副词(如 слишком, уже 等)、否定语气词 не 或疑问语气词(如 ли, разве, какой, кто 等)。这两个成素在结构中作谓语。结构的第二部分用 чтобы 连接。两部分的排列顺序不能颠倒。例如:

① Но мама **слишком** горда и интеллигентна, **чтоб** идти объясняться со школьницей, влюбленной в ее сына. (В. Панова)

② Я **не** идиот, **чтобы** хоть на минуту допустить такую мысль. (Ю. Усыченко)

③ **Разве** я зверь, бандист какой, **чтобы** бедных бабенок забижать? (М. Алексеев)

这一结构在语义上表示肯定或否定的理由与否定结果之间的关系。结构的第一部分表示理由、根据,即具有肯定或否定特征—评价意义的客观事实。第二部分表示不可能实现的结果,即被第一部分理由排斥的结果。试比较:

① Я **слишком** стар, **чтобы** быть сентиментальным... (М. Горький)
我太老了,因此不会多愁善感。

② Все ж большевики мы, а **не** кисейные барышни, **чтоб** о сладких словах только думать. (Г. Марков)
我们是布尔什维克,不是矫揉造作的千金小姐,不能只想甜言蜜语。

上述例句中"я слишком стар"表示肯定的理由,而"мы не кисейные барышни"则表示否定的理由。结构的第二部分"чтобы быть сентиментальным"和"чтоб о сладких словах только думать"包含着第一部分理由排斥的结果,这一结果阻碍这些理由的实现。因此这两句的意思等于"Я слишком стар, и поэтому не могу быть сентиментальным"和"Мы не кисейные барышни, поэтому не можем думать только о сладких словах"。这一结构有以下几种类型:

1. N1—**слишком**(...)Adj полн. /крат. , **чтобы**...

   N1—**слишком**(...)N1，**чтобы**...

该结构的第一部分是肯定结构时,除主语外它通常还有两个必需成素:1.具有特征强度过分意义的副词,如 слишком、чересчур、достаточно、довольно、уже、еще 等;2.具有特征—评价意义的词,通常由形容词的长尾或短尾表示。有时也可由名词表示,但为数极少。它们在句中作谓语。

这一结构在语义上表示肯定的理由与否定的结果之间的关系,即第一部分主体具有强度过分的特征,它排斥或阻碍第二部分内容的实现。通常可译为"……太……,以至(因此)不能……"。例如:

① Он был **слишком** честен, **чтобы** не видеть народных страданий. (К. Паустовский)

② И он был **слишком** большой и темно одет, **чтобы** незаметно переползти по снегу. (А. Фадеев)

③ Северное солнце **чересчур** скупое, **чтобы** на полях Латвин созревал хлопок. (Из газеты)

④ Лиза была **черезчур** слаба, **чтобы** составить счастье сильного человека. (К. Федин)

⑤ Я **уже** большой, **чтобы** плакать. (В. Рыбин)

⑥ ... и тогда я **уже** буду стар и слаб, **чтобы** отмстить за них. (М. Горький)

⑦ Молодой ты **еще**, **чтоб** мне такие слова говорить. (А. Чехов)

⑧ Алька подбежала скоком—глупа **еще**, **чтобы** девичьей поступью, но такая счастливая! (Ф. Абрамов)

⑨ Виктор Гюго никогда не был в настоящем смысле слова политическим деятелем. Он **слишком** поэт, **слишком** под влиянием своей фантазии, **чтоб** быть им. (А. Герцен)

⑩ Вы **слишком** люди, **чтобы** не ужаснуться этих последствий... (А. Герцен)

结构的第一部分,有时可用"D/C—слишком(...)—N1"的结构模式。D/C 表示疏状限定语或补足语,是第一部分的主体。N1 是具有特征—评价意义的名词第一格，它是主体所具有的特征。因此该结构仍然表示主体具有某一强度过分的特征。例如：

① У нее был **слишком** горячий нрав, **чтобы** спокойно переносить такие разглядывания.（А. Толстой）

Достаточно 除表示特征强度过分的意义（"太""过分"）外，还可以表示特征较强的程度，具有"足够""很"的意义。前者表示强度过分的特征，它排斥第二部分内容的实现，属于"номинатив...чтобы"的结构；而后者表示较强程度的特征，它促使第二部分内容的实现，不属于这一结构。因此对同一个句子有时可以有两种不同的理解。例如 Он **достаточно** талантлив, **чтобы** решить такие задачи 这个句子，既可理解为"他很有才能，对这样的习题不屑一顾"；又可理解为"他很有才能，能够解答这样的习题"。这两种理解只有在一定的上下文中才能确定哪一种理解是正确的。

在口语中结构的第一部分，当特征—评价意义的词由形容词短尾表示谓语时，有时也可没有特征强度过分意义的副词。维诺格拉多夫曾说过："某些短尾形容词（主要在口语中）在与动词不定式连用时或者单独使用时产生具有特征、性质过分程度的特殊意义（слишком...）。如：велик, мил, молод 等。试比较：《Молод ты меня учить》与《Бедному жениться и ночь коротка》（Л. Толстой）。这一结构与'слишком（形容词短尾）..., чтобы＋动词不定形式'是同义的。"[①]例如：

① Стар я, батюшка, **чтобы** лгать; седьмой десяток живу!（Н. Гоголь）
② Кишка тонка у немцев, **чтобы** заставить нас потесниться.（И. Стаднюк）

2. N1—**не**—N1/Adj..., **чтобы**...

这类结构的第一部分是否定结构。除主语外，还有两个必需的成素：否定语气词 не 和用名词、形容词或代词表示的特征—评价意义的词。它们在句中作谓语。该结构在语义上表示否定的理由与否定的结果之间的关系，即主体不具有实现第二部分所述结果的必需的特征，也就是说主体不具有某种特征，它排斥或阻碍第二部分内容的实现。通常可译为"……不……，因此不能……"这类结构

[①] В. В. Виноградов,《Русский язык》, М., 1972, с. 322.

通常有以下三种类型：

(1) N1—**не**—N1，**чтобы**...

这一结构模式中前一个 N1 可用名词、人称代词或指示代词 это，то 等体现。它们在句中作主语。后一个 N1 由具有特征—评价意义的名词体现。这种名词通常有：1. 本身具有特征—评价意义的名词，如 растяпа, дурак, ягодка, идиот 等；2. 本身不具有特征—评价意义，但在句中或一定的上下文中可获得这一意义的名词，如 человек, таксист, дело 等。这些词与否定语气词一起用作谓语。它们通常用第一格的形式，但有时也可用第二格的形式。在这些词前可加强调特征程度的代词 такой, тот, какой-нибудь 等①。例如：

① Я еще **не** грешник, **чтобы** в такую жару жариться. (Ф. Абрамов)

② Гришка Сторожевой **не** дурак, **чтобы** под дождем обретаться... (В. Липатов)

③ А то, что уехала, еще **не** причина, **чтобы** теперь взваливать на себя какую-то вину. (А. Калинин)

④ Я **не** Спиноза какой-нибудь, **чтобы** выделывать ногами кренделя. (А. Чехов)

⑤ **Не** такой это парень, Костя Лобас, **чтоб** умереть зря. (Б. Горбатов)

⑥ **Не** такой человек Чернышев, **чтобы** явиться с пустыми руками. (М. Чархомов)

⑦ Мы **не** какие-нибудь нэпманы, **чтобы** голубцы есть. (А. Рыбаков)

⑧ Видно, **не** таков человек Дудников, **чтобы** объективно судить о людях.

⑨ Этот корректив, с одной стороны, заметный, а с другой—все же **не** таких масштабов, **чтобы** все наново утверждать в Ставке.

结构的第一部分所报道的内容通常是现在时，但有时也可加 был 表示过去时。例如：

① Он же **не** ратник второго разряда, **чтобы** я мог выхлопотать ему

---

① 克柳奇科夫和玛克西莫夫指出：特殊的情况是，在代词—连词对应型主从复合句中，从句表达程度和非现实(否定)的结果，例如：И Захаров не такой человек, чтобы не подумать об этом. (К. Симонов) 参看：С. Е. Крючков, Л. Ю. Максимов, 《Современный русский язык: Синтаксис сложного предложения》, М., 1977, с. 82.

отсрочку.（Б. Лавренев）

② Артем **не был** наивным человеком, **чтобы** до конца поверить словам Паровозникова...（В. Козлов）

③ Безусловно, он **не был** такой дурак, **чтобы** просто выпустить этих людей на свободу.（А. Рыбаков）

结构的第一部分有时可用 D/C—не—N1 的结构模式。D/C 即疏状限定语或补足语。例如：

① Вставай. Здесь **не** церковь, **чтобы** на коленях стоять, а мы не боги.（Ф. Абрамов）

② Но теперь **не** такое время, **чтобы** говорить лишнее там, где без этого можно обойтись.（Н. Островский）

③ У меня **не** постоялый двор, **чтобы** ломиться середка ночи.（Ф. Абрамов）

④ У него **не** такой характер, **чтобы** он изменил принятое решение.（《Грамматика》1970г.）

如果结构的第一部分由 это＋ не причина（或 повод, порядок, правило 等）体现，则整个结构可能有两种理解：或表示否定的理由与否定的结果之间关系，或表示表示第二部分内容是第一部分评价所涉及的对象。这两种理解只有在一定的上下文中才能确定哪一种理解是正确的。例如：

① **Это не порядок, чтоб** до венца к невесте приезжать!（А. Чехов）

② Но **это не причина, чтобы** я перестал ей помогать.（И. Грекова）

(2) N1—**не**—Adj полн./крат., **чтобы**...

具有性质—评价意义的形容词长尾或短尾表示评价特征①。如是长尾，可加强调程度的指示词 такой 等。如是短尾，可加 так, настолько, до такой степени 等。它们在句中作谓语，表示主体不具有实现第二部分内容所必需的特征。例如：

① **Не** сумасшедшие же турки, **чтобы** ввязаться в войну!（Б. Лавренев）

---

① С. Е. Крючков и Л. Ю. Максимов,《Современный русский язык: Синтаксис сложного предложения》, М., 1977, с. 82.

② **Не** такая она наивная, **чтобы** бросаться кадрами. (С. Анторов)

③ Руки у нее была **недостаточно** сильные, **чтобы** подтянуть Сергея... (А. Фадеев)

④ Не **до такой степени** я глуп, **чтобы** не мог разобрать, холодно мне или тепло. (А. Фет)

如果第一部分中谓语由"не такой уже＋Adj полн. ..."表示，则通常具有"……不那么很……"的意思，因此它排斥或阻碍第二部分内容的实现。例如：

① Не-е, брат, **не такой уж** я маленький, **чтоб** ты меня надувал, как раньше! (В. Астафьев)

但是，有时 уже 具有特征强度过分的意义。这时"не такой уже＋Adj полн. ..."是由"не такой＋Adj полн. ..."和"уже＋Adj полн. ..."两部分组成，它们都表示排斥或阻碍第二部分内容的实现。因此"не такой уже ＋ Adj полн. ..."在语义上是否定之否定，等于肯定，表示不排斥或阻碍第二部分内容的实现，也就是说它促进第二部分结果的实现。整个结构通常可译为"……不那么……，因此能……"。例如：

① Солдатское ремесло, оно **не такое уж** сложное, **чтоб** понять. (В. Кожевников)

(3) N1—**не**—Pron, **чтобы**...

特征—评价意义的词可用指示代词 такой, таковский, тот 等表示，在句中作谓语，表示主体不具有实现第二部分概括性质的特征。例如：

① Люба **не такая**, чтобы приехать. (И. Стаднюк)

② Я знал, ты **не из таких**, **чтобы** менять убеждения, смотри... (А. Никулин)

③ Роднон Сидорович **не из таковских**, **чтобы** каждой пуле-дуре голову подставлять. (Н. Камбулов)

④ Илья, разница в возрасте у нас **не такова**, **чтобы** ты меня мог гладить по голове! (В. Панова)

⑤ **Не то** сейчас время, **чтобы** судить генлейновцев за убийство еврейской женщины, связанной с коммунистами. (С. Сартаков)

3. Разве（неужели...）N1—N1/Adj полн./крат.，чтобы...？

结构"номинатив...，чтобы"既可是陈述句，又可是疑问句（通常是修辞疑问句）。如是后者，结构的第一部分中除主语外，还有两个必需的结构成素：1. 疑问语气词，如 разве, неужели, ли, что ли 等；2. 带特征—评价意义的名词或形容词。尽管结构的第一部分没有否定语气词 не，但是，它不仅没有失去否定意义，而且还获得了明显的感情—表情色彩。例如：

① **Разве** я ополченец, **чтобы** мне во второочередных частях служить？（К. Левин）

② **Нешто** я миллионщик, **чтоб** каждого прохожего пьяницу кормить？（А. Чехов）

③ А раз так, то **неужели** он, по вашему мнению, настолько глуп, **чтобы** заплатить японцам деньги и вывезти вас на свою голову？（А. Новиков-Прибой）

④ А так **ли** уж предельно болен ты и стар, **чтобы** покинуть Тепловское только ради того, чтобы оказаться рядом с сыном и внуком？（Г. Марков）

⑤ Дура она, **что ли**, **чтобы** к свиньям в хлев лазить！（А. Яшин）

结构的第一部分有时也可用疑问代词 кто, что 或由它们与 такой 组成的组合 кто такой, что такой 作句中的谓语。"кто ты, чтобы...？"，"кто ты такой, чтобы...？"等在形式上没有意义的词，但在语义上却含有否定意义，通常可译为"你是能……那样的人吗？"，含有"你并不是能……那样的人"的意味。例如：

① А **ты кто**, **чтобы** вразумлять меня？（В. Шишков）

② Да и **кто он**, **чтобы** разоряться？（Ф. Абрамов）

③ Да **ты кто такой**, **чтобы** обо всём меня выспрашивать？（Г. Марков）

④ А **кто вы такой**, **чтобы** давать мне советы？（М. Семенов）

⑤ Конечно, можно сказать: а! Бог с ними, с деньгами, **что такое** деньги, **чтобы** из-за них ущемлять молодую судьбу？（В. Панова）

结构的第一部分有时还可用疑问代词 какой 与特征—评价意义的名词一起作句中的谓语。例如：

① Понимаю, понимаю. Ай я пенек **какой**, **чтоб** не понимать? (М. Алексеев)

② Буржуи мы, что ли, **какие**, **чтобы** по судам ходить. (А. Яшин)

如果"номинатив...чтобы"结构是疑问句，则带有结果意味的第二部分既可用 чтобы 连接，又可用 что 连接。两者在语义上相近。试比较：

① Был разве случай такой, **чтобы** мы споткнулись? (Н. Томан)

Был разве случай такой, **что** мы споткнулись?

② Так ли интересна кинокартина, **чтобы** ее смотрели по нескольку раз?

Так ли интересна кинокартина, **что** ее смотрят по нескольку раз?

③ Давеча ты при людях обидел меня... начал говорить насчет жены... ты кто такой, **чтобы** обижать? (М. Горький)

...ты кто такой, **что** обижаешь?

第六章 主从复合句的分类

第一节 逻辑学派和形式学派的分类

从19世纪20年代到20世纪50年代,在俄国和苏联语言学界曾出现过影响较大的两种主从复合句分类体系,即逻辑学派的分类体系(也称传统的分类体系)和形式学派的分类体系。其中以逻辑学派的分类体系影响最大,流传最广。它从19世纪20年代到20世纪初,从20世纪30年代到50年代在俄国和苏联语言学界基本上一直都占统治地位,而且在学校教学中也被广泛采用。

逻辑学派主要是按从句的意义和作用进行分类。格列奇在1827年分析主从复合句时第一个提出了主句和从句的概念。他在《俄语实践语法》一书中指出:"从句可以代替主句中的名词、形容词和副词。"因此他把从句分成三类:代替名词的名词从句、代替形容词的形容词从句和代替副词的状语从句[①]。布斯拉耶夫进一步发展了格列奇的观点。他在1869年的《俄语历史语法》中提出:"主句中的每一成分除谓语外,都可用从句来表达。"从这一原则出发,他把从句分成主语从句、补语从句、定语从句和状语从句(包括地点、时间、行为方法、程度与度量、原因等)。此外,他把条件从句、让步从句和比较从句看作是并列关系和从属关系中间的过渡现象[②]。由此可见,早在格列奇和布斯拉耶夫时就奠定了传统分类法的基础。

逻辑学派的分类体系形成不久就遭到了形式学派和语言教师的反对和批判。到20世纪初,就在对逻辑学派的观点进行批判的过程中形成了一个新的学派——形式学派。从20世纪初到20世纪30年代,形式学派的分类体系盛行一时。学校的教科书也摈弃了传统分类法,采用形式学派的分类体系。

形式学派认为:"逻辑的观点没有比在复合句的句法领域中更有害的了。在

---

① Н. И. Греч,《Практическая русская грамматика》,1834.

② Ф. И. Буслаев,《Историческая грамматика русского языка》,М.,1959.

这里占统治地位的是按意义进行句子的分类,这完全歪曲其历史的演变过程。"[1]他们提出:"连接词和关联词是从句区别于主句的唯一标志",主张把连接主句和从句的连接手段作为主从复合句的分类基础。奥夫夏尼科-库特利夫斯基在他 1912 年出版的《俄语句法》中,把从句分成由副词连接词开始的从句和由代词连接词开始的从句两类。形式学派的观点在彼什科夫斯基的《俄语句法的科学解释》中得到了充分的体现。他采用了对连接从句的连接手段进行分类的方法,把连接词分成原因、目的、结果、说明、解释、条件、让步、比较和时间等九类,并以此来代替对从句的分类[2]。

到了 20 世纪 20 年代,形式学派中出现了极端形式主义的观点。持这一观点的彼捷尔松甚至在 1923 年的《俄语句法概要》一书中指出,并列和主从的问题是根本不存在的,他完全否定了对主从复合句进行分类的必要性。极端形式主义的观点造成了复合句理论研究的危机和语言教学的困难。这一形势促使一部分学者又去接受逻辑学派的观点,另一部分学者开始寻求主从复合句的新的分类法。

应该怎样评价这两种分类体系,特别是在苏联影响最大的逻辑学派的分类体系? 从 20 世纪 60 年代初到现在,在苏联发表的一系列的评论文章对逻辑学派的分类法基本上加以否定。这种观点是值得商榷的。逻辑学派的分类法尽管有其严重的缺点,但是对它的历史作用应予以充分肯定。首先在 19 世纪 20 年代以前对主从复合句没有进行过任何分类,致使语法理论的研究和语言教学十分困难。逻辑学派虽然没有抓住主从复合句的本质特征来进行分类,但是在这种分类法中也反映了主从复合句的某些特征。因此逻辑学派分类法的出现本身就是一个进步,对当时的复合句理论研究和语言教学都曾起过促进作用。其次,今天的结构—语义分类体系是在批判继承逻辑学派和形式学派的分类体系的基础上发展起来的。如果没有逻辑学派和形式学派的分类体系,就不可能有今天的结构—语义分类体系。因此那些全面否定逻辑学派的分类体系的看法是割断历史的形而上学的观点。

当然,逻辑学派的分类法是有其缺点的。主要表现在:他们分类时只注意从句的意义和作用,并把主从复合句中的从句与简单句中的成分在意义和作用上

---

[1] Д. Н. Кудривский,《Введение в языкознание》, М., 1913, с. 123—133.
[2] А. М. Пешковский,《Русский синтаксис в научной освещении》, М., 1956, с. 480—501.

完全等同起来。这就导致他们先定出现成的句子成分的框框,然后把各种主从复合句硬往这些框框里套。这种削足适履的做法必然产生一系列不可解决的矛盾。有些从句在结构和意义上是各不相同的,可是却把它们归在一类。如 Те, **которые** сидели наверху, оглянулись 和 Чувствовалось, **что** весь город проснулся 都被归到了主语从句。有些从句在结构和意义上是相近的,可是却把它们归到了不同的从句类型。如 Я слышал, **что** кто-то вошёл в комнату 和 Мне послышалось, **что** кто-то вошёл в комнату。前者被归入补语从句,后者定为主语从句。有些从句没有相应的句子成分,如接续从句和结果从句。还有些从句,如条件从句、让步从句,虽然在意义上与句子成分条件状语和让步状语是相应的,但是在用法上并不是相应的,因为简单句中的条件状语和让步状语所表示的关系要比主从复合句中的条件从句和让步从句少得多。

形式学派主张以连接手段为主从复合句的分类基础。这主要是由于他们对主从复合句的分析仅仅归结为对连接词和关联词的分析。因此他们不仅忽略了对各种不同类型主从复合句意义的研究,而且对其结构的研究也未给予足够的重视,他们不研究连接主、从句的其他语法手段,如主句中的指示词,主、从句谓语的时体对应关系,主、从句的排列顺序等。因此形式学派的分类法也是有其缺点的。

任何一种语法意义都是通过具体的语言手段表达出来的,离开了表达它的具体语言手段,语法意义也就根本不存在了。逻辑学派只注意研究从句的意义和作用,忽略了主、从句结构关系上的特点。形式学派过分夸大了连接主、从句的连接词和关联词的作用,忽视了连接主、从句的其他语法手段,否定了从句的意义和作用。由此可见,逻辑学派和形式学派在主从复合句的分类问题上都是片面的,形而上学的。

第二节 结构—语义的分类原则

鲍戈罗季茨基是最早以结构—语义的观点对主从复合句进行分类的。他在1935年出版的《俄语语法普通教程》中,批判了把从句与成分等同起来的逻辑学派的观点,指出:"从句是与什么发生关系,而不是代替什么。"[①]他主张以主从复

[①] Б. А. Богородицкнй,《Общий курс русской грамматики》, Изд. 5, М.-Л., 1935, с. 229.

合句的两个组成部分的结构特点和意义联系为基础对主从复合句进行分类。提出，分类时必须考虑到，从句与什么发生关系，运用什么形式的词语和从句本身具有什么意义色彩。波斯彼洛夫又在鲍戈罗季茨基看法的基础上加以发展，主张既要分析主从复合句各组成部分在结构关系上的特点，又要看到它们在语义上的差别。波斯彼洛夫在1959年发表的《主从复合句及其结构类型》一文中[①]，把主从复合句分成两种类型：1. 单部结构的主从复合句。这类主从复合句在结构上从属部分不是与主要部分整体发生关系，而是与它的词或词组发生关系，在语义上通常表示一个复杂形式的判断。单部结构的主从复合句又可分为：说明名词的定语句、代词对应句和说明谓语的说明句。2. 双部结构的主从复合句。这类主从复合句在结构上从属部分是与主要部分的整体发生关系，在语义上两个部分都不具备意义的完整性，但是它们中的每个部分都具有单独的交际内容，形成两个相互联系、相互制约的判断。双部结构的主从复合句又可分为时间句、因果句、条件句、让步句等。

结构—语义的分类原则反映了主从复合句的本质特征。因为句法是以研究词组、简单句和复合句等句法单位的结构和语义为对象的。所以研究主从复合句就必须分析其相互联系在一起的结构和语义的特点。只有这样，才抓住了主从复合句的本质。因此结构—语义的分类原则在理论上是科学的，是符合辩证唯物主义的原理的。它既避免了形式学派过分夸大某些连接手段的片面性，又克服了逻辑学派把一些逻辑概念强加于语言现象的缺陷。

I.《1970年语法》的分类

别洛莎帕科娃接受了鲍戈罗季茨基、波斯彼洛夫的分类原则以及什维多娃关于限定语的观点，在1964年莫斯科大学编写的《现代俄语》[②]和《1970年语法》中对主从复合句进行了详细分类，使结构—语义的分类成为一个较为完整的体系。

别洛莎帕科娃在《1970年语法》中首先按照扩展简单句的方法，把主从复合句分为扩展词语的和扩展全句的两大类型。前者叫非分解句（нерасчленённое

---

① Н. С. Поспелов, "Сложноподчиненное предложение и его структурные типы". 《Вопросы языкознании》, 1959, №2.

② 《Современный русский язык》, Под редакцией В. А. Белошапковой, Изд. Московского университета, 1964, с. 550—594.

предложение),后者叫分解句(расчленённое предложение)。扩展词语的又可分为：

1. 代词对应句(местоименно-соотносительные)

它是以主要部分中的指示词与从属部分中的关联词或连接词的对应来划分的。凡是从属部分揭示主要部分中指示词的具体内容的都属于这一类。所以传统语法中说明指示词的主语从句(如：**Те**，**кто** близко знал этого человека, долго будут его помнить)、说明指示词的补语从句(如：Я обратился к **тем**，**кто** близко знал этого человека)、说明指示词的谓语从句(如 Это были **те**，**кто** близко знал этого человека; Вы сегодня не **такой**，**каким** я вас видела до сих пор; **Каково** дерево, **таковы** и яблочки)和说明指示词的状语从句(如：Он живёт **там**，**куда** летают только на самолётах; Больной вёл себя **так**，**как** рекомендовал врач; Самолёт поднялся **так** высоко, **что** его чуть было видно)等都归入这一类。

2. 扩展词语句(присловные)

它又分为说明名词的(присубстантивные)、说明比较级的(прикомпаративные)和说明阐述的(изъяснительные)。

说明名词句就是传统语法中的定语从句。说明比较级句就是传统语法中由连接词 чем 连接的比较从句。如 Удары грома тише, чем были раньше; Он поступил иначе, **чем** мы предполагали; Вы сказали больше, **чем** было нужно 等。说明阐述句的从属部分在说明主要部分方面，第一起着基础词要求的、适应强从属联系的依附词形的作用，第二起着作主语用的第一格形式的作用。这就是说，从属部分起着主要部分中具有支配格能力的一些词所要求的具有客体意义的间接格的作用，如：Он не знал, **что** брат ему привёз подарок; Он доволен, **что** приехал брат; Известие, **что** приехал брат, меня очень взволновало 等；起着主要部分中缺位主语的作用，如：Недаром говорится, **что** дело мастера боится; Ему известно, **что** приехал брат; Нужно, **чтобы** все поняли важность задачи 等。由此可见，说明阐述句就是传统语法中的补语从句和一些起缺位主语作用的主语从句。

扩展全句的又可分为：

1. 限定句(детерминантные)

在这类复合句中从属部分与简单句中的疏状限定语相似,说明整个主要部分。它分成原因句、条件句、让步句、结果句、目的句、时间句、比较句和对应句(предложения соответствия)八种。这八种句子相当于传统语法中的状语从句。对应句是表示两个相互联系的现象按其强烈的程度所形成的对应关系。如 **По мере того как** ветер становится сильнее, сильнее шумят верхушки сосен;**Чем** выше поднималось солнце, **тем** становилось жарче 等。因此对应句相当于传统语法中的对比从句。

2. 关联延伸句(относительно-распространительные)

在这类复合句中从属部分的关系代词是复合句的必需的结构组成部分,它把主要部分的内容作为从属部分的语义—句法结构中的一个组成部分容纳在从属部分之中。如:Он говорил долго и много, **что** с ним редко случалось;Обнаружили математический просчёт, **почему** и пришлось переделывать проект;Он острил и рассказывал смешные истории, **чем** расположил к себе всех попутчиков 等。这类复合句与传统语法中的附加从句是一致的。

《1970 年语法》对主从复合句的分类采用了结构—语义的分类原则。它既注意了主从复合句各组成部分的结构联系,又考虑了它们之间语义上的特点,这就避免了逻辑学派和形式学派在分类上的片面性。《1970 年语法》对主从复合句的分类还运用了从形式到内容,从抽象到具体的多级分析的方法。它先从主从复合句最抽象的形态组织开始,逐级对它们进行多方面的说明,最后揭示其较为具体的语法意义。这一方法的优点是:既可保证对主从复合句有顺序的、系统的研究,又可避免把语法意义与其他意义相互混淆,还能充分揭示主从复合句结构和语义上的层次性。

《1970 年语法》在结构—语义分类原则指导下所进行的具体分类,其中有很多是可以肯定的。如主从复合句中客观存在着从属部分与主要部分的词语和整体发生关系的两种语言现象,它们从结构到语义都是各不相同的。因此,把它分成非分解句和分解句是正确的。又如说明阐述句的划分解决了逻辑学派分类法中无法解决的某些矛盾。例如 Нужно, **чтобы**...和 Надо, **чтобы**...等。尽管这两个句子在结构和语义上相同,但逻辑学派将前者归为主语从句,将后者归为补语从句。而《1970 年语法》却把它们都归到说明阐述句。但是也必须指出,在

第六章 主从复合句的分类

具体分类中还有很多地方值得商榷。如:

1. 划分主从复合句的标准不一致

波斯彼洛夫把单部结构的主从复合句分成说明名词的定语句、代词对应句和说明谓语的说明句三类。前二类是以从属部分与主要部分中被说明词的词类的关系来划分的,而后一类却是以从属部分与主要部分中的句子成分的关系来划分的。别洛莎帕科娃在1964年莫斯科大学的《现代俄语》中,把后一类句子改为从属部分与主要部分中具有思维、感觉、言语等意义的词发生关系。在《1970年语法》中她又明确指出,说明阐述句由其基础词的词义决定结构的句子。这就是说,说明阐述句是从语义的角度来划分的,而说明名词的定语句、代词对应句都是从语法的角度来划分的。这就出现了划分标准不一致的问题。

划分标准不一致还表现在,有些句子在结构和语义上都很相近,而《1970年语法》中却把它们划为不同的类型。如:Вошёл человек с **такой** тростью, **какая** была когда-то у отца 和 Мать испекла **такой** пирог, **как** любил отец 等,前一句为说明名词的定语句,后一句为代词对应句。

2. 代词对应句内容庞杂

代词对应句是以主要部分中的指示词和从属部分中的连接词、关联词的对应来划分的。而主要部分中的指示词可起各种不同的作用。有些指示词已接近于连接词,它们已逐步与连接词结合成为复合连接词。如 Пилот избежал аварии, **благодаря тому что** мотор работал безотказно; Я записал адрес, **для того чтобы** не забыть 等。有些指示词具有形容词性质,说明名词,起着区分限定或性质限定的作用。如:Дайте мне **те** книги, **которые** лежат на полке; Это был **такой** умелец, **какого** теперь днём с огнём не найдёшь 等。有些指示词具有名词性质,其中有的具有实物意义($то_1$),有的没有实物意义($то_2$)。这类指示词通常在主要部分中用作主语、补语、谓语等句子成分。如:**Кто** хочет, **тот** добьётся; Трудность заключается в **том**, **что** при убыстрении обработки детали снижалась её точность 等。还有些指示词具有副词性质,通常说明主要部分中的动词、形容词、副词等,起状语作用。如:Было **так** темно, **что** Варя с трудом различила дорогу; Мать умеет по комнате ходить **так**, **чтобы** никто не проснулся 等。别洛莎帕科娃除了起区分限定或性质限定作用的形容词性质的指示词和某些没有实物意义的名词性质的指示词($то_2$)以外,把与起着各种不同

作用的指示词发生关系的都堆积在代词对应句内,这就不能不使这类句子庞杂混乱。

《1970 年语法》在代词对应句中还谈到: для того чтобы— для того..., чтобы; оттого что—оттого..., что; благодаря тому что — благодаря тому..., что 等,如指示词与连接词一起放在从属部分,则是限定句;如指示词放在主要部分,连接词放在从属部分,则是代词对应句。如: Она не пришла на занятия, **потому что** заболела 和 Она не пришла на занятия **потому, что** заболела。前一句为限定句,后一句为代词对应句。又如: Мы строим гидростанции и каналы, **для того чтобы** орошать поля 和 Мы строим гидростанции и каналы **для того, чтобы** орошать поля。《1970 年语法》把前一句归入限定句中的目的句,后一句为代词对应句。《1970 年语法》还把 **Кто** ясно мыслит, **тот** ясно излагает; Счастлив **тот, кто** строит новую жизнь 等归到代词对应句,而把 **Кто** ясно мыслит, ясно излагает; Счастлив, **кто** строит новую жизнь 等却划为说明阐述句。实际上上述两类句子从结构到语义都是相近的,却被别洛莎帕科娃硬归入两种不同的类型。这就更加深了代词对应句的杂乱无章之感。

II. 巴尔胡达罗夫等的分类

用结构—语义的视点对主从复合句进行分类的,除了别洛莎帕科娃在《1970 年语法》中的分类体系外,还有一个在学校中应用的分类体系。这种分类法最早是在 1962 年出版的由巴尔胡达罗夫和克柳奇科夫合编的《俄语课本》第九版中所采用的[①]。随后在 1963 年捷姆斯基等三人合编的师范学校俄语课本第 6 版中也采用了这种分类法[②]。

这一分类法的特点是:1.虽然它是以主从复合句本身结构和语义特征为其分类的依据,但是在这两个方面中它侧重于语义特征。因此有些语法学家把这一分类法叫做语义—结构分类法。2.这一分类法还考虑了学校教学的目的。正如巴尔胡达罗夫、克柳奇科夫所指出的:"在中学里应该给学生介绍主从复合句的主要结构类型,教会他们分析句子的结构,分析各种不同结构的意义和修辞

---

① С. Г. Бархударов, С. Е Крючков,《Учебник русского языка Ч. 2. Синтвксис. Для 6—8 классов》, Изд. 9, М. . 1962.

② А. М. Земский, С. Е. Крючков, М. В. Светлаев,《Русский язык》, Ч. 2, Изд. 6, М. ,1963.

第六章 主从复合句的分类

色彩,培养正确造句和运用这些句子的熟巧。"因此"在中学里不需要对主从复合句进行详尽的结构分析和掌握各种意义色彩,不需要对主从复合句进行完全、彻底的分类"①。

巴尔胡达罗夫等认为,主从复合句结构上的标志是:1. 从句是扩展词语的,还是扩展整个主句的。前者是单部结构,后者是双部结构。连接词、关联词、指示词、主从句的排列顺序、主从句动词谓语的时体对应、语调等是联系主从句的语法手段。但巴尔胡达罗夫等主要根据主从句之间语义上的特点把主从复合句分成带定语从句的主从复合句、带说明从句的主从复合句和带状语从句的主从复合句。前二类是属于单部结构的主从复合句,后一类属于双部结构的主从复合句。带有状语从句的主从复合句又分成行为方法和程度、比较、地点、时间、目的、原因、条件、让步、结果九种。这种分类法与别洛莎帕科娃的有所不同,主要表现在:它没有单划分出代词对应句,而将其内容分散在其他的主从复合句中。例如:带定语从句的主从复合句中既包括传统语法中定语从句的内容,又包括别洛莎帕科娃的代词对应句的部分内容,如:**Кто** не работает, **тот** не ест; **Я тот**, **которого** выждали; Хорошо **тому**, **кто** всё это видел своими глазами 等。又如:在带状语从句的主从复合句中行为方法和程度从句、地点从句就包括了代词对应句的部分内容,如 Он рассказывал **так**, **что** все смеялись; Больному стало **настолько** хуже, **что** пульс почти не прощупывался; Будь **там**, **где** больше нужен; **Там**, **куда** мы шли, нас ждали 等。

从上所述可以看出:巴尔胡达罗夫等的分类法一方面吸取了结构—语义分类原则的特点,另一方面又保留了逻辑学派分类法的某些痕迹,如继续使用状语从句的名称等。所以这种分类法遭到了别洛莎帕科娃的批评。她虽然认为:"稳定教科书的新版本给中学的语法教学带来了主从复合句的结构—语义分类法的某些思想。"②同时也批评这种分类法不够理想,要他们放弃逻辑学派分类法中的状语从句的概念,并要他们划分出代词对应句来。

巴尔胡达罗夫等的分类法尽管还存在着这种或那种缺点,但是它比较适合于教学实践,所以被学校广泛采纳。主要因为这一分类法不仅简化了主从复合

---

① С. Г. Бархударов, С. Е. Крючков, "Неокторые вопросы изучения сложно-подчиненных предложений в школе". 《Русский язык в школе》, 1964, №1.

② В. А. Белошапкова, "О принципах классификации сложноподчиненных предложений", 《Русский язык в школе》. 1963, №6.

句的分类,比逻辑学派的分类减少了二种或三种从句,而且在分类上也比它更加合理、更加科学。这种分类法尽管不如《1970 年语法》的分类那样严谨,层次清楚,但是它比较简明,不像《1970 年语法》那样过于繁琐,使人眼花缭乱。

巴尔胡达罗夫等在具体分类上把 **Тот** студент, **которого** мы спросили об этом, не смог нам ответить；**Тот, кого** мы спросили об этом, не смог нам ответить；Я **тот, которого** вы ждали；**Всем, кто** пришёл на вечер, понравилась эта песня 等都归到带定语从句的主从复合句中。这一划分比逻辑学派、《1970 年语法》等的说明名词句等更符合结构—语义的分类原则。

III.《1980 年语法》的分类

尽管《1970 年语法》和《1980 年语法》对主从复合句的分类都是以结构—语义的原则为主导的,在叙述上也都采用了从形式到内容、从抽象到具体的分级分析的方法[①]；但是,由于两部语法这一部分的编者不同,他们对同一个分类原则、同一个分析方法见解有所不同,因此在具体分类上也大不相同。

《1980 年语法》主从复合句的第一级分类是以主从句结构上的特征(即从句与句中的基础词发生关系,还是与整个主句发生关系)为依据,分成非分解句和分解句两类。

非分解句根据主从句间的连接手段可分为连接词联系句和代词联系句。这是第二级分类。第三级分类是,连接词联系句再根据主从句之间所表示的语义关系分成：

1. 说明句(изъяснительные предложения)

说明句又以连接词的语义为依据分成：

1) 陈述类连接词句

通常用 что, будто, как 等连接。例如 Он сказал, **что** читал эту книгу；Заметно было, **что** герой наш в крайнем волнении；Я не верю, **будто** произошла ошибка；Слышно было, **как** бьются на пароме усталые лошади 等。

2) 意愿类连接词句

通常用 чтобы, как бы, чтобы не, как бы не 等连接。例如 Он попросил,

---

① 《Русская грамматика》, Т. 2, М., 1980, с. 461—614.

чтобы она прочитала эту книгу；Нельзя, **чтобы** навеки в самом деле меня ты мог покинуть；Боюсь, **как бы не** заболеть；Боюсь,**чтобы** мы **не** опоздали 等。

3）疑问类连接词句

通常用 ли（не...ли, ли...или），или...или, то ли...то ли 等连接。例如 Он спросил, читал **ли** я эту книгу；Я решил подойти к ней и узнать: **не**известно **ли** ей что-нибудь о судьбе семьи поэта?；**То ли** жарко, **то ли** зябко, не понять 等。

4）边缘类连接词句

通常用 когда, пока, если, если бы 等连接，它们在句中还保留一定的连接词意义。例如 Она боится, **когда** в семье ссорятся；Иван Иванович очень любит, **если** ему кто-нибудь сделает подарок 等。

2. 比较句（компаративные предложения）

比较句又可根据带一个比较级，还是两个比较级分为：

1）单比较级句

这类句子又可分成比较句和对应句两小类。前者句中的比较级是主句结构上必需的，词汇上无限制的成素，例如 Петя учится лучше, **чем** Коля; Она показалась Тане совсем другой, **чем** была месяц назад 等。而后者句中的比较级是主句结构上非必需的，词汇上有限制的成素，例如 Он скорее бы умер, **чем** её в такую минуту покинул; Лучше не останусь живой,—думал Павел, —**чем** позволю ей переступить порог моего дома 等。

2）双比较级句

通常用 чем...тем, что...то 等连接。例如 **Чем** свободнее ум, **тем** богаче человек; **Чем** дальше мы подвигались, **тем** лучше и тише становилось вокруг; И от зимы была защита Земля. ,**Что** глубже, **то** теплей 等。

3. 修饰句（определительные предложения）

1）带有比较意义的修饰句

主句中通常有 такой, так, настолько, таким образом 等指示词，从句中有 как, будто, будто бы, как будто, как будто бы, точно, словно 等连接词与之呼应。这类句子又可分为程度意义句，例如 Балясников жил **так** привольно, **как** никогда не живал; Воздух **так** чист, **точно** его совсем нет; В чёрных глазах её было **такое** стремительное выражение, **будто** ока летела 等；性质—特征意义句，例如 Она смотрела на меня **так**, **как**（смотрят）на отдалённый предмет; Он вернулся **таким** же, **как** был; Я вернулся домой с **таким** чувством, **как будто** видел хороший сон 等；方式方法意义句，例如 Всё это делалось **так**, **словно** Екатерины Дмитриевны в комнате нет; **Как** лёг с вечера, **так** и спит 等。

2）带有结果意义的修饰句

从句通常用连接词 что 和 чтобы 连接。这类句子又可分为程度意义句，主句中常有 так, такой, столько, до того, не так, не такой, не столько, не до того, не до такой степени, слишком, достаточно, недостаточно 等指示词或其他词，例如 Боли **так** сильны, **что** хоть кричать; Ветер **такой**, **что** в лесу стон стоит; **Не до такой степени** я глуп, **чтобы** не мог разобрать, холодно мне или нет; Я слишком проста, **чтобы** понимать вас 等；性质—特征意义句，主句中通常有 такой, таков 等指示词，例如 У него глаза **такие**, **что** запомнить каждый должен; Вся его комната была **такого** размера, **что** можно было снять крюк, не вставая с постели; А стадо **таково**, **что** трудно перечесть; Дайте этому человеку дело на всю жизнь, но **такое**, **чтобы** он был счастлив от него 等；方式方法意义句，主句中通常有 так 等指示词，例如 Она делала **так**, **что** он всегда с ней считался; Не угощай... никого, а води себя лучше **так**, **чтобы** тебя угощали 等。

第三级分类在代词联系句中又可根据用的是纯疑问代词，还是关系代词分成：

1. 纯疑问代词联系句（предложения с местоименно-вопросительной связью частей）

1) 纯疑问代词联系句

通常用纯疑问代词 кто, что, чей, какой, где, куда, как 等连接。例如 А знаете, **какую** было он глупость сделал?; Скажите лучше, **почему** Вы с барышней скромны, а с горничной повесы; **Как** вам это нравится? Я спрашиваю 等。

2) 代词强化联系句

通常用代词或代词的组合 как, какой, каков, что за, насколько, сколько

等连接。这些连接手段起着强化由形容词、副词、动词或名词表达的质量或数量特征的作用。例如 Посмотрите, **какой** хороший вечер; Я ему молвить боялась, **как** я любила его!; Ты не подозреваешь даже, **сколько** в тебе врождённого ума и наблюдательности 等。

2. 关系代词联系句(предложения с местоименно- относительной связью частей)

除连接功能外还兼有外位(复指)功能的疑问代词,称之为关系代词。关系代词所实现的外位联系既可以是确定的,又可以是不定的。

1) 确定外位联系句

在这类句子中关系代词说明主句中用实词称呼的人、物或事件。根据关系代词与主句的个别成素发生关系,还是与其述谓核心发生关系又可分为:扩展名词的定语句,通常用 который, какой, что, чей, где, куда 等关系代词连接,例如 Комната, в **которую** вступил Иван Иванович, была совершенно пуста; Институт дал ей образование, **какого** она дома не получила бы; Спят бойцы, **кому** досуг; Мне давно уже, сколько лет, хотелось найти **такой** уголок, **где** бы всё было под рукой: и охота, и рыбалка, и грибы, и ягоды 等;扩展述谓核心的延伸——说明句,通常用 что 各种格的形式 почему, отчего, после чего, за что 等连接,例如 Ученик вёл себя дерзко, **что** огорчало учителя; Пашня местами мелка и борозды редки—**отчего** и травы много; Я на постоялом дворе колол дрова, рубил капусту и нянчил ребят, **за что** меня и кормили 等。

2) 不定外位联系句

在这类句子中关系代词说明的是用指示词表示的人、物或事件。这类句子又可分为:概括和概括—让步意义句,主句中通常有 весь, всякий, везде, всюду, всегда, никто, нигде 等概括意义的词,从句用关系代词加 ни 或 ни бы 连接,例如 **Что ни** пожелаешь ты, мы всё достанем; **Кто бы ни** обращался с какой просьбой, отказа никому и никогда не было; И **куда** кругом **ни** глянь, всё лёд и лёд 等;不定和不定—条件意义句,主句中通常有 тот, кто-то, кто-нибудь, каждый, всякий, любой, то, там 等指示词,从句用关系代词 кто, что, где 等连接,例如 **Кто** палку взял, тот и капрал; Здесь есть **кто-нибудь, кто** умеет читать?; Нам мило всё **то**, с **чем** мы в разлуке; **Чья** земля, того и хлеб；Я гостем в каждой бы избе，**где** ужин — **там** ночлег 等。

第二级分类在分解句中是以主从句间的意义关系为依据分成时间关系句、制约关系句、比较关系句和对应关系句四类。在制约关系句中又可分为条件关系句、原因关系句、让步关系句、目的和结果关系句、成语化结构等五种。由此可见，《1980年语法》分解句中的分类与《1970年语法》基本一致，只是在制约关系句中多分出了一种成语化结构的类型。成语化结构通常有 стоит... чтобы (как，и)，достаточно... чтобы (как，и)，слишком... чтобы 等。例如 Читателю **стоит** открыть его книгу наудачу，**чтобы** удостовериться в истине нами сказанного；**Стоит** ему только бросить Надежду Фёдоровну и уехать в Петербург，**как** он получит всё，что ему нужно；**Достаточно** по разу в месяц подливать в водоём керосина，**чтобы** в нём пропало всё комариное потомство；Он **достаточно** талантлив，**чтобы** решать такие задачи；Работа **слишком** глубоко захватила меня，**чтобы** я мог серьёзно думать о своих отношениях к жене 等。由于这些结构的第二部分具有某些结果的意义，因此归在制约关系句中。

《1980年语法》在非分解句和分解句之间还分出了一种过渡类型。它兼有非分解句和分解句结构的特点。例如 **Чем** красивее лиса，**тем** она ценнее 的句子既具有非分解句中双比较级句的特点、又具有分解句中对应关系句的特色。又如 Левинсон，**как ни** крепко он спал，услышав свою фамилию，тотчас же открыл глаза и сел 的句子兼有非分解句中的不定外位联系句和分解句中的制约关系句的特征。再如 Мальчик становился печален и молчалив，**чего** сначала не замечали 的句子既可看作非分解句，又可看作分解句。

《1980年语法》对主从复合句采用了以结构—语义原则为主导的多级分析的分类体系。除了这一分类体系本身所具有的科学性以外，《1980年语法》在运用这一体系时还有一些特点。例如分类原则和分析方法前后基本一致。《1980年语法》首先从主从复合句结构上的特征，即联系性质和手段分解，在结构特征相同的情况下根据其语义上的特点再分解。因此在同一层次的平面上都从同一个角度分析和分解。又如《1980年语法》中各种主从复合句的概念明确，涵义清楚，而且语言材料丰富，语言分析准确。因此，即使不同意其分类，语言材料、语言分析也可供参考。

《1980年语法》对主从复合句的分类基本上是按连接手段的性质和特点以

及意义关系进行的。但是它把连接手段只理解为连接词和关联词,而对其他主从复合句之间的联系手段(如主从句的时体对应关系、某些具有语法意义的词序等)不加考虑。这样就必然会产生一些不易解决的矛盾。从中可以看出,《1980年语法》对主从复合句分类的标准考虑过窄,这不能不说是个严重缺陷。

《1980年语法》主从复合句的分类比《1970年语法》更加繁琐,特别是非分解句。由于它是以连接手段为主线展开的,这样,同一意义关系的句子就人为地分在不同的类型之中,分在几处叙述。例如 Я не говорю, что — нашёл способы выразить особенность интонаций: я их ищу 和 Мой муж долго ходил по комнате, я не знаю, что он мне говорил, не помню, что я ему отвечала 中的从句,在结构上与主句中表示言语、思维、感觉、感受等意义的词发生关系,在语义上补充说明这些词所阐述的内容,因此这两个句子都应归到说明句的类型。但是《1980年语法》将前一句分在连接词联系句中的说明句类型,而把后一句划入代词联系句中的纯疑问代词联系句。像这样的例子在《1980年语法》中是不胜枚举的,这就使人觉得更加繁琐。所以该语法对主从复合句的分类一般在教学中不宜采用。

最后,主从复合句的分类体系与简单句的描写前后有矛盾。例如 На тёмном небе начали мелькать звёзды, и странно, мне показалось, что они гораздо выше, **чем** у нас на севере; Коля учится **так** же хорошо, **как** и Петя; Это состояние было испытываемо Пьером и прежде, но никогда с **такою** силою, **как** теперь 等中 чем 和 как 连接的是扩展简单句的比较短语,还是主从复合句中的比较句,《1980年语法》简单句部分认为是前者,而主从复合句部分却认为是后者。这不就产生矛盾了吗?

第三节　拉斯波波夫二分法的分类

拉斯波波夫在"论主从复合句的二分法分类"一文中对《1970年语法》中的主从复合句的分类提出了批评。他指出,《1970年语法》对主从复合句的分类是不固定的:忽而是主从复合句本身(例如把主从复合句分成非分解型和分解型两类),忽而只是这些句子的个别结构的组成部分(例如分成扩展词语句、限定句、条件句、时间句、原因句等)。他又进一步指出,非分解型和分解型的划分在语义上并不符合把复合句看成是一个交际单位的完整结构的观点,因为按照波斯彼洛夫的说法,分解结构与非分解结构在语义上的区别在于,前者的每个组成部分都"具有单独的交际内容"。

拉斯波波夫认为,对作为形态完整的结构单位的主从复合句本身进行分类是不可能的。他在上述论文和 1984 年的《俄语语法基础》中提出了主从复合句的分类原则①。他主张根据主从复合句组成部分间的各种不同联系特性,按照二分法的原则在相互对立的基础上划分其类型。他认为,这一分类严格地讲只是联系结集点(узелы связи)的分类,也就是主从复合句各组成部分联系类型的分类,不是主从复合句本身的分类。

他首先以主从复合句的主、从部或从部中有否联系标志划分出相互对立的非关联联系(несоотносительная связь)和关联联系(соотносительная связь)两类。前者是借助连接词或关联词把从部连接于主句,而主部中没有任何联系标志。而后者除从部中有连接词或关联词外,主部中还有与它们相呼应的指示词参与其联系。试比较:Я не знал, **что** он уже приехал—Я не знал о **том**, **что** он уже приехал; Мы вернёмся, **когда** в этом будет необходимость—Мы вернёмся **тогда**, **когда** в этом будет необходимость 等。

非关联联系可根据主部结构语义的依附性或自主性划分出强制联系(принудительная связь)和自由联系(свободная связь)。前者是指主部在某种程度上结构语义有残缺,不能独立运用,为使其报道结构和语义的完整需要从部对主部的扩展。例如:Я не знал, **что** он уже приехал; Он приехал раньше, **чем** мы ожидали 等。自由联系是指主部具有潜在的结构语义的自主性,因此在结构上可按脱离从部独立运用的一般简单句的模式成形。例如:Он приехал к нам, **когда** вы уже были в сборе; Он приехал к нам, **потому что** ему хотелось встретиться с друзьями 等。

非关联联系的这两种类型都可由连接词或关联词连接。强制联系无论采用什么连接手段都不影响其结构,例如:Я не знал, **что** он уже приехал; Я не знал, **когда** он приехал 等。而自由联系情况就不同了。它以借助于连接词或关联词为依据划分为组合联系(сочетательная связь)和接合联系(сочлененная связь)。例如:Мы поехали поездом, **потому что** на самолёт уже опоздал; Мы

---

① И. П. Распопов, "К дихотомической классификации сложноподчиненных предложений". 《Филологические науки》, 1979, №6.

поехал поездом, **который** следовал до Хабаровска 等。

组合联系又可根据从部或作为主部的扩展成分，或作为相对独立的句子分为补充联系（комплетивная связь）和联合联系（коалиционная связь）。试比较：Друзья уходили, **когда**（**если**, **так как**）я принимался за дело——Друзья уходили, **так что**（**тогда так**）я принимался за дело 等。

在接合联系中从部既可与主部名词性成素接合，又可与主部整个组成（至少与谓语组成）接合。前者为派生联系（деривативная связь），后者为接续联系（аннексивная связь）。试比较：Они добились замечательных успехов в труде, о **которых** было сообщено в газетах——Они добились замечательных успехов в труде, о **чём** было сообщено в газетах 等。

关联联系根据实现这一联系借助于主部中的指示词和从部中的关联词或连接词，或借助于双重连接词分为代词—关联联系（местоименно-соотносительная связь）和连词—关联联系（союзно-соотносительная связь）。前者的从部紧挨主部中的指示词，并揭示其内容，例如：Мы говорили о **том**, **что** нас волновало; Мы встретимся **там**, **где** это будет удобно; Тишина была **такая**, **какая** бывает только перед рассветом 等。而后者两部分之间在内容上或是并存关系，或是相互制约关系，例如：**Чем** ближе подъезжал я к родному дому, **тем** сильнее овладевало мною волнение; **Так как** я подъезжал к родному дому, то мною овладевало волнение 等。

代词—关联联系又可划分为直接联系（непосредственная связь）和间接联系（опосредствованная связь）两类。前者是指从部直接揭示主部中指示词的内容，这时从部揭示的与指示词表示的是同一个事实，同一个事件，同一个状态。例如：Повелевает **тот**, у **кого** сила; Но я делал **то**, **что** считал необходимым; **Там**, **где** решётка обвалилась, виден запущенный сад 等。间接联系是指从部揭示示指示词的内容是间接的，即通过对所表示事实的比较或比拟的手段。间接联系又可以指示词和连接成素相互作用分为对称联系（симметричная связь）和非对称联系（асимметричная связь）。对称联系（如 такой...какой, так...как, столько...сколько, настолько...насколько 等）与非对称联系（如 такой...что, так...что, так...чтобы, столько...что 等）的区别在于连接手段的不同。前者的从部中用的是关联词，而后者从部中用的是连接词。试比较：Стало **так** холодно, **как** бывает только зимой——Стало **так** холодно, **что** не хотелось выходить во двор；Она знала жизнь **настолько** плохо，**насколько** это вообще возможно в двадцать лет——Она знала жизнь **настолько** плохо，**что** не могла понять простых вещей 等。

  对于直接联系来说，类似上面那样的细分是不可能的。但是值得注意的是，这种联系也可从必需的或任选的角度加以判断。试比较：Всё началось с **того**，**что** наш учитель неожиданно заболел——Стало известно о **том**，**что** наш учитель неожиданно заболел。第二个句子中可把主部中的指示词去掉，这时关联联系就变成了非关联联系（Стало известно，**что**...）。

  连词——关联联系又可分为两类：强的（чем...тем 等）和弱的（如 когда...то，если...то，так как...то 等）。两者的区别在于：前者是固定的，而后者是不固定的。弱的连词——关联联系可改成非关联联系，例如：**Когда** же он открыл глаза，**то** в них уже светились внимательные теплые искры——**Когда** же он открыл глаза，в них уже светились внимательные тёплые искры 等。

  除上述类型外，拉斯波波夫还特别分出成语型关联联系，例如：**Достаточно** малейшего шороха в сенях или крика во дворе，**чтобы** он поднял голову и стал прислушиваться；Крестьянин ахнуть **не успел**，**как** на него медведь насел 等。

  这一分类法的优点是可用于教学实践，因为它用简单明了的形式说明了主从复合句结构组织的整个机构（见附表），而且可根据不同的教学目的加以简化、限制，然后按与分类阶梯相应的阶段有顺序地扩大，这样便于学生掌握。但是，这一分类法只是从结构的角度进行分类，完全没有涉及主从复合句中主、从部的语义——句法功能。这不能不说是一个严重的缺陷。拉斯波波夫本人曾表示过要在另一个分类体系中考虑这一问题。遗憾的是，拉斯波波夫过早地去世没能实现他的宿愿。

第四节 佐洛托娃功能观点的分类

  苏联语言学家佐洛托娃在 1973 年出版的《俄语功能句法概要》一书中第一次提出了功能观点的分类法。这种分类法是随着"话语语言学""功能语法"在苏联的研究而出现的。

  佐洛托娃首先对逻辑学派的分类原则以及当前十分盛行的结构——语义的分类原则提出了尖锐的批评。她指出："把从句与句子成分进行类比的逻辑理论不

第六章 主从复合句的分类

能令人满意,不是因为它们之间没有相似之点,而是因为句子成分的分类原则不是纯句法的,而是逻辑的。"[①]她认为结构—语义的分类原则在分类标准上前后不一致,是"矛盾"的,"一些从句是说明作为词汇—词法单位的词的,而另一些却说明作为述谓单位的主句。"[②]她又进一步指出,结构—语义分类体系中的说明从句是按从句的意义划分的,而对从句在整个句子结构中的句法作用却不加考虑,这就把在整个句子结构中起着各种不同句法作用的从句都归到了说明从句。例如:Пишу то, **что** обещал; Спой мне песню, **как** синица тихо за морем жила; **Что** он сказал, осталось неясным; Считают, **что** он лентяй; Странно, **что** он так непонятлив; Нет надежды, что их спасут 等。

佐洛托娃认为,功能观点的分类原则就是按照从句在主句组织中的句法作用来进行分类的。"如果以功能观点来研究简单句的组成,确定句子组织中每个成素的作用,那么就能够以同样的观点合情合理地、相应地确定主句结构中从句的作用。"佐洛托娃把主句与从属于它的并扩展它的从句进行对比,从而认为:"从句不管其从属或相对独立的程度如何,都是主句组织中的一个成素。"她又接着说:"如果排除某些特殊情况(如接续从句、结果从句、成语化的复合句等),主从复合句与主句中一个或几个成素构成具有从句形式的主句是相等的。"这就是说,在词组、句子的结构中词的句法形式的功能与从句的功能是平行的、等同的。

佐洛托娃在《俄语功能句法概要》中又明确指出,词组和句子结构中词的句法形式、从句等可以有三种不同的句法功能:

1. 第一句法功能是独立话语的功能。例如:Мы ускорили шаги, **чтобы** ночь не застала нас в лесу 中,从句不是主句结构上所必需的。如果把它去掉,主句在结构上不受任何损害,只是在意思上有所减色。因此从句起着独立话语的功能。

2. 第二句法功能是话语成素的功能。例如:Бляжён верующий 中, верующий 是句子的一个述谓中心,也就是句子模型的必需成素。如果把它去掉,则整个句子的结构就被破坏,无法进行交际。

3. 第三句法功能是话语成素中的从属部分的功能。例如:Не дождусь любимого 中的 любимого 是 дождусь 的必需的扩展成分,是补充 дождусь 结构

[①] Г. А. Золотона, 《Очерк функционального синтаксиса русского языка》, М. 1973, с. 322.
[②] Там же, с. 330.

和语义上的不足的。如果把它去掉,则句子在结构和意思上都不完整。

在作为交际单位的复合句的结构中,从句也起着这三种功能:或在主句组成之外,起着独立交际单位的作用(即第一功能),或在主句组成之内起着交际单位成素的作用(即第二功能),或交际单位成素的从属部分的作用(即第三功能)。从句所起的这三种功能可以具体化为以下五种类型的从句:

1. 从句与词组中的从属词相应。这类从句是附于被说明词的扩展成分,不是主句中独立的成素。由于被说明词在语义上是开放性的,因此扩展被说明词的从句是必需的。例如词组 писать статью, заниматься делом, часть сделанного, причина отсутствия 等中的从属词都可以有一定的从句与之相应,如: Пишу **то**, **что** обещал; Пишу **что** обещал; Пишу **ту** статью, **которую** (**что**) обещал; Пишу **такую** статью, в **которой** обсуждается спорный вопрос—Занимаюсь **тем**, **что** мне нужно; Занимаюсь **чем** нужно; Занимаюсь делом, **которое** считаю нужным—Посылаю часть **того**, **что** сделано—Выясняю причину **того**, **что** многие отсутствовали 等。

2. 这类从句也是附于被说明词的扩展成分,但是,由于被说明词在语义上是闭合性的,也就是被说明词自身具有完整的词义,因此扩展被说明词的从句具有相对的独立性,它不是必需的,而是随意的。例如:

идти в лес—Пойдём **туда**, **где** ручеёк бежит...,

Идёт **куда** глаза глядят.

история со скатертью—Услышал историю **как** прожгли скатерть.

петь о синице—Спой о **том**, **как** синица жила...

3. 从句与作为句子模型中成素相应。这类从句不是附于被说明词的扩展成分,而是主句模型即它的最低限度述谓性的必需的结构成素。这类从句往往是起着替代或补偿主句中成素的作用。例如:

Ищущий найдет—**Кто** ищет, **тот** найдёт; **Кто** ищет, найдёт.

Всё начиналось сначала—**То** никогда не начиналось, **что** кончилось.

Разиня смешон—Смешон, **кто** разевает рот! **Кто** разевает рот, **тот** кажется смешным.

Он таков—**Кого** люблю я, не таков.

Он был самым дорогим человеком—Он был **тем**, **кто** дороже всех.

第六章 主从复合句的分类

Татьяне снится—Ей снится, **будто бы** она идёт по снеговой поляне.

Ссора—из-за игрушек — Ссора—**из-за того, что** игрушки не поделили.

Подарки—детям — Подарки **тем, кто** ждёт.

4. 疏状限定从句(时间、地点、原因、目的等)以其补充意义来扩展整个主句。这类从句像限定语那样,以其补充意义来扩展句子的述谓模型,但它们不与模型中的词形发生直接的句法联系。从句对主句内容上的补充是必需的。但是,这不是根据其结构上的需要,而是根据其意义上的要求。

试比较:Из-за головной боли он плохо понимал прочитанное—**Из-за того, что** болела голова, он плохо понимал прочитанное; За обедом он забавлял гостей рассказами—**Когда** обедали, он забавлял гостей рассказами.

这类从句的划分不是按其疏状意义,而是按其与主句的联系。例如:Он живёт в старом доме 这个句子中,重要的不是 в старом доме 是地点状语,而是这种词形是动词 живёт 必需的扩展成分,起着词组中从属词的作用。如:Он живёт **где** мы раньше жили—Он живет **там, где** мы жили—Он живёт в доме, в **котором** мы жили—Он живёт в **том** доме, в **котором** мы жили 等。因此这些从句不属于疏状限定从句,而是第一类型的从句,即与词组中从属词相应的从句。

5. 从句与使句子模型复杂化的句法词形(如第二谓语)相似,例如:Он вспомнил жену молодой—Он вспомнил жену **такою, какой** она была в молодости; Он сидел с побитым видом—Он сидел с **таким** видом, **будто** его побили; Он притворился ничего не помнящим —Он притворился, **будто** ничего не помнит 等。

从以上的主从复合句分类中可以清楚地看出:佐洛托娃划分从句类型的原则是以从句在主句结构中的作用或功能为依据的。也就是说,是从结构的角度考虑的,因此她的划分原则是从结构功能(строевая функция)的观点出发的。

此外,佐洛托娃又在每一类型的从句中根据从句在主句中的称名作用,即从语义功能(семантическая функция)的观点再进行细分。她指出:"如果从别洛莎帕科娃所认为的从句是'描述标志'(或'句子的称名'、按照米其林的说法是'称名作用')的观点出发,我们就能认为,根据静词句法形式的基本功能类型以及所有表现出来的联系类型,从句可以占据静词的任何句法形式的位置。"于是佐洛托娃把作为词汇—句法称名的词的句法形式与作为句子称名的从句加以对比，从而从语义功能的角度把从句分成三类：

1. 替代从句(заместительное)。从句替代主句中所缺指示词的位置。如：Пишу **что** обещал；Люблю **кого** хочу；Живу **где** родился 等。

2. 补偿从句(возместительное)。从句补偿主句中指示词语义的不足。如：Пишу **то**，**что** обещал；Люблю **того**，**кого** выбрал；Живу **там**，**где** родился 等。

3. 修饰从句(определительное)。如：Пишу **ту** статью，**которую** обещал；Пишу **такую** статью，**которая** покажется спорной；Живу в городе，о **котором** могу многое рассказать 等。

当然，每一类型的从句中不一定都必须包括这三种从句，既可能有三种，又可能有二种、一种。

佐洛托娃以功能观点对主从复合句进行分类只是初步的设想，还没有成为完整的体系。由于还没有见到这种分类法的全貌，因此目前还无法对它进行全面的评价。

第六章 主从复合句的分类

附表

1.《1970 年语法》主从复合句的分类

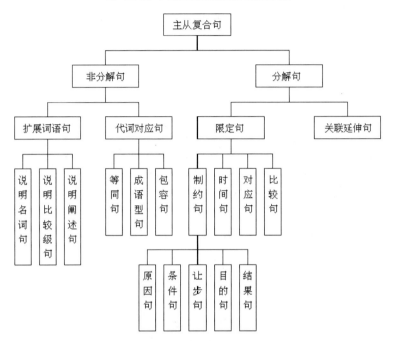

2. 主从复合句几种分类法的对照

逻辑学派分类法	例 句	С. Бархударов 分类法	Б. Белошапкова 分类法	
定语副句	Тот человек, которого вы искали, уже пришел. Мы подрыли к дереву, которого нигде раньше не встречали.	带定语副句 主从复合句	说明名词句	
谓语副句	Я тот, кого вы искали.			
主语副句	Тот, кого вы искали, уже пришел. Известно, что завтра будет собрание.			代词对应句
补语副句	Я знаю, что завтра будет собрание. Он думал о том, что через два дня ему надо ехать в Ленинград.	带说明副句 主从复合句	说明阐述句	
地点副句	Он живет там, где летают только на самолетах.	带地点副句的 主从复合句		
行为方法 程度副句	Больной вел себя так, как рекомендовал врач. Самолет поднялся так высоко, что его чуть было видно.	带行为方法、 程度副句的 主从复合句		

注：逻辑学派分类法中的状语副句与 С. Бархударов 等分类法中带状语副句的主从复合句、Б. Белошапкова 分类法中的限定复合句极相近，因此不列入表内。

3. 《1980年语法主从复合句的分类》

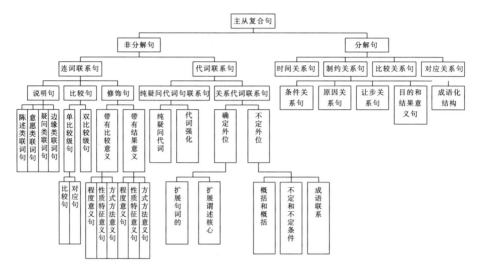

4. 拉斯波波夫对主从复合句各组成部分联系类型的分类

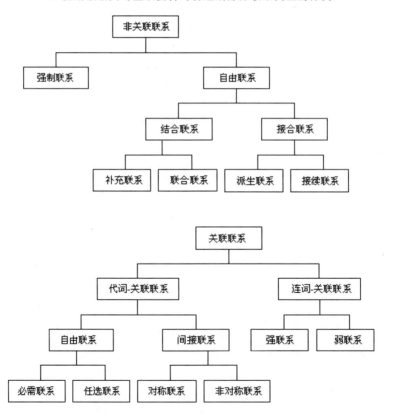

第七章 无连接词复合句

第一节 无连接词复合句概述

各分句之间不用连接词或关联词,而用意义、语调等手段连接起来的复合句叫做无连接词复合句。例如:

① Преподаватель поднялся на кафедру, лекция началась.

② Пора спать: уже два часа.

③ Дождь будет—мы будем сидеть дома.

无连接词复合句主要在口语中使用。施里亚耶夫认为,口语的使用条件"袒护"口语中无连接词复合句体系的发展①。因此无连接词复合句与口语是紧密联系在一起的。

I. 结构—语义特征

无连接词复合句的主要结构—语义特征有:

A. 不定性

由于句中没有连接词和关联词,因此分句间的意义关系较为笼统,不很确切。这就决定了这类复合句具有不定性的特征。它主要表现在,无法确定并列关系和主从关系、主句和从句,甚至在脱离开上下文的情况下往往很难确定分句间所表示的关系和意义。

无连接词复合句的不定性往往与语义上的多义性联系在一起。一个分句可能有几个意义。如 Будете в театре—заходите 中,前一分句兼有时间和条件意义。又如 Било жарко—мы продолжали готовиться к экзамену 中,前一分句具

---

① Е. Н. Ширяев, "Основы системного описания бессоюзного сложного предложения". 《Вопросы языкознания》,1984, No. 1.

有让步意义或者后一分句具有对别意义。

Б. 情境性

由于无连接词复合句的不定性,因此感受者离开上下文或情境往往很难理解它的意思。如 Напишу доклад, пойду в кино 的句子,在不同的上下文中就可有不同的意思。如果上下文是:Что ты ещё собираешься делать сегодня? — Напишу доклад, пойду в кино (вот и все мои дела),则表示的是列举意义。如果上下文是:Ты когда собираешься (пойти) в кино? — (Вот) напишу доклад, (и) пойду в кино,则表示时间的先后关系。如果是:Ты пойдёшь сегодня в кино или нет? —(Не знаю.) Напишу доклад, пойду (в кино),则表示条件关系。

情境性除指一定的上下文外,还指说话时的语境,即说话者用非语言手段诸如姿势、脸部表情等表示的信息。如 Я умолк, махнул рукой: дескать, хватит, всё 等。

В. 不对称性

有连接词复合句的形态组织和语义组织通常是吻合的,一致的,对称的。但是有时也可能不一致,不对称。如 Проводи меня, а не то я заблужусь 的句子,结构上是由两个部分组成的,而语义上却有三个部分(Проводи меня, а если не проводишь, я заблужусь)。而无连接词复合句具有这一特征比有连接词复合句更为突出,使用得更为广泛。如 Утром Кузьма вышел на двор чуть свет — на крыльце магазина уже толкалась очередь 等。在这种复合句中两分句之间的联系不是直接的,而是间接的,即缺少形态上没有表示出来的中间阶段(Утром Кузьма вышел на двор и увидел — ...)。因此两分句之间不相适应,不对称。

II. 连接手段

无连接词复合句各分句间用意义联系,语调,标点符号,动词谓语时、体、情态的对应,句序等手段连接起来的。

А. 意义联系

无连接词复合句在意义上是一个完整的统一体。如 Багряные лучи солнца обливали стены и башня города кровью, зловеще блестели стёкла окон, весь город казался израненным (М. Горький) 的句子,描写一幅城市景象的统一画面。它的细节由各分句所揭示,因此各分句都是为描绘统一画面而联结在一起的,换言之,各分句由共同内容联系起来的。由此可见,各分句的具体内容是联结无连接词复合句的主要手段。如果各分句之间在内容上没有任何联系,也就是从各分句的内容中不可能引出任何意义关系,那么无连接词复合句就无法形成。

Б. 语调

语调是无连接词复合句各分句之间在口语上的主要连接手段。无连接词复合句有以下几种语调。

1. 列举语调:用来叙述同时存在的或先后发生的现象。例如:

① Растаял снег, зазеленели поля, прилетели птицы.

② Светлеет воздух, яснеет небо, белеют тучки, зеленеют поля.

2. 对比语调:用来对比或对立不同的现象或行为。例如:

① Он гость — я хозяин.

② В понедельник лекция, в среду семинар.

3. 制约语调:用来表达分句之间因果关系、时间—条件关系等。例如:

① Будем хорошо работать — выполним план.

② Раньше всех ушла Нина: должен приехать Володя. (В. Добровольский)

4. 说明语调:用来说明、解释、补充前一分句的某些词语或整个分句的内容。例如:

① Вдруг вижу: лес кончился.

② Дети не отходили от меня: Зоя держала за руку, Шура цеплялся за другую. (Л. Космодемьянская)

В. 标点符号

标点符号是无连接词复合句各分句之间在书面语上的主要连接手段。标点符号有:

1. 逗号和分号

逗号和分号通常表示列举同时存在的或先后发生的现象。但分号与逗号有所不同,通常用在各分句比较扩展,特别是分句中已有逗号的情况下。例如:

① Одни читают, другие пишут, третьи чертят.

② Сверкнула молния, грянул гром, начался сильный дождь.

③ Торжественно вступила на площадь пехота; громыхая, двинулись танки; со свистом пронеслись реактивные самолёты.

2. 冒号

在运用冒号的无连接词复合句中,通常是后一分句说明前一分句。它们之间可表达因果关系、说明关系等。例如:

① По пути мой товарищ простудился: он был легко одет.

② У меня такая привычка: не могу заснуть при свете.

③ Одно было несоменно: он не согласился со мнением товарищей.

④ Он почувствовал: кто-то смотрит на него.

3. 破折号

破折号可表示两分句之间的对别意义关系。例如:

① Семь раз отмерь — один раз отрежь.

② Телегин писал Даше каждый день — она отвечала ему реже.

破折号可表示前一分句是后一分句的时间或条件。例如:

① Хочешь быть здоровым — занимайся спортом.

② Наступит лето — поедем на юг.

破折号还可表示后一分句或是前一分句的因果,或补充说明前一分句的内容。例如:

① Учитель был доволен — всё шло хорошо.

② Дороги исчезли — нельзя было проехать ни поездом, ни машиной, ни на лошадях.

③ Иногда мне думается — надо убежать. (М. Горький)

破折号有时还可表示前一分句的内容与后一分句进行比较。例如:

① Молвит слово — соловей поёт.

② Народ шумит на площади — море шумит в бурю.

Г. 动词谓语时、体、情态的对应

在开放结构的列举句中,无论是有连接词复合句,还是无连接词复合句,其动词谓语都必须用同一时、体和情态的组合。在有连接词复合句中只有说明句的动词谓语可以是任何时、体、情态的对应组合。而在无连接词复合句中不存在这样的类型。

除了上述两种情况外，一般说来，有连接词复合句表示的类型意义较为专一精确，这主要因为复合句中有连接词和关联词，它们可以表达在该类型意义范围内的各种个别意思，因此在这类复合句中动词谓语的各种不同的时、体、情态对应组合表现得比较充分。而无连接词复合句表达的，不是构成类型意义的各种个别意思的综合，而是有点像在有连接词复合句中由多义连接词所表达的最一般的意思，犹如在时间句中的连接词 когда。因此其动词谓语的时、体、情态对应组合较为局限。如在表示对别关系的有连接词复合句中动词谓语的不同情态可以自由组合，例如 Я был очень занят, но всё же для друзей у меня нашлось бы время; Я знаю, ты торопишься, а всё-таки сядь и выслушай меня внимательно 等。而在无连接词复合句中这样的时、体、情态对应组合是绝不容许的。

Д. 句序

总的说来，有连接词复合句中的句序较为灵活。其中有的从句可在主句之前、之中或之后，如时间句、条件句、让步句等。有的从句可在主句之前或之后，如说明句。有的从句可在主句之中或之后，如定语句。有的从句固定在后，如接续句。在并列复合句的开放结构中，分句位置可以变换。而闭合结构中分句的句序是固定不变的。此外，还有某些连接词，诸如 ибо, так что, как вдруг, между тем как 等，连接的从句固定在主句之后。有连接词复合句的句序之所以比较灵活，主要因为句序不是表达分句间或主从句间意义关系的手段。即使在某些类型的有连接词复合句中，句序也只是表达意义关系的辅助手段。

而在无连接词复合句中，除了列举句和对比句的分句位置可以变换外，其他类型的分句位置是固定的，不能变动。如果变动，则或者导致意义关系或整个结构的破坏，或产生新的意义关系或新的结构。由此可见，在这类复合句中句序通常是不灵活的、固定的。这说明了句序在这类句子中起着表达分句间意义关系的语法化手段的功能。

III. 分类

无连接词复合句的分类应遵循结构—语义分类的原则。它具体体现在：

А. 对称/不对称

Б. 完整/不完整

在结构上和(或)语义上分句完整与否，不仅是区别分句形态组织和语义组织的标志,而且还可预示分句间联系的性质,从而达到区分无连接词复合句的目的。如果第一分句不完整,则既预示分句间的联系,又表示该联系是必需的。如果前一分句完整,后一分句不完整,则分句间的联系不是必需的,而是任意的。

В. 句序

Г. 意义关系

具体分类有以下三个层次:

第一层次是根据无连接词复合句结构组织与语义组织的对称与否划分成对称句和不对称句两类。

第二层次以分句结构和(或)语义上的完整与否以及它们的句序(即完整或不完整是在前一分句,还是在后一分句),再在上述两类句子中进行分类。

第三层次是在前面两个层次的基础上根据分句间的意义关系进行细分。

第二节　对称句

在无连接词复合句中结构组织(述谓单位)与其语义组织(情景或情节)在数量上相吻合一致的,叫做对称句。例如:

① Я тебе определённо скажу: у тебя есть талант. (А. Фадеев)

② Ты богат, я очень беден... (А. Пушкин)

③ Волков бояться —в лес не ходить.

I. 前一分句结构和语义都不完整

前一分句结构和语义上都不完整的无连接词复合句通常表示说明关系,可称之为说明句。

说明句中前一分句具有表示言语、思维、感受、感觉等意义的动词、谓语副词、短尾形容词等,后一分句补充说明这些词在结构和语义上的不足。分句的句序不能颠倒。分句间常用冒号、破折号。朗读时用说明语调。例如:

① Мы слышим: сердце плещется в груди. Мы чувствуем: наш голос чист и ясен. (А. Толстой)

② Я знаю: в вашем сердце есть и гордость и прямая честь. (А. Пушкин)

③ Я вижу: за два года в этом доме ничего не изменилось. (К. Симонов)

④ Иногда мне думается: надо поговорить с ним.

⑤ Было ясно: Павел едет завтра. (Н. Островский)

⑥ И стало заметно: человек не здоров. (В. Ажаев)

⑦ Я уверен: за нами наблюдают с того берега. (А. Толстой)

⑧ Передайте — старшину ко мне! (В. Быков)

II. 前一分句语义不完整

这类无连接词复合句通常表示分句间的解释关系,可称之为解释句。

解释句中前一分句具有表示抽象意义的名词(вопрос, задача, мысль, совет, формула, схема, закон, правило 等)、名词化的形容词或数词(важное, главное, первое, одно 等)、指示代词(так, такой 等)、限定代词(весь, всякий 等)、指示语气词与关系代词的组合(вот что 等)等,后一分句揭示、解释其具体内容。分句间常用冒号。例如:

① У меня мелькнула мысль: может быть, ему трудно будет справиться с этой работой.

② Я теперь в праве дать тебе совет: не расставайся с сёстрами.

③ Сейчас нам прочитали приказ: с рассветом — бой. (Б. Горбатов)

④ Теперь им предстояло самое трудное: они должны были покинуть товарища. (А. Фалеев)

⑤ Хочу от вас только одного: поторопитесь с выездом. (В. Ажаев)

⑥ И ещё одно я знала: имя Зои стало любимо народом. (Л. Космодемьянская)

⑦ Впечатление такое: рассказ писали два человека. (М. Горький)

⑧ А я уж такая: что думаю, то и говорю в глаза! (Е. Ильина)

⑨ Всё интересовало отца: как идут дела в шахте, кто сколько вырубил? (А. Фадеев)

⑩ Давайте сделаем так: пусть каждый принесёт завтра свои рисунки. (Н. Носов)

⑪ И вот что плохо: мало читаешь.

⑫ Дело вот в чём: люди, подобные Мигулину, однолюбы. (Ю. Трифонов)

III. 后一分句结构和语义都不完整

这类复台句通常表示分句间的修饰、限定关系,可称之为定语句。

定语句中的后一分句修饰、限定前一分句中名词或名词化的其他词。后一分句既可位于前一分句之后,又可位于前一分句之中。分句间可用逗号,也可不用。其语调特点是,后一分句与被修饰词之间无休止,后一分句语速较快,强度较弱。

这类复合句与有连接词复合句中的定语句"... 名词,который..."相似。例如:

① Девочка, с тобой на одной парте сидит, встретилась мне.

② Стол у нас в коридоре стоит выкидывать уже пора.

③ А где носовой платок я кинула?

④ Прогони муху у меня на спине.

⑤ Эту фотографию я тебе показывала ты взял?

⑥ Эти цветы надо выбросить в стакане стоят.

IV. 后一分句语义不完整

这类复合句可称之为接续句。

接续句中的后一分句具有复指成分 это, вот что 等。它们不仅复指前一分句的整个内容,而且还对它作补充叙述或评价。由于后一分句包容前一分句的内容,因此又可称之为包容句。分句间可用破折号、逗号,有时也可用冒号。例如:

① Юрий слушал его с изумлением — это поражало меня. (В. Каверин)

② Враг мог ударить с фланга, это было ясно всем. (Ю. Бондарев)

③ Учиться — это было теперь для неё самое важное, самое увлекательное, об этом были все её мысли. (Л. Космодемьянская)

④ Только односторонние у нас обязательства, вот что плохо. (А. Яшин)

⑤ Ещё мало хороших книг для детей — вот о чём думать в первую очередь.

⑥ Добрых и сердечных людей мало, вот в чём наша трагедия. (А. Андреев)

[注1] 后一分句中有时有复指代词 он，его(её，их)，тот，там，туда 等，它们复指前一分句中某个成分，并对它作新的报道。例如：

① Картошка жарилась на сковороде, от неё шёл острый, внусный запах. （К. Паустовский）

② Матрос вынул портсигар и протянул соседу, тот отказался.

③ Широкая радуга стояла над лесами: там где-то, за озером, шёл небольшой дождь.

[注2] 后一分句中有时有复指成分 так，такой，таков 等。它们复指前一分句中某个成分，并使后一分句具有比拟意义。例如：

① Он хорошо смеётся, так смеются добрые и хорошие люди.

② Он хорошо улыбается, такая улыбка была у моей матери.

V. 分句结构和语义都完整

A. 列举句

列举句列举由同等分句表示同时存在或先后发生的各种事件。列举句是开放结构，可能由两个或更多的同等分句组成。朗读时用列举语调，书写时用逗号或分号。

列举句在结构和语义上与带联合连接词的并列复合句相似。试比较：

① Вася читает учебник, Петя изучает конспекты, Нина разбирает тексты.

② Вася читает учебник, Петя изучает конспекты и Нина разбирает тексты.

列举句各分句之间有两种关系：同时关系和先后关系。

1. 同时关系

在这种复合句中，各分句的谓语通常用未完成体动词同一时间的形式。例如：

① Поёт море, гудит город, ярко сверкает солнце... （М. Горький）

② Наш огонёк разгорался, дым поднимался прямо кверху. （В. Короленко）

③ Шёпот, робкое дыхание, трели соловья, серебро и колыхание сонного ручья... （А. Фет）

④ Погода была чудесная. Всё кругом цвело, жужжало и пело; вдали сияли воды прудов; праздничное, светлое чувство охватывало душу. （И. Тургенев）

［注］完成体动词过去时形式有时可表示行为已经完成,其结果继续存在的意义。如果它与现在时连用,则在句中具有现在时意义。这时它们可构成分句间的同时关系。例如:

Он весь в слезах, голова поникла, лицо бледно, руки сложены на груди, губы шепчут. （М. Салтыков-Щедрин）

2. 先后关系

在这种复合句中,各分句的谓语通常用完成体动词同一时间的形式。例如:

① Занавес опустился, раздались аплодисменты.

② Кусты зашевелились, вспорхнула полусонная птичка. （В. Гаршин）

③ В глазах у меня потемнело, голова закружилась. （М. Лермонтов）

④ Мои дети уже никогда не увидят ни голубого неба, ни цветов, они никогда больше не встретят весну. （Л. Космодемьянская）

如果表示重复发生的先后关系,各分句的动词谓语可用未完成体动词同一时间的形式。例如:

① После рабочего дня молодёжь уходила в поле, там юноши и девушки повторяли военные упражнения, учились стрелять, метали гранаты. （Б. Полевой）

［注］表示先后关系的列举句往往兼有因果意义。试比较:

① Кариотти толкнул меня, я очнулся.
卡里奥季推了我一下,我就清醒过来了。

② Кариотти толкнул меня — я очнулся. （А. Первенцев）
卡里奥季推了我一下,于是我就清醒过来了。

Б. 对比句

对比句由两个同等分句表示事件的对比或对立。对比句是闭合结构,只能由两个分句组成。朗读时用对比语调,书写时用逗号或破折号。

对比句在结构和语义上与带连接词 а 和 но 的并列复合句相似。试比较:

① Лекция в аудитории на третьем этаже — семинар на втором.

Лекция в аудитории на третьем этаже, **а** семинар на втором.

② Лекция состоится — семинар отменили.

Лекция состоится, **но** семинар отменили.

对比句如表示对比关系，分句常为词序相同和谓语情态—时间相同的平行结构。对比成分由同一题材词群中的词语表达。如表示对立关系，分句在结构上不一定是平行结构，但在词汇上或意义上必须相互排斥，相互对立。例如：

① Лето припасает — зима поедает.

② Он гость — я хозяин. (Э. Багрицкий)

③ Травой зарастают могилы — давностью зарастает боль. (М. Шолохов)

④ Мы дадим жизнь зерну — оно даст жизнь людям. (М. Бубеннов)

⑤ Слова и иллюзии гибнут, факты остаются. (Д. Писарев)

⑥ Я зашёл в первую избу, отворил дверь в сени, окликнул хозяев — никто не отвечал мне. (И. Тургенев)

⑦ Ты богат, я очень беден... (А. Пушкин)

⑧ Я говорил правду — мне не верили. (М. Лермонтов)

如果前后两个分句用同一个动词谓语，则后一分句的动词谓语通常省略不用。例如：

① Справа был болотистый непроходимый лес, слева — красноватые столбы утёсов.

② Жандарм вопросительно смотрит на сыщика, сыщик на жандарма. (В. Маяковский)

如果表示肯定—否定的对立关系，则否定语气词 не 必须置于前一分句的句首。这种词序和分句排列顺序是固定不变的。例如：

① Не хвались серебром, хвались добром.

② Не теория его затрудняла — затрудняла практическая фонетика.

③ Не мудрено голову срубить — мудрено приставить.

［注1］对比句与列举句的界线有时是不很清楚的，因为在两个对比的事件上往往可再加上一个或两个事件。这时对比句就成列举句。试比较：

① Одно цветёт, с другого уже собраны плоды.

② Одно цветет, с другого уже собраны плоды, третье едва всходит. (И. Гончаров)

[注2] 对比句表示对立关系时，如后一分句中有 вдруг, всё равно 等词语，则带有让步的意味。例如：

① Чин следовал ему — он службу вдруг оставил. (А. Грибоедов)

B. 制约句

制约句由两个非同等分句表示事件之间的制约关系。制约句是闭合结构。分句的排列顺序一般不能变换：前一分句制约后一分句。制约句朗读时用制约语调，书写时多用破折号。制约句可表示条件关系、时间关系和让步关系。

1. 条件关系

1) 现实的条件

第一分句表示现实的条件时，其动词谓语一般用陈述式表示，第二分句谓语可用陈述式或命令式表示。例如：

① Подготовился к экзамену — получил хорошую оценку.

② Подготовился к экзамену — получишь хорошую оценку.

③ Пришёл, так садись. (М. Горький)

④ Денег нет — снимай шубу. (А. Толстой)

⑤ Буду нужен — вызывайте. (М. Годенко)

⑥ Удастся в Ташкент хорошо съездить — дело поправится. (А. Неверов)

⑦ Будет тепло в воскресенье — поедем за город.

有时前一分句的谓语也可用命令式，后一分句的谓语要用将来时形式。例如：

① Попробуй сам сделать это — поймёшь все трудности.

② Заинтересуйте студентов — они будут ходить на занятия.

③ Пусть он докажет мне это — тогда соглашусь.

④ Пускай он поборется со мной, тогда отдам. (Ф. Гладков)

2) 非现实的条件

第一分句表示假想的、实际上不可能实现的条件。这时前后两分句中的谓语都用假定式表示。例如：

① Пришёл бы ко мне — я бы тебе всё рассказал.

② Взошло бы солнце — сразу бы потеплело.

③ Взяли бы меня — уехал бы и я. （К. Симонов）

④ Досидела бы до конца — он бы тебя и до дому довёл. （С. Антонов）

前一分句的谓语有时可用动词不定形式加 бы，后一分句的谓语要用假定式。例如：

① Прийти бы мне раньше — я застал бы его.

② Выполнить бы мне задание вчера, мне не пришлось бы отказываться сегодня от театра.

③ Помочь бы Коле — он стал бы лучше учиться.

［注］表示条件关系时，有时可用"动词单数第二人称命令式＋主语，(то)..."的结构。如表示现实的条件，第二分句谓语用将来时形式。如表示非现实的条件，第二分句谓语用假定式。例如：

① Не будь овцой, так и волк не съест.

② Ударь теперь мороз — озимые все пропадут. （Л. Толстой）

③ Кажется, уйди Микита, не стану на свете жить. （Л. Толстой）

④ Знай я точно расписание поездов, я не опоздал бы.

⑤ Будь они все вместе, им было бы легче жить.

⑥ Знай я ремесло, — жил бы я в городе. （М. Горький）

语法学家对这一结构的看法有分歧。别列维茨卡娅-哈莉泽娃认为是有连接词条件句[1]，马克西莫夫认为它"与有连接词复合句相近"[2]。格沃兹杰夫把它归为无连接词条件句[3]。

---

[1] В. С. Белевицкая-Хализева и др., 《Exercises in Russian Syntax》, М.

[2] С. Е. Крючков и др., 《Синтаксис сложного предложения》, М., 1977.

[3] А. Н. Гвоздев, 《Современный русский литературный язык》, Ч. 2, М., 1958.

3) 泛指的条件

如果表示泛指的条件,则前后两分句可用泛指人称句表示。有时两分句的谓语还可用动词不定形式表示。这种句子常见于谚语和格言。例如:

① Поспешишь — людей насмешишь.

② Любишь кататься — люби и саночки возить.

③ Взялся за гуж — не говори, что не дюж.

④ Лес рубят — щепки летят.

⑤ Волков бояться — в лес не ходить.

⑥ Биться в одиночку—жизни не перевернуть. (Н. Островский)

[注]在有些无连接词复合句中,第一分句既可能有条件意义,又可能表示时间意义。例如:

① Будет время — зайду.

如果有空,我就去(有空的时候,我就去)。

② Увидишься с братом—передай ему это письмо.

如果你遇见弟弟,就把这封信交给他(你遇见弟弟的时候,把这封信交给他)。

2. 时间关系

制约句表示时间关系时,前一分句指出后一分句内容发生的时间。

制约句表示单纯时间关系的情况为数不多。这主要因为由于句中没有连接词,时间意义常和条件意义交叉在一起,往往无法加以区分。但是,也有一些制约句,其时间意义比较明显。通常是前一分句表示已经发生或完成、必将发生的事实。这时两分句的谓语通常用未完成体、完成体的过去时形式或完成体的将来时形式。例如:

① Поступал в институт — мечтал изучать литературу.

② Ехал сюда — рожь только начинала желтеть. (М. Пришвин)

③ Песенка кончалась — раздались обычные рукоплескания. (И. Тургенев)

④ Проснулся — пять станций убежало назад. (Н. Гоголь)

⑤ Придёт весна — двинутся пароходы по Волге.

⑥ Облако пройдёт — озеро опять заблестит. (Н. Некрасов)

当分句谓语用完成体将来时形式表示时,有时前一分句可加语气词 вот 或后一分句句首加 так, тогда（и）,以加强其时间意义。例如：

① **Вот** определим ребят в ясли — учиться пойдёшь или работать. （А. Арбузов）

② **Вот** увидимся — поговорим. （Л. Толстой）

③ Поступлю в университет — **так** займусь литературой.

④ Приказчик вернётся из города, **тогда** получите. （А. Чехов）

3. 让步关系

制约句表示让步关系时,前一分句表示条件,后一分句叙述违背该条件而发生的事情。分句间用破折号。例如：

① В лесу было много грибов — моя маленькая сестра не нашла ни одного.

② Было поздно — я всё-таки позвонил нашему преподавателю.

③ Я был скромен — меня обвиняли в лукавстве. （М. Лермонтов）

④ Я был готов любить весь мир — меня никто не понял. （М. Лермонтов）

4. 因果关系

制约句中表示因果关系时,后一分句或指出前一分句的原因,分句间常用冒号,有时也可用破折号；或是前一分句的结果,分句间常用破折号,有时也可用冒号。例如：

① Осень и зиму Корчагин не любил: они принесли ему много физических мучении. （Н. Островский）

② В понедельник Павел снова не пошёл работать: у него болела голова.

③ После Розы магазин не работал четыре месяца — в продавцы больше никто не шёл.

④ Стол стоял далеко от света — мы передвинули его.

⑤ В горах прошли сильные дожди — реки вышли из берегов.

⑥ ...Мы ехали сзади: никто нас не видал. （М. Лермонтов）

第三节　不对称句

在无连接词复合句中结构组织(述谓单位)与其语义组织(情景或情节)在数量上不吻合一致的,叫做不对称句。例如:

① Я подошла к аудитории: оттуда раздавался ровный голос преподавателя.

② В темноте протягиваю руки вперёд: пальцы касаются чего-то твёрдого.

这两个句子是由两个结构组织或述谓单位构成的,而语义组织或情景却有三个,如 Я подошла... и услышала: оттуда... 和 В темноте протягиваю руки... и чувствую: пальцы... 。这就是说,在这些句子中前一分句暗含感受、感觉意义动词感受或感觉到的后一分句所表达的内容。因此,在结构上分句间的联系不是直接的,而是间接的,通过结构上没有表现出来中间环节。换言之,这类句子的语义环的数目大于结构环的数目,两者不相适应。

I. 前一分句结构和语义都不完整

这类无连接词复合句可称之为间接说明句。

在间接说明句中前一分句的动词谓语由 посмотреть, взглянуть, оглядеть, прислушаться, проснуться, остановиться, подойти, выйти, поднять (голову), открыть (глаза), включить (радио)等表达,后一分句表示前一分句中暗含感受或感觉意义动词(увидеть, услышать, заметить, почувствовать, обнаружить 等)所感受或感觉的内容。分句间常用冒号和破折号。例如:

① Я проснулся: половина пути осталась позади.

② Я включил радио: передавали какую-то знакомую мелодию.

③ Варвара прислушалась: донёсся звук вечернего поезда. (А. Чехов)

④ Я поглядел кругом: торжественно и царственно стояла ночь. (И. Тургенев)

⑤ Он взглянул на Ольгу — она без чувств. (И. Гончаров)

⑥ Я вошёл в хату: две лавки и стол да огромный сундук возле печи составляли всю её мебель. (М. Лермонтов)

⑦ Я открыл калитку — за ней стоял мой знакомый рыболов. (К.

Паустовский)

⑧ Я вернулся в комнаты: в них было тепло, сонно. (К. Паустовский)

有时，后一分句指出前一分句中暗含 сказать, говорить, думать, знать, узнать 等动词所表达的言语、思维的具体内容。例如：

① Мой товарищ подошёл ко мне: мы опаздываем. (Мой товарищ подошёл ко мне и сказал, что...)

② Я видел её вчера: вечером в субботу мы собираемся. (Я видел её вчера и узнал, что...)

II. 后一分句结构和语义都不完整

A. 间接定语句

后一分句只说出某种情景。复合句在结构上缺少该情景与前一分句中名词之间修饰关系的中间环节，这通常只能由感受者根据整个复合句所表达的情景来猜测。后一分句必须在被说明的名词之后，既可在前一分句之中，也可在前一分句之后。分句间用逗号。例如：

① Старая церковь, на пароходе едешь, очень красивая. (Старая церковь, которую видишь, когда едешь на пароходе, очень красивая.)

② Вот такой бы я портфель купил, к вам приходил этот из издательства. (Я купил бы такой портфель, который был у человека, который приходил к вам из издательства.)

Б. 间接制约句

后一分句在结构上缺少与该句产生制约关系（如条件、原因等关系）的中间环节。分句间常用冒号和破折号。例如：

① Я предлагаю продолжить занятия: на улице всё равно идёт дождь. (Я предлагаю продолжить занятия, так как домой идти нельзя, поскольку на улице идёт дождь.)

② Надо полить цветы — завянут. (Надо полить цветы, а если не поливать, они завянут.)

③ Возьми зонтик — промокнешь. (Возьми зонтик, а если не возьмёшь, то промокнешь.)

[注] 有时,后一分句缺少与该句产生因果关系的后一环节。例如:

① Он хотел его встретить — проспал. (Он хотел его встретить, но проспал, так что не встретил.)

② Совсем не хотел опаздывать — часы встали. (Совсем не хотел опаздывать, но часы встали, и поэтому опоздал.)

B. 间接等同句

众所周知,人们在说话的同时,往往还伴有非言语的声音(如咳嗽、鼻音)等,而且身体的其他部分也会有所动作,如脸部的表情、身体的姿势、手势等。它们都可传递信息。因此,除了有声语言和书面文字以外,还有一套与之相平行的符号系统,可统称为非言语交际。

间接等同句是一种较为特殊的类型。前一分句报道非言语交际的符号,如身体的姿势、脸部表情以及约定的符号等。后一分句用语言表达这些符号的具体内容。两个分句虽然报道的是两个事件或情景,但是它们却讲的是同一个内容。因此在交际内容上是等同的。分句间的联系不是直接的,而是间接的,通过中间环节(и это означает, что...)表达出来。例如:

① Старики качали головами: да, совсем по-другому живёт теперь молодёжь.

② Я умолк, махнул рукой: дескать, хватит, всё. (О. Смирнов)

③ — Мальчишки — народ вездесущий, смелый, — Григорий, помедлив, кивает головой: согласен. (А. Нниканоркин)

④ Аптекарь подводит к отгороженной фанерой комнатушке. Подмигивает: начальство!

⑤ — Я "Вымпел"... Я "Вымпел", — надрывается радист. Наконец на вольтметре вздрагивает красная стрелка — рация заработала. (А. Никаноркин)

第八章 无连接词复合句的分类

第一节 两种分类法

俄国最早的语法学家们认为,无连接词复合句是有连接词复合句的一种变体。这一观点在19世纪俄国著名语法学家格列奇的《俄语实践语法》中得到了反映。他说:"连接词复合句各部分的连接词可以重复使用或者根本不用,第一种情况称为多连接词,第二种情况称为无连接词。""多连接词经常用于意欲强调每一个被连接部分的各种情况,如果根据各部分的意义和位置,复合句本身含义已经相当明确,不需要任何连接词说明关系时,这种情况即是无连接词。"①从中可以清楚地看出:格列奇一方面肯定了无连接词复合句和有连接词复合句之间修辞上的差别,另一方面却又从根本上否定了它们之间语法上的差别,也就是说,无连接词复合句是省略了连接词的复合句,是有连接词复合句的一种变体。

随着复合句理论的发展,从20世纪30年代起,对无连接词复合句研究也开始重视。当时流传着一种无连接词复合句的分类法。这是依据无连接词复合句与有连接词复合句的对应关系来进行分类的。首先把无连接词复合句分成并列和主从两类,然后再在各类中进行细分。并列复合句又分为联系关系和对别关系两种,主从复合句分成:带主语从句的、带谓语从句的、带补语从句的、带定语从句的、带比较从句的、带程度从句的、带时间从句的、带条件从句的、带让步从句的等。

尽管这一分类法还存在着明显的问题,但是,它已不把无连接词复合句看作是有连接词复合句的一种变体,这无疑是一个进步。这一分类的问题是:

第一,无连接词复合句的句法结构不同于有连接词复合句,因此将后者的分类体系硬套在前者身上是不科学的;第二,无连接词复合句如果脱离上下文往往很难判定主句、从句以及它们所表示的关系,因此不宜机械地将一个无连接词复

---

① Н. И. Греч,《Практическая русская грамматика》,1834,с. 375.

合句归入某一固定的类别。

从 20 世纪 50 年代起出现了一种新的分类法。这一分类法是波斯彼洛夫在 1950 年的"无连接词复合句的语法属性和分类原则"一文中提出的。后来在《1954 年语法》的无连接词复合句部分中他就采用了这一分类法。波斯彼洛夫的分类原则是以无连接词复合句是复合句中结构—语义的特殊类型为前提的。他认为:"虽然在无连接词复合句各组成部分之间存在着紧密联系,但是没有理由把这种无连接词复合句看作并列复合句和主从复合句,因为无连接词复合句的各个组成部分的联系不是用专门表示结构关系的形式手段(即连接词或关联词)表达出来的",而是"以这种或那种韵律—语调手段表达出来的"。[1]他在具体分类时却按无连接词复合句各组成部分间的意义关系分成两大类:同型组成部分的句子和异型组成部分的句子。前者的各组成部分在意义关系上是同型的,它们从同一方面组成语义的整体。如 Ножи стучат, посуда звенит, масло шипит 等。而后者各组成部分在意义关系上是异型的,它们从不同的方面组成语义的整体。如:Я знаю: в вашем сердце есть и гордость и прямая честь (А. Пушкин)等。

波斯彼洛夫将同型组成部分的句子分成:

1. 列举意义句,如:Слову — вера, хлебу — мера, деньгам — счёт (Пословица); Самовар вскипел, мать внесла его в комнату (М. Горький)等。

2. 对比意义句,如:Лето припасает — зима поедает (Пословица); Это неусталый, больной солдат шёл с фронта, — это шёл строитель 等。

异型组成部分的句子又可分为:

1. 制约意义句,如:Не хочешь ехать — оставайся (А. Чехов); Что нужно будет — скажите Павлу или Татьяне (И. Тургенев)等。

2. 因果意义句,如:Ломайте замок — ключ потерян; Докладчик говорил очень тихо: приходилось напряжённо вслушиваться 等。

3. 说明意义句,如:Из их рассказов было ясно: жизнь рабочего везде одинакова (М. Горький); Об одном прошу: пришлите на завод бригаду горкома 等。

4. 接续意义句,如:Вы встретитесь с трудностями: это почти неизбежно;

---

[1] 《Грамматика русского языка》, Т. 2, Ч. 2, М., 1954, с. 382.

Странный был этот день — такие бывают только во сне (А. Фадеев)等。

阐明复合句的结构以及这种结构所形成的语义是句法学的重要任务,因此复合句的分类首先应以不同的结构为其依据,然后再考虑其语义。而波斯彼洛夫的分类法却违背了他自己提出的结构—语义的分类原则,只从各组成部分间的意义关系出发,基本上不考虑它们结构上的特点。这就是这一分类法的缺陷。

第二节 《1970 年语法》的分类

别洛莎帕科娃认为:"复合句结构开放或闭合的特征具有比有连接词或无连接词的特征更大的识别意义。"①因此,她首先把无连接词复合句分成开放结构和闭合结构两大类,在开放结构中有连接词和无连接词的区别并不像闭合结构中那么重要。这主要因为在开放结构和闭合结构中有连接词复合句和无连接词复合句的区别是与连接词在性质和功能上的差别有关。开放结构的连接词近似语气词,因此起联系手段的功能不是它的主要使命。而闭合结构中的连接词是复合句各组成部分间意义关系和句法联系的标志,它是复合句结构上的重要因素。

在闭合结构的无连接词复合句中并列关系与主从关系的对立已经消失,因为无论是并列关系,还是主从关系都可能是闭合结构,表达这个或那个关系的专门手段在这类句子中是不存在的。

闭合结构的无连接词复合句又可分为:典型结构句和非典型结构句。前者的各组成部分具有某种特有的形态组织,而后者的各组成部分则不具有特有的形态组织。

典型结构的无连接复合句

这类复合句按其结构可分为:

1. 带有复指成分的句子

1) 第一部分带有复指成分。复指成分通常用指示代词(такой, так)、指示语气词与关系代词的组合(вот что, вот как)、限定代词(весь, всякий)、意义近似代词的某些形容词(особый, разный, одинаковый)、抽象名词(вопрос,

---

① В. А. Белошапкова,《Современный русский язык. Синтаксис》, М., 1977, с. 235.

задача，мысль)和名词化的形容词(главное，важное)等表示。如：Впечатление такое：рассказ писали два человека；И вот что плохо：мало читаешь；Скажу вам одно：нельзя сидеть сложа руки；Поймите главное —— без специального образования в лаборатории делать нечего 等。

2) 第二部分带有复指成分。在这种句子中形成一种扩展关系，第二部分通常是补充的报道。复指成分用指示代词、指示语气词与关系代词的组合。如：Она хорошо улыбается，такая улыбка была у моей матери；Рукопожатие было мягкое и энергичное，так пожимают руку люди добрые и деятельные；Волосы у ребят мокрые，это они купались；Мало хороших книг —— вот о чём нужно думать писателям 等。

2. 带有终结语气词的句子

在这种句子中第二部分的句首有终结语气词 так，有时也可用 тогда，то 等。句中的终结语气词既可出现，又可是内隐的，潜在的。这种句子通常表示两个事件间的制约关系和时间对应关系。如 Позовут вас —— (так，тогда) идите；Я ухожу，(так) вы дверь заприте 等。

第一部分谓语有时可用假定方式或动词不定形式。这时，两部分通常是条件—结果关系。如 Взяли бы меня в экспедицию，(так) уехал бы на целый год；Мне бы смолчать，(так) ссоры бы не было；Бояться волков —— (так) быть без грибов 等。

3. 带有缺位结构的句子

这种句子在两部分关系和结构上都与有连接词主从复合句中的说明阐述句相似。第一部分中具有某种语义的基础词，而且在基础词上不具有扩展它的词形。这就是说，第一部分中具有强支配关系词形或主语的缺位，第二部分起着第一部分缺位词形的作用。如：Было ясно：мы опаздываем；Он сказал："Позвони в институт"；Я спросил："Куда вы так спешите?"等。

非典型结构的无连接词复合句

这类复合句按各组成部分表示的意义关系可分为：

1. 解释句

这种句子的第一部分说明某个事件或现象，第二部分是对第一部分的解释，并加以论证或确切的说明。

1) 论证说明句。在这种句子中第二部分是第一部分根据和理由。如：Я не ответил: не хотелось спорить; Все спят, да и не мудрено: ещё рано; Ты меня не провожай: я дорогу знаю 等。

2) 确切说明句。在这种句子中两个部分都说明同一事件或现象。第一部分是一般性的或未展开的说明，而第二部分则是具体的或展开的说明。如：Он по суткам работает: сутки в больнице, сутки дома; Многолетние усилия дерева сделали своё: ель вынесла верхние ветви к свету.

2. 对比句

在这种句子中两部分的内容或者不相适应，或者具有某些差别，这往往表现在组成部分中或有反义词，或有肯定、否定的对立，如：Все хотели солнца — оно не показывалось; Её пробовали унять, она рыдала сильней 等。

《1970 年语法》无连接词复合句的分类

```
                  无连接词复合句
                 /              \
          开放结构              闭合结构
                               /        \
                         典型结构的      非典型结构的
                        /    |    \      /      \
                    带有   带有   带有   解释    对比
                    复指   终结   缺位   句      句
                    成分   语气   结构
                    的     词的   的
```

第三节 《1980 年语法》对句子无连接词组合的看法和分类

克鲁奇尼娜在《1980 年语法》中指出："句子的无连接词组合（бессоюзные соединения предложений）是一种特殊的句法组织，它或多或少与复合句相对应,但是它与复合句的区别在于各组成部分间没有连接词或代词联系。句子组成无连接词组合借助于语调,只在一种情况下借助于谓语的专门语法形式。进入无连接词组合的句子具有意义上的相互联系或篇章构成功能统一性的特征。所谓篇章构成功能统一性就是指它们共同参与组成篇章的某个相对完整的部分以及共同说明由它们组成的这一整体。"[1]这就是说,句子无连接词组合是通过语调上的联系和内容上的联系表示内部关系的。而《1980年语法》认为,语调不是句法手段,因为语调伴随着各种表述单位,而且其功能基本相同。由此可见,句子无连接词组合是采用非语法手段(语调、词汇等)联系起来的,并列关系和主从关系对它并不适用。鉴于此《1980年语法》对句子的无连接词组合的阐述不放在以语法联系为基础的复合句范围之内,而单独成一章,与复合句并列。这是无连接词复合句研究史上的一种新观点。

《1980年语法》根据组合中各组成部分在句法结构上是否具有对应性把句子的无连接词组合分成:

1. 双边关系的组合(сочетания с двусторонним отношением частей)

这类组合的特点是组成部分句法结构的对应性。这种对应性表现在谓语形式的相互联系,一种形式对使用另一种形式的限制以及组成部分在结构上的平行,即同一类型的句法组织和词汇组成。在这类组合中可加各种不同的连接语气词,如 так, так и, и, всё же, всё-таки 等。

这类组合根据组成部分间的意义关系又可分为:

1) 条件意义的组合

这种组合依赖于谓语固定的对应关系,其中有些对应关系具有语法意义。表示条件意义的句子通常位于组合之首。例如 Бросил бы её тогда, ничего бы не было; Была бы охота — найдём доброхота; Отними ты у неё ребёнка, ваши отношения всегда бы могли быть кончены; Кажется, уйди Микита, не стану на свете жить; Малого пожалеешь — большое потеряешь; Да, со стороны поглядеть, так богаче нас и людей нет 等。

2) 让步意义的组合

这种组合的让步意义由以下三个特征所决定的:(1)谓语的对应,例如 Да будь он хоть принц американский — не подумаю замуж за него идти; А я —

---

[1] 《Русская граматика》, т. 2. М., 1980, с. 634.

ничего не хочу... Давай мне миллион — Н-не хочу! 等；(2)组成部分的特有结构，即制约部分为否定的情景，而被制约部分是另一个肯定的情景，例如 Нельзя перескочить, так можно подлезть 等；(3)受组合进入更复杂的句法上下文制约，这时组合对篇章前面部分起着对别—限制（修正、确切）的功能，在组合之首通常有连接词 a，例如 И точно: мне было не больно, А больно, так разве чуть-чуть 等。

3）时间意义的组合

这种组合依赖于与条件意义组合中谓语时间和方式的相同的对应关系。例如 Принесут — выпьем; Приказчик вернётся из города, тогда и получите 等。

4）对应、对别和比较意义的组合

对应意义的组合表示几个共存的情景，它在结构上具有并行的句法组织和词序，以及共同的情态和时间形式。例如 Без солнышка нельзя пробыть, без милого нельзя прожить; Богатый и в будни пирует, бедный и в праздник горюет 等。

对别意义的组合在结构上的特点与对应意义的组合相同。但是，否定是对别意义必需的成素。例如 Не спеши языкбм, торопись делом; Не я виноват, виновата холера 等。

比较意义的组合在表达方法上通常与条件、对别意义的组合没有什么区别。比较意义可以在必需的并行结构中借助于外位代词 так, такой 来表示。例如 Нашлись для меня у деда и стёганные трёхпалые рукавицы, такие у пулемётчиков; Слеза за слезой упадает На быстрые руки твои. Так колос беззвучно роняет Созревшие зёрна свои 等。

5）不适应意义的组合

这种组合说明两个不一致的，通常是相互矛盾的情景。它们不是相互否定，而是相互限制，有时可能是相互补充。如果不适应关系发生在整个情景之间或在情景的个别的，但同一类型的成分之间，则组合的组成部分有着并行结构和同样的词序。而在其他场合，这种并行性是见不到的。例如 Я бы угрюм, — другие дети веселы и болтливы; Я говорил правду — мне не верили; Он проспал всю ночь преспокойно, — она всю ночь не спала 等。

6）以列举为基础的组合

这种组合与前面五种组合的区别在于，它的特点是组成部分在功能上、内容上相互补充，即共同说明由它们构成的整体。它们经常有相对应的结构。列举关系又可分成联合的和区分两种。

① 联合列举关系可以把各种不同结构的句子组合在一起，但是在一个序列的范围内这些结构通常是一致的。组合中句子的数量没有限制，一般多于两个。例如 Щёки бледны, руки слабы, Истомленный взор глубок. Ноги ей щекочут крабы, Выползая на песок 等。

② 区分列举关系在无连接词的组合中是比较少见的。它通常借助于代词性的词、疑问语调等表达。例如〔Кто кличет? Кто плачет? Куда мы идём? Вдвоём — неразрывно — навеки вдвоём!〕Воскреснем? Погибнем? Умрём? 等。

2. 单边关系的组合（сочетания с односторонним отношением частей）

在这类组合中第二部分补充、说明或解释第一部分，通常可表示修饰关系、说明关系、目的关系等。这类组合的特点是组成部分在结构上不相对应。

1) 修饰意义的组合

组合中的第二部分起修饰功能。例如 Били в конторе старые висячие стенные часы, давно уже не шли; Ничего я в тот момент не видел, до того перепугался 等。

2) 说明意义的组合

例如 Все понимали: от знания карты будет зависеть наша жизнь; А у Сони было предчувствие: сегодня непременно что-то случится 等。

3) 目的意义的组合

例如 Не говори правды, не теряй дружбы; Я пришёл к тебе, дай мне ключ от шкапа, и затерял свой; Зайдите ко мне — водочки выпьем 等。

4) 结果意义的组合

例如 Езды было всего сутки, можно ночку и не поспать!; Вы требовали — я должна была уступить вам 等。

5) 理由和解释意义的组合

例如 Я не хочу говорить с вами — вы грубы; Не плюй в водицу: пригодится напиться 等。

对《1980 年语法》把无连接词复合句排斥在复合句之外的看法本书作者不敢苟同。众所周知，复合句（包括无连接词复合句在内）是由两个以上的述谓结构联结而成的。它是一个结构—语义的整体。在语义上，两个以上述谓结构的

第八章 无连接词复合句的分类

意义内容必须要有联系,也就是说,从它们的意义内容中能够引出某种意义关系。否则,述谓结构构成复合句是不可能的,在结构上运用一些具体的联系手段(如连接词和关联词,时、体、情态的对应,语调,句序等)以表达复合句的意义关系。从复合句的语义和结构两个方面比较而言,前者更为重要。这是因为,如果述谓结构在意义内容上没有联系,那就无论用什么样的联系手段,也无法构成复合句。还因为运用那些联系手段是由复合句的意义内容和意义关系所决定的。由此可见,连接词和关联词只是复合句在结构上诸多联系手段中的一种而已。因此,绝不能因为在结构上缺少某种联系手段而取消复合句中的某一类型。

《1980年语法》认为,在句子无连接词组合中有一种类型既有语调和意义的联系,又有语法联系。后者表达手段是句法形式,通常是制约部分用句法条件式,被制约部分用假定式或陈述式,表条件意义,例如 Отними ты у неё ребёнка, ваши отношения всегда бы могли быть кончены; Кажется, уйди Микита, не стану на свете жить 等。《1980年语法》认为,这类句子组合具备复合句的特征,其中的联系是语法形式,与条件连接词形成的联系相等。但《1980年语法》并没有把它们列入主从复合句,仍算作无连接词组合的句子的一种类型。这显然是矛盾的。这主要反映了《1980年语法》对复合句分类的标准太死,只考虑连接词和关联词,没有考虑其他的联系手段,即使该书也认为是语法性质的手段。因此这必然产生一些不易解决和说不清楚的问题。

《1980年语法》句子无连接词组合的分类

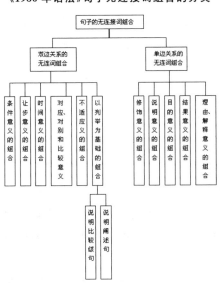

参考书目

1. П. Адамец, «Порядок сдов в современном русском языке», Praha, 1966.
2. П. Адамец, «Образование предложений из пропозиций в современном русском языке», Praha, 1978.
3. Г. Н. Акимова, «Новое в синтаксисе современного русского языка», М., 1990.
4. Н. Н. Арват, «Аспект изучения простого предложения», Черновцы, 1972.
5. Н. Д. Арутюнова, «Предложение и его смысл», М., 1972.
6. Н. Д. Арутюнова и др., «Русское предложение. Бытийный тип», М., 1983.
7. С. Т. Бархударов, С. Е. Крючков, «Учебник русского языка», Ч. 2, Синтаксис, Для 6—8 классов, Изд. 9-е, М. 1962.
8. С. Т. Бархударов, С. Е. Крючков, "Некоторые вопросы изучения сложноподчиненных предложений в школе". «Русский язык в школе», 1964, No. 1.
9. В. А. Белошапкова, «Современный русский язык. Синтаксис», М., 1977.
10. В. А, Белошапкова, «Сложное предложение в современном русском нзыке», М., 1967.
11. В. А. Белошапкова, "О принципах классификации сложноподчиненных предложений". «Русский язык в школе», 1963, No. 6.
12. В. А. Белошапкова, "О понятии 'формула предложения' на уровне синтаксиса сложного предложения". В кн.: «Единицы разных уровней грамматического строя языка и их взаимодействие», М., 1969.
13. В. В. Богданов, «Семантико-синтаксическая организация предложения», Л., 1977.
14. В. А. Богородицкий, «Общий курс русской грамматики», Изд. 5-е, М.-Л., 1936.
15. А. В. Бондарко, «Функциональная грамматика», Л., 1984.
16. Ф. И. Буслаев, «Историческая грамматика русского языка», М., 1959.
17. Н. С. Валгина, «Синтаксис современного русского языка», М., 1991.
18. Ю. В. Ванников, «Явление парцелляции в современном русском языке», М., 1965.
19. Ю. В. Ванников, «Синтаксис речи и синтаксические особенности русской речи», М., 1979.
20. В. В. Виноградов, « Избранные труды. Исследования по русской грамматике»,

М., 1969.

21. В. В. Виноградов, 《Русский язык》, М.-Л., 1947.

22. Е. М. Галкина-Федорук и др., 《Современный русский язык. Синтаксис》, М., 1958.

23. А. Н. Гвоздев, 《Современный русский литературный язык》, Ч. 2, М., 1973.

24. 《Грамматика русского языка》, Т. 2, М., 1954.

25. 《Грамматика современного русского литературного языка》, М., 1970.

26. И. Н. Дымарская-Бабалян, 《О связности текста》, Ереван, 1988.

27. А. М. Земский и др., 《Русский язык》, Ч. 2, Изд. 6-е, М., 1963.

28. Г. А. Золотова, 《Очерки функционального синтаксиса русского языка》, М., 1973.

29. Г. А. Золотова и др., 《Коммуникативная грамматика русского языка》, М., 1998.

30. 《Изменения в строе сложноподчиненного предложения в русском литературном языке 19 века》, Под ред. В. В. Виноградова и др., М., 1964.

31. С. Г. Ильенио, "к вопросу о структурных типах сложноподчиненного предложения". 《Русский язык в школе》, 1964, No. 1.

32. Н. М. Капенок, "Сложное предложение фразеологического типа с союзом чтобы". 《Русский язык в школе》, 1962, No. 2.

33. И. И. Ковтунова, 《Современный русский язык. Порядок слов и актуальное членение предложения》, М., 1976.

34. О. А. Крылова, 《Коммуникативный синтаксис русского языка》, М., 1992.

35. С. Е. Крючков, Л. Ю. Максимов, 《Современный русский язык. Синтаксис сложного предложения》, М., 1977.

36. С. Е. Крючков, Л. Ю. Максимов, "Типы сложноподчиненного предложения с придаточной частью, относящейся к одному слову или словосочетанию в главной части". 《Вопросы языкознания》, 1960, No. 1.

37. М. Кубик, "Комплексный анализ структуры сложных предложений в русском языке". 《Ceskoslovenska rusistika》, 1964, No. 4.

38. Т. П. Ломтев, 《Очерки по историческому синтаксису русского языка》, М., 1956.

39. Л. М. Лосева, "К изучению межфразовой связи". 《Русский язык в школе》, 1967, No. 1.

40. Л. М. Лосева, "К изучению целых текстов". 《Русский язык в школе》, 1975, No. 4.

41. В. Матезиус, "О системаном грамматическом анализе". 《Пражский лингвистический кружок》, М., 1967.

42. М. М. Михайлов, "Сложные предложения с временным союзом когда в современном русском языке". В кн. : «Труды института языкознания», М. , 1954.

43. М. М. Михайлов, "Придаточные предложения с союзом пока". «Русский язык в школе», 1952, No. 6.

44. Л. К. Музафорова, "О некоторых правилах употребления временных форм глаголов". «Русский чзык за рубежом», 1980, No. 4.

45. Э. Г. Никитина, "Продолженное время в сложноподчиненных предложениях с союзами пока и когда". «Вестник Московского университета», 1985, No. 4.

46. Э. Г. Никитина, "Типы временных придаточных предложений с союзом пока и отрицательной частицей не". «Филологические науки», 1964, No. 2.

47. А. М. Пешковский, «Русский синтаксис в научном освещении», М. ,1956.

48. А. С. Попов, "Именительные темы и другие сегментированные конструкции в современном русском языке". В кн. «Развитие грамматики и лексики современного русского языка», М. , 1964.

49. Н. С. Поспелов. "Сложноподчиненное вредложение и его структурные типы". «Вопросы языкознания», 1959, No. 2.

50. Н. С. Поспелов, "Сложное синтаксическое целое и основные особенности его структуры". В кн. «Доклады и сообщения Института русского языка», М. , 1948.

51. Н. С. Поспелов, "О различиях в структуре сложноподчиненного предложения". В кн. «Исследование по синтаксису русского литературного языка», М. , 1956.

52. А. А. Потебня, «Из записок по русской грамматике», Т. 1—2, М. , 1958.

53. « Переходность в системе сложного предложения современного русского языка», Қазань, 1982.

54. «Практическая грамматика русского языка», Под ред. Н. А. Метс, М. , 1985.

55. И. П. Распопов, «Спорные вопросы синтаксиса», Ростов-на-Дону, 1981.

56. И. П. Распопов, А. М. Ломов, «Осному русской грамматаки», Воронеж, 1984.

57. К. А. Рогова, «Синтаксические особенности публицистической речи», Л. , 1975.

58. «Русская грамматика», Т. 2, М. , 1980.

59. «Русская грамматика», Т. 2, Praha, 1979.

60. О. А. Самойленко, "Придаточные предложения с союзом пока". «Русский язык в школе», 1963, No. 6.

61. « Синтаксис сложного предложения (Устойчивые структуры русского языка)»,

Казань，1985.

62. «Сложное предложение»，Под ред. С. А. Шуваловой，МГУ，1983.

63. «Современный русский язык»，Под ред. В. А. Белошапковой，М.，1989.

64. «Современный русский язык. Синтаксис»，Под ред. Е. М. Галкиной-Федорук，МГУ，1958.

65. Г. Я. Солганик，«Синтаксическая стилистика»，М.，1973.

66. Г. Я. Солганик，«Синтаксис текста»，М.，1997.

67. У И-и，"Определительные предложения с союзным словом который（описание семантико-синтаксических вариантов）". «Русский язык за рубежом»，1985，No. 2.

68. У И-и，"О конструкции '... без того, чтобы ... ". «Ceskoslovenska rusistika»，1985，No. 5.

69. У И-и，"Формы сказуемых в сложноподчиненных с придаточным цели". «Русский язык в школе»，1987，No. 1.

70. У И-и，"Конструкция '... номинатив, чтобы ... ' в русском языке". «Русский язык в школе»，1988，No. 5.

71. У И-и，"Семантика конструкции 'на то и ..., чтобы ... ' в современном русском языке". В кн. «Системные семантические связи языковых единиц»，МГУ，1992.

72. У И-и（Wu Yiyi），"Некоторые вопросы о временном предложении с союзом пка". «Russian Language Journal»，1993，No. 156—158.

73. У И-и，"Фразеологическая конструкция 'только и ..., что ... ', в современном русском языке". «Russian Language Journal»，1994，No. 159—161.

74. Н. И. Формановская，«Стилистика сложного предложения»，М.，1978.

75. Н. И. Формановская，«Сложное предложение в современном русском языке»，М.，1989.

76. В. С. Хализева，"О соотношении временных планов главной и придаточной частей в сложноподчиненном предложении". «Филологические науки»，1968，No. 5.

77. Н. Ю. Шведова. «Очерки по синтаксису русской разговорной речи»，М.，1960.

78. Н. Ю. Шведова，"О принципах построения и о проблематике «Русской грамматики»". «Известия АН СССР. Серия литературы и языка»，1974，No. 4.

79. Н. Ю. Шведова，"Детерминируюший объект и детерминирующее обстоятельство как самостоятельные распространители предложения". «Вопросы языкознания»，1964，No. 4.

80. С. А. Шувалова，«Смысловые отношения в сложном предложении и способы их выражения»，МГУ，1990.

81. V. S. Belevitskaya-Khalizeva, 《*Exercises in Russian Syntax (Compound and Complex Sentences)*》, Moscow.

82. M. A. K. Halliday, R. Hasan, 《*Cohesion in English*》, London, 1976.

83. L. Tesnière, 《*Elément de syntaxe structurale*》, Paris, 1959.

84. 布龙菲尔德:《语言论》,商务印书馆,1980。

85. 《俄语句法论文集》,商务印书馆,1980。

86. 华劭主编:《现代俄语语法新编》下册(句法),商务印书馆,1979。

87. 李勤:《俄语主从复合句及其分类》,上海外国语学院博士学位论文,1987。

88. 李玮:《从超句体到片段》,中央编译出版社,2001。

89. 刘晓波、吴贻翼等:《俄语语法·句法》,北京大学出版社,1983。

90. 宁琦:《现代俄语简单句模型》,北京大学博士论文,1997。

91. 索绪尔:《普通语言学教程》,商务印书馆,1985。

92. 索振羽:《语用学教程》,北京大学出版社,2000。

93. 乔姆斯基:《句法结构》,中国社会科学出版社,1979。

94. 王福祥:《俄语话语结构分析》,外语教学与研究出版社,1981。

95. 王福祥:《俄语实际切分句法》,外语教学与研究出版社,1984。

96. 王福祥:《话语语言学》,外语教学与研究出版社,1988。

97. 王德孝、段世骥等:《现代俄语理论教程》下册,上海外语教育出版社,1989。

98. 吴贻翼:《现代俄语句法学》,北京大学出版社,1988。

99. 吴贻翼:《现代俄语功能语法概要》,北京大学出版社,1991。

100. 吴贻翼、宁琦:《现代俄语模型句法学》,北京大学出版社,2001。

101. 吴贻翼、雷秀英、王辛夷、李玮:《现代俄语语篇语法学》,商务印书馆,2003。

102. 吴贻翼:《现代俄语句法研究》,商务印书馆,2004。

103. 吴贻翼:《当代中国俄语名家学术文库·吴贻翼集》,黑龙江大学出版社,2008。

104. 吴贻翼:"когда 连接的时间句中主从句谓语时体的对应规律",《外语学刊》,1985 年 1 期。

105. 吴贻翼:"带连接词 как только 和它同义词的时间句",《外语研究》,1989 年 4 期。

106. 吴贻翼:"пока 连接的时间句",《北京大学学报(哲学社会科学版)》,1990 年 3 期。

107. 吴贻翼:"试谈超句子统一体及其句际联系",《外语学刊》,1990 年 3 期。

108. 吴贻翼:"定语句中限制句与扩展句之间的过渡类型",《外语学刊》,1992 年 2 期。

109. 吴贻翼:"表示对别关系的成语化并列复合句",《中国俄语教学》,1992 年 4 期。

110. 吴贻翼:"在带有 чтобы 连接的从句的主从复合句中谓语的形式",《外语研究》,1992 年 4 期。

111. 吴贻翼:"试论现代俄语中的定语句",《外语教学》,1992年4期。
112. 吴贻翼:"чем连接的比较短语和比较从句",《外语学刊》,1993年1期。
113. 吴贻翼:"现代俄语中带который定语句的使用规范",《外语教学》,1993年4期。
114. 吴贻翼:"复合句的语义",《外语研究》,1994年1期。
115. 吴贻翼:"试谈现代俄语复合句的模式",《中国俄语教学》,1995年1期。
116. 吴贻翼:"试谈无连接词复合句的特征和分类",《中国俄语教学》,1998年2期。
117. 吴贻翼:"俄语中动词的顺向配价与逆向配价",《中国俄语教学》,2000年3期。
118. 吴贻翼:"俄语的配价语法与述体中心论",《俄罗斯文艺》,2000年学术增刊。
119. 《语言学百科词典》,上海辞书出版社,1994。
120. 袁毓林:《汉语动词的配价研究》,江西教育出版社,1998。
121. 周春祥:《现代俄语复合句》,外语教学与研究出版社,1980。
122. 周海燕:《现代俄语中的双成素无动词句》,北京大学博士论文,2002。